HERMES

在古希腊神话中，赫耳墨斯是宙斯和迈亚的儿子，奥林波斯神们的信使，道路与边界之神，睡眠与梦想之神，亡灵的引导者，演说者、商人、小偷、旅者和牧人的保护神……

西方传统　经典与解释 **HERMES**
Classici et Commentarii

施特劳斯集
The Collected Works
of Leo Strauss

刘小枫◎主编

柏拉图式政治哲学研究

Studies in Platonic Political Philosophy

[美]列奥·施特劳斯 Leo Strauss ｜ 著

张缨 等 ｜ 译

華夏出版社

古典教育基金·"传德"资助项目

"施特劳斯集"出版说明

1899 年 9 月 20 日,施特劳斯出生在德国 Hessen 地区 Kirchhain 镇上的一个犹太家庭。人文中学毕业后,施特劳斯先后在马堡大学等四所大学注册学习哲学、数学、自然科学,1921 年在汉堡大学以雅可比的认识论为题获得哲学博士学位。1924 年,一直关切犹太政治复国运动的青年施特劳斯发表论文"柯亨对斯宾诺莎的圣经学的分析",开始了自己独辟蹊径的政治哲学探索。三十年代初,施特劳斯离开德国,先去巴黎、后赴英伦研究霍布斯,1938 年移居美国,任纽约社会研究新学院讲师,十一年后受聘于芝加哥大学政治系,直到退休——任教期间,施特劳斯先后获得芝加哥大学"杰出贡献教授"、德国汉堡大学荣誉教授、联邦德国政府"大十字勋章"等荣誉。

施特劳斯在美国学界重镇芝加哥大学执教近二十年,教书育人默默无闻,尽管时有著述问世,挑战思想史和古典学主流学界的治学路向,身前却从未成为学界声名显赫的名人。去世之后,施特劳斯才逐渐成为影响北美学界最重要的流亡哲人:他所倡导的回归古典政治哲学的学问方向,深刻影响了西方文教和学界的未来走向。上个世纪七十年代以来,施特劳斯身后才逐渐扩大的学术影响竟然一再引发学界激烈的政治争议——自由主义知识分子觉得,施特劳斯对自由民主理想心怀敌意,是政治不正确的保守主义师主;后现代主义者宣称,施特劳斯唯古典是从,没有提供应对现代技术文明危机的具体理论方略。为施特劳斯辩护的学人则认为,施特劳斯从来不与某种现实的政治理想或方案为敌,也从不提供解答现实政治难题的哲学论说;那些以自己的思想定位和政治立场来衡量和评价施特劳斯的哲学名流,不外乎是以自己的灵魂高度俯视施特劳斯立足于古典智慧的灵魂深处。施特劳斯关心的问题更具常识品质,而且很陈旧:西方文明危机的根本原因何在?施特劳斯不仅对百年来西方学界的这个老问题作出了超逾所有前人的深刻回答,而且提出了切实可行的应对方略:重新学习古典政治哲学作品。施特劳斯的学问以复兴苏格拉底问题为基本取向,这迫使所有智识人面对自身的生存德性问题:在具体的政治共同体中,难免成为"主义"信徒的智识人如何为人。

　　如果中国文明因西方文明危机的影响也已经深陷危机处境,那么施特劳斯的学问方向给中国学人的启发首先在于:自由主义也好,保守主义、新左派主义或后现代主义也好,是否真的能让我们应对中国文明所面临的深刻历史危机——"施特劳斯集"致力于涵括施特劳斯的所有已刊著述(包括后人整理出版的施特劳斯生前未刊文稿和讲稿;已由国内其他出版社出版的《霍布斯的政治哲学及其起源》《思索马基雅维利》《城邦与人》《古今自由主义》除外),并选译有学术水准的相关研究文献。我们相信,按施特劳斯的学问方向培育自己,我们肯定不会轻易成为任何"主义"的教诲师,倒是难免走上艰难地思考中国文明传统的思想历程。

古典文明研究工作坊

西方典籍编译部甲组

2008 年

目　录

中译本说明

刘小枫

施特劳斯生前出版过两部自编文集，都具专著性质。第一部名为"什么是政治哲学"，第二部名为"古今自由主义"，本书是施特劳斯生前编选的最后一部文集，可惜未能全璧。如果说《什么是政治哲学》已经回答了"什么是政治哲学"，那么，《柏拉图式的政治哲学》这个书名则进一步回答的是：为什么是柏拉图式的政治哲学。

这部文集原计划共十七篇文章（含"导言"），施特劳斯没有来得及完成导言和论柏拉图的《高尔吉亚》一文就去世了。其实，这三部文集仍未囊括施特劳斯生前发表的所有文章（参见潘戈编《古典政治理性主义的重生》，郭振华等译，华夏出版社，2011；拙编，《苏格拉底问题与现代性》，彭磊、丁耘等译，华夏出版社，2008）——既然选编本书时可以选用的文章不少，施特劳斯为何选定这十六篇文章以及为何如此安排篇章顺序，想必有其用意。但作为读者，我们要想知其意图实在很难，比如，论海德格尔现象学的文章用了"作为严格科学的哲学与政治哲学"这个题目，而且置于篇首，随后紧接着的却是三篇论柏拉图的文章（缺论《高尔吉亚》一篇）……显然，本书篇目的编排没有按思想史的顺序，意在突显思想史的某种古今张力——然而，什么样的古今张力？从题为"对修昔底德著作中诸神的初步考察"一文起到"耶路撒冷与雅典：一些初步的反思"，施特劳斯讨论的似乎主要是神学问题，对色诺芬《上行记》的释读，主要关注的就是其中的敬神问题——但其中为什么夹着一篇并非释读原典的"论自然法"呢？

　　论尼采一文的题旨显得承接的是开篇论海德格尔的文章,但接下来却是三篇论迈蒙尼德的文章。如果说前面三篇论柏拉图的文章与论海德格尔的文章彰显了某种古今对比,难以理解的是,论中世纪的柏拉图传人的三篇文章与论尼采的文章何以能彰显某种古今对比。接下来论马基雅维利的文章倒是与前面论修昔底德的文章有某种呼应,因为马基雅维利最重要的著述是《论李维的罗马史》。仅仅从篇名来看,紧随论马基雅维利文的书评文章明显与现代自由主义相关,而且与前面的"论自然法"一文似乎形成呼应。

　　倘若如此,这部文集的篇章布局似乎仍然隐含着古典政治哲学与古今自由主义的张力——施特劳斯编选《古今自由主义》(*Liberalism Ancient & Modern*)文集时(1967 年,正式出版在 1968 年),"文化大革命"不仅在中国,也在欧美发达资本主义国家风起云涌。这部文集的书名、篇目乃至篇章顺序同样值得品味——起头两篇文章讨论何谓"自由教育",最后以一篇讨论"好社会"的文章结尾……这也许意味着,无论古代还是现代的自由主义,根本问题在于智识人的教育与"好社会"的关系。换言之,自由主义的根本问题并非在于其具体的政治意见是否允当,而是智识人自身德性品质的败坏,进而导致全社会的道德品质败坏。问题的复杂性在于,现代自由主义无不自己以为自己体现了智识人的德性进步——施特劳斯却让我们回想苏格拉底当年遭受指控的罪名:不敬城邦的神和败坏青年……在这部临终文集中,施特劳斯把柏拉图的《苏格拉底的申辩》与《克力同》放在一起作为平行文本来解读,恐非偶然。

　　现代自由主义要造就"新人"、打造"好社会"——"文化大革命"的伟大战略目的同样如此。在《古今自由主义》文集中,紧接两篇关于"自由教育"的文章之后,是一篇讨论古典自由主义问题的文章,随后是四篇古典作品的解读:"论柏拉图的《米诺斯》"讨论法律与传统宗教的关系,随后是"卢克莱修简注",然后是论迈蒙尼德的《迷途指津》和中古晚期基督教哲人马西利乌斯。四篇解读古人的文章之后,是一篇无题作品,谈现代政治学问(教育)的基础,其中有一段话说,"新政治学问的基础是逻辑",康德和黑格尔实际上模仿的是亚里士多德(参见英文版,页210)。这段话提醒我们注意到柏拉图与亚里士多德的对立,换言之,现代自由主义的精神根源在古希腊的雅典……《古今自由主义》序言中的一句话为此提供了佐证:某些前现代的思想显得更为靠近现代的思想。的确,卢克莱修的启蒙哲学比康德的启蒙哲学更富诗意,甚至可以说,更富后现代味道。

在早年(1931年)作的学术报告"柯亨与迈蒙尼德"(中译见拙编《犹太哲人与启蒙》,张缨等译,华夏出版社,2010)中,施特劳斯已经写道:

> 与对于亚里士多德来说完全一样,对于柏拉图来说,认知是人的最高可能性。**决定性的区别在于**,他们对待这种可能性的方式。亚里士多德让这种可能性放任自流(völlig frei);*毋宁说*:他让可能性保持其自然的自由(natürliche Freiheit)。与此相反,柏拉图**不允许哲人们做**"现在允许他们做的事情",亦即不允许把在哲学思想中生活当作在哲学思想中、在对真理的直观中打坐(Verharren)。

这无异于说,亚里士多德是自由主义者,柏拉图不是……为了共同体的好生活,柏拉图笔下的苏格拉底"强迫"哲人们"为其他人操劳,看护他们"(《王制》,519d – 520a)——如果苏格拉底的政治哲学转向的意义在于:懂得了自己从事哲学的权限和"守法的义务",进而改变了对自己的自由的理解,那么,古代自由主义问题的关键就在于,亚里士多德如何看待苏格拉底对哲学的审判和苏格拉底所遭受的政治审判。历史的吊诡在于,现代的自由主义智识人无不反对"在对真理的直观中打坐",为了共同体的"好生活",他们殚思竭虑"为其他人操劳,看护他们",但同样以取消"哲学自己必须对国家、对法律负责"这一对智识的道德要求为前提。如果说在古代,自由主义的品质问题在于:哲学是否有绝对的独立自主性质,哲人是否应该在纯粹的静观中"自由"生活——那么,在现代启蒙之后的时代,自由主义的品质问题在于:为了共同体的"好生活",智识人凭靠什么德性尺规殚思竭虑"为其他人操劳,看护他们"……

本书以论柯亨的文章垫底,不仅与起头论海德格尔的文章形成呼应,也与中间论尼采的文字相呼应。某种意义上讲,柯亨和海德格尔都是施特劳斯的老师,还应该加上尼采(施特劳斯出生时,尼采尚未去世)——《作为严格科学的哲学与政治哲学》一文在说过海德格尔的"实存主义"及其与胡塞尔的关系后,就说到尼采。从文集中所处的位置来看,柯亨、尼采、海德格尔这三位时代的教诲师有如一种现代的三和弦音响:柯亨在根音位置,尼采在三音位置,海德格尔在五音位置。这个现代的三和弦可以看作另一个现代三和弦(马基雅维利—霍布斯—洛克)的倒影……当然,我们知道,三和弦的形态除了原位,还有六和弦和四六和弦两个转位。倘若如此,论柏拉图三文(论《高尔吉亚》文当计算在内)与论迈蒙尼德三文则分别有如两个古典的三和弦,与两个现代的三和弦形成对照。

施特劳斯以这部临终文集向我们展示出他的真实身份:他是历代思想大家的学生,而非老师。这位学生有资格成为我们的老师,不仅因为他以自己一生的思索告诉我们,要在历代思想大家中辨识出真正的老师极为艰难,而且因为他告诉我们,正确的政治哲学为什么是柏拉图式的三和弦,而非现代式的三和弦——如果现代智识人不首先自我审查和认清自己的德性问题,任何急切地想要解决当下现实问题的政治关切都是自由,太过自由了……

2011 年 10 月

古典文明研究工作坊

前　言

克罗普西（Joseph Cropsey）

张　缨　译

[vii]大约去世前一年,施特劳斯教授要求将本书内各篇文章搜集起来,以现有的次序和标题付梓。施特劳斯生前没有能写出计划中论柏拉图《高尔吉亚》(*Gorgias*)的文章,此文原本要放在论《欧蒂德谟》(*Euthydemus*)的文章之后,如果写成的话,本书解读柏拉图对话的文章就会有三篇;他生前也没有能写成本书的导言,我相信,他在导言中原本会向我们解释,何以他会为这样一本书——一本尽管充满柏拉图的影响,但以大量篇幅致力于其他作者的书——选择这个标题。与其放弃这个出人意料的标题,不如作出决定,一方面按原样保留这个标题,即便本书作者架构这部文集的意图令人困惑,另一方面再获一篇导言,尽可能替代作者没能写出的声明。我相信,潘戈(Thomas Pangle)教授为此书撰写的导言,其精彩不输于任何生者所能达到的程度。

谨向允许重刊施特劳斯已发表作品(1–9及12–15篇)的各出版机构致谢。相关细节,见每篇文章开头的编者注。

导　言

潘戈（Thomas L. Pangle）

胡艾忻　译

[1]芝加哥大学出版社与施特劳斯（Leo Strauss）的遗稿监护人克罗普西（Joseph Cropsey）嘱托我写作这篇导言，以代补施特劳斯本人想要写但及至其临终仍未动笔的导言。诚然，我的话绝无资格替代施特劳斯本人原本要说的东西。我必然会有所离题：我清楚自己对理解引导着施特劳斯写作此书乃至他的所有成熟之作的基本意图尚未有十足的把握。因此，只能把我的导言视为权宜之作（provisional）——尽管它是受施特劳斯思想多年影响的产物。

我们面前的这部作品由跨越多年并且为一系列广泛变化的主题而写作的论文、笔记和评论组成。可以看出，它们中的任何部分，其原意都不是作为此书的某一章节而写就。然而，在回看这些文章时，施特劳斯明显地发现，如果以现在的顺序安排和选编这些另有出处的文章，它们正好可组成一个连贯整体并各安其位。于是，当前这部作品典型地展示了——同时也使人想起——施特劳斯多年走过的研究道路所具有的那种看似非系统性的甚至是漫游似的表象。当然，这一表象并不完全是一种误导：施特劳斯的确沿着（through）西方传统"漫游"（wander）。但是，如果仔细地检查，就会发现，他的漫游显露出真正的大胆探险者的特征。施特劳斯比任何人都更为充分地利用了传统视域的破碎和传承下来的种种成见的破碎——20世纪乃是这些成见的不情愿的继承人。他治西方思想史，如入未知之境。他一刻不停地"找寻自己的方位"(bearings),并且一次又一次地"从开端起步"(from the beginning)——从不同的观点或问题起步,这些观点、问题的选择或进入眼帘并不完全是有意为之,由此不无任意性(arbitrariness)。事后看来,施特劳斯的漫游确实[2]更肯定且惊人地为那片我们其他人昏睡般地栖息其上的精神之地勾勒出确凿无疑却又隐匿难觅的轮廓。诚然,施特劳斯可能早已知道本书将是他的最后作品,正是这样一本书让我们有理由期盼,他有意帮助我们更清楚地辨识出那些似乎对他意义攸关的引导性主题。

乍一看,施特劳斯选择的这个书名颇有悖论色彩。因为,目录列表显明,这本书只有很小一部分致力于柏拉图作品的研究或者涉及柏拉图的作品。跟色诺芬的书名一样,施特劳斯迫使真正的读者(the reader)产生些许迷惑,然后带着一个最初的、明确的问题转向正文:它们如何构成"柏拉图式政治哲学研究"?在我看来,只要我们仔细阅读考虑这些片段,并重温其中援引的施特劳斯早前著作,答案马上就初具雏形了。施特劳斯的每篇论文都是针对柏拉图式政治哲学的研究,理由是他的每篇论文都在实现这样一种哲学探索(philosophizing),都是这样一种哲学探索的典范。我甚至愿意建议,这一文集的书名可以作为施特劳斯毕生事业的一种标记,而他毕生的事业则成型为一种对从事这种[柏拉图式]哲学探索意味着什么的论证,此外别无其他。

施特劳斯对"理式"的新解释

继续柏拉图式政治哲学探索,正如施特劳斯所理解的那样,并不意味着就要把自己限制于对柏拉图作品的研究,尽管这样的研究或许已接近这一事业的核心。那么,这个决定着施特劳斯所有究问(inquiries)焦点的核心是什么?自古以来,柏拉图主义者们与柏拉图注疏家们都大体同意,最能标示柏拉图哲学与政治哲学的就是他的理式学说(doctrine of the ideas),特别是正义的理式和善的理式。①因此,在这本书中第一次与施特劳斯相遇的读者,或者期待它能部分地驱散在早先相遇中留下的疑云的读者,可能会开始好奇,在通常被称为柏拉图的"理式论"(idealism)的问题上,施特劳斯持什么立场。施特劳斯对理式作了若干引人注意的评论,但它们过于简明扼要,又太晦涩不明(allusive),所以,很显然,要根据他早先的作品对它们加以解释。如果我们细读那些早先的,尤其是那些晚近的作品,我们就会带着这样的印象离开:施特劳斯赞同传统的共识。他确实提出了,"诸如此类的想法……将导致一种对大部分人来说无法接受的局面,即不存在有关各种德性的理式(ideas of the virtues)",但[这样做]仅仅为了对此加以拒斥,结果,他"被迫下此结论,如果以一种适当地减弱与缓和的方式,可以说,理式在《王制》[3](Republic)中所占的地位,在《法义》(Laws)中得到了保持"(AAPL[《柏拉图〈法义〉的论辩与情节》]183 – 184)。然而,当我们转向施特劳斯对《王制》的评论时,我们发现,他极端怀疑柏拉图有没有把他借由苏格拉底展现给年轻人的关于理式的明确教诲当真:"实在难以置信,更不消说它看着就异想天开:从未有人成功地对这一理式学说作出过让人满意或信服的解释"(CM[《城邦与人》]119)。施特劳斯所发现的难以解释的观念是:理式,尤其是正义的理式是"自生自立的(self – subsisting),仿佛自在地(being at home)处于与人类完全不同的位置"。他暗示,苏格拉底在这里延续了他先前提出的、将之作为青年教育最有益的基础的神学式神话(theological myths)。

----

① 最突出的例外是法拉比(Farabi),他笔下的柏拉图俨然是一个没有理式学说的柏拉图;见FP["法拉比的柏拉图"](施特劳斯的著作将以缩写形式标注——见页37[的原著与缩写对照表])。[译按]中译文保留原文的缩写,并在该著作名初次出现时给出中译。

然而,对所谓的这种学说的神学维度的上述严重怀疑,并未扩伸至所谓的自然维度。施特劳斯确实严肃看待这个学说,只要它看起来提供了一种合理的方式去构想我们对事物本性的经验。

施特劳斯对理式的非正统解释,始于他的以下观察:当苏格拉底说一个理式或者一个形式的时候,他使用"什么是……"(what is …)的提问方式(比如什么是人? 什么是数? 什么是正义?)。我们发现,当我们为什么是某物这种问题而困惑不已时,首先要做的,就是把它归入合适的类(class)或种(kind),然后在种与种或种与属(species)之间的关系中去理解它。由此,苏格拉底的"方法"始于完全共同感觉性的(commonsensical;或译"常识性的")事物,即便不是缺乏新意的(banal)事物。依施特劳斯之见,这个方法之与众不同,就在于它牢牢遵循由好奇心的原始经验所指示的方向。换言之,苏格拉底始终没有停止过从众多局部和暂时的殊相上升至其普遍且持久(超越历史,但未达绝对永恒)的类特征,但是,他断然否认这是一种纯粹抽象的(mere abstraction)尝试;另一方面,苏格拉底的哲学前辈们假设了一些生成整全、生成其中每一个属的"基本"(elemental)原因,他们以探寻这些原因为名,剔除那些被共同感觉(common sense)经验到的(并在日常语言中得到表达的)属,而苏格拉底则抵制,或者至少是阻挡了这一潮流。对于任意一种或者所有种类的存在物来说,认识了它(们)如何生成(come into being),甚至能够重构整个生成的过程,这仍然算不上对存在物有面面俱到的完整认识——它们如何运作(behave),若它们有生命,它们需要什么,属与属之间有何关联。"什么是……"这样一些问题指向如下认识,即"不可能把一个异质的(heterogeneous)类转化成其它类,或者任何类本身之外的原因。类,或者说类的特征,是最典型的(par excellence)原因"(CM 19)。至此,我们借助那些受人们广泛认同的意见,尤其是那些流传于各个社会,并且最严肃、最可信和最权威的意见,最大限度地向构成实在(reality)的那些类挺进——至少在那些对我们来说最切身的事情上(善与恶,正义与不义,高贵与平庸)情况如此。这些意见,鉴于它们指向的经验[4]和证据,往往非常有道理,然而,它们又包含了一些重要的暧昧不明、含糊其辞甚至自相矛盾——重中之重是,它们之间相互矛盾。找寻关于万物的自然属别的真理,第一步要应付各种针锋相对的意见,然后以解决这些纷争为方向一路前进。而苏格拉底在他称之为"辩证法"或"谈话艺术"里所使用和找寻的共相,与现代科学方法所使用和找寻的共相,二者有根本的差别。此外,理式也不被看作是一些心智建构(mental constructs)——有意识的或者无意识的。这点并没有因为理式和数学对象之间有相似性,或者理式以某种方式——以预卜的(divinatory)方式——被先验地知道这一事实而有所改变。根据苏格拉底对那个也许被称为人的"理知情境"(noetic situation)的评述,我们没有足够的理由去假设,实在"自身"的特征完全或永远地被我们的日常经验所遮蔽,由此,我们找不到充分的理由彻底质疑(而非辩证地超越)那些关于宇宙的共感(common – sense)表述(*NRH* [《自然正确与历史》]121 – 125,169 – 176;*CM* 19 – 20;*AAPL* 17,35;*XSD*[《色诺芬的苏格拉底言辞》]148)。

然而,灵魂承载和领会上述表述,但它并没有被恰当地理解为一个注视着其"对象"的"主体",如果这是真的,那么下述命题同样为真,即灵魂在宇宙中"以理知的方式"占据着一个独特的位置,"灵魂,尽管与理式有亲缘关系,却出于这个理由不是一个理式"(*AAPL* 183)。①再者,如果任何东西都能被说成是理式的原因,那么,它似乎只能是"善的理式,而善在某种意义上是所有理式的原因,也是感知理式的心智(mind)的原因"。善高于所有理式,所以只能有所保留地称善为理式

①　在《城邦与人》页119 中,施特劳斯这样写道,"感知理式的心智与理式本身在根本上是不同的"(强调为笔者所加)——但这一说法的语境是,把理式作为一个个独立的实体(separate substances)而提及。

本身:"称柏拉图所理解的至高者为理式,这一说法的正确性仍存疑问"(*CM* 119)。

很难明白施特劳斯想让我们从这一点中推出什么结论。或许,施特劳斯依凭"什么是……"问题的助力阐释理式的最重要的副产品是,消除色诺芬描绘的苏格拉底哲学与柏拉图描绘的苏格拉底哲学之间的所谓的(purported)主要分歧。如果我们翻查施特劳斯在分析色诺芬的苏格拉底的过程中对善所作的论述,我们会发现,他似乎暗示了对苏格拉底来说,善不是一种存在物(a being)——"善首先是对一个身处这样或那样的环境中给定的个体来说有好处的东西,而存在却首先是一个类的'什么'或者诸存在物的族群(tribe of beings)"。不仅如此,苏格拉底并不知道对事物毫无好处的善:"事物的善与需求相称,由此,一种不满足任何需求的东西不可能[5]被认为是善的"(*XS*[《色诺芬的苏格拉底》]119,75;参见 *CM* 29)。我想,这点为下文作出了提示。对苏格拉底来说,灵魂对各种存在物的知识由一种需要(或曰爱欲)的母体(a matrix of need[or eros])所引导——由此,某种意义上亦因这一需要的母体而引起,对这一母体,灵魂能变得越来越有自我意识,但是,一旦离开这一母体,除了觉察到限制的那一刻外,灵魂绝不能迈出完整步伐。这将意味着,作为一种不仅要观看各种存在物(beings),还要观看自身外观的存在物,灵魂以不同于其他存在物的方式存在并为人所知——灵魂以更直接的方式存在并为人所知,但结果,灵魂比其他存在物更充满神秘。由于处于这样的境况中,灵魂能够逐渐觉察到自己那些最强烈而持久的需要,与此同时,却又必须认清,正是这些需要塑造了它的每一个意识——包括它的自我意识。既然其它所有存在物只能够被灵魂认识,或者通过灵魂被人认识,那么,对人来说,灵魂之谜最清晰地指证了整全的难以把捉。

但是,施特劳斯对"类,或者说类的特征,乃是最典型的原因"的首肯,似乎还需要某种条件限定。或许,有所助益的是下面的观察,即最典型的原因并不是原因本身。毕竟,就在下一句,施特劳斯断言,"整全的各个根基被隐藏了"(*CM* 19)。离开类与类之间的相互关系,离开类与灵魂之间的关系,离开类与善之间的关系,就不可能完整地理解类及其特征。那就是说,要理解它们,就不能无视它们作为整全的各个部分的地位。然而,尽管可以通过部分去认识整全,但是,这种方式能否使人彻底地认识整全,或者,在某种程度上,寻找"整全的各个根基"是否必要,这都是存疑的(*WIPP*[《什么是政治哲学?》]39 - 40,参见 *AA-PL* 146 以下)。由此可见,这种把注意力都集中在理式上的独特的苏格拉底方式,确实存在缺陷或者仍需完善:"整全的难以把捉必然给每一部分的知识带来影响"(*CM* 21;参见 MITP["神学与哲学的相互影响"]114)。此时,我们注意到,施特劳斯把类称作最典型的原因,但他没有把它描述为"终极因"(final cause),他甚至不认为它与目的(purpose)有涉:"人们……抵挡不住好奇心的诱惑,想知道色诺芬的苏格拉底是否——像柏拉图的苏格拉底那样——并不满意那个乍一看似乎为所有难题都提供了最理性的解决之道的单一目的论(simple teleology)——不管它有没有人类中心论的色彩,并出于这个理由转向'什么是……'的问题,或者转向按类别对各种存在物进行区分"(*XSD* 149;参 *NRH* 145 - 146)。

正义的理式

通过上述梳理,我们已经找到一个更好的立足点,理解为什么施特劳斯有时候会把"不可变的理式"(the unchangeable ideas)等同于"基本和永恒的问题"(the fundamental and permanent problems)(*WIPP* 39;参 *OT*[《论僭政》]210)。鉴于我们没有关于整全的完备知识,所以,"什么是……"问题的对象依然在所难免地成为问题,就算在某些例子中,我们[6]已最大限度、恰如其分地区分各种存在物,情况也如此。在某种特别的意义上,这也适用于各种德性,尤其是正义。当"什么是……"的提问对象是其他事物时,我们并不想要质疑那个事物的真实存在,但是,在追问德性,尤其是追问正义的过程中,我们意识到,提问能够朝这一更为根本的问题推进。柏拉图的对话充满敬意地记录了一些严肃善思者的意见,他们受引导得出这样的结论,即除了在人的主张(assertion)、愿望或者幻觉(illusion)之中,正义并不存在。他们还受引导得出一个观点:分享和互助的各种原则(据称,若是社会要存活并满足人的最深层的自然需求,这些原则必不可少),事实上总也不过是某些人——有意或无意地——利用另外一些人的机制(mechanisms)。换句话说,这些严肃善思者认为,人们所说的"正义"的存在,就像人们所说的宙斯的存在,仅仅存在于言辞或意见中——在习俗或习惯中——而根本不在自然中或者说不凭靠自然(not…in or by nature)。当我们将正义的理式或正义问题命名为"自然正义"(natural justice)或"自然正确"(natural right)的理式,我们就表达了正义的理式或正义问题的特殊地位:什么东西区分和建构了正义或公义(righteousness)的问题,与是否存在具有这样一种自然本性的事物的问题相随,或至少受后一问题的笼罩。政治思想理所当然地认定正义要么存在要么不存在,并在此基础上进一步澄清"我们所指的正义",就此而言,它仍然尚未达到苏格拉底式政治哲学或辩证法的层面。

那么,根据施特劳斯,正义问题在柏拉图那里有怎样的构想呢?从最完整的意义上来说,正义——按照人们的说法——作为抱负的对象进入人们的眼帘,作为"共同的善",它把人们团结在一个为彼此效力的政治共同体中。的确,大部分情况下,对正义的关切仅限于有关属吾之物(mine)和属汝之物(thine)这样更局部性的问题上。但是,这些问题倚仗于对共同体的各种最高目的这个问题的毫无保留的回答,尽管这一回答未臻精确。在社会生活中,各种要求(requirement)无处不在又有其紧迫性,所以,这些要求乍看之下便表现出成为首要事物——即身体舒适和安全的需求——的最合理的候选资格,但是,凭这些要求还不足以界定上述这些最高目标。人不是一种仅凭有用于生存、健康和物质享受的善安身立命的存在物。当他想方设法满足上述需求时,他总会意识到对他可能采用的手段的神圣约束(sacred restraints)。不仅如此,他还意识到,有时候,放弃或牺牲这些需求的实现是必要的,甚至是值得称许和令人钦佩的。人对德性或卓越的关切支配着其实现方式的选择以及作出牺牲的能力。对上述提到的俗世目标的实现来说,德性确实有用,但它们也被看作自身的目的。德性令人尊敬之处在于持守高贵。正是在此维度上,这些人们所重视的事物——高贵的、[7]不可能转为善或实用的可敬或可贵之物——展现了人之独特的道德存在样式(mode of being)。希腊语中,"kalon"[高贵]一词同时意指"美的",这并非偶然。高贵和美同根同源。我们觉得,高贵的东西最值得或适宜装饰和珍藏;另一方面,我们也觉得,由装饰带来的或"审美的"愉悦需要一种只与高贵之物产生联系的严肃感。因此,kalon[高贵]在艺匠们(artists),尤其是诗人们——demiourgoi[工匠们],最高等级的"公共劳动者"(the "public workers")——的作品中实现了自身(come into its own)。正是在那里,一个民族以最悠然和最不含糊的方式,明察了它敬重何种类型的人。然而,德性在艺匠的"模仿"中所展现出独特的光彩,这并不一定有助于清楚地描述高贵。指出高贵或者有德性(virtuous)的特定例子,依然比解释高贵本身是什么简单得多。再者,高贵总是一刻不停地处于论争之中,争议的原由往往不在于怀疑德性是否存在,甚至也不在于大体而言它们是什么:对于诸如勇气、慷慨、智慧、守法等属性(attributes)的高贵性(nobility),已有显著而广泛的共识。论战转向对各种德性的详尽描述(specification),更严重的是,转向各种德性的相对等级(例如,战争的德性对和平的德性,谦卑对骄傲,慷慨和爱闲暇对节俭和勤勉)。这些争执更多地由争相占有稀缺资源的不和所引发,而争执一旦出现,又反过来加剧了这些不和。于是,更具体来说,这些争端演变为关于不同类型和等级的人孰高孰低的争端,而且,他们都宣称自己拥有最高的道德和政治权威:祭司、士兵、商人、小农、贵绅(gentry)、律师、雇工等等,(他们)都为了能在政治次序中占上风而竞争较量。每一个阶层都有自己一整套关于如何恰当安排各种善、如何在共同体内部安排各种生活方式的看法,由此,用柏拉图的话来讲,每一个阶层都被理解为一个具体"政制"(politeia)的代表。不同"政制"之间的冲突,是在所有政治生活根基处的决定性冲突,而在狭隘或者严格的意义上说,柏拉图式政治哲学的目标就是裁断这些冲突。

对这些冲突进行裁断的主要途径是,提出一个单一的标准:"依据自然的最佳政制"(best regime by nature),依据这一标准,可以以明智的折衷来判断、分类从而——在有利情境中——"混合"历史中出现的各种相互竞争的政制。柏拉图在《法义》中,在这部他"最政治的作品",或者说,其实也是"他仅有的政治作品"中("《王制》事实上并没有展现最佳的政治秩序,而是揭示了政治的各种局限、限度以及本性"——*AAPL* 1;参 *CM* 29 和 *WIPP* 29),涉及了对最佳政制的精心阐述。政治哲人通过批判性地诘问历史上公认最受敬重的各种政制的有才干的代言人,通过引发与他们的辩论,[8]尝试揭示最佳政制;政治哲人沿着这些代言人的自相矛盾和缺陷表面上所指示的方向,寻找超越他们的途径。因此,柏拉图式政治哲人以一种不同于当今社会科学家或者"现代"哲人们——比如霍布斯或黑格尔——的方式,扮演着"裁决者"(umpire)或者治邦者们(statesmen)和奠基者们(founders)的导师的角色。柏拉图式政治哲人并不始于"方法论的"或"认识论的"考量。他并不试图从"抽象"移步至"具体"。相反,他尽量以一个精明的实践中的治邦者的眼光打量事物并用其语言说话,但他看得更远,也更精确地描述存在之物以及可能生成之物。柏拉图式政治哲人甚至尽量保护这样一种治邦者的视角免受令人费解的提问所歪曲,而这些提问往往来自世故老练的(sophisticated)①成人,以及那些要么缺乏公共精神,要么缺乏治邦者的第一手经验的年轻人(*WIPP* 27 – 29)。

但是,这意味着:(1)柏拉图式政治哲人选取了治邦者的视角,这是一个自觉的决定;(2)他从一个非常不同于治邦者的视角作出他的决定;(3)在严格的意义上说,成为"政治"哲人这一决定,需要对哲人视野的故意限制(narrowing)和"模糊"(dimming)(*WIPP* 32)。尽管亚里士多德和柏拉图都成功地实现了一种(在事后)看来是连续的甚至"自然的"上升——从治邦者的远见(outlook)上升至哲人的远见,我们却万万不能受此表象欺骗而料想政治哲学就真的肇始于治邦者之间的纷争。此外,我们也不应该任由自己跌入一个理解的误区,认为柏拉图的政治哲人是治邦者与立法者的某种延续或更高样态(superior version)(*AAPL* 106;*OT* 212)。施特劳斯一直不厌其烦地提醒他的读者,"摆在哲人面前最令人不知所措、有待解决的种种困难,都会指向一种针对政治事务的严肃专注",或者"苏格拉底本人,政治哲学的始祖,在转向政治哲学以前,正是以哲人的身份著称"这一事实(*WIPP* 92)。施特劳斯绝非仅仅把苏格拉底的这段生平,看作是一个历史的意外或偶然。相反,在施特劳斯看来,苏格拉底的生活象征了一个永恒的真理——哲学并非"自然地"是政治的,哲学必须"被迫地"把注意力转向"属人事物",转向"正义且高贵的事物"(*CM* 13 – 14;参 124 – 125,127 – 128)。②于是,施特劳斯称之为"苏格拉底问题"的问题,首先与"前苏格拉底哲学何以能够(able)或被迫摆脱政治哲学"的问题相关,然后才[9]涉及柏拉图的苏格拉底和色诺芬的苏格拉底何以有能力(ena-

---

①　[译按]从字面来看,这个词同时有"富有智术"的意思。

②　施特劳斯曾针对霍布斯作出的其中一条最严厉的批评是:"霍布斯未加审查就接受了这样的观点,即政治哲学或政治科学是可能或必需的。"(*NRH*167)霍布斯由此显示了,从最开始,他便未对根本问题予以充分关注。

bled)或被迫建立"政治的"哲学(SA 3 - 8,314)。如果出现一种对正义问题的真正理解,那么,上述问题必定会迎刃而解——这些问题指向有关哲学生活的本性的两种备选的(alternative)构想。哲学被理解为一种凭自身的资格而取得的独特的卓越形式,它的出现彻底改变了我们对属人之善(the good for man)的理解,从而改变了我们对共同的善(common good)的理解。由此,起码在柏拉图和色诺芬看来,哲学并非仅仅是某种最强大的器具(instrument),它帮助人——"政治的动物"——深化政治社会对正义和高贵的诉求。只要我们仍试图简单地把哲学想象为一种思考方法,或者一堆智性工具,乃至一种在"整体的世界观"(total world - view)中达至巅峰的最全面的沉思方式,我们就无法充分地把握住施特劳斯——他追随着柏拉图和色诺芬——所谓的"哲学":哲学首先是一种独特的生活方式;所以,真正的哲人(authentic philosophers)是一类与众不同的人(WIPP 91)。为了避免误解,还得马上补充一句,"这样的人凤毛麟角,我们不大可能在课堂上遇到他们中的任何一个,我们也不大可能在任何地方遇到他们中的任何一个。若是一个时代有一个这样的人活着,那是好运(good luck)使然"。因此,退一万步说,"指望哲学系的同仁成为哲人,就像指望艺术系的同仁成为艺术家一样,荒谬至极"(LAM[《古今自由主义》]3,7)。

苏格拉底问题

在《自然正确与历史》(Natural Right and History)中,施特劳斯并未声称自己充分解读了苏格拉底的生活方式(特别参见页 142,145 - 146,151 - 152)。在探讨"古典式自然正确"时,他就开宗明义,"完整地理解古典式自然正确的学说,需要完整地理解苏格拉底造成的思想转变",但他随即坦陈,"我们无法自如地把握这样一种理解"。很难说清施特劳斯在多大程度上认为自己已经在往后的岁月中弥补了这个遗憾。但可以肯定的是,二十年后施特劳斯开始相信,本来可以以增修的形式重写这本书。二十年间,他不断"深化"自己对"自然正确与历史"的理解。显然,促成这种深化的关键,是他"对'古典式自然正确',尤其是'苏格拉底'研究的专注"("第七次重印本序言")。本书明显地延续了这种对苏格拉底的"专注"——不仅在那些讨论《苏格拉底的申辩》(*Apology of Socrates*)、《忒阿格斯》(*Theages*)、《克力同》(*Crito*)以及《欧蒂德谟》(*Euthydemus*)的篇章中,还在其它一些不那么惹人注意的篇章中。施特劳斯早已道破一个事实,即[10]《苏格拉底的申辩》——它最全面且公开地展示了苏格拉底的整个生活以及生活方式——凸显了苏格拉底成熟的思想或行动与他早期对自然和修辞术的研究之间关系的复杂品质。苏格拉底一开始便坚称,这次官方起诉来源于一个更早的、非官方却远为危险的指控,正是它,将他与其他哲人直接联系起来。在第一个指控产生时,他就强调谐剧诗人阿里斯多芬的重要地位。但是,正如施特劳斯表明,苏格拉底口口声声说自己在驳斥"第一位原告",但是他的斥辞太暧昧太薄弱,因此,真正留个心眼的读者(the attentive reader)必然会更加惊奇,而非就此罢休。正是受这份惊奇驱使,施特劳斯聚精会神地研习《申辩》,为了理解施特劳斯高度精炼的《申辩》研习背靠的种种因由(background),眼下,扼要地归纳一下施特劳斯之前对涉及哲学从前哲学生活中突然爆发的各种因由所作的思索——如果这不是必不可少的话——也是大有裨益。

哲学与诗之争

　　通过对可循迹象的长期研究,施特劳斯得出结论,哲学起初就表现出对公民社会(civil society)精神权威的彻底的——即便是无声的——

反叛(*NRH*,第三章)。不同社会之间或内部对正义和高贵的品质争论不休,而沉思这些看上去永无休止的纷争,为上述反叛埋下了伏笔。这是一些令人不安的想法,与此相关联的是:无论人们相信什么东西是高贵的,他们遭遇到了两难引发的疑虑。高贵与善(快乐,有用,健康)之间的关系似乎总是成问题的。当德性必然导致痛苦的牺牲时,它似乎闪耀出自己最纯然的高贵之光。然而,我们发现,对人来说,完整的善——包含却又超越德性的真正的善——就是幸福。于是,德性与善之间必定存在某种正面的关联,但是,这种关联能是什么?再者,我们崇敬有德者(the virtuous),不仅因为他们有纯洁的意图,还因为他们有可靠的成就——除了被理解为高贵以外,德性也被理解为好的或者有用的。诚然,只有当德性着眼于它所意求的(intended)成就时,它才似乎找到标准:结束战争的需求指导勇敢,健康的需求指导节制,潜在的接受者(recipients)的需求指导慷慨,诸如此类。但是,通过它的极其有用性(very usefulness),通过以此方式受到限制,德性总是近乎成为——即便不是一种纯粹手段——某种具有从属价值的东西。

哲学出现以前,这一类问题的回答会诉诸远古(祖先)或神(divinity)。一个民族的律法和习俗里面会有关于是非正误的原则,这些原则之为好,乃在于它们是古老的;而古老的东西之为好,乃在于它指向[11]上帝或者诸神——他们要么创造了最古老的那批祖先,要么曾对他们说话,要么其实就是这些人。神圣者(the divine)是不朽的,此外,它要么是全能的,要么至少有异乎寻常的力量。神圣者用它的力量维持正义与高贵,但没有人知道它是怎样维持的。尽管它未能完全解决人性中道德存在的悖论,它还是允许[人类]瞧一眼那个使人改头换面(transfigure)的王国,从而[让他们]有一个模糊的认识,为什么人的生命只能实现一种修剪过的(truncated)、反射的(reflected)完美。人接近神圣者的有限途径,主要在于古代的神圣典籍和受激发的先知般的人所作的赞歌(songs),尤其是在希腊人中,正是那些受缪斯女神激发的诗人们揭示了诸神的道路,他们也由此被赠予拥有智慧的荣誉。

有些人发现,诗人、歌者或先知的传言(pronouncements)不仅没有消除,反而放大和复杂化了那些道德难题,正是这样的人们预示了(foreshadow)哲人[的出现]。对这些人而言,有关上帝或诸神的记载(accounts)只不过使下列事实更加显明,即人所需要的答案与各种最高权威所表现出的任意性及不光彩的不一致之间存在着令人困扰的失衡。当这些满腹狐疑的人不再寻求诗人或先知智慧中更甘饴的源泉,却反过来揭示自然的标准,并最终用之评判诗人的作品时,哲学本身便诞生了。对自然的发现来自毫不妥协地坚持下述两种区分:第一,区分基于传闻的知识与源自人人可得的经验的知识;第二,区分产生自想象的属人技巧(artifice)的事物与自为存在或自为成长的事物(包括人及其建构技巧的能力)。依据自然的东西有别于依据技巧或依据习俗的东西,从这一区分的角度来看,诸神似乎不过是诗人们及其支持者或听众的虚构(fictions)。信仰诸神被视为会蒙蔽人的眼睛,使他看不到那些经由合理的解读而指向关于事物真正原因的知识的蛛丝马迹。尤其是,因为人的骨子里——他们那些自然的,而非简单地想象出来的需求和愿望里——缺乏正义与高贵,所以人需要诸神扶持自己的高贵和正义,这样的假设似乎言之凿凿。毕竟,个人的享乐、安全和舒适,而非高贵,才是人类共同追求和需要的东西。但人还是关切高贵,着眼于关于高贵的起源的思索,最能说明这一点。于是,人意识到,在所有的可能性中,高贵是原始人在半意识(semiconscious)状态下的发明(invention),他们聚群而居,并逐渐设计出世俗社会,以更大地满足自己的个人利益。在这个进程中,他们发现,有必要通过歌功颂德、授予荣誉和形成习惯(habituation)的方式,鼓励他们中的部分人为了其他人的好而牺牲自己原初的、自然的好。漫长的年代过去了,[12]习俗的力量也塑成了,对持守高贵或至少不低鄙的关切获得了如此巨大的力量,以至于它现在已能和人的自然、自发和非发明的欲望相抗衡,并且致使那自然地服务于和引导后者的算计(calculation)混乱不堪。然而,通过鞭辟入里、寸步不让的思索以及钢铁般的自律,一些人能够从意见的支配下解放出来,并学会在追求真正和内在的纯然愉悦中满足自己。因自然使然,人确实需要社会的协助,故真正的自由者会继续居于其中并受益于他那些受骗的邻人,然而,在精神上,他将过着离群索居的生活。

很多人听了哲人的教导,并且受其左右,便匆匆下结论,认为最好的生活按其自然就是僭主(tyrant)的生活,他为了获取荣誉和享受奢华而统治他的臣民。但是,哲人自身对待荣誉和奢华的需求,就像他们对待关于诸神和来世的神话的需求一样,都视其如敝屣,对他们来说,僭主就好比一个把精力和心思耗费在主人身上的奴隶。按其自然,人只有极少的物质需求,而明白这一点的人才能够把他的大部分生命投入到最真实的愉悦中——这是不受每个幻念和错误希望所束缚的思之愉悦,从而沐浴在由日渐增多的关于事物颠扑不灭的自然知识所散发的柔光中。

哲人对神的智慧、诗人的智慧的这种重大反叛并非无人置理(go unanswered)。就柏拉图笔下的苏格拉底称之为"哲学与诗之间的古老纷争"(《王制》607b)而言,我们可以获取的最重要的文献便是阿里斯托芬的谐剧《云》(The Clouds)———一部恰好只把矛头直接指向苏格拉底本人的作品。从施特劳斯完满呈现的阿里斯托芬对哲学的批评中,我们只满足于提取三个突出的要点。第一,哲人荒唐地(absurdly)缺乏审慎或曰实践智慧。一方面,他指望城邦和家庭的守法与得体(decence),另一方面,他却散播一些对开化(civilized)社会的不可取代的道德根基来说有侵蚀作用的教导。哲人尝试通过一些微妙的修辞掩盖自己的真正的学说,从而保护自己和自己的伙伴,但这些尝试却通通不够充分。这种不充分的主要理由可见于哲人的第二种巨大失败中:对于人类灵魂及其显著的异质性(heterogeneity),哲人表现出一种可笑的无知。最重要的是,这位哲人对自己的灵魂及其需要一无所知。他死

死盯着天上的东西,痴迷于揭开宇宙的奥秘,至于对那将他领向或者有
益于他追寻事物原因的东西,他却不闻不问。只要哲人的灵魂确实对
爱——爱享乐、爱美或者高贵——无动于衷,他就会缺乏一种至关重要
的意识,否则,他就是压抑并升华了自己的部分意识,从而浑然不觉自
己已经支离破碎了。再[13]者,关于对学生、崇拜者和朋友的需要,或
者由此衍生的对城邦福祉及其公民教育(civic education)、家庭教养的
必要归属,他也从来没有给予足够的反思。然而,对施特劳斯来说——
即便不是对阿里斯托芬本人来说——上述两条批评带来了第三个甚至
更严峻的挑战。苏格拉底否定宙斯的存在,而阿里斯托芬表明,这种亵
渎的背后,有一种十足的无神论——从某些方面来说,一种甚至比"前
苏格拉底"哲人——如帕默尼德和恩培多克勒——还要激进的无神论
(SA[《苏格拉底与阿里斯托芬》]173)。鉴于苏格拉底对灵魂一无所
知,那么,他的宇宙论——不管它多有道理——能够为这种无神论提供
有效依据吗?或者,苏格拉底的无神论及其对神法的轻蔑,难道不是他
自己大言不惭的吹嘘?事实就是,哲人宣称的自然知识(最多)以对事
物根源的勉强能自圆其说和非常不完全的假设告终。于是,对人来说,
宇宙论不过是让对整全的终极意义上的不可破译显得更清晰可辨或更
有可能。因此,不但神的存在问题仍然悬而未决,神或诸神的本性——
或者说得更谨慎些,神或诸神的"神性"(godness)——问题也如此(SA
52–53,313)。当阿里斯托芬以诗人尤其是谐剧诗人的代表身份,声明
自己在智慧上占优势时,他的道德说教(moralism)不着痕迹:因为他认
可并分享真正的哲人(the philosopher)对独立于城邦意见的渴望。事
实上,在哲人(philosophers)遭遇失败的地方,诗人阿里斯托芬获得了成
功。之所以如此,理由是他懂得真正的人之独立的限度。这位谐剧诗
人可以公开嘲弄城邦的种种信念,是因为他表明自己最终对这些信念
的某种方式(version)有一种真正的敬意。他嘲讽城邦对诸神的信仰以
及在此信仰中表达的希望和渴慕,但是他这样做的时候,并未假装自己

完全不具有那些希望和渴慕,也非径直否定神圣者的存在——不管神
圣者是否可能希望,或者允许其名时不常地被人挂在嘴边。

苏格拉底的转向

　　施特劳斯确信,要理解柏拉图和色诺芬的作品,关键在于认识到,
这些作品在某种程度上意在回应阿里斯多芬对哲学的有力攻击。[他
们的]回应对[阿里斯托芬的攻击]作出大量让步。换句话说,柏拉图
和色诺芬凭借从阿里斯托芬那里学来的东西,捍卫的是一种已获更改
的对哲学生活的构想,他们描绘了一个"变得美而崭新的苏格拉底"
([柏拉图]《书简二》[*Second Letter*]314c)。然而,人们越是察其纹理,
就越难准确地说出这种崭新究竟所系何处。解读《申辩》的过程中,施
特劳斯指出,人们视苏格拉底为"邦民—哲人"(citizen - philoso-
pher)——这是人们对他的第一印象或者至少是一直流传下来的印象,
有必要对这一印象予以重大限定(参见 *NRH*[14]120 - 121;*LAM* 269)。
成熟的、柏拉图笔下的苏格拉底并未抛弃对一种究问式生活(a life of
inquiry)的拳拳之忠,以致他看上去极其奇怪——甚至不近人情(inhu-
man)(31b)。他没有作为一个启蒙的领导者,或作为一个积极的追随
者,甚或作为一个与政治相关的顾问、评论者或史家重返寻常邦民群体
(the regular citizenry)。柏拉图笔下的苏格拉底也不曾当邦民德性(civ-
ic virtue)的教诲师(由此,他坚称,对于那些围在他身边听他"谈论和操
心我自己的事情"的人,他们的品行(morals)如何,他概不负责——见
33a)。
　　有一点是崭新的,即苏格拉底力陈,依照城邦及其道德—宗教信念
所能接纳的标准,他那特立独行的生活方式必定是可以得到正当辩护
的。然则,在展示这一正当辩护的过程中,他却不局限于表明,自己如

何像"牛虻"般地再次呼吁城邦把目光投向它自身认定的最高抱负。他接着说,自己的生活其实就是无法企及的人类生存之巅(the summit of human existence)——那些好邦民、贤人(gentlemen)或虔诚之人或多或少总会不知不觉地(unknowingly)朝它抬头仰望(38a)。通过重新解释传统——包括它最伟大的英雄(阿基琉斯[Achilles])和它于彼时最重要的喉舌(德尔斐神谕),苏格拉底支持或者导致了施特劳斯所称的这一"重大命题"(this "momentous statement")。有人也许会认为,柏拉图把哲人的诸神糅入诗教传统的诸神。他确实坚称,一个像苏格拉底那样活着的人是最受诸神眷顾的人。这似乎就是柏拉图式哲人辅助城邦和在城邦面前为自我正名的首要方式:陈述真正的哲人生活——或者那种生活在言辞中的高贵形象,并以此为唯一在别的方面未被意识到的标准,而据此标准,何谓正义、何谓高贵的纷争得以公断,高贵与善(及与幸福)之间的关系也得以澄清。各种道德的德性最终将在以下事实中获取自身的尊严,即它们可以被当作哲学生活的近亲、模糊反映甚至是某种程度上的开端。恰在此处,我们找到了柏拉图和亚里士多德在定位和阐明政治德性和道德德性时所安靠的最深根基。他们并不否认,那些德性体现为它们自身中高贵的目的,但是,他们质疑,如果哲人无法设想道德提升以某种方式预兆了他那些类似神的(quasi‐divine)经验和愉悦,道德提升还能否一直保持。然而,如果答案是肯定的,甚至如果存在一种可能性,即真正的哲学生活就是人类存在的启明星,那么,对于我们如何理解那种生活,超越陈规腐见就变得更加迫在眉睫了。

至此,有人可能会得出下面的结论,即柏拉图笔下的苏格拉底带来的思想革命,更多的是试图改变那些支撑世俗社会各种信念(beliefs)的本性,而非仅仅改变哲人的生活和信念。但是,苏格拉底一刻也不曾设想,道德德性和政治德性能变为哲学的德性,或者说,一个健康的社会能变得理性,从而不再是一个[15]"封闭"的(closed)社会。他知道,他至多只能寄望于成功地诱使一小群非哲人(也就是贤人或者城邦的

"真正的护卫者")对哲学的某种诗性形象表示尊敬。崭新的苏格拉底学会了阿里斯托芬想要教给他的政治和灵魂上的审慎。他已经认识到自己对那些非哲学的人的多重依赖(既有爱欲方面的,也有理性算计方面的),因此,他承认那条不成文的、自然的法则(law),也正是这条法则,强迫他去关注他们所关注的事情。当然,这意味着哲学生活的内容必须经受巨大的变动:对于那些他从来没想过要与之分享哲学的友谊,或教给他些什么东西的人,苏格拉底必须赞同甚至走进他们的生活。这种巨大变动最显著的标志就是,崭新的苏格拉底成家了,并育有儿女。

确实,苏格拉底表现为一个并不那么殷勤的丈夫或父亲。在色诺芬笔下,那是一场谐剧式的婚姻,甚至"用不着把克姗蒂珀(Xanthippe)的丈夫算作一位有妇之夫"(*OT* 210,221;*XS* 41 – 42,147,178;*XSD* 132以下)——而按施特劳斯的分析,色诺芬以苏格拉底的婚姻暗喻苏格拉底与城邦的关系。类似地,那部"柏拉图关于政治的唯一对话"[译按:指《法义》],是仅有的苏格拉底在对话中彻底缺席的对话。但是,当施特劳斯强调《法义》属于"次苏格拉底作品"(sub – Socratic)时,他同时还通过疏解《克力同》,论证苏格拉底的缺席并没有像乍一看时那么"彻底"(参本书的第二章,以及 *WIPP* 31 – 33;*AAPL* 2)。施特劳斯在此表明,正是《克力同》给我们上了最生动的一课,它告诉我们,柏拉图式政治哲人是如何对待甚至关爱那些对哲学毫无兴趣或者没有哲学前途的邦民同胞(fellow citizens)的。一直以来,施特劳斯都坚持说,除非一开始就进入柏拉图对话的戏剧场景,细察那些与苏格拉底相遇的人物或者人物类型,从而洞悉由那些相遇揭示出来的哲学冲动(the philo-sophic impulse)在人类生存的整个经世[图景](economy)中所处的位置,否则,人们连一部柏拉图对话都不能理解。克力同(Crito)代表了真正(the)非爱欲或曰平庸的灵魂,那个不能被虔诚、诗歌以及奇迹所深深感动和触动的灵魂。正是首先考虑到了这样一类人,柏拉图得以发展出人们所称的"法定义务学说"(the doctrine of legal obligation),或者,更好的表述是,柏拉图得以发展出他有关在绝大部分可得的合法政制中守法的最合理基础的观点。施特劳斯总结道,《克力同》证实了霍布斯在指控苏格拉底及其追随者(例如施特劳斯)为无政府主义者时,"严重地夸大其词"(也就是说,他不仅仅撒了个谎)。

依施特劳斯之见,要完整地理解克力同的品质,并且恰切地评价《克力同》所传达的教诲,人们需要转向唯一有克力同作为谈话者的另一次对话:《欧蒂德谟》。克力同是谁? 在[16]柏拉图笔下他跟苏格拉底有什么关系? 如果我们把目光投向苏格拉底在讲述他跟另外两种类型的人相遇的情境时——这么说,在柏拉图的苏格拉底熟人圈中,克力同和这两种类型的人正好分立等边三角形的三个端点——克力同对此所作的回应,那么上述疑团也就豁然开朗了。从苏格拉底的叙述中,我们听到了他在面对下列两种人时如何行为处事:第一,一个美而前途有望的少男(克雷尼阿斯[Kleinias]);第二,"智术师"运动中两个尤其浅薄的代表人物。这两位智术师,他们一开始显得羞于阐述极限情形(the limit case),或者说赧于揭露智术能够修复全然尽失的严肃性(seriousness)。他们所洋洋得意地教导的那种"德性"是这么一种说话的技艺,它对任何一样有价值的东西都没有明显好处,更遑论人们在政治生活中所期待的言辞和行动。遗憾的是,苏格拉底对这些名声不好的人——他想成为他们的学生——充满了绝对的热忱与叹服。施特劳斯警告真正的读者,不要以为这种热忱"仅仅是反讽",而将其一带而过。同时,他也警告我们,不要过于轻率地接受克里同在听到苏格拉底[对智术师]表达敬意时所流露出的失望之情甚或谴责之意。事实上,《欧蒂德谟》可能提供了一份最醒目的见证,而它所透露的实情(a truth)将使多数人失望,并且有悖于苏格拉底在受审时所作的公开发言中给人留下的印象:柏拉图对话中的场景设置显示出,与治邦者、诗人、工匠和其他阶层中严肃的雅典贤人相比,柏拉图的苏格拉底同异邦智术师以及那些被吸引到他们身边的人进行亲密交谈的场景出现得更频繁(参见 *CM* 页 57)。《欧蒂德谟》的戏剧场景,除此以外还有许多其它对话的戏剧场景,揭露了造成上述癖好的一个主要原因。跟智术师一样,苏格拉底实则对因循守旧的邦民—家长式教育(conventional civic and paternal education)深感不满,并且试图把其中的一些年轻人——尤其是那些真正有才能的——从这种教育的各种刻板影响(deadening effects)中拯救出来。《欧蒂德谟》展示了一个关于苏格拉底规劝的罕见而至关重要的例子:他尝试以这种言辞来考验他的邦民同胞中那些最有前途的小伙子们(sons),然后一方面引导这些小伙子中的一小部分(也许像克雷尼阿斯那样的人)离开政治与家庭,走向他的生活方式,另一方面则节制(moderate)剩下的那些小伙子(比如克忒斯西珀斯[Ctessipos])的"男子气概式"邦民精神,或者使之更为"温和"(gentle)。苏格拉底与智术师的突出差异在于,各式各样的智术师像城邦一样宣称,他们知道何谓德性以及年轻人将如何被导向德性。苏格拉底对这一宣称表示出极大的怀疑,然而,这并未拒斥以下可能性,即在与这些敢于下如此论断的聪明人(intelligent men)的交往中,他仍可能获益良多。上述思考都有助于解释,为什么苏格拉底在《欧蒂德谟》中及在一般情况下,比某些人所希望的更是一位智术师(甚或尤其是那些最不"严肃的"的人们)的辩护者,尽管同时他也试图斥责上述那些智术师,并且建议他们按捺住自己某些不明智的热情。

[17]至此,有一点必然已经显而易见了:肇始于苏格拉底的、崭新的"政治的"哲学探究,前所未有地把注意力聚于精通和实践修辞或交谈的技艺。新哲人敏锐地觉察到,他和他的同类所必须栖身的这个非哲学社会极端地多样化,而与这样一个社会相沟通,是何等的微妙——何等的危险却又何等的富有成效和无可避免。因此,一想到命运(fate)没让施特劳斯完成他那计划好的关于《高尔吉亚》(*Gorgias*)——柏拉图论政治修辞术的至关重要的、唯一的对话——的论文,我们就不

禁哀叹不已。在施特劳斯已出版的作品中,只有少数几处对《高尔吉亚》的评论,据此推测,他的原意可能是要把《高尔吉亚》和《斐德若》(*Phaedrus*)放在一起讨论,因为,依施特劳斯之见,人们只有细心地追踪由这对姊妹篇所呈现的处理方式上的二元化的差别,才能领会柏拉图关于修辞和交谈的教导:亦即私人的、爱欲的修辞与公共的、政治的修辞之间的差别(*NRH* 152 注释;*AAPL* 2,62;*CM* 52 – 53;*WIPP* 299 – 302)。这种两面性与如下两种对话类型之间的两面性密切相关:一种是苏格拉底出于一种根植于其哲学活动核心的自发需要所进行的对话;另一种则是他受必然性或强制——不管它是来自外部还是自身——的牵引所发生的对话。然而,细想一下上述最后一个洞识,我们会发现,在施特劳斯对《克力同》—《欧蒂德谟》这对姊妹篇的诠释中,藏有一条说明性的线索,隐约指向他对《高尔吉亚》—《斐德若》这一组合的想法或洞见。至于其他,与"孩子克雷尼阿斯"的规劝式谈话至少也算是提供了对苏格拉底式爱欲修辞的预先概览。如上所示,这种修辞以施特劳斯所描述的"无情地质问亚里士多德会如何称呼道德德性"为特征。它指向了苏格拉底再三透露的看法:"哲学与政治技艺有不同的目的(ends)",或是"辩证法与王者的技艺之间"存在"天壤之别"。与政治或者王者的技艺截然不同,辩证法这种技艺,利用了数学家和天象学家的发现。

至此,我们不得不正视那个一直逡巡不前的问题:苏格拉底的转向,在哪种程度上影响了苏格拉底哲学探究的内核?毕竟,"柏拉图式政治哲学"的意义正取决于此。不妨暂且回到开端或表面:回到"政治的哲学"这一措词。它表意暧昧,而这种暧昧则贯穿于苏格拉底的思想以及施特劳斯的思想。它也许是指:一种把政治——人类事务、正义而高贵的东西——视为其至关重要的内容的哲学探究;但它也有可能指:一种以政治的(political)或者审慎的(politic)方式继续究问作为整全的自然——包括作为自然的一部分的人——的哲学探究。于后者,

"政治的"(political)[18]一词至少有点儿"贬损的"意涵(*WIPP* 93,注24)。尽管如此,施特劳斯还是认为后者点明了"'政治哲学'的更深用意"(*WIPP* 93 – 94)。由此,可以这样理解施特劳斯:他暗示苏格拉底的转向并未决定性地改变苏格拉底哲学的内核。与此相应,我们发现,施特劳斯——基于他从色诺芬那里所学到的东西——也暗示,当成熟的苏格拉底无需与贤人—邦民待在一起的时候,他就会埋头研究光和各种液体中自相矛盾的性质,以及"存在物是数吗?"这样的问题。比方说,与他研究正义的本性相比,苏格拉底忙于上述研究的时候,会更早、更迅速地丢弃那些以往总是作为他的起点的日常意见(ordinary o-pinions)。正如施特劳斯所言,色诺芬仅仅"指出了苏格拉底生活的旨归(center)——一个因为他给自己设置了限度,所以避而不谈的旨归"。色诺芬以隐喻的方式实现了这一点——比如,色诺芬让敏感且富有爱欲的卡尔米德(Charmides)证实了一个被他在某天无意中发现的真相:苏格拉底喜欢在一个摆着七张睡椅的房间里独舞。这点迹象暗示了那个"进行哲学探索的隐士"、"野蛮人"苏格拉底过着极端"离群索居"的生活,相较之下,色诺芬对苏格拉底的某句话的非隐喻式记录就显得逊色多了。那句话的大意是说,当苏格拉底和"他的好朋友们"聚在一起时,他们会一起研读一些古老的作品——这一活动甚至从未出现在色诺芬的记叙中(*XS* 8 – 9,29 – 30,116 – 117,124,148,159 – 160,169 – 170;*PAW* 136 – 141,下文页 123)。①

然而,至少在我看来,施特劳斯所作的这些解释性的思考并不必然暗含以下推论:当涉及自己的主要研究,即对自然宇宙的研究时,真正的、隐匿的苏格拉底仍大体上是"不讲辩证法的"(undialectical),并坚决不为他的"政治"处境所动。我宁愿这样理解施特劳斯的意思:虽然

---

① [译按]这里提及的下文页码指原文页码,所指文章为"色诺芬的《上行记》"。

苏格拉底在他最深层的思索中保留着一种根本性的离群索居,虽然他也并未拒绝宇宙论,但他还是"创始了一种研究自然之物的新方式——在这种研究中,比方说,正义的本性或理式,或者说自然正确,当然还有人类灵魂的自然本性或人的自然本性,比太阳的自然本性更重要"(*HPP* 5;参见 *XS* 21;SA 314;*CM* 16)。只是,在研究整个宇宙的背景下,人类灵魂的新的重要性(new importance)究竟立基于何处?在柏拉图和色诺芬看来,赫拉克利特(Heraclitus)、帕默尼德(Parmenides)和青年苏格拉底这种等级的思想家们,他们到底缺了哪一种具有决定性意义的思想呢?

神学—政治问题

我无法解答这些问题。我只能提供一些探索性的思考和尝试性的初步回答,我想,它们也许有助于解释,进而确证,本书在论文的拣选[19]和篇目布局上的深意。我将从两个在表面看来不相干的细节开始——布鲁尔(Christopher Bruell)向我指出了它们之间的内在关联——展开论述。首先,我们要注意到,前文所提到的施特劳斯对色诺芬笔下的苏格拉底的解释,几乎都是摘自一部续篇之作——说它是续篇一点儿也不错。这里,续篇指的就是施特劳斯对《齐家》(*Oeconomicus*)的疏解。而按施特劳斯的说法,《齐家》堪称"真正的苏格拉底论说"(the Socratic discourse)。有人可能会据此断定,施特劳斯《齐家》的疏解,堪称真正的施特劳斯论说(*the* Straussian discourse)。①不管怎么

———————

① 进一步的论述,参 Christopher Bruell,"施特劳斯论色诺芬的苏格拉底"(Strauss on Xenophon's Socrates),即将发表于《政治科学评论者》(*Political Science Reviewer*)。

说,《齐家》是最具启示性的色诺芬的苏格拉底作品,理由在于,苏格拉底(向克利托布勒斯[Critobulus],克力同的任性儿子——柏拉图在《欧蒂德谟》中表明,儿子是克力同的主要操心对象)讲述了一次谈话,而正是在发生谈话的那一天,苏格拉底完成了他那著名的转向。那一天,苏格拉底在其哲学生涯中第一次审视了一个自诩要成为完美的贤人(gentleman)的邦民—农夫(citizen - farmer)。他之所以这么做,是指望能发现什么东西构筑起高尚(gentlemanliness)、高贵(nobility)或者品行端正(morality)。随着谈话的推进,("前苏格拉底式的"和"苏格拉底式的")哲人与得体(decent)或高贵的邦民—贤人之间的差异获得了一种前所未见的清晰呈现。当问题涉及对人在整全中位置的理解时,两人之间的差异更是意味深长。那位品行端正的贤人教导说,相较于以某种方式起源于神祇或被注入了神性的"自然"的不成文律法,神圣者(the divine)赋予"自然"以秩序和意义,而如果失去这种秩序和意义,生活和这个世界将对他毫无意义。与此同时,那位高尚之人忍不住透露了那些根深蒂固同时还撑起他的确信(conviction)的渴求或希望:这些"灵魂的"(psychi)需求所倚仗的根柢渐渐清晰,因为谈话揭示,那些声称矗立根柢的论证在逻辑上和经验上都并非无懈可击。至此,苏格拉底借以启悟上述所得的谈话行为,连同他对此启悟的讲述行为,在他本人、像克利托布勒斯这样的年轻人以及沉默的见证者(witness)色诺芬看来,似乎构筑了最卓越的(par excellence)苏格拉底辩证法。

记住这一点,现在,让我们转而进入第二个细节:1965年,施特劳斯曾说,自他写作第一部关于斯宾诺莎的著作以来(也就是他二十五六岁以后),"神学—政治问题就一直是我的探索的唯一主题"(PPH[《霍布斯的政治哲学》]"前言";参 AP[《斯宾诺莎的宗教批判》]自传式前言])。显然,这一声明招致了种种问题。首先,施特劳斯所说的"神学—政治问题"是什么意思? 施特劳斯常常心存感激地援用"神学—政治问题",但它却是取自斯宾诺莎的表述,最简单地说,它意味着理性命题与启示命题之间存在外表上（apparently）无法调和的冲突。施特劳斯最初从斯宾诺莎那里获悉这一冲突，它是一个［20］"神学的"或"哲学的"问题，同样也是一个政治的问题。因为，如果仅仅沿着威廉·詹姆斯（William James）或其他"宗教心理学家"意义上的"宗教经验"路向处理启示，就无法恰如其分地理解启示。启示乃是神法——《托拉》、伊斯兰教法（the *Chari'a*）、"旧律法"（the "Old Law"）以及"新律法"（the "New Law"）—— 向人的权威性披露（authoritative disclosure）；律法的这种统治宣称向整个人类生存——既包括集体的，又包括个体或者家庭的——指明了一个最终的方向。施特劳斯断然否定，神学—政治问题本身是一个仅仅与一神教，或者与真正的圣经宗教（the biblical religions）及其"神圣的"（holy）上帝相伴相生的问题。经由斯宾诺莎，他从迈蒙尼德（Maimonides）并最终从法拉比（Farabi）那里学到：启示的核心在于"先知"这一现象，人类立法者（the human lawgiver）通过先知的口传讲辞或诗歌颂辞，以神圣权威之名，为共同体、某民族或万族（the nation or nations）订立秩序。此外，施特劳斯还从上述几位老师那里学会品鉴阿维森纳（Avicenna）的一句话，并把这句话放在自己最后一本论柏拉图《法义》的书的扉页："《法义》含有……对预言和神法的处理"。施特劳斯并未忽略圣经思想与希腊诗人思想之间的巨大差异，相反，他对之予以挑明和强调，然而，归根结底，他却把这些差异放在了次要的位置。柏拉图与《圣经》之争中最本质的问题，已然现身于柏拉图与诗人之争中，或者说，现身于苏格拉底与伊斯霍马霍斯（Ischomachus）的无声争论中。施特劳斯似乎把犹大·哈列维（Yehuda Halevi）视为犹太教中最直接地反哲学（antiphilosophy）的思想家，他认定哈列维"对哲学基本持否定态度，这种否定并不带有浓重的犹太色彩，甚至说不上带有浓重的宗教色彩，但是，它却是一种道德意义上的否定"。在这点上，施特劳斯也说道："像这样的道德高尚者是潜在的信仰者"（强调为笔者所加；*PAW*［《迫害与写作技艺》］140 – 141）。

那么，为什么神学—政治问题，像施特劳斯所理解的那样，主导了柏拉图式政治哲学的规划？而神学—政治问题又呈现为何种形式呢？在我看来，为了最大限度地缩短我们与答案之间的距离，必须回到一开始的话题。根据施特劳斯的解释，理式学说是关于人类知识的学说，它阐明的并不是人类知识的各种各样明确的（康德意义上的）限度（limits），而是人类知识的根本切实的局限性（limitedness）。正如苏格拉底在《忒阿格斯》（*Theages*）和《会饮》（*Symposium*）中所言，认识理式，不过意味着只在一个小小的领域里成为专家：在关于爱欲事务（erotics）或者爱的事务（love matters）的问题上，在意识到人类处境的需求特征（neediness）上。但是，这样一种专门的技艺（expertise），比如《申辩》中的苏格拉底所拥有的技艺，是"某种智慧"（a "certain wisdom"），或者甚至可以说，"属人智慧"（human wisdom）。懂得人还没有满意地解答那些最重要的问题，懂得人只不过是多少获得了一些关于正义和高贵的坚实意见（solid opinions［doxai］）。这都相当于懂得，人已经从那个远为无知的早期处境开始向前；相当于懂得，这种前进充满了一种形虽简陋，意蕴却深的愉悦；一言以蔽之，就是懂得，最[21]迫切之事乃是沿此方向一路往前。然而，这意味着，人已然握有这个对人类来说最重要的问题的答案：严格来说，一方面，人无法断言自己认识灵魂的健康、完美以及人的全部满足与幸福，这是一个真命题；另一方面，下述说法亦所言非虚，即人可以合理地声称，自己已认识什么是最可得的或者最可设想的（conceivable），用苏格拉底的谨慎措辞来说，就是对人而言"最大的善"："无独有偶，对一个人来说，最大的善莫过于每天谈论德性，谈论你从我这儿听到的对话，谈论其它关于自我省察和省察他人的事情，而未经省察的生活不值得过"。也许可以这么说，除了哲人以外，所有人的生活要么是悲剧，要么是喜剧，要么就是悲喜参半：在那些最重要的事情上，其余的人都不过是一群受骗的自吹自擂之徒，一群如履薄冰之徒，对我们脚踏的东西要么不屑一顾，要么无力顾及。

然而,因为苏格拉底所表述的人类智慧略去了德尔斐神谕,所以,它仍不完整。姑且不论苏格拉底的神谕传说(tale)有什么深意,但在柏拉图笔下,它确实至少传达了如下信息:苏格拉底的转向牵涉到他倾听具有权威性的虔诚(authoritative piety)的声音,这是一种崭新的(new)倾听;那声音诉说着人类知识的微不足道,他严肃地听着,比之前的任何一个人都要严肃——苏格拉底要么严肃地拒绝接受它,要么严肃地拒绝忽略它或绕过它,而代之以——用他自己的话说——"反驳"它的尝试。在这种尝试性的反驳中,苏格拉底逐渐明确了自己有一种独特的智慧,与此同时,他也逐渐生发出对神谕正确性的信赖(也就是说,因为神谕不得不或者被迫起用苏格拉底充当它的解释者和辩护人)。我试着用非隐喻的(unmetaphorical)语言来说明这一点。显然,苏格拉底作为就人而言的"至善者"(the "greatest good" for man)的地位表面上固若金汤,但是,恰恰有另外一群声称自己受先知式灵感引导的聪明人(intelligent men),他们似乎攻破了这个堡垒。平心而论,在苏格拉底的提问下,他们的声称暴露出自己完全缺乏充足的理由,但他们却不感到一丝的羞愧。虔诚不会佯称自己的根柢立于那些对无所依凭的(unassisted)人类理性和经验来说是可理解的东西之上。虔诚诉诸一个存在者、一个领域以及那些借助哲人称为"奇迹的"或者"超自然的"形式而存在或实现的经验。面对这样一种诉求或者声称,哲学似乎真的感到难堪。不管哪个哲人试着作出什么样的反驳——反驳启示的声称,进而反驳启示的诫命,哪怕是启示的最"原教旨主义式"的解释,结果都要么以失败告终,要么就被证明深陷逻辑谬误的漩涡中。在每一种情况下,哲人都不可避免地需要把他所要论证的结论视作某个前提,并以此踏出第一步。无论如何,哲人总是假设他的人类理性能够排除,或者至少发现,他称为"奇迹"之物的确定界限(新达尔文主义者们试图限制对知识的拥有权[claims to knowledge],[22]从而限制年轻人,所谓"创世论者",接受教育的途径,这种尝试是对理性主义在上述情况中遭遇崩溃后表现出的咆哮和非科学的义愤的十足的当代事例)。现在,正如施特劳斯惯于指出的那样,只存在一种不容置疑的、合乎逻辑的进程,通过它,哲人能够对虔诚的或者启示的声称作出决定性的反驳——这将使他得以搁置这一争议而潜心于自己的事务:他能够表明,原则上,对于整个宇宙中的每一事物何以且何故是其所是(is as it is)以及为其所为(behaves as it does)这样的问题,他有一套清楚而详尽的解答。那时,也只有到了那时,他才能够诚实地宣告他有以下认识,即奇迹之事决不能够以可设想或不可设想的方式突然改变每一事物乃至任意事物。成熟的苏格拉底不仅认识到,这样一种对事物的全面解释并不能为人所把握,而且认识到,哲学的权利要求(the claims of philosophy)这一事实会造成骇人的后果,而以前的哲人从未认识到这些。这一处境似乎暗含了以下内容,即哲人拒绝遵守神法,也拒绝把自己的思考锁定在效劳神法上——他否定启示而赞同理性,这终归是一种根植于信仰、根植于主观意志或决断的行为,而不是根植于理智的拒绝。哲学以及哲学生活的根柢并不优于虔诚,而[哲学以及哲学生活]基本上可以说是虔诚的一种变体。但是,如此一来,哲学就陷入了自相矛盾的境地:哲学断言生活可以并且必须以理性为基础,然而,这一断言本身却不以理性为基础。宗教的虔诚坦承自身在智识上的局限,皈依和顺服超越者和至上者(the beyond and the above),对于信仰经验的意义,它似乎接纳得更心悦诚服,思考得更周全,也理解得更透彻。不仅如此,宗教的虔诚似乎更亲近种种关乎对与错(right and wrong)的朴素而原始的经验——它们是哲人的属人性(humanity)以及他深切关注寻找正确的生活之路的根基。此时,哲学就显得像是虔诚的一种退化形式——满腹牢骚,浅薄寡识,自视过高而且缺乏足够的自我省察(MITP;参见本书第七章以及第十二章的开头部分)。

正是如此意义的神学—政治问题,迫使它自身永恒地处于苏格拉底式哲人视野的中心。要使过哲人般的生活这一选择本身不再单纯是一种信仰行为(an act of faith)或一种意志行为(an act of will),当且仅当这种选择像一个专心致志于对信仰现象和信仰论证(the arguments of faith)进行严肃审查的哲人那样活着:也就是说,当且仅当这位哲人从未完全终止以对话的方式细察那些以最权威和最不可抗拒的方式表述忠诚宣言的人们,当且仅当,通过那种刨根究底式的探究(perscrutation),他一次又一次让自己和他人感到满意地表明,他对各种道德经验(这些道德经验在虔诚者看来乃是最重要的经验)有一种虽非定论的但更完整的解释。这些对话的主题总是以某种方式与人类灵魂和灵魂的各种需求或渴求相关,[23]虔诚者认为,它们向我们暗示了神的存在。在考察灵魂的各种需求时,哲人免不了要考察自己灵魂的各种需求,他必须试着去充分了解那些可能隐而不见的、关于高贵和善的预设,它们也许构成了一种未经审查的、激发他的哲学探索热情的"信仰"。①简而言之,他必须成为一位甚至更为精妙却也不失开明的爱欲专家。虽然,苏格拉底也许频繁地,甚至长时间地倾其心思探讨那些远离人世的问题,但是,他渴望知道灵魂的各种需求,渴望知道那些需求以何种方式塑造一般而言的他的惊奇,他似乎一刻也不能将这些问题抛诸脑后。

结　语

　　辩证法的本性(nature)处于柏拉图政治哲学的核心,对此无疑还有很多可以阐述的东西。但是,先前寻找施特劳斯的论证脉络(nerve)的尝试则表明,在他看来,柏拉图式哲人把自己相当大的一部分精力都

---

　　① 参 Christopher Bruell "论政治哲学的原初意义:对柏拉图《情敌》的解释"(On the Original Meaning of Political Philosophy:An Interpretation of Plato's *Lover*),见《柏拉图短篇对话》(*Shorter Dialogues of Plato*),Thomas Pangle 编(即出)。

花在一种谨慎勤勉的、批判式的检审上，而检审的对象，则是各种形式的虔诚的有才智的代言人和研习者。相应地，我们发现，论述柏拉图的篇章之后紧跟着的，就是对修昔底德就希腊诸神及其索要的虔敬所说东西的思索或再思索。施特劳斯继而着手讨论关于苏格拉底的准自传式（quasi - autobiographical）的杰作，在这些作品中，苏格拉底使自己最为直接和有力地卷入到由对这些神或其他非希腊的诸神的信仰所支配的政治世界当中。我猜测，施特劳斯在这两篇论文中强加给读者的那种对专注、仔细阅读以及提问式思想的极大要求，在一定程度上是有意为之，其目的是帮助我们意识到，如果我们要重新获得那些在苏格拉底式哲学与政治、道德和信仰的"自然的"或者说前哲学的生活—世界的对抗中存亡攸关的原初问题，我们必须作出努力。柏拉图并未精确地预告他的修辞术会以何种方式展开和扩大，但它的真正成功，却有助于使得那些永恒的问题，如同柏拉图所构想的那样，有可能变得隐匿晦涩（overlain and obscured）。当然，有时候使思想的新沉淀物沉淀下来的东西是一种全新的神学—政治理解，这种理解振振有辞地宣称自己优于柏拉图（即便它只不过是柏拉图思想的延续）。在这样的情况下，一个以柏拉图的方式进行哲学探索的人必须严肃地表达与对待上述宣称。因此，在第五篇文章中，施特劳斯提供了一份导言式的综览，它概述了那种思考方式的诸多形式，而这种思考方式正是柏拉图—色诺芬笔下的苏格拉底的最长寿的——或许也是最有力的——继子或对手：自然法传[24]统。这一思考方式曾经有过两次高潮，其中一个就出现在最伟大的基督教政治神学家的著作中。因此，对自然法的考察同时也是施特劳斯对基督教企图调和与吸纳哲学[这一尝试]的考察。

以自然法为起点，施特劳斯上升至一种他认为是由启示提出的、最为深刻与不妥协的哲学替代形式：[上升至]他祖先的信仰的根源（the source of the faith），[上升至]《托拉》。施特劳斯对"耶路撒冷与雅典互不相容的各种主张"的"初步反思"，似乎构成了他处理苏格拉底哲学与圣经预言之间的对话时所展现的至少是具有核心意义的最初步骤。在此,施特劳斯以一种与我们的历史时代相适宜的方式,跟踪由犹太教中的柏拉图门徒迈蒙尼德(Maimonides)所留下的足迹(参 FP["法拉比的柏拉图"]357 - 360;QR["简释迈蒙尼德和法拉比的政治学"]1 - 6)。随后的篇章就是明证,对施特劳斯来说,与圣经的相遇从未远离他对这位犹太人最高导师著作所作的"持续更新"的反思。跟迈蒙尼德一样,施特劳斯在自己与先知们的对话中挑明,假定只能在委身(commitment)或决断(decision)的层面上在理性与信仰之间作出选择,这是错误的。此外,在这篇文章中,施特劳斯实际上 ad oculos[以可见的方式]证明了,苏格拉底式哲学完全有能力面对圣经信仰,而无需来自其后"思想史"的任何补充。其实,施特劳斯表明,由苏格拉底辩证法提供的方法手段,决定性地优于现代神学、哲学、语言学以及科学在进行"圣经批判"时所使用的方法手段,后者在某种程度上阻碍了一种面对先知所传达的讯息时采取的真正心灵开放的(open - minded)赞同乃至论争。附带值得一提的是,这篇文章由此提供了施特劳斯对奠定海德格尔与尼采[思想]基础的历史主义的其中一个最为重要的批判或辩驳。

　　然而,施特劳斯并未到达那个位置——从这一位置出发,他无需他的那些批判对象的重要帮助就能够提出这一批判。如果施特劳斯未曾根本地质询过所有现代学术与科学理性主义的那些最神圣的前提,他就不会发现布设在《迷途指津》(The Guide of the Perplexed)后面的隐匿的地图。这里,施特劳斯提醒我们,柯亨(Hermann Cohen)便是这种现代学术与科学的理性主义的其中一个拥护者,"德国犹太人最伟大的代表及其代言人",而另一方面,"那开启质询的人便是尼采"。

　　尽管如此,这一观察并未解释,甚至并未为我们预备接下来的一段由施特劳斯设定好并领着我们前进的路轨。它没有说明,在施特劳斯最后一部著作的正中心,为什么他似乎中断了自己的中心论题,即柏拉图式理性主义与启示之间的冲突,以面对"尼采最美的著作","唯一一本由尼采本人出版的、在当时的(contemporary)序言中将自己展现为柏拉图的敌人的著作"。对施特劳斯而言,尼采有没有可能在某个决定性的(critical)方面延续和超越了圣经思想?[25]在解读《善恶的彼岸》(*Beyond Good and Evil*)的过程中,施特劳斯将焦点集中于"宗教的本质"(das religiöse Wesen)。他通过以下方式为这种重要性(emphasis)辩护,即表明该书意欲揭示出对尼采而言,

> 在根本上只有两种选择,要么哲学统治宗教,要么宗教统治哲学。这不是如同对柏拉图与亚里士多德而言的那样,在哲学生活与政治生活之间作出选择。

与苏格拉底式哲人(the Socratics)相反,尼采以牺牲政治为代价抬升宗教。尽管这并未走得足够远。施特劳斯很少重复,但是在三页篇幅之内,他重复了以下断言:"权力意志的学说,在某种意义上是对上帝的一种辩白(a vindication of God)"。这使我们想起第一篇文章中一个非常让人震惊的评论。因为,在尝试理解施特劳斯赋予尼采的重要性时,我们一定不能再忽视二十世纪哲学中最深奥的那些组成部分的纲要,施特劳斯正是以此作为本书的开篇。本书是他的封笔之作,就在第一篇文章中,施特劳斯再一次表明,对他而言,海德格尔是我们时代中真正而唯一的思想者(the thinker)。只有在海德格尔的著作中,人们才能找到对以下事实的真正辩护(true justification):"政治哲学已经丧失了它的信誉(credibility)",它已被置换为"意识形态"、"价值判断"或者"这样一种观点,根据它,所有理解与行动的原则都是历史性的"。这种辩护是什么?"海德格尔的作品中没有政治哲学的位置……"理由"可能在于……用于思考的空间都已经挤满了诸神或者那些神"(gods and the gods)。在这个至关重要的方面,就像在其它许多地方一

样,海德格尔似乎再现了他的老师尼采的激进做法。海德格尔和尼采(人们也许会把他们相提并论)带来了一种全新的思考方式:哲学投靠诸神、为诸神——诗人的诸神——辩白,从而试图戏剧性地转化诗人、神和哲人的含义。

如果我没有弄错,施特劳斯有意暗示,海德格尔无可否认的伟大在其表象上被夸大了,理由在于当代理性主义或科学主义的衰败状况,其中,科学主义的各形式都表明它是(取代理性主义的)唯一具有生命力的选择。对于当代最值得尊敬的理性主义形式,即胡塞尔(Husserl)的"作为严格的科学"(philosophy as rigorous science),上述说法甚至也为真。直至其生命末期,胡塞尔才开始瞥见复兴政治哲学的必要并着手探索这一复兴。在第一篇文章里,施特劳斯表明,那种探索非常紧迫——尽管它被证明是不合时宜的,因为它铺陈了其后各章所要显示的真诚思虑的可能性的中肯和急迫的必要:[那就是探索]回到柏拉图式政治哲学的可能性。

除非人们一步一步地回溯,并且不先入为主地评判由马基雅维利肇始的整个政治哲学进化历程,否则,他们就无法理解那突然降临到我们时代中的理性主义的衰退,以及建立在这一理性主义基础上的我们的现代西方文明的最后一束微弱亮光。在最后的四篇文章里,施特劳斯[26]提醒我们注意,并且增加了现代政治哲学的研究,而这些研究构成了他毕生工作的很大部分。在我看来,施特劳斯在论述马基雅维利的那一章就开宗明义:现代哲学的"地基"(bottom),是一种想要解决哲学与信仰之间冲突的可理解的冲动,而它所采取的措施,不是继续那些把哲学置于信仰之下或把信仰置于哲学之下的、看不到尽头而且了无意义的尝试,而是背道而驰,攀越了整个争论所处的层面。于是,现代政治哲学寄予希望:解决那个"曾使西方思想停滞不前的纷争";在基本问题上取得共识从而终止纷争,尔后思想就得以为果敢坚定的行动作出贡献。政治哲学以"政治理论"的面貌获得重生,不多不少,它把自己理解为引导公民(citizens)进行革命或采取法律行为的指南。

鉴于"'选民'观念"似乎恰如其分地定义了犹太民族,它"体现了'马修·阿诺德(Matthew Arnold)所说的犹太人对正确行事的激情与希腊人对正确观念和正确思考的激情之间的差异'",因此,现代哲学的希望与弥赛亚盼望之间存在一种清晰可辨的亲缘关系。在赫尔曼·柯亨——这位目光敏锐而真正高贵的犹太裔康德主义者——笔下,耶路撒冷与雅典有一种全新的、被认为更好的或者"历史地前进式的"大融合,而那种亲缘关系,正是其题中之意。及至末章,施特劳斯重新回到了柯亨,并且饱含敬意却又不失公允地指出,这位先生——在某种意义上他是施特劳斯青年时期的英雄——曾给他构设出了一个多大的幻觉!

有限、相对的问题可以得到解决,但是,无限、绝对的问题则无法解决。换言之,人类将永远无法创造出一个没有矛盾的社会。从每一角度去看,犹太人似乎都是在其意义上的选民,至少,犹太人问题最确证无疑地标志了作为社会或政治问题的人类问题。(AP 6)

在我看来,我们必须以实际行动思考这一对立……在我看来,人们几乎可以说,西方智识(intellectual)史与精神史的核心和脉络,正是圣经与哲学关于美好生活的观念之间的冲突……在我看来,这一悬而未决的冲突正是西方文明生命力(vitality)的秘密。认识到西方文明这两个根源相互冲突,起初是一种令人极为不安的观察。然而,这一认识也具有某种让西方文明打消疑虑并为之带来安慰的东西。西方文明的真正生活就是处在两个准则间的生活,它处于一种根本的张力之中。因此,在西方文明自身,在其根本性的机制内部,不存在西方文明应该抛弃其生活的理由。但只有当我们生活于此种生活之中,生活于这一冲突之中,这一令人欣慰的思想才能得到辩护。(POR["进步抑或回归"]44)

导言中引用的施特劳斯著作缩写:

AAPL *The Argument and the Action of Plato's Laws*(Chicago:University of Chicago Press,1975)=《柏拉图〈法义〉的论辩与情节》(中译本见程志敏、方旭译,北京:华夏出版社,2011)

AP Autobiographical Preface to *Spinoza's Critique of Religion*(New York:Schocken,1965)= 为《斯宾诺莎的宗教批判》英译本所撰的自传性前言(中译见李永晶译,《斯宾诺莎的宗教批判》,北京:华夏出版社,2011)

CM *The City and Man*(Chicago:Rand McNally,1964)=《城邦与人》

FP "Farabi's Plato",刊 *Louis Ginzberg Jubilee Volume*(New York:American Academy for Jewish Research,1945)="法拉比的柏拉图",刊《金斯伯格纪念文集》

HPP *History of Political Philosophy*,Leo Strauss 及 Joseph Cropsey 编(Chicago:Rand McNally,1963)=《政治哲学史》(中译见李洪润等译,北京:法律出版社,2009)

LAM *Liberalism Ancient and Modern*(New York:Basic Books,1968)=《古今自由主义》(中译见马志娟译,南京:凤凰出版传媒集团,江苏人民出版社,2010)

MITP "The Mutual Influence of Theology and Philosophy," *Independent Journal of Philosophy* 3(1979)="神学与哲学的相互影响",刊《独立哲学学刊》(中译林国荣译、何子建校,刊《信仰与政治哲

学——施特劳斯与沃格林通信集》,P. Emberley,B. Cooper 编,谢华育、张新樟等译,上海:华东师范大学出版社,2007,页 301 – 319)

NRH　*Natural Right and History*(Chicago：University of Chicago Press,1953)=《自然正确与历史》(中译见彭刚译,《自然权利与历史》,北京:三联书店,2003)

OA　"On Abravanel's Philosophical Tendency and Political Teaching," 刊 *Isaac Abravanel*, J. B. Trend 及 H. Loewe 编(Cambridge University Press,1937)= "论阿布拉瓦内的哲学趋向与政治教诲",刊《以撒·阿布拉瓦内》(中译见余慧元译,李致远校,刊刘小枫编《犹太哲人与启蒙:施特劳斯讲演与论文集·卷一》,北京:华夏出版社,2009,页 221 – 258)

OT　*On Tyranny*(New York：Free Press of Glencoe, 1963)=《论僭政》(中译见何地译,观溟校,北京:华夏出版社,2006)

PAW　*Persecution and the Art of Writing*(Glencoe,3：Free Press, 1952)=《迫害与写作技艺》

POR　"Progress or Return?" *Modern Judaism* 1(1981)= "进步抑或回归?" 刊《现代犹太教》(中译见郭振华译,刊施特劳斯《古典政治理性主义的重生:施特劳斯思想入门》,北京:华夏出版社,2011,页 297 – 346)

PPH　New preface to the publication of the German original of *The Political Philosophy of Hobbes*：见 *Interpretation* 8:1(1979)= 为《霍布斯的政治哲学》德文原版出版新撰的前言,见《解释学刊》卷 8,第 1 期,1979 年(中译见娄林译,刊刘小枫编,《苏格拉底问题与现代性:施特劳斯讲演与论文集·卷二》,北京:华夏出版社,2008,页 65 – 68)

QR　"Quelques remarques sur la science politique de Maimonide et de Farabi", *Revue des Etudes Juives* 100(1936)= "简释迈蒙尼德和法

拉比的政治学",刊《犹太教研究评论》(中译见程志敏译,刊刘小枫编《犹太哲人与启蒙:施特劳斯讲演与论文集·卷一》,北京:华夏出版社,2009,页164－203)

SA *Socrates and Aristophanes*(New York:Basic Books,1966)=《苏格拉底与阿里斯托芬》(中译本见李小均译,北京:华夏出版社,2011)

WIPP *What is Political Philosophy?*(Glencoe,Ill:Free Press,1959)=《什么是政治哲学》

XS *Xenophone's Socrates*(Ithaca:Cornell University Press,1972)=《色诺芬的苏格拉底》(中译本见高诺英译,上海:华东师范大学出版社,2011)

XSD *Xenophone's Socratic Discourse*(Ithaca:Cornell University Press,1970)=《色诺芬的苏格拉底言辞》(中译本见杜佳译,上海:华东师范大学出版社,2010)

作为严格科学的哲学与政治哲学①

丁耘 译

[29]任何关注政治哲学的人都必须面对这样一个事实:在最近的两代人中政治哲学已经失去了它的信誉。与政治哲学失去其信誉相称的是,在某种意义上,政治自身却变得比以往更哲学化了。政治哲学向来是普遍的而政治向来是特殊的,这种情况几乎贯串了政治哲学的整个历史。政治哲学关注的是社会之最好的或者正义的秩序(这种社会由其本性便是最好的或最正义的[by nature best or just],不拘时地所限),而政治关注的是这一个或那一个特殊社会(一个城邦、一个民族、一个帝国)的存在(being)与福祉(well - being),这种社会存在于既定的时间地点。不少人曾经梦想过由他们自己或其他人进行对全人类的统治,但他们是梦想者,或至少被哲人们如此认为。另一方面,在我们的时代,政治其实已经变成普遍的了。在某个美国城市的所谓贫民窟(ghetto②)(这种提法是轻率的,如果我们不说是煽动性的话)里发生的

---

① [原版编者注]原刊《解释:政治哲学学刊》(*Interpretation*:*A Journal of Political Philosophy*)卷2,第1期,1971。[译按]原文标题为 Philosophy as Rigorous Science and Political Philosophy。

② [译按]ghetto 一词起初是威尼斯人对1516年建立的犹太人隔离区的称呼,后泛指欧洲各国的犹太人隔离区,二战时该词指德国占领区里等待送往集中营的犹太人聚居处。在美国语境下,该词指各城市中黑人、波多黎各等少数族裔聚居区,后泛指城市中的贫民窟。

骚动可以波及莫斯科、北京、约翰内斯堡、汉诺威、伦敦以及其它遥远的地方并且与它们紧密相连。是否明确承认这个联系，这点无关紧要。与此同时，政治哲学则已经消失了。这一点在东方相当明显，那里的共产主义者自己把他们的纲领称为意识形态。至于当代西方，专属于它的智识力量（intellectual powers）则是新实证主义与生存主义（existentialism）。实证主义的学院影响远远超过生存主义，生存主义的大众影响远远超过实证主义。可以把实证主义描述为这样一种观点，即认为只有科学知识才是真正的知识。既然科学知识无法使任何价值判断有效化或无效化，而政治哲学又理所当然地关注[30]健全的价值判断的有效化与非健全价值判断的无效化，那么实证主义必定把政治哲学当做彻底的非科学的哲学加以拒斥。生存主义披着种种外衣出现，但如果把它放到与实证主义的对立中加以界定，那么也不会过于离谱。按照生存主义的观点，理解与行为的所有原则都是历史性的，也就是说，它们的根据无非是无根基的人类决断或者命运裁决（fateful dispensation）：科学远非唯一的真正知识，它终究只是多种多样的世界观中的一种形式而已，所有这些形式都具有相等的尊严。既然生存主义认为所有的人类思想都在刚才指出的意义上是历史性的，生存主义必定把政治哲学当做彻底非历史的哲学加以拒斥。

生存主义是一场"运动"，如同所有运动一样，它也有一个松散的圈子和一个坚实的中心。它的中心是海德格尔的思想。生存主义的重要与智识上的可佩之处仅仅归功于他的思想。在海德格尔的著作中并没有政治哲学的位置，这可以归因于这样一个事实，谈及的那个位置被诸神（gods）或者那些神（the gods）占据了。这并不意味着海德格尔完全远离政治：他欢迎过希特勒1933年的革命，并且，在希特勒垮台、希特勒万岁已经变成灾难万岁（Heil Unheil）以后好久，他仍然称道民族社会主义，而他从未称道过当代的任何其它政治努力。我们不禁要利用这些事实来反对海德格尔，而且，如果不曾看到这些事实与他的哲思之核的密切联系,人们可能会彻底误解海德格尔的思想。然而,对于恰切地理解他的思想来说,这些事实所提供的基础是太微不足道了。就我所知,他认为没有一个他的批评者或是追随者曾经恰切地理解过他。我相信他是对的,因为对所有卓越的思想家来说,多少都会出现这种情况。然而这并不会使我们解脱出来,不去接近他,不管有多隐蔽,就算明显地接近,我们所冒的险不过就是遭到嘲讽,可能还会接受些必要的指令。

海德格尔的思想之所以对如此众多的当代人产生魅力,个中缘由很多,其中之一便是他接受了这样的前提:人类的生活与思想是彻底地历史性的,而历史并非一个理性的过程(rational process)结果他认为,一个人对一位思想家的理解不可能优于这个人对自己的理解,甚至不可能与这样的自身理解并驾齐驱:一位伟大的思想家可以创造性地理解以往的某位有分量的思想家,这种创造性就是把后者的思想加以变形,并且因此对后者的理解不同于后者的自身理解。如果一个人未能看见原本的形式,那么他几乎无法观察到这种变形。最重要的是,在海德格尔看来,他以前的所有思想家都没觉察到一切根据的真正根据,也就是根本深渊。这个断言暗示了这一主张,在决定性的方面海德格尔对他伟大先辈们的理解优于他们的自身理解。

[31]为了理解海德格尔的思想,特别是为了理解他对政治和政治哲学的态度,不能忽视其师胡塞尔的工作。走近了解胡塞尔没有什么困难,因为他不曾像1933年与1953年的海德格尔那样失足过。虽然我听说过这样的议论,说胡塞尔与海德格尔一样也有失足,他并非从信仰出发改宗基督教的。如果情况属实,那就需要一个生具异禀的强辩专家(casuist)来考察两种行为的异同并评判其是非优劣了。

在我差不多还是个孩子的时候,胡塞尔曾经以这样的话向我(我当时还是新康德主义马堡学派心存疑虑的支持者)解释了他自己工作的特性:"马堡学派是从屋顶开始的,而我则从基础开始"。这意味着,对马堡学派而言,哲学基础部分的唯一任务就是关于科学经验的理论,就是对科学思想的分析。无论如何,胡塞尔比任何其他人都更深刻地认识到,对世界的科学理解远非对我们自然理解的完善化,而是(以一种使我们无视科学理解之基础的方式)从自然理解派生出来的:所有哲学理解均须始于我们对世界的共同理解,始于我们在一切理论化之前将世界理解为被感知者。在同一个方向上,海德格尔比胡塞尔走得更远;原初的论题(primary theme)并非知觉客体,而是被经验为作为个体的属人语境之一部分的完整事物,这个语境便是该事物所属的个体世界。① 完整事物不仅通过第一性质与第二性质以及通常意义的价值性质是其所是,而且还通过诸如神圣与世俗一类的性质是其所是:对一位印度教徒来说,对牛的完整现象的构成更多地是通过牛的神圣性而非其它任何性质或方面。这意味着,人们无法再谈论我们对世界的"自然"理解,对世界的每一理解都是"历史的"。与此相应,人们必须回到在单一的人类理性背后历史地"生长"出来而非"制造"出来的语言的多样性上去。于是便产生了理解所有历史世界共有的普遍结构的哲学任务。② 但是如果要保持对所有思想之历史性的洞见,那就必须伴随着对诸历史世界的普遍结构或本质结构的理解,而这种伴随方式也须由那种洞见所引导。这意味着,对一切历史世界之本质结构的理解必须被理解为本质地归属于一个特殊的历史语境,归属于一个特殊的历史时期。历史主义洞见(historicist insight)的特性必须[32]与它所归属的时期相对应。就历史主义洞见揭示了以往所有思想在决定性方面的彻底失误、揭示了未来不可能再有另一次正当的转变将这一洞见

---

① 参《存在与时间》(*Sein und Zeit*)第 21 节(页 98 – 99)。

② 关于这点与以下论述,见伽达默尔(H. G. Gadamer),《真理与方法》(*Wahrheit und Methode*),页 233 – 234;另参页 339 – 340;以及第二版的页 xix 与 505。

沦为过时的中间阶段而言,历史主义洞见是终极洞见。作为一个绝对的洞见,它必定属于历史中的绝对时刻。一言以蔽之,我们指出的这些困难迫使海德格尔把那换了别人就会称作历史哲学的东西做得更精细些、勾勒个轮廓或者加以提示。

绝对时刻可以是个单纯的绝对时刻或者所有先前历史的绝对时刻。现在正是单纯的绝对时刻——这曾经是黑格尔的断言。黑格尔的哲学体系、终极哲学对一切哲学问题的完满解决都属于这样一个时刻:此时,通过建立后革命国家(post‑revolutionary state),首先承认每个人自身的平等尊严的国家,人类在原则上已经解决了其政治问题。这个历史的顶峰,作为历史的终结,同时也就是终极衰落(final decline)的开端。在这个方面,斯宾格勒只是引出了黑格尔思想的最终结论而已。无怪乎几乎人人都反判黑格尔。在反叛黑格尔方面没有人比马克思更有成效。马克思声称他已经最终揭示了所有历史(包括当前与即将到来的往后)的神秘,而且还揭示了可能来临的秩序的轮廓,在这个秩序中并且通过这个秩序,人们将能够或被迫首次过上真正属人的生活。更确切地说,对马克思而言人类历史远未完成,甚至尚未开始。我们所谓历史只是人类的史前史(pre‑history of humanity)。通过质疑被黑格尔认为合理的矛盾解决(settlement),马克思接受了一个世界社会的前瞻,这个世界社会预设并确立了城镇对乡村、迁移对扎根、西方精神对东方精神的完全胜利;这个不再是政治社会的世界社会中的成员是自由平等的,之所以如此,归根结底是因为一切专门化、一切分工都让位于每个人的全面发展。

无论尼采是否了解马克思的著述,他都比其他任何人更加彻底地质疑共产主义前瞻。他把共产主义社会的人视为末人(the last man)、最堕落的人。如果没有"专门化",没有硬朗的界限,那么人的高贵与伟大便是不可能的。与此相应,他否认人类的未来已被预先规定。与末人相对的另一可能则是超人(the over man),这是一种人类类型,它在伟大与高贵方面超越并且克服了以前所有的人类类型,未来的超人将由未来的哲人隐秘地统治着。由于其彻底的反平等主义(anti‑ega-litarianism),尼采对可能的未来的前瞻就在某种意义上比马克思的前瞻具有更深的政治涵义。如同一个[33]典型的欧洲大陆保守派,尼采在共产主义中仅仅看到了民主的平等主义的完成,看到了对自由的自由主义诉求的完成,这种自由并非"为了……的自由"(freedom for),而仅是"免于……的自由"(freedom from)。但是,与那些保守派格格不入的是,他认为保守主义自身已经注定没落了,因为所有单纯的防御性立场、所有单纯的向后看的努力都是注定失败的。看来未来将是民主与民族主义的天下了。而尼采认为,这两者与他所提出的20世纪的任务是无法相提并论的。他将20世纪视为一个导致全球统治的世界大战的时代。如果人类会有未来,那么将不得不由统一的欧洲进行统治。这个史无前例的严酷时代的巨大任务是不可能由一个依赖公众意见的软弱、不稳定的政府来安排的。新的局势要求一种新的高贵———一种由新的理想塑造的高贵:超人的高贵。尼采声称已经一劳永逸地发现了所有历史的神秘,包括当代的神秘,这个当代是人类面临的可能,最堕落也最富激情。超越、克服所有先前人类类型的可能性已经向当代展现了,其原因与其说是当代比以往任何时代都优越,倒不如说它是一个有着最大的危险,因而也就有着最大希望的时代。

　　海德格尔的历史哲学与马克思和尼采的历史哲学具有相同的结构:终极洞见正在来临的那个时刻开启了末世论前景。然而海德格尔离尼采比离马克思更近一点。这两位思想家都把虚无主义看作决定性的,在他们看来,虚无主义始于柏拉图(或者更早一些)———基督教不过是民众的柏拉图主义———虚无主义的最终结局便是当代的没落。迄今为止,人类的每一个伟大时代都产生于Bodenstaendigkeit[植根于大地之中]。然而希腊伟大的古典时代诞生了这样一种思想道路,它从一开始就在根本上威胁了那个Bodenstaendigkeit,其最终的当代后果便是去毁灭使人类得以伟大的那种条件的最后残余物。海德格尔的哲学属于那无限危险的时刻,此时人类丧失其人性的危险较以往任何时代都要大,因此——危险与救赎总是紧密相连的——哲学可以有这样的任务:致力于 Bodenstaendigkeit 的恢复或者回归,或径直准备一种崭新的 Bodenstaendirkeit:一种超越最极端的 Bodenlosigkeit [无根基]的 Bodenstaendigkeit,一种超越最极端的无家可归状态的在家状态(being at home)。况且,在海德格尔看来,有理由认为世界从未有过秩序,或者思想从未单纯地属人。西方与东方(特别是东亚)的最深刻思想家之间的对话可以通向所期待的完满,它将伴随着或者其后跟随着诸神的回归。出路很可能是对话以及它必然导致的一切,但肯定不是任何一种政治行动。① [34]海德格尔比马克思或尼采都更彻底地切断了与政治前瞻的关联。人们也许会说海德格尔比其他任何人都更深刻地吸取了 1933 年的教训。他确实没有给政治哲学留下任何位置。

让我们从这些美好憧憬(它们更多地出自预言家而非哲人)回到胡塞尔。让我们来看一下,胡塞尔哲学是否为政治哲学留了位置。我要做的阐述基于对胡塞尔的纲领性论文《作为严格科学的哲学》(它遭受了多年的冷遇)的重新解读(re - reading)。此文初版于 1911 年,后来胡塞尔的思想发生过多次重大改变。然而,此文仍是他对我们所关注的问题的最重要表态。

在我们的世纪中,没有一个人像胡塞尔那样如此清晰、纯粹、有力、大气地主张作为严格科学的哲学。"自其开端以来,哲学便提出了成为严格科学的哲学的要求;更确切地说,它要求成为这样一种科学:将满足最高的理论需求,并且在伦理与宗教方面使一种被纯粹的理性规

---

① 《何谓思?》(*Was heisst Denken?*)页 31,153 - 154;《根据律》(*Der Satz vom Grund*),页 101;《形而上学引论》(*Einführung in die Metaphysik*),页 28;《路标》(*Wegmarken*),页 250 - 252;《泰然任之》(*Gelassenheit*),页 16 - 26。

范调节的生活得以可能。这一要求从未被完全放弃。[然而]哲学在其发展的任何一个时期都从未能够满足成为严格科学的要求。作为科学的哲学尚未开始。在哲学中[与科学相反]一切都是有争议的。"①

胡塞尔在"新近凯旋的自然主义"（自然主义与实证主义在当代语境中的差异并不重要）中发现了要求与成就背道而驰的最重要的例子。在那一思想道路中指向具有严格科学精神的哲学之新基础的意向是充分活跃着的。这造就了其功绩，同时也造就了其力量中的一大部分。总的看来，科学之理念很可能是现代生活中最强大的理念。确实没有什么能够阻止科学的凯旋历程，科学在它理想的完成中就是理性自身，而理性是无法容忍它身旁或头上的任何权威的。胡塞尔之所以尊敬自然主义，尤其是因为它保持了"由基础往上"的哲学之构想，这与哲学作为"体系"的传统构想正好相反。同时他认为，自然主义必然摧毁一切客观性。②

胡塞尔把自然主义理解为这样一种观点：存在着的每样事物都构成了自然的一部分，而"自然"则被理解为（现代）自然科学的对象。这意味着，存在着的每样事物，要么自身[35]就是"物理的"，要么，如果它是"心理的"，它就只是物理事物的因变量，"充其量是个第二性的平行伴随物"。结果，自然主义就把意识与一切规范（逻辑规范、伦理规范等等）全都"自然化"了。引起胡塞尔特别关注的自然主义形态是实验心理学，它企图为逻辑学、知识论、美学、伦理学以及教育学提供科学基础。那种心理学自称是关于现象自身，或关于"心理现象"的科学，物理学则从根本上排除这种现象，以便寻找"真实的、客观的、以物理

① 《作为严格科学的哲学》（*Philosophie als strenge Wissenschaft*），斯基拉齐（W. Szilasi）编，第 1、2、4、5 节。我采用的是劳尔（Lauer）的英译，见胡塞尔《现象学与哲学危机》（*Phenomenology and the Crisis of Philosophy*），Harper Torch Books，页 71 – 147。

② 第 7 – 8、11、13、14、17、65 节。

学的方式获得的精确的自然"，寻找在现象中呈现自身的自然。用很不确切的话说，心理学处理第二性质自身，这个性质是被仅仅关注第一性质的物理学所排除的。用更确切的话说，人们不得不说，恰恰因为心理现象是现象，所以它们并非自然。① 作为一种知识论，自然主义必须对自然科学、对其真理性与有效性加以说明。然而一切自然科学都在这个意义上把自然接受下来：自然被自然科学意指为所与的，意指为"自在存在"（being in itself）。对于建立在关于物理自然的科学之上的心理学来说，这同样也是正确的。于是，自然主义便完全没有看到内在于自然之"所与性"的谜。从构成上说，自然主义无法对经验自身做出彻底的批判。对自然的科学设定或者信以为真是随着前科学的设定、信以为真而来的，并且以之为基础，前科学的设定与信以为真同样需要彻底的澄清。于是一种充分的知识论无法建立在对自然（不管是什么意义上的自然②）的素朴接受上。这样的知识论必须建立在关于意识本身的科学知识上，对于意识来说，自然与存在是相关项（correlates）或意向客体（intended objects），是这些相关项或自身，"自然"或"存在"必须被做成"完全可知的"（intelligible）。对意识的每一可能客体的这样一种彻底澄清只能是意识现象学（它与关于心理现象的自然主义科学相对立）的任务。只有现象学才能提供对意识及其行为的根本澄清，没有这种澄清，所谓的精确心理学就会变成完全非科学的，因为精确心理学不断运用着源于日常经验的概念而不曾就其充分性做过考察。③

胡塞尔认为，将现象归给一种本性（a nature）是荒谬的：现象显现在一种"绝对流"（absolute flux）、"永恒流"（eternal flux）之中，而"本性

---

① 第 14、15、19、42、46 - 48 节。

② ［译按］Nature 还有"本性"的涵义，下文有的地方对这个词要语带双关地理解。

③ 20 - 27 节、29、30、32 - 42 节。

则是永恒的"。但恰恰因为现象没有本性（natures），它们便具有本质（essences）。现象学实质上是对本质而绝非[36]对实存（existence）的研究。与此相应，有思想的历史学家所从事的对精神生活的研究就向哲人提供了比对自然的研究更原本因而更基础的探究材料。① 如果确是如此，那么对人的宗教生活的研究就必定比对自然的研究具有更高的哲学价值。

威胁作为严格科学的哲学的第二条思想道路则在历史主义的影响下转向单纯的 Weltanschauungsphilosophie［世界观哲学］。世界观是一种高阶的生活体验。它不仅仅包括了对世界的体验，而且还包括了宗教、审美、伦理、政治、实践—技术等等体验。在很高层次上拥有这样体验的人便被称为有智慧的，据说就有了一种世界观。胡塞尔因此谈到了"智慧或世界观"。在胡塞尔看来，智慧或世界观是那种仍然更有价值的习性（habitus）的本质性成分，我们用完美德性的观念与人性的观念所意指的便是这种习性。当人们试图将智慧概念化，或者在逻辑上把智慧做得更精细些，或者更简单些，给予智慧科学的形式时（这通常伴随着将特殊科学的成果作为材料加以运用的企图），便生成了世界观哲学。当这种哲学采取了这样那样的大体系形式的时候，它展现的是对生命之谜与世界之谜的相对而言最完满的解决。由于智慧的目标与严格科学的目标彼此尚未清楚地分离开来，传统哲学便同时是世界观哲学与科学哲学。但对于现代意识而言，智慧之观念与严格科学之观念的分离已是既成事实，并且从此以后它们将永远分离。世界观之观念是随着时代而不同的，而科学之观念则是超时间的。也许可以设想，这两个观念之实现会在无限远处无限接近而永不相交。然而"我们无法等待"，现在我们急需"高蹈与慰藉"，我们需要某种体系借以生

———————

① 49 – 50 节、54、56、59、72 节。

活,只有世界观与世界观哲学才能满足这些正当需要。①而作为严格科学的哲学的确无法满足这些需要:它几乎尚未开始,它还需要好几个世纪,如果不是上千年的话,直到它"在伦理与宗教方面使得一种被纯粹理性规范所调节的生活得以可能",如果它并非在一切时代都是本质性地不完整、需要彻底修正的话。于是,存在着巨大的诱惑——为了世界观哲学的缘故放弃作为严格科学的哲学。从胡塞尔的观点看,也许不得不说海德格尔证明了这种诱惑的难以抵挡。

对这两种哲学的关系的反思属于作为严格科学的哲学的领域。这种反思差不多可算[37]是胡塞尔对政治哲学的贡献。他不曾进而怀疑:对作为严格科学之哲学的一心一意的追求是否会在世界观哲学(大多数人需要它藉以生活)上产生相反的结果,并且因此在实现那种哲学所支持的观念上产生相反的结果,这些相反的结果首先产生在作为严格科学的哲学的专门操持者之中,接着便产生在所有那些受到这些操持者影响的人之中。胡塞尔似乎理所当然地认为在同一个社会里种种世界观哲学总会和平共处。他不曾注意到有些社会把单一的世界观或世界观哲学强加给所有成员并因此不会容忍作为严格科学的哲学。他同样没有想到,甚至一个容忍无限多样世界观的社会也是由于一个特定的世界观才如此行事的。

胡塞尔以某种方式继续前行了,在那些无法置之不理的事件的冲击之下,他确实改变了我们刚刚谈到的反思的样态。他在1935年作于布拉格的一次演讲中说道:"那些保守地满足于传统的人与哲学人的圈子将要相互斗争,这种斗争也必定会在政治权力的领域中发生。在哲学的开端迫害便已开始。那些为了[哲学]理念而生活的人是非法

①　13、67、75 – 79、81、82、90、91 节。

的。然而:理念比一切经验权力更为强大。"①为了清楚地看到作为严格科学的哲学与它的备选项之间的关系,必须考察两种相反的人之间的政治冲突,也就是考察那种冲突的本质特性。如果没有做到这一点,那就无法在胡塞尔所谓"作为严格科学的哲学"的本质特性上达到明晰性。

---

① 《欧洲科学危机与先验现象学》(*Die Krisis der europäischen Wissenschaften und die tranzendentale Phänomenologie*,第二版,海牙),1962,页335。

论柏拉图的《苏格拉底的申辩》
和《克力同》①

应星 译

[38]《苏格拉底的申辩》是柏拉图唯一一部苏格拉底出现在题目中的作品。苏格拉底在柏拉图所有的对话中都或显或隐地是主要的人物:柏拉图所有的对话都是苏格拉底的"申辩"或为苏格拉底所作的"申辩"。但《苏格拉底的申辩》却是我们进入柏拉图思想世界的大门:它描绘了苏格拉底的一生,他全部的生活方式,他这种生活方式与最广大的民众、具有权威性的民众以及雅典城邦(他就是在他们面前被指控以死罪的)之间的关系;它可说是苏格拉底与雅典城邦的对话(参见37a 4 –7)。

在一开场,苏格拉底就将他要采用的说话方式与他的原告的说话方式作了对照:原告说得娓娓动听,却又极尽谎言之能事;苏格拉底却要说出全部的真话,因为法官或陪审团的德性在于关注陈述者所说的是否符合正义,而陈述者的德性则在于讲真话。就陈述者而言,他不仅要陈述事实,即他做了什么事,而且还要表明它们是清白的,即他所做的事是正义的。正因为苏格拉底相信他所作所为的正义性,所以,他会说出全部的真话。

---

① [原版编者注]此文原刊《致贺克莱因文集》(*Essays in Honor of Jacob Klein*, Annapolis: St. John's College Press, 1976)。[译按]原文标题为 Plato's *Apology of Socrates* and *Crito*。

苏格拉底表明他说话方式的特点是无技巧:他说出全部的真话,而且只说真话;他没有什么东西要隐瞒的,也不需要任何技巧。苏格拉底陈辞的特点就是彻底的透明。而他的原告则讲得极有说服力且富有技巧(technikos)。令人们疑惑的是,难道这位陈辞者的德性不在于他也可以同样说得[39]有说服力吗?难道他不能以既有条理又富有光泽的风格来说真话吗?难道他不能精心地组织他的论辩并字斟句酌吗?一言以蔽之,难道他说话不能讲究技巧吗?苏格拉底的原告曾说过他是一个聪明的陈述者,而大家又普遍相信他是说话最有技巧的人——他会强词夺理(18b8 – c1)。故此,他势必从一开始就申明他在这里的说话不会讲究技巧。他说自己在法庭陈辞上缺乏经验,这使他无法在法庭上说得恰如其分:即他不可能做到讲究技巧。但他也说,像他这样年纪的人来到法庭上,说话也不会像一个胡编乱造、谎言连篇的年轻人一样;他没有说他即使想要这么做也做不到——他能够讲得富有技巧。

苏格拉底通过勾勒起诉的背景来向人们展示他的原告的那些指控是如何有说服力且富于技巧的。为此,他将这两者区分开来:一方是起初的、不合事实的指控及起初的原告,另一方是后来的指控和后来的原告。起初的原告比后来的原告更危险,也就是比那些正式起诉他的人更危险。这是因为当大多数的陪审团成员或雅典人还是孩子的时候,起初的原告的说法就已经使他们信服,也因为那些原告为数众多,对他的指控由来已久(老一代的原告有许多是现在的陪审团成员的父亲)。他们虚妄地指控苏格拉底是这样一个富于智慧的人和思想家,即他遐思天上诸物、钻研地下万事且总爱强词夺理。这种指控尽管虚妄,但它并不极端。起初的原告并未指控苏格拉底钻研天上的万事万物。他们也没有说他不敬神或是不信神,他不信神这一点是由那些听众(许多还是孩子)推断出来的,他们相信,做了原告提及的事的那些人也不信神。如果有不管哪个谐剧诗人提出那种指控,他也不是恶意为之——他并不真相信那些指控。至于说别的人,即起初那些真正的原告,一方面,他们的姓名不得而知,无法来对质:苏格拉底唯一能做的几乎就是断然否认他们的指控。另一方面,起初的原告也无法反驳苏格拉底的否认来为自己的指控辩护。

苏格拉底的申辩在转到批驳起初的原告前,他很清楚,"你们"(即全体陪审团,所有的雅典人)都对他抱有偏见,他由此暗示他的申辩几乎没有多少成功的希望。他是在一个相信他不虔敬的陪审团面前,为他受到的那种指控而辩护的。如果使雅典人放弃他们的偏见无论是对他们来说还是对苏格拉底来说都更好的话,那么,苏格拉底情愿他能做到这一点。但对他来说,其中的一个未知数就是:雅典人固守其偏见对他们而言是否并非更好的事。

苏格拉底对起初的原告的毁谤之词的复述方式是将其定位为正式的指控。结果,这种指控比毁谤本身[40]更为严重。它虽没有说苏格拉底钻研了地下的万事万物,但说他在钻研地下的事物。这种正式的指控与起初的毁谤一样,都没有说苏格拉底不敬神或不信神。但苏格拉底此时为这指控加上了一条——"苏格拉底就教别人这些东西",也即地下的事情、天上的事情,以及强词夺理。如果苏格拉底不教这些被指控的东西,就不知道他拿这些东西来干什么。他通过这一点补充,在某种程度上为法庭起诉中的两项指控(不敬神和腐蚀青年)作了铺垫:法庭的起诉就源自起初的指控。

正如我们从苏格拉底那里知道的,阿里斯托芬的《云》的观众都熟悉这起初的指控。苏格拉底在《云》中被呈现为做了许多可笑之事的人——究竟怎样的事他毫不知晓。他并非轻蔑那种知识,完全不是,他只是不具备那种知识。究竟他把阿里斯托芬笔下的苏格拉底所拥有的知识当作一派可笑的胡言还是比较像样的知识,他并没有清楚地表明——尽管他本来很容易做到这一点。阿里斯托芬说苏格拉底否认神的存在,苏格拉底对此自然是不置一词。与此相应,他向抱着很深成见的陪审团提出请求,请他们相信自己的感官所作的证词,摆脱那种成见:既然他们大多数人都听过苏格拉底在市场、在兑换摊旁的讲话,那么,他们应该互相问一问,是否听过苏格拉底谈这类话题——尽管苏格拉底也说到他还在他们多数人未听到过的"其它地方"谈过话(参见17c7－9)。但显然,他们对苏格拉底以往谈话内容的了解仍未使他们的成见有丝毫削弱。

与苏格拉底驳斥关于他钻研天上地下的万事万物以及他会强词夺理的指控相较,他在驳斥关于他给别人传授些什么的指控或流言时,投入了两倍的时间或说是占了两倍的篇幅——尽管那种流言并非到处传播的流言。他的行为就像色诺芬的《回忆苏格拉底》(*Memorabilia*)中写的那样,他在驳斥那个不可信的、关于他腐蚀青年的指控时,比他驳斥较为可信的、关于他不敬神的指控,用了多得多的篇幅。柏拉图笔下的苏格拉底则谈到这样一个流言,即他企图教导人并从中收钱。他又一次断然否认关于他的这种说法的真实性。但这次他并没有要陪审团成员相互质问,他们是否听过(或看见过)他企图教导人并借此收钱。这类交易也许完全是私下进行的。他赞扬高尔吉亚(Gorgias)、普洛狄科(Prodikos)和希琵阿斯(Hippias)——即外邦的"智术师"——所做的或者说所想做的事是高贵的,他还谈到了为什么他们旨在培养人的德性和公民德性的技艺是值得赞扬的。他没有提到普罗塔戈拉(Protago-ras)。他对[普罗塔戈拉的]那种技艺的可能性提出某种怀[41]疑:他对研究天上的事物和诸如此类的事的可能性没有提出任何怀疑。

苏格拉底是如此完整、如此有力地驳斥了起初的原告的指控,以至于他的驳斥在某种程度上变得难以理解。他替"你们有人"也许会反驳他时所设想的话是:如果你没有哗众骇俗的言行,对你的这类谣传怎么会以这种不同寻常的方式无端而起呢? 在浓烟四起之处,难道不是必定有一点火吗? 这个反驳是有道理的。故而,苏格拉底要努力向陪审团剖白,他是如何成为被毁谤的对象。他很清楚,他的解释在有些人看来不过是在开玩笑,然而,他要对全体听众讲出全部的真话。他的确有某种智慧,但这种智慧也许只是人间的智慧,与智术师(和自然学家[physiologists])的超人的智慧不同。他很清楚,他所要说的看似是在说大话(从而不由自主地像在开玩笑)。因为他要说的并不是他自己的话,而是转引了一个被众人所信任的言说者的话。这个言说者就是德尔斐(Delphi)的神,更确切地说,这个言说者是凯瑞丰(Chairephon)。凯瑞丰从苏格拉底年轻时就是他的同志,同时,凯瑞丰也是大众的同志(苏格拉底不可能这样说他自己),一个可靠的民主派,因而也是陪审团值得信赖的人。正如他们所知道的,凯瑞丰是很冲动的人,有一次,当他来到德尔斐时,竟敢求问神谕,是否有人比苏格拉底更有智慧。皮提亚(Pythia)回答说没有。这个故事的真实性不是由神,也不是由皮提亚,甚至不是由已故的凯瑞丰,而是由凯瑞丰的兄弟来作证的。德尔斐神谕的故事对陪审团来说是前所未闻的,正如苏格拉底前面所讲的卡利阿斯(Kallias)和欧厄偌斯(Euenos)的故事一样(20a2 – c1)。

凯瑞丰向神求谶的前提是,他认为苏格拉底是有智慧的,有着独一无二的智慧。苏格拉底的那种智慧与他在德尔斐神谕的言说之后所发现或获得的智慧毫无关系。它是前德尔斐的智慧。从苏格拉底的后德尔斐的智慧来看,他的前德尔斐的智慧或许是纯粹的疯狂,但他的确拥有这种智慧,或者说是这种智慧拥有他。对这一点,他在陪审团面前的辩护中完全没有提到。他通过提起《云》(凯瑞丰在《云》中被写成是苏格拉底最典型的同伴),对这种智慧的特点作了一点暗示。但苏格拉底把凯瑞丰说成是一个相信德尔斐神谕的人,一个虔敬的人。凯瑞丰的虔敬强化了人们对他的这位可敬导师的虔敬的信任。凯瑞丰向神求谶难道会有不虔敬的动机吗?我们没有被告知他为什么去求谶。他的问题并非没有含糊之处:谁(人或是神)的智慧超过苏格拉底?皮提亚的回答并没有消除这种含糊。

苏格拉底理解神说苏格拉底最有智慧此话的含义。苏格拉底对神

的诚实自然是相信的,更不用说他相信神的知识或智慧了。另一方面,
他又确信,他——苏格拉底——根本不是智者。[42]为了解开这个谜
团,苏格拉底开始致力于进行某种探询。他去查问被他认为或被别人
认为有智慧的人。他向这些人询问的同时,其实也是在向神查问:他努
力想反驳神谕。他发现,那些受他查问的人相信他们拥有知识,实际却
不然,而苏格拉底过去和现在都不相信,他懂得任何堪称最重要的东
西。因而,他逐渐明白了神谕说的是真话——他要反驳神的企图变成
了对神的辅佐以及全身心地伺候神。苏格拉底查问了政客、诗人(诗
人的"智慧"看来与预言家和神谕发布者的"智慧"并没有什么两样)和
手艺人。他没有明确地说他还查问了农夫(也许农夫并不声称他们有
智慧——参见色诺芬,《齐家》15)、不管闲事的贤人或智术师(及自然
学家)。苏格拉底对那些自信有智慧的人特别是对政客的查问,激起
了他们对他的痛恨——这种痛恨就是他长久以来遭到毁谤的真正起
因。人们散布流言说他有智慧,是因为那些在场的人目睹了苏格拉底
对据说或自称有智慧的人的查问以后,就相信他在向别人所查问的那
些最重要的事情上是有智慧的。但这完全是一种误解:苏格拉底的智
慧仅仅限于他自知其无知上。关于苏格拉底的谜一般的神谕的意涵
是:人的智慧渺小,不足为道,只有像苏格拉底这样自知其无知的人才
是最有智慧的。神暗示了这一条真理,人的智慧从内容上说纯粹是否
定性的,这种智慧的价值也可说是无甚价值——神就通过这种暗示来
表明他这个神才是真正有智慧的。

　　对苏格拉底的敌意后来越来越加剧并找到了发泄的机会,因为追
随他的青年人喜欢听苏格拉底对人的查问,甚至经常模仿他去查问别
人。结果,那些被这些青年人查问的人不恨他们,而是迁怒于苏格拉
底,说他腐蚀青年(使敌意大大加剧的是苏格拉底年轻的追随者的所
作所为,但他们玩那种惹人恼怒的游戏都是在苏格拉底不在场的情况
下——从这个角度来说,他根本不知道起初的原告的名字是可以理解

的,尽管他至少知道他自己的查问对象的名字。参见 18c8 – d1 和 21c3)。因为这种毁谤明显说服力不足,他们又说他为腐蚀青年做了什么,教了什么——他们说的那些是所有从事爱智活动者共同受到责难的东西,即"天上地下无不钻研""不信神""强词夺理"等等。"不信神"先前是由苏格拉底替那些听信了起初的原告的人所提出来的一项推论,因此比其它两项指控更少得到证据的支持。但他这样做是在说出德尔斐神谕之前。他同时表明,无论他拥有什么样的智慧,都是由德尔斐神谕所[43]引发的,也就是说,并没有前德尔斐的智慧,因此,也就不再需要区分 *physiologia*[自然学]与无神论。换言之,苏格拉底表明,对他的主要指控是关于他腐蚀青年人的指控,而其它三项指控纯粹是无中生有,是为了赋予腐蚀这一指控某种貌似的合法性而被捏造出来的;因此,就不再需要把不敬神的指控和其它两项指控分成不同的情况来处理。苏格拉底还表明,他不仅仅被他批驳的那些人所恨,而且也被许多他批驳人时的在场者所恨(21d1;并参 23a4)。因为那些听众相信,在最重要的事物的真相上,他们并不比苏格拉底所查问的这些人知道得更多。起初的原告与这些听众之间的区分现在被取消了:实际上,所有的雅典人都成了起初的原告,而在法庭上的原告不过是所谓的"起初的原告"的代言人而已(24b7)。

苏格拉底在他驳斥"起初的原告"的结尾,成功地将正式的控词按照他所选择的解读方式来让人理解:腐蚀青年的指控位于不敬神的指控之前,而不敬神的指控内容并不包含钻研"天上的事情"以及诸如此类的事情。苏格拉底将不敬神的指控解读为"他不信城邦所信的神,而崇奉新神"。他并没有让我们对这个 daimonia[命相神灵]的到来做好心理准备。

原告迈勒图斯(Meletos)既然指控苏格拉底腐蚀青年,那他无异于断言自己知道孰好孰坏。苏格拉底的无知之知可以被看成是:他不知道孰好孰坏,而那些相信自己知道好坏的雅典人则错了——这难道不正是他被指控的腐蚀青年的行径吗？难道不正是因为他的自我怀疑，而使青年人也怀疑起所有雅典人都认定为好的或坏的东西吗？他难道不是唯一的腐蚀者(25a9 - 10)吗？人们也许会说，苏格拉底在否认腐蚀这项指控的时候，无异于断言他知道什么是好什么是坏，这样，他似乎就与他关于自己的知识无甚价值或毫无价值的断言自相矛盾了。就我们迄今所了解的情况，这个困难可以两种方式来解决。其一，苏格拉底否认他或其他任何一个人拥有至高至上的事物的知识(22d5 - 8)；也许他与迈勒图斯的讨论涉及的好与坏并不属于至高至上的事物范畴。其二，迈勒图斯断言苏格拉底通过教青年人不信城邦的神而使其变坏，腐蚀的指控因而可以化约为不敬神的指控。不敬神的指控更确切的意涵是：苏格拉底不信城邦信其存在的那些神的存在。苏格拉底通过提问使迈勒图斯走进了苏格拉底为他铺设的一个陷阱：苏格拉底向迈勒图斯提的问题是，按照他的说法，苏格拉底是完全不信神还是仅仅否认城邦的神；迈勒图斯情不自禁地说苏格拉底是完全不信神的，这样一来，迈勒图斯就与他自己关于苏格拉底信某种命相神灵的[44]指控自相矛盾了。这个驳斥可谓漂亮之极，因为它完全绕过了苏格拉底是否信城邦的神这一问题。

苏格拉底在驳斥了迈勒图斯以后，与前面驳斥起初的原告的情况一样，接着又是由"某人"可能提出一个反驳，而由苏格拉底来做全面的回答。这些回答(和那些反驳)从其形式来判断，都是离题之言：严格意义上的申辩由对迈勒图斯和起初的原告的驳斥构成，故此，对上述驳斥必须给予与之相当的重视。苏格拉底在第一次的离题之言中谈到了他受阿波罗启发的使命，从而附带提供了他信城邦之神的独特的证据。而第二次的离题之言则成了第一次的延续、深化和修正。它回答了一个可能的问题，即苏格拉底是否并不以他投身在一种如今面临被处死的危险的追求中而感到惭愧。苏格拉底对这个问题和可能提出这个问题的人不屑一顾：人唯一要考虑的只是人的行为是否正义以及这行为出于一个好人还是一个坏人。他谈到了阿基琉斯(Achilleus)——
一个女神之子——的例子:阿基琉斯毫不犹豫地作了这样的选择(这
个选择并不是那个女神强令作出的),即宁愿为被赫克托耳(Hektor)用
不义手段杀死的同志帕特洛克罗斯(Patroklos)复仇后随即死去,也不
愿偷生于耻辱中。他并没有提到阿基琉斯的名字,也没有说到 andreia
[勇气],他似乎也没有注意到这一点,即,将他在老迈之年的死与阿基
琉斯在青春年少时的死来相比是有些不相称的。完全等同地用在阿基
琉斯和苏格拉底身上的原则是:"凡职位所在,无论是出于自愿所择,
或是出于在上者的委派,依我看,都必须坚守岗位,不计风险,不把死亡
或任何别的什么看得比耻辱还重。"以前,无论雅典将官把苏格拉底放
在什么位置上,他都一如同列、冒死守职;何况,他现在所坚守的还是神
所分派的岗位。阿基琉斯的行动并不是任何人或神命令他的:与阿基
琉斯作比较难道不是在暗示,苏格拉底的生活方式不是由任何命令所
强加给他的,而是完全出于他自己认为这就是最好的选择吗? 苏格拉
底在说到无论指挥他的将官把他放在什么位置上他都坚守职责时,提
到了在珀提岱阿(Potidaia)、安斐珀里斯(Amphipolis)和德里翁(Deli-
on)发生的战斗。这里提到的第一场战斗和最后一场战斗都以雅典人
战败而告终,而在安斐珀里斯的战斗中,雅典人先胜后败(见修昔底德
V3.4 和 10.10)。就这些战败而言,勇气与其说在于坚守职责,不如说
在于体面地撤退或突围(参 28d8 和 e3,《拉克斯》[Laches] 181b2,
190e5 – 191a5,以及色诺芬,《齐家》11.8)。

　　苏格拉底这时说,神谕要他一生从事爱智活动,省察自己,省察别
人。第一次离题之言的重点完全在他对别人的省察上。难道从事爱智
活动与认识到自己在最重要的事情上的无知是一回事? 从现行文本的
上下文来看,自知其无知与苏格拉底拥有这样一种知识是并行不悖的。
这种知识是指,无论他是人还是神,施行不义、[45]不服从比自己高明
者是糟糕和丢脸的。人的智慧并不仅仅是对人的智慧没有价值这一点

的洞察。苏格拉底并不知道众人相信他们知道的一点,即死是最大的坏事,因为苏格拉底对冥府(Hades)①的事情没有充分的知识(他并没有钻研地下的所有事情);就他所知,死可能是最大的好事。因而,他不愿去考虑陪审团可能以他今后不再从事爱智活动为开释条件的提议。他听命的是神而非陪审团。他不会遵守禁止他从事爱智活动的裁决或法律,因为他听命的是神而非陪审团或城邦。他并没有说他要听从的是他自己的判断而非法律。苏格拉底的爱智活动是与这些活动相伴而来的:他逢人就规劝其要关心明智、真理和自己的灵魂之善(goodness),而不是去关心财富、名声和荣誉;他反驳那些声称关心最有价值的事情的人,说那些事情的价值并非如此。他是这样来劝人关心灵魂之善的:向人们展示不是财富带来德性,而是德性带来财富和所有其它对人的个人生活及公共生活来说善的东西。他的爱智活动就主要体现在他规劝人把德性作为最有价值的东西。既然是德性带来了所有对人来说可谓善的东西,因此,如果雅典人通过判处死刑而使他们自己失去了神的恩赐的话,那么,就不可能是他的原告在害他,而是雅典人在害他们自己。因为神让他来到这个城邦,就像让一只牛虻粘在一匹高大的良种马身上一样,这马因高大而懒惰迟钝,需要从昏昏欲睡的状态中醒来。正如苏格拉底所说的,这个比喻粗鄙可笑:他不断敲打的并不是作为城邦的雅典,而是他"随时随地"碰见的每一个人;他既关心,也可说并不关心城邦的事务。

　　似乎相当奇怪的是,苏格拉底从不曾投入政治活动。在第一次的离题之言中(23b8 – 9),他对这种缺场作了一个当时看来很充分的解释:他在忙于听从神的旨意,到处去察访他所认为有智慧的人。但在苏格拉底展现自己的方式不再限于对他认为有智慧的人进行规劝和驳难,而是对所有的雅典人都这样做以后,在他对神的侍奉被证明与他对

————————————

　　① [译按]哈得斯,司冥府事务的冥王。

雅典人的侍奉(31b3)是一回事以后,在他对人的智慧从纯粹否定性的理解转移到由"从事爱智活动(philosophizing)"这个词所表明的更为肯定性的理解以后,这种解释就不再是充分的了。苏格拉底这时把他的不参与政治归于他的命相神灵,也即降临到他的某种有神性的、命相神灵式的东西(something divine and demonic)。这种说法对听众来说并不新鲜,他曾经在许多地方多次对他们说起过,这已给了迈勒图斯讽刺他相信新神的机会。从苏格拉底的幼年起,这种声音就会突地降临或冒出来,每次必阻止他做想做的事,而从不推动他前行。正是这个命相神灵反对他从事政治[46]活动。在苏格拉底看来,这种反对极好,因为如果他很久以前在政治上就表现活跃的话,那他早已丧生,于人于己都没有任何益处;如果一个为正义而困斗的人要苟全性命于须臾,就只能在野而非在朝。这个命相神灵后来让苏格拉底承担起德尔斐神谕所委给他的使命。然而,它与德尔斐神谕完全不同。我们且不说听众已听熟了关于这命相神灵的说法,而毫不了解传给苏格拉底的德尔斐指令;命相神灵与阿波罗指令的几个根本不同点在于:命相神灵是从苏格拉底年幼时就在起作用的,而阿波罗的指令则是在他已经被认为富于智慧的时候才发出的;命相神灵从不给他向前的推力,而阿波罗则恰恰相反;他对阿波罗指令的尊奉使他招来了嫉恨并给他带来了致命的危险,而让他远避政治活动的命相神灵则使他免遭致命之灾,得以全身;命相神灵的教诲在某种意义上说是以好生恶死为前提的,而德尔斐的指令则是从相反的前提出发的(参见《苏格拉底与阿里斯托芬》[*Socrates and Aristophanes*],82,114,125)。这次的离题之言以对关心自我保存的不屑一顾开始,最后以证明自我保存的正当性、证明自我保存是在服务于最高的善而告终。考虑到苏格拉底发言的主要目的,注意到下面这一点并不是多余的:他关于命相神灵的说法并不能构成对不敬神的指控的反驳。

【按①:柏拉图对苏格拉底的命相神灵最清晰的描述可以在现在一般被认为是伪作的《忒阿格斯》(Theages)中看到。在那篇对话中,忒阿格斯和他的父亲试图说服苏格拉底与想成为雅典著名政客的忒阿格斯"在一起"(be together)。苏格拉底宣称他对忒阿格斯的目标起不到什么作用,因为他对忒阿格斯所需要的神圣的、高贵的东西一无所知;他只懂得一小点学识——能引起爱欲的学识。在这方面,他声称自己的确是才具突出的。忒阿格斯发现了苏格拉底是在开玩笑:他根本不想花时间在忒阿格斯身上,他对忒阿格斯的一些同龄人即那些与他来往而受益匪浅的人也是如此。于是,苏格拉底马上停止说他是个 erotikos[有情人]并再也没有回到这个话题上来,转而谈到了他的命相神灵。命相神灵向他暗示他和他的朋友们所不应做的事。它特别暗示他不应该把时间花在(年轻)人身上:他不能用这来打发时间。命相神灵的缄默的确无法担保他与相关的个人的交往(intercourse)对他们是有益的。但当命相神灵的力量促成了他们在一起的时候,那些人总会有立竿见影的受益。苏格拉底举了阿里斯泰德(Aristeides)曾经告诉过他的一个例子,这个例子是关于他与苏格拉底来往的经历:他从未在苏格拉底[47]这里学到任何东西,但当他与苏格拉底同在一幢房屋,确切地说,同在一个房间时,更确切地说是坐在他旁边并触摸他时,他还是令人不可思议地从中受益。如果命相神灵或神不反对苏格拉底与忒阿格斯在一起的话,那么,忒阿格斯或许就会有类似的经历:他绝不会从苏格拉底这里学到任何东西。在苏格拉底诉诸他是个有情人这一点没有取得效果后,他又诉诸他的命相神灵。他的命相神灵替代了他成为有情人,命相神灵有同样的作用——因为命相神灵与 eros[爱欲]是同样的东西。苏格拉底不可能与那些没有前途、吸引不了他的人待在一起而从

① [中译编者按]整个这一段是施特劳斯对柏拉图笔下苏格拉底的 dai-monion[命相神灵]所作的梳理,特用鱼尾号括出。

中受益。但吸引不了苏格拉底的人会被他所吸引,这并不在少数。苏格拉底不能径直用他不"爱"他们来解释他为什么不要与他们在一起,他诉诸一种人人都得屈从且无法被质疑的神秘力量,求助于命相神灵仅仅是出于为他的拒绝行为作正当辩护的需要。这命相神灵是苏格拉底的天性或他的自然倾向中禁止性、否定性的一面。有关苏格拉底的天性的完整或者说真实的一面是在《会饮》(*Symposium*)中所阐释的他的爱欲(eros):爱欲如命相神灵(daimonic),而非如神(divine)。

> 其他动物的自然(nature)如命相神灵,而非如神……梦就不会是神所遣派(god - sent),但的确如命相神灵一般。(亚里士多德,《论梦卜》[*De div. per somnia*]463b14)】

苏格拉底接着说明,在两起他参加的政治行动中,因为他按照正确或法律来行事,结果给他带来致命的危险。一次发生在民主政体下,另一次发生在寡头政体下:他既不是民主派,也不是寡头派。人们会发现,奇怪的是,命相神灵竟没有阻止他这两次危险的行动。也许命相神灵并不会对[行动的]对与错漠不关心,或者可以更简单地说,这两次行动是苏格拉底无法回避的。在说到自己在民主政体下的那次行动时,苏格拉底把陪审团——整个陪审团——等同于公民大会——正是公民大会决定将指挥阿茪诺赛(Arainousai)战役的众将军提交法庭处死。① 因而,当他在这段申辩的末尾说"关于这几件事,你们有很多可

---

① [译按]公元前406年,雅典海军在阿吉纽西岛附近的战役取胜,但代价巨大,4000人丧生,雅典人以众指挥官在班师时未拯救落水者和打捞死亡者的尸首为由,决定指控这些指挥官,并且一反法定的程序,要求不必进行个别审理,而是用公民表决来决定被告的命运。

为我作证的人"这话的时候，他也许只是指他在寡头政体下的行动①，否则，这种说法就会带有反讽意味（也可见 19d1－7）。他在证明了自己在这二次政治行动中为正确挺身而出后，自然就多少有些温和地讨论起对那个比较温和的指控，即要他对他所谓的弟子（特别是克里提阿[Kritias]和阿尔喀比亚德[Alkibiades]）的错误行为②负责的指控。苏格拉底径直否认他有过任何弟子。如有人，无论老少，愿看苏格拉底以谈话的方式去执行他的使命（也即从事他的爱智活动），他从不拒绝；他不为谈话而收费，却孜孜于接受众人的提问，而不论其贫富；如果他们愿意的话，就会听到他在答问时的谈话。他从不私下或秘密向任何人传授什么。有一些富有的青年总跟在他旁边，这是不假。他们乐于跟从——实在不是为了接受德性上的规劝或接受论辩上的挫败，而是[48]因为他们爱听那些自以为智慧、实际上却并不智慧的人是如何被查问的，因为听到那些人被问住不可说是不愉快的，而在德性上被人加以规劝是令人不快的。苏格拉底说问住那些人不会是令人不快的——这不仅对可能还显轻浮、头脑简单的青年人是如此，而且对苏格拉底本人也是如此。他没有说这样一番话，即受欢迎的探询是人们被问到关系到人类事务的"……是什么"的问题，不过他并没有排除这种意思。无论是怎样的情况，他对人们所说的，或者他对他们（既包括一般的民众，也包括经常跟从他的人）的引导，是他按照神通过神谕、梦和其它显灵的方式（德尔斐对凯瑞丰的回答早已不再是他生命中唯一的非凡事件了）传达给他的指令去做的。这些不可能被称为是腐蚀青

---

① [译按]公元前404年，雅典在伯罗奔尼撒战争中最后战败，由"三十僭主"在雅典主政。其间，苏格拉底等5人曾被要求去逮捕一个名为 Leon 的富翁。其余4人都听命而为，只有苏格拉底回家以示抗命。

② [译按]克里提阿，曾在公元前404年推翻雅典民主政权的"三十僭主"的首领之一。阿尔喀比亚德，曾为雅典军队的重要指挥官，公元前413年被城邦指控犯了渎神罪，后公开投敌。这两人一度与苏格拉底的关系较密切。

年。如果他腐蚀了任何青年人，那么，如今已经年长的他们，或者他们的父亲或其他亲人必会出来作证指控他。他看见有许多人在法庭上。他提到了他的七个追随者的名字，提到了这七个追随者的父亲或兄弟的名字。在这串罗列中，柏拉图的名字出现在阿波罗多洛斯（Apollodoros）的亲人中。但这些追随者或其亲人都没有出来为原告作证，理由很明显：指控是不成立的。苏格拉底在这里并没有诉诸他曾用来让迈勒图斯闭嘴的那种论据，亦即没有谁会自愿地腐蚀任何人（见 25c5 以下）。

这就是严格意义上的申辩的结束，诚然它还没有把话说尽（34b7）。这样做的一个原因是申辩主要对付的是关于腐蚀青年的指控，尽管主要的指控是关于不敬神的（参 35d1 – 2）。苏格拉底在结束时为他自己并不按照惯例乞求陪审团的原谅作了辩护。那个辩护从某个角度看像是我们前面所界定的离题之言。但它又不同于那两次真正的离题之言，因为它不是作为对"有人或许会说"（参 34d1 – 1 和 20c4 及 28b3）的回答而加进来的。既然苏格拉底也像传说中的奥德修斯（Odysseus）那样并非天生的木头或石头，既然他也有亲眷——特别是还有三个孩子，他本来可以按照人们通常用的方式去请求宽恕，但他拒绝遵循这种通常的实践。首先因为，他既很看重他作为一个杰出的雅典人的声誉，也看重雅典人的声誉；其次也因为，企图使陪审团违背其誓言是不正义、不虔敬的事——如果他这样做的话，那他就是一边在为自己所受的不敬神的指控作辩护，另一边却又当众表现出了他的不虔敬。

苏格拉底预期会被绝对的多数宣告有罪，所以他的发言姿态就像整个陪审团已经认定了他有罪或要与他为敌一般。让他惊奇的是，他是被陪审团略微的多数宣告有罪的。如果他准确地判断了陪审团开始的倾向，那他的辩护一定会令相当多的陪审团成员信服他。我们没有理由设想不存在从一开始就认为他是清白的或对他友好的成[49]员。

苏格拉底补充说,如果就迈勒图斯一人指控他的话,如果阿努托斯(Anytos)和吕克翁(Lykon)不出来指控他的话,①他原本会被宣告无罪。因此,人们或许会感到遗憾:他只驳倒了迈勒图斯一人。

"这是……一个在法律上没有预先规定处罚的案子",而且,"法庭不得不在控方和辩方所分别提出的处罚方案中作一个选择"(Bur-net②)。迈勒图斯提出的处罚是死刑。苏格拉底则要提出他所应得的东西。为了作出决定,他说须考虑他的功德和需求。说到自己的功德,他说他一生未尚宁息,却对众人所孜孜以求的这一切都不屑一顾:赚取钱财、振兴家业、谋求军职、以政治演讲来哗众取宠、用其它方式在政治上实现飞黄腾达、参与阴谋叛乱以及党派之争。他上面所列举的所有这些活动都是被不义所玷污了的。他说自己实在太好,若参与这些活动,无论对雅典人还是对他自己都没有任何用处,还会使自己性命难保,而他要介入政治唯一看似说得过去的动机就是对自我保存的关心(参见《高尔吉亚》[*Gorgias*]511a4以降)。苏格拉底前面把他不参与政治归于命相神灵的作用(如果说不是德尔斐神谕的作用的话),而没有公开表示他对政治生活的藐视。而现在,他在谈他独特的功德,因而就对种种来自超人的鼓励不再谈论,同时也直言不讳地表达了他认为政治(和经济)活动等而下之这样的看法。他不去做大家趋之若鹜的事情,而是通过在德性上的规劝去做对所有人都最为有益的事情。但作为穷困之辈,他还缺少做这种好事的闲暇。这两个理由(他突出的功德以及

---

　　① ［译按］在三位指控者中,迈勒图斯和吕克翁是无名小辈,但阿努托斯是雅典知名的政治家。

　　② ［译按］Burnet系英国著名的柏拉图研究专家,曾于1924年出版对《苏格拉底的申辩》等对话的注疏。

他万般的贫穷）加起来，他所应得的就是让他在普吕塔内翁（Pryta-neion）①免费就餐。这个荣誉是奖给在奥林匹亚竞赛上的得胜者们的。但那些人仅仅是使雅典人表面上快乐，而苏格拉底则是使雅典人真正感到快乐；他们并不需要维持生计，而苏格拉底则有此需求。

苏格拉底的提议是令人震惊的，这种震惊还不只是从认为他有罪的陪审团多数人的角度来说。他就他的功德的陈辞是以这一点为前提的：他使得雅典人真正感到快乐，也即使他们有德性，或者说，他的活动是完全成功的。［然而，］在使城邦的公民尽可能活得好这一点上，他就像伯利克勒斯（Perikles）、克蒙（Kimon）、米尔蒂阿德斯（Miltiades）和提米斯托克勒斯（Themistokles）一样不成功——他曾强烈地谴责过这些人的失败（《高尔吉亚》515b8-516e8）。他认为自己应得那个给得胜者的奖赏，而他本来就像那些没能取胜的奥林匹亚竞赛参与者一样不能对那个奖赏提出要求。如果他的朋友们突然决定不再资助他的话（而这是一个他自己在此语境中加以反驳的假设），那他说他需要公共的资助倒还站得住脚。

苏格拉底作了这样令人震惊的提议，因为他把死刑的严肃替代方式看作比死还糟糕的事。他从不曾有意地对任何人做过不义之事。雅典人不相信这一点，是因为"我们彼此交谈的时间太短"。但他难道［50］不是长年累月、从早到晚在与他们交谈吗？尽管是这样，但他不愿待自己不公，更不肯待别人不公——而他如果说自己应受什么灾祸的话，那他就是在待自己和别人不公。至于说迈勒图斯所提出的那种所谓的灾祸，他再次声明，他还不知道它是好是坏。他倒是知道它的替代品（监禁、罚款和流放）肯定是灾祸（尽管还不算大灾祸——见

---

① ［译按］Prytaneion 系雅典的议事会所在地。除了议事会成员工作时在那里用餐外，只有外邦的使节和特别显赫的公民（如奥林匹亚运动会的优胜者）才会被邀请在那里免费就餐。

30d1－4），因此他所不取。他特别说到流放，说他若到别的城邦也会遭受与在雅典同样的麻烦。青年人会去听他讲话；如果他赶他们走的话，他们会让他们的长辈来驱逐他；如果他不赶他们走的话，那他们的父亲和其他亲人又会为这些青年人而将他驱逐出去。

　　到这里，苏格拉底明白自己会再次碰到"有人或许会说"的情况，因而他又开始了他第三次也是最后一次的离题之言。头两次离题之言处理的是他所负的神的使命的问题；如果从某个略为不同的方式来说，第三次处理的也是这个问题。有人或许会说，苏格拉底被雅典放逐出去后，是否还是不会沉默下来，安静地过日子。苏格拉底知道最难劝服"你们中的一些人"相信这一点：他不可能保持缄默。我们暂时假设，他不可能劝服的那些人就是指控他的那些人。他可以给出两个不同的理由，来说明他为什么不能保持缄默。首先，他可以说，他要缄默就是对神的不尊奉——但如果他这样说的话，他们会认为他是在装样子（"反讽"）。其次，他也可以说，一个人每天都很投入地去谈论德性以及他所谈过的其它东西，从而去省察他自己和别人（他这里并没有说"所有的人"），这对人来说是最有益的事，而未经省察的人生是不值得活的——但这个理由能劝服的人数甚至比第一个理由还要少。故此，我们或许要说，还需要来听更有理的说明。苏格拉底在此不言而喻地解释了他前面为什么要讲德尔斐神谕的故事。这解释出现在对话的中间部分，并不是偶然的。这两个理由的差别正像下面这二者的差别：你坚守职责是由某种高高在上的力量所委派，抑或你坚守职责是因为你自己相信它堪称最好的（28d6－8）。指控苏格拉底的人是完全不能相信第二个理由的；第一个理由倒离他们的理解力还不太远。我们也许可以暂时推出一点：那些宣告他无罪的人，要么相信了他所执行的德尔斐的使命，要么相信了爱智生活固有的至上性——也可能两个都相信。

　　苏格拉底在作完重要的陈辞后，又回到他应该提出受何种惩罚的问题上来。他谈到对死刑的一种重要替代方案——罚款，他以前是从他没有钱的角度而拒绝考虑这个方案。而他在这次的陈辞中重复说他不惯于认为自己该受什么灾祸,但他接着说,他并不把钱上的损失当成一种灾祸。因此,他提出可交[51]他能够支付得起的小额罚款,不久,他又按照柏拉图、克力同(Kriton)、克力托布洛斯(Kritoboulos)和阿波罗多洛斯的请求把罚款数提高了三十倍,因为他们为这笔钱作了担保。这样就有了(其实一直都有)一个对死刑的替代方案。苏格拉底到底为什么要作这个令人震惊的、只会加剧陪审团敌意的提议呢?与色诺芬笔下的苏格拉底不同,柏拉图笔下的苏格拉底没有这样来解释他在审判时的行为,即说像他这么大的年纪,死对他已成了件好事。

　　这不是柏拉图的《苏格拉底的申辩》留下来未解答的唯一问题。在《高尔吉亚》中,苏格拉底设想如果城邦就一帮家伙所提出的关于他腐蚀青年的指控进行审理的话,那么,他自己的处境就好比是一个医生受到一群孩子的审判,其被指控的罪名由一个糕点师傅提出来,说医生给他们的都是些难以下咽的药——他不可能告诉他们真话,因为他们没有能力理解。苏格拉底在那里面是把民众作为同一类人来谈的。但在《苏格拉底的申辩》中,他在判定他死刑与宣告他无罪的人之间作了区分(投票的情况说明这种区分有道理)。那些认为他无罪的人理解了他吗?在苏格拉底被判死刑后,他对这两部分人是分开来谈的。他对判他死刑的人说了三点:1. 使他们判他死刑的原因,不在于他的辞令缺乏力量(这使我们想起了他的开场白),而在于他拒绝卑恭地乞求他们的怜悯,在于他因为看重荣誉、看重他之所立身的东西而表现出的拒绝姿态。他把法庭上的得当行为(不是他完成使命时的得当行为——28d10 – 29a1)与战场上的得当行为相比:无论在苏格拉底与反感爱智活动的公民之间可能有多么大的差别乃至对抗,就他的身体而言,他在紧急关头是把自己完全看成与城邦、与“他的人民”同等的。2. 但他还是在判他死刑的人与原告之间作了区分:判他死刑所带来的耻辱落在了原告头上。3. 他预言他们对将他处死所寄予的期望不会实现。他们期望通过处死他来消除将他们的生活方式暴露于世的必然性。但在苏格拉底死后，将有更多的人迫使他们经受那种考验，而苏格拉底现在是在阻止这些人这样做，这些人年轻，将会比苏格拉底更苛刻地对待他们。那些判苏格拉底死刑的人并不知道他现在所起的这种阻止作用。苏格拉底以前没有提到过这一点，相反地，他曾经说（30e1－31a2），如果他们处死他的话，他们就不可能找到另一只牛虻了——他那时想让他们去处死他吗？

　　对投票宣告他无罪的人，苏格拉底愿意用言辞与之交流（exchange speeches［dialegesthai］）；事实上，他用故事的方式与之交流（exchange stories with them［diamythologein］），也就是给他们讲故事或使他们想起那些故事。他向他们解释所发生的事情的意义。苏格拉底在对判他死刑的人谈话时，像一个面临死亡的人通常所作的那样作了一个预言。现在他也谈到了他按惯例所作的预言，通过［52］命相神灵所作的预言。苏格拉底的命相神灵以往常常阻止他的行为，甚至在很小的事情上，只要他要做的事是错的或不恰当的，命相神灵就会阻止。但在他接受审判的这天，无论他做什么事情，也无论在什么时候，"神的征兆"都没有阻止他，特别是在他发言的时候，它全不反对，尽管他在其它场合说话时，常常中途就被它截断了：命相神灵不仅阻止他的某些行为，也阻止他的某些谈话。命相神灵这一天的缄默说明，发生在苏格拉底身上的是好事：死并不是件坏事。命相神灵这次的缄默格外引人瞩目，因为它的作用似乎一直是要保全他的生命。这或许是它现在为什么被称之为"神的征兆"的缘故，这也就是为什么命相神灵与阿波罗的指令之间的区别现已模糊了起来的缘故。在对判他死刑的人的谈话中，苏格拉底没有对他们作出裁决的前提——即认为死是一个绝大的灾祸——提出质疑。

　　因而，苏格拉底这会儿并没有撂下这样的话了事，他没说他不知道死是不是不算灾祸。但命相神灵的缄默也许至多是证明了这一点：因为苏格拉底现在已进入耄耋之年,死对他来说是件好事(参见41d4 和《克力同》43b10 – 11)。因此,他还要表明,死完全成为好事这一点是有很大希望的。死的境界二者必居其一:或是万事皆空,死者毫无知觉;或是,如传说所言,灵魂由此界迁彼岸。苏格拉底在谈到第一种情况时,没有说死是完全的毁灭,也没有谈人们对这样理解的死亡的恐惧是否并不符合自然的问题。他只是把死说成是无梦的睡眠状态。如果死真是这样,那么,它就成了奇迹般的获得:如果有人不得不辨认出那个他如此深睡而竟无梦的夜晚,并将它与他在世的日日夜夜相较,那在一番深思后就可以说:他一生所度过的日日夜夜有多少能比这个夜晚更好、更愉快呢! 实际上,人人都可以发现,这样的日子在人生中是屈指可数的。这种语义模糊的说法暗示了这种想法的可疑特征:苏格拉底这只牛虻,这个要将城邦从昏昏欲睡中唤醒过来的人,竟成了对最深沉的睡眠唱赞歌的人。人们当然可以说,人不相信在无梦之眠中会知道他平日所不知的事,也不会相信他因此能拥有价值甚微或根本没有价值的那种属人智慧。但如前所示,对苏格拉底的关怀这种否定性的叙述已逐渐被一种更积极性的叙述所取代了——按照后一种说法,人每天交换对德性以及诸如此类的看法,或者去"爱智",这些是最好的事,而未经省察的人生是不值得过的。

苏格拉底接下来就谈到了第二个方面:如果死仿佛就是离家出走,别世远行,而按照通常的说法,死者要去的彼世是所有死者都聚集的地方,那么,还有什么比死更好的事呢! 在冥府,人们首先会遇见所有的半神半人,他们一生行事正义,他们中首[53]先有真正的审判官(米诺斯[Minos]、拉达曼托斯[Rhadamanthys]、埃阿克斯[Aiakos]和特里普透棱莫斯[Triptolemos])。苏格拉底没有提到那些平生处世不公的半人半神,也没有提到这些真正的审判官会对那些家伙怎么办,甚至没有提到他们对那些在人间行事不公的人(诸如他的原告和判他死刑的人)会怎么办。他倒是说到了在冥府的另一个裨益之处:人们也许会碰上俄耳甫斯(Orpheus)、牟萨依俄斯(Mousaios)、赫西俄德(Hesiod)和荷马(Homer)——这是另一个四人组,阿得曼托斯(Adeimantos)引述或罗列他们是将他们作为不正义的教师的(《王制》[Republic]364c5 – 365a3)。对苏格拉底来说,与帕拉默德斯(Palamedes)、忒拉蒙(Telamon)之子埃阿斯(Aias)和其他因为不义的判决而死的先人(如果还有的话)相会,并将他的遭遇与他们的遭遇(埃阿斯是自杀身亡的)相比,这会是尤其美妙的。但最重要的是,人们在彼世可以与在此世一样,将时间花在探询和省察他人上,看谁智、谁不智而自以为智。与统帅大军打下特洛伊(Troy)战役的统帅、奥德修斯、西绪弗斯(Sisyphos)或无数的男男女女交谈、共处,向他们发问,会有一种难以言传的愉快。无论如何,那里的人不可能以处死苏格拉底的那种理由来杀人——因为,如果所传说的是真的话,除了那里的人比这边的人在其它方面都活得更幸福外,他们还是永生不死的。尽管冥府的生活似乎对谁来说都是幸福的,但对苏格拉底来说尤其是如此,因为他在那里可以继续过那种引导雅典人并促使其向善的生活,而不用害怕死刑和任何其它的惩罚了。这样说来,死难道还是坏事吗? 如果不是的话,那苏格拉底在那里也不会比他在世时更幸福(参见《治邦者》[Statesman]272b8 – d2),除非探察荷马和他的男女英雄们会带来更多的幸福。苏格拉底从没有说到他对雅典妇女的探察。

苏格拉底没有提到阿伽门农(Agamemnon)的名字,正如他前面没有提到阿基琉斯的名字一样(28c2 – d4)。他共提到了住在"彼世"的十二个人的名字,这正如他在列举他的追随者及其父兄时共提到了住在"此世"的(也即还活着的)十二个人的名字一样(33d9 – 34a2)。赫西俄德和荷马理所当然地占据中心位置。他在第二次列举中倒数第二个提到的是奥德修斯,而他第一次列举中倒数第二个提到的则是柏拉图。

苏格拉底最后劝告投票宣告他无罪的人对死抱着乐观的希望,并切记这个至理名言:一个好人无论活着还是死去,都不至于是坏事,神不会不眷顾他的。他接着就把这个道理用在自己身上：现在对他来说，去死并从这些麻烦中解脱出来就是件更好的事，这正如命相神灵以他的缄默所暗示的。就在这个结论的前面，他还暗示过所有的死者都在冥府里并在那里很幸福——这样看来，似乎就应该说没有人必须恐惧死亡了。但结尾的说法却是：只有好人不必怕死。这似乎假设了苏格拉底就是一个好人——这在整个对话语境中也意味着：对于受到指控[54]的罪名，他是无辜的。不过，苏格拉底并不是从他的好来推断对他来说死是件好事，而是从命相神灵的缄默来推断的：他从那种缄默中所推断的，不是死完全是件好事，而是死现在对他来说是件好事。

不足为奇的是，苏格拉底对判他死刑的人甚至对他的原告并不感到很愤怒，尽管他们有意害他。倒可能会让人有些奇怪的是，他竟向他们而不是投票宣告他无罪的人（苏格拉底把后一种人看成是他的朋友[40a1]）托付要关心他几个儿子的德性。如果就像苏格拉底惹恼了判他死刑的人和他的原告一样，他们将来又为同样的原因惹恼他的儿子的话，那他和他的儿子就都算遭受他们的正义对待了。他似乎期望判他死刑的人和他的原告成为他精神上的继承人，至少从他的儿子的角度来说是这样。但在把他的儿子们托付给判他死刑的人的时候，他也将他们托付给了大众，也就是托付给了城邦。而城邦是关心德性的（即便关心的只是俗众的德性）：它被期望敦促苏格拉底的儿子逐渐培养起那种德性。他最后说，他将去死，而他们将活着，谁的去路好，唯有神知道。人们可以说，他又回到他刚开始不知死是好是坏的断言上来了。他当然不会给判他死刑的人讲关于冥府的故事啦。

二

《苏格拉底的申辩》是苏格拉底在大白天与雅典城邦进行的公开

谈话,而《克力同》所呈现的则是他在最私密的情况下,在他与其他人已经被监狱大墙隔绝开来的情况下,与他的老朋友进行的谈话。

在对话的一开始(参44a7 - 8),苏格拉底还在熟睡之中,他梦见一个容貌美丽、身形标致、穿着衣服(我们甚至都知道她衣服的颜色)的女人来召唤他,说"第三天(他)将来到最肥沃的皮提亚(Phthia)"。苏格拉底醒来后,开始与克力同谈话,谈话在对雅典法律的 prosopopoiia [拟人化]时达到了高峰。法律被派来告知他的话把他又带回到似睡非睡的状态——他在那种状态中,与他谈话刚开始时的状态一样,几乎无法听清克力同或任何别的人所说的话。然而,他在谈话开始时的状态是镇静而祥和的,而在结束时,他的状态可以与参加库蓓乐祭仪的人们(那些人相信他们听见了笛声)的迷狂(Korybantic frenzy①)相提并论,苏格拉底从法律那里所听来的那些话在他心中不断地回响着。

当苏格拉底与克力同谈话开始的时候,天还相当黑。苏格拉底与希波克拉底(Hippokrates)谈话开始时天也很黑(43a4,《普罗塔戈拉》310a8)。但我们从他与希波克拉底的谈话中听到曙光初露,两个谈话者[55]已能相互看清对方了(312a2 - 3)。从他与克力同的谈话中,我们听不出这个意思。也许谈话完全发生在曙光初露之前;也许苏格拉底和克力同根本看不清对方;可以肯定的是,谈话不会完全发生在大白天。因而,在《克力同》中没提到苏格拉底起床、坐着、站着或走步什么的。说《克力同》是一个演示的对话,而《普罗塔戈拉》则是一个讲述的对话,这并不足以解释《克力同》中的场景与《普罗塔戈拉》中与希波克拉底谈话那部分的场景之间的差别,因为谁会怀疑,即使是在一个演示性的对话中,柏拉图原本也能够讲清太阳和苏格拉底已经起身?

《克力同》以苏格拉底提了六七个问题开场,而克力同对这些问题

---

① [译按]库蓓乐(Kybele)是弗里吉亚(Phrygia)地区的女神,据考,崇拜库蓓乐的祭仪以令人狂喜迷醉的音乐舞蹈为主。

有着完整的回答。其中最后一个回答引出了一个预言,这个预言根据某些知情者(人)提供的情况,说苏格拉底第二天将要死去。苏格拉底拒绝相信这个预言,因为他的梦向他担保他的死是在第三天。

在这个梦中,一个丽人来对苏格拉底说话,她所说的关于苏格拉底话,是荷马笔下的阿基琉斯拒绝与他的统帅阿伽门农讲和,而对奥德修斯谈起他自己时所说的。苏格拉底(甚至是梦中的苏格拉底)在此不得不改动了荷马的文本和上下文,因为阿基琉斯威胁说要离开军队(也即他的职守),返回家乡——皮提亚,或者说因为他违抗了他的统帅(参《王制》389e12 – 390a4)。他在荷马笔下另一个段落的基础上作了必要的改动。在《苏格拉底的申辩》中间的一个段落,即苏格拉底把阿基琉斯当作高贵行为的典范的那段(28c2 – d5),他也提到了一个丽人——女神忒提斯(Thetis),忒提斯对她的儿子阿基琉斯说,他在杀死赫克托耳后马上就会丧命;阿基琉斯选择了高贵地死去,而不愿忍辱偷生——他回到皮提亚的行为肯定就属于后者。在苏格拉底的梦中,荷马笔下这两个段落(《伊利亚特》9. 363 和 18. 94 以下)合成了这样一个结果:一个丽人预言他要去皮提亚,或者说是建议他去皮提亚,也即帖撒利(Thessaly)。事实上,克力同很快建议苏格拉底,说他应该逃离监狱,如果他愿意的话,可以去帖撒利(45c2 – 4)。如果苏格拉底接受对梦的这种解释,那么,他去帖撒利就不仅仅是基于属人的动因,因此,他这种行为所违抗的不过是他在人世的统治者而已。但既然皮提亚是阿基琉斯的故土,那么,这个梦也可以说意味着:苏格拉底将在第三天来到他真正的故土,即冥府。正是这种解释被他作为理所当然的事,使他作了不言而喻的选择。

克力同渴望苏格拉底能听从他,并为克力同的缘故而使他自己得救。他说了两条理由。苏格拉底的死将使他失去一个不可替代的朋友,而且,最重要的是,他在许多不很了解他和苏格拉底的人那里将会无可挽回地失去声誉,因为他们会认为他未能挽救苏格拉底是由于他不愿[56]为此花钱:对他来说,被人认为他把钱看得比朋友重得多,这是很耻辱的。(这种说法意味着,判苏格拉底死刑的多数人也为苏格拉底的朋友们没有用非法的手段阻止对苏格拉底的处死而宣告了他们的罪过,因为多数人认为,将钱看得比朋友重得多,这是耻辱的。)苏格拉底根本没有试图在克力同将失去他最好的朋友这上点上去安慰他(因为,如果他作为一个逃避法律制裁的人离开雅典的话,克力同也会遭受同样的损失),而是告诉他,他将多数人的意见看得太重了。多数人是由他们的意见支配的,他们判了苏格拉底死刑,这并不像克力同所想的那样,证明了他们能作大恶——正像他们不能行大善一样,他们也不能作大恶;他们既不能使人智,也无法使人愚。苏格拉底当然没有否认他们能恶(参见《高尔吉亚》469b12)。接着,克力同被迫提出了更严肃的考虑。他担心苏格拉底不想让克力同和其他朋友被知情者告发并招致经济上的重罚。他一边请苏格拉底替克力同的声誉考虑,另一边请他不用为富裕的克力同的财产担心。苏格拉底对克力同可能付出的经济代价的确不是没有顾虑的。克力同向他表明没有理由顾虑这种事。首先,只要一点钱就可以安排苏格拉底越狱和对他今后的资助。其次,知情者只要一小部分钱就可以被买通。再次,如果苏格拉底不管克力同的经济代价是多小都替他担心的话,那这笔费用也完全可以不由克力同来承担。底比斯(Thedes)的西米阿斯(Simmias)有能力并愿意单独承担费用。最后,苏格拉底也无需为他在避难地的生活方式担心——他在许多地方都可以找到十分敬重他的人。克力同提到了帖撒利这个地名,说他在那里有很多朋友。

克力同开始考虑的是或多或少与他的钱财紧密相关的问题,接着他就转而考虑苏格拉底要怎样行动才是正义的这个问题:如果苏格拉底不能使自己得救,那他就有违于他对自己及其子女的责任,因为他背弃了自己和子女。作为父亲的克力同严厉地指责了作为父亲的苏格拉底,因为苏格拉底试图选择一条最轻松的养育子女之道,那就是遗弃。

他没有谈到苏格拉底对城邦的责任。克力同对正义的考虑几乎是不知不觉地又转到了对高贵的考虑，即什么行为是一个有男子气的男人（a manly man）所应为的：苏格拉底和他的朋友会被认为是从头到尾都因为缺乏男子气而对整个事情处置失当。从正义到高贵的这种转折是基于一种特定的正义观：人首要的责任就是要保存自己，使其免遭不义的侵害（参《高尔吉亚》中卡利克勒斯［Kallikles］的论据）。克力同在总结中一边要求苏格拉底认真考虑他的建议，一边又说没有时间来认真考虑了（因为苏格拉底必须在当晚［57］越狱）或说是没有认真考虑的余地了（因为当晚想不出替代越狱的办法了）。他显然不信苏格拉底那个梦所说的他将在第三天死去的预言。

对正义的考虑只是表面上占据着克力同这番劝说的中心，而在苏格拉底的回答中，它则成了首要的（如果不能说是唯一的话）考虑。为了能使这种转变站得住脚，他就必须质疑克力同的基本前提，这个前提就是：我们必须重视多数人的意见，因为多数人是如此的强有力。这个前提在前面曾被很简要地处理过（44d1 - e1）。现在他来较为详尽地进行探究。苏格拉底从这一点开始：他向来不会服从他的生命中任何别的东西，而只服从 logos①［理］——当他在进行推理（logozetai）的时候，logos［理］看来对他是最好的：他可能会服从 logoi［各种理］，或者也会服从那些严格说来不是属于他的敦促（promptings），诸如神谕（《苏格拉底的申辩》20e5 - 6）或是 daimonion［命相神灵］或法律（52c8 - 9）。但苏格拉底在与克力同的谈话中几乎没有影射命相神灵，他也没有提到命相神灵以它的沉默来支持他在审判中的表现这个事实（《苏格拉底的申辩》40a - c3）——而克力同对苏格拉底在审判时的表现进行了严厉的谴责，因为那明显缺乏男子气（45e4 - 5）。克力同显然不会为

---

　　①　［译按］logos（logoi 为其复数）一词有多重含义，这里兼有"话语"和"道理""理由""理据"之义，酌译为"理"。

命相神灵的证词所动,就像他不为苏格拉底的梦所传达的预言所动一样:克力同是不信命相神灵的。除了两次"以宙斯的名义"发誓外,他从未说起过神。克力同是清醒的人,或毋宁说是缺乏想像的从而视野狭隘的人,因而对超越他的领域和他的经验之外的事物毫无兴趣。

在苏格拉底的推理中显得最为适宜于他的那些 logoi［理］并非必然不发生变化,它们或许会被更好的 logoi［理］所取代。故而,他否认他现在这样的处境特别是他的濒临死亡为更改这些 logoi［理］提供了正当性,因为他以前所得出的 logoi 已经考虑到了那种由多数人那神秘而可怕的力量所造成的处境。这也同样适用于他和克力同以前曾达成一致意见所依据的那些 logoi［理］(至少是那些 logoi［理］的一部分):克力同也不能仅仅考虑到现在的处境而放弃它们。苏格拉底提议他们先来讨论克力同关于意见的 logos［理］——即我们必须对多数人的意见加以重视的这个 logos［理］。他们前面认为,人们有一些意见必须得到重视,有一些则不必,这实际上是取得了一点共识:总在被人们流传的话是人们相信他们道出了某些真谛的话。这也可以说是,必须重视的只是多数人的一部分意见。苏格拉底在这里通过补充说有些意见必须得到重视、有些则不必,就将多数人的意见排除在外了,因为值得重视的意见是有用的或好的意见,而这些意见是那些明智者的意见,也即少数人的意见。

比如,一个认真从事健身训练的人会被表扬、责备和种种意见所左右,不是被所有人的意见,而是被唯一的人——恰巧是医生或教练员的意见所左右;他会按照某个专家而不是所有其他人所称许的方式去行动;要是［58］他重视那些不是专家的多数人的 logoi［理］,那他的身体就会受到伤害,甚至被彻底摧垮。出于对单个专家意见的偏爱,不仅非专家这个"特定的多数"的意见,而且任何"多数"的意见都要被贬低。既然不听医生或教练员的意见有可能毁掉自己的身体,那么,不仅仅是这个已经认真地投身于健身训练中的人必须寻求专家的帮助,而且每个(有支付能力的)人都得如此。因而,在正义与不义、高贵与卑鄙、善与恶这类事上,人们必须听从某个专家的意见(如果有的话),而不是听别的人的意见。苏格拉底这就迫使我们产生了疑惑:如果身边找不到在正义、高贵和善这些事务上的专家,如果在人类中所能发现的是在最重要的事情上的无知之知(《苏格拉底的申辩》22d7 和上下文),那人们应该怎么办呢?假使是那样的话,难道人们一定不能——或至少说,难道人们不可以——遵循非专家的各种意见,或非专家的某种意见,即他们最有权威性的那种意见——城邦的法律吗?法律难道不会是唯一的"次好的方案"吗?从另一方面来说,如果在这些事情上有一个专家,而他的 logos[理]又与法律的 logos[理]不同的话,那人们又该怎么办呢?

苏格拉底并没有明确地提出这些问题。但他也没有限制自己用"如果有一个专家"这样的条件句来影射这些问题。他另外还暗示,为什么找到一个专家不能是想当然的,与此同时,他还故意避免使用"灵魂"(soul)这个词,以此来暗示克力同特有的局限。他用的是迂回曲折的表示方法,比如说"在涉及正义与不义的事情上,无论它属于我们的哪一部分",它都比身体更有价值。他由此暗示了在正义问题上的专家与非专家(尤其是法律)之间的差别:专家关于什么是正义的 logoi[理]是从关于灵魂的知识而来的。

苏格拉底接下来将话题转向了克力同的 logos[理]——即必须看重多数人在正义、高贵和善及其对立面上的意见,这不是因为这种意见本身的价值,而是因为多数人有杀害我们即毁灭我们的身体的力量。在对那种 logos[理]提出异议的时候,苏格拉底是否以他驳斥克力同起初的 logos[理]所得的全部结果为先决条件,这不太清楚。(须注意 48a5、b3、d8、e2 从第一个讨论话题到第二个的过渡中几个形容词性的称呼格非同寻常的用法。①) 可以肯定的是,他现在不再说正义事务上单个的专家了。专家难道就不会在某些情况下说,应该把权力交给多数人或努力避开多数人的力量吗?(参见《王制》496d － e)他确信克力同还会同意他们前面达成的一致意见,或者说那些一致意见仍然有效——他们这两个人的一致意见取代了单个专家的定论。他们曾经并且现在继续同意:不是生活,而是善的生活是最有价值的,而善的生活与高贵的、正义的生活如出一辙。这就可以推出:他们对克力同所提建议不得不进行考虑的只有一点,即苏格拉底违背雅典人的意愿而从监狱[59]逃走,这对苏格拉底和对克力同来说是不是正义之举,所有其它的考虑都是不相干的。苏格拉底愿意重新考虑他的意见,他的行动不想有违于克力同的意愿,正像他不想因他的越狱而有违于雅典人的意愿一般,他希望使克力同的意愿和雅典人的意愿取得一致。因此,苏格拉底鼓励克力同来与他作对,如果克力同能够成功地说服他,苏格拉底愿意听从他。同时,他强调这一点,即像他们这样大年纪的人若还像小孩那样随随便便改变意见是多么不相称,这样就确保了克力同仍然会坚持他们前面的一致意见。

　　苏格拉底对按正义去行事意味着什么,首先是这样来解释的,即人绝不能自愿地按不义行事,或者说,按不义去行事对那个人来说,在每方面都是既糟糕又低贱的。这就使我们想到了这样的问题:人是否会自愿地按不义行事(《苏格拉底的申辩》25d5 － 26a7 和 37a5 － 6)?或者说,是否并非所有的不义行为都源于无知(无知在这里指的是,不是正义事务的行家里手就不懂得按正义去行事)?他的分析得出了一个结论:人在蒙受不义的时候,也不应还之以不义。克力同犹犹豫豫地同意了。苏格拉底接着又表明,即使一个人遭到了人们的恶行的侵害,对

---

　　① [译按]据严群先生译文(商务版)这四个称呼分别是:最可贵的朋友、可敬的朋友、好朋友、载福的朋友。

他们还之以恶行仍是不义的,因为对人还以恶行与按不义行事没有什么两样。克力同毫不犹豫地同意了。人们会疑惑,人是否不可能对神行不义呢(参《游叙弗伦》[*Euthyphro*]11e7 – 12e9 和《法义》[*Laws*]821c6 – d4)? 也就是说,不敬神是否并非一项罪行,进而还可以说,苏格拉底不信城邦所信之神的存在,这是否并不算不义的行为(除非这种不信神伤害到了城邦,伤害到了人)? 如果说那些判苏格拉底死刑的人和那些认为他无罪的人把不敬神看作是罪(尽管这两部分人在苏格拉底是否有罪上有分歧),那么,克力同是不在这两部分人之列的。不消说,他不属于判苏格拉底死刑的人。至于说那些认为苏格拉底无罪的人,可以推测,他们是相信苏格拉底的命相神灵的人。人们还会疑惑,如果说战争不是完全不义的话,那向人施加恶行怎么会是完全的不义呢? 而每当城邦要求苏格拉底参战,他就这样去做了(51b4 – c1)——他并没有根据战争正义与否来决定他的服从行为。

苏格拉底提醒克力同注意他们曾经一致同意现在仍然一致同意的那一点的重要性。只有很少的人相信这些意见,而信与不信的人是不能进行共同的讨论的,他们没有共同的立场,并相互轻蔑。在人与人之间的这种分野不再是知者与无知者之间或哲人("哲人"一词没有出现在《克力同》中)与非哲人之间(也即认为未经省察的人生是不值得过的少数人与对此不以为然的多数人之间)的分野,而是认为不可以恶报恶的人与[60]认为可以这样甚至就应该这样做的人之间的分野。人们或许会疑惑,如果在那些少数与这些多数之间无法进行共同的讨论,怎么可能有城邦的存在呢? 或者说,相信以恶报恶的权利难道会是公民资格的先决条件吗? 但那样一来,城邦不就是极端不义的了吗? 尽管是这样,苏格拉底现在在某种意义上还是承认,我们遭受恶行侵害的时候可以保护自己,但他强调的是,我们在这样做的时候,一定不能还之以不义。

苏格拉底和克力同不得不决定的一个问题是,如果在没有说服

"这个城邦"的情况下擅自"从这里"出走,那"我们"是否在以恶对待"一些人",甚至是在以此对待那些最不该受到伤害的人? 在这里,苏格拉底与克力同之间的不同已成了枝节问题。苏格拉底前面说起过在未得雅典人许可或者说是在违背其意愿的情况下的擅自出走(48b2 - c1,e3);现在他以"城邦"替代了"雅典人",因为"雅典人"是"多数"或者说是"特定的多数"。我们刚才所指出的那两段话中还用过"雅典人",到后来,表达这个意思的位置就特地被"故土"所取代了:"雅典人"和"故土"在《克力同》中分别用了七次。苏格拉底接下来说的是"故土",说得更多的是"城邦"(及其派生词)和"法律"(及其派生词)——这都是前面未曾用过的说法。而他后来也不再说到"(特定的)多数"。他们未得城邦的许可而出走是伤害了"一些人",但他们并没有伤害到所有的人。

当谈话还只进行到这个地方时,克力同仍不明白苏格拉底式的提问。尽管他与苏格拉底在原则上达成了共识,或者说根据他们在原则上的共识,他并不怀疑这一点:苏格拉底的越狱是正义之举,他为此帮助他也是正义之举(45a1 - 3,c5 以下),因为在他看来,无论是他还是苏格拉底这样做的时候,都没有对人施以恶行,至少没有对那些最不应受到伤害的人——即亲人和朋友——构成伤害。他并没有想到城邦,因为他不是个政治人(参色诺芬,《回忆苏格拉底》,I 2.48 和 II 9.1)。我们也许可以进一步说,苏格拉底和克力同前面达成的一致意见并没有包括政治事务,特别是法律。苏格拉底没有擅自回答或解释克力同不理解的问题。要消除多数的力量打在克力同身上的烙印(参46c4 - 5),他就要诉诸一种类似的但更高贵的行动。苏格拉底请克力同设想,当他们将要"从这里"逃走的时候,他们可能遭到法律和城邦共同体的阻拦,并被其要求给出苏格拉底这种图谋的理由。法律和城邦共同体的关系并没有被说明,但很显然,城邦是人组成的,而法律则不然:法律在某种意义上是超出人之外的。这个出场者有一次以单数的形式谈起过它自己,那里的自己指的就是城邦共同体,而后来以复数形式谈起自己时,这时指的自己就是法律。法律首先问苏格拉底,他所图谋的事不是[61]在有意破坏"我们法律和整个城邦",以至于使它葬送在苏格拉底手上吗?——因为,如果法庭所作的判决由于私人的行动而失效了,那城邦就会遭到破坏。苏格拉底问克力同,他们可否这样回答,就说他们是被作了错误裁决的城邦所冤枉的,克力同马上表示同意,并用发誓来强调这一点。(克力同就发过两次誓,这是其中之一。他在对话刚开始时,还曾用"不,以宙斯的名义"来回答苏格拉底问他为什么不叫醒他。)他显然认为,用私人的行动对城邦所犯下的不义作出纠正,不是在对人们施以恶行,反而是在给他们带来益处。

法律并没有回应苏格拉底和克力同的辩解。它们倒是以一个可说是很奇怪的问题来回应的。它们问的是:它们和苏格拉底岂不是同意大家得遵守城邦的法庭所作出的裁决吗?苏格拉底还未回答,法律又重申了关于苏格拉底图谋破坏它们的这个断言,并质问他究竟对法律和城邦是基于何种指控而这样做的。苏格拉底似乎在前面已经回答过这个问题——他自己提问,并答之以城邦因为判他死刑而冤枉了他。但法律向他提出的这个问题所关心的不是他对它们某个具体行为的私怨,而是他对整个雅典法律的指控。苏格拉底指控整个雅典法律这个问题,在《克力同》中虽然被提出来了,但并没有得到回答。因为苏格拉底(更不用说克力同了)没有被给予回答法律这个提问的机会。

法律现在似乎又从头开始论说了。它们告诉苏格拉底,它们通过婚姻法使他得以诞生,通过要求他父亲在体育和音乐方面教育他的法律而使他得以成长和受教。苏格拉底对这些法律都表示无异议。他没有说他同意法律的推理。且不说法律声称它们使苏格拉底得以生育,可以理解的是,它们说不出对他进行了比音乐和体育更高的其它方面的教育(参《王制》520a9 – c1 和西塞罗[Cicero],《共和国》I 8)。法律所得的结论是,既然它们为他做了这一切,那他就是它们的子女和奴隶,因而他与它们在权利上就不是平等的:既然他都没有权利以父亲对他的方式来对待父亲,既然他(如果是奴隶的话)都没有权利以主人对他的方式来对待主人,那么,这就是他为什么更没有权利以法律对他的方式来对待法律的理由。因为故土比父母和所有的先辈都更为神圣庄严,更被神和有识者所尊重。故土似乎把它的不死性或不可更易性传给了法律,法律因而可以说,通过它们为苏格拉底所做的这一切,苏格拉底以及他的祖先都已成了它们的子女——但雅典的法律并非一成不变。法律很明智地回避了人不能对人作恶这一原则;它们提到每个公民都[62]属于它们这原则已足够了;要不是由于《克力同》没有使用"灵魂"这个词这样的事实,人们不禁会说,每个公民的身体和灵魂都属于法律。与此相应,《克力同》只能暗示灵魂比身体更神圣庄严,而明言故土比父母更神圣庄严,它没有迫使我们对灵魂是否比故土更神圣庄严这一点发生疑惑。(参《法义》724a1 - 727a2)

　　法律将公民与故土、城邦或法律的关系比作孩子与父亲的关系,也即比作不是基于同意或契约的关系。按照法律的说法,对法律的这种服从义务会大到什么程度呢? 它们没有说到对这种服从的任何限制。那么,我们可以推想,它们所要求的是无条件的服从,而无论这种服从是被动的还是主动的。但法律的这种要求可能会引起误会:它们并没有声称自己具有超人的智慧或神性的起源(参见《法义》624a1 - 6 和634e1 - 2),也没有声称自己是神赐的——它们所要求的就像在苏格拉底梦中出现的那个妇人所要求的那么少。(雅典人在《克力同》中没有被写成是由神所生育和教育的。见《蒂迈欧》[*Timaeus*]24d5 - 6)法律也许相信它们不具有那些东西或不必是神赐的就可以实现正义,因而,人尽可以试图去说服故土或城邦克制其要求,但如果他在那一点上失败了,那他就得遵命而为。(法律在这儿没有说,有人一定会试图去说服法律,因为一个人被依法要求去做的事情常常不是由法律本身所决定的,而是被政治的或司法的裁决所决定的。)法律提到了苏格拉底这个特殊的案例:他声称真正关心德性并因此承担着一种特别的义务。但恰恰是苏格拉底提出了他是否愿意或是否能够服从某种法律的问题,这种法律或显或隐地禁止他去从事爱智活动,即去真正关心德性——而他的说法是他不愿意遵守(《苏格拉底的申辩》29c6 – d5)。至于说法律认为人必须无条件守法的程度要更甚于儿子对父亲的服从,那法律还要考虑到这种情况才是周全的:既然人们为了疯疯癫癫的父亲好,可以用欺骗乃至强力来对他,那么,人们会问,城邦就不会通过疯癫的法律吗? 无论如何,法律说出了真话,克力同对此十分满意,其程度就像另一位父亲克法洛斯(Kephalos)所能达到的那样。

　　法律自己似乎感觉到,雅典在婚姻和初级教育方面的法律的令人满意的特征,或根据这些特定的法律,人们对它们所负义务的强制性,这些并不足以证明它们所要求的完全服从的正当性。因此,他们"或许会"作下面两个补充。首先,它们在任其支配的范围内,凡能给所有其他公民的高贵之物,都给了苏格拉底一份。迈勒图斯说法律使人变得更好,他也许说得对(《苏格拉底的申辩》24d10-11)。法律当然像多数人一样,[63]无法使人明智(参44d6 – 10)。其次,法律允许每个成年的雅典人可以带着他的财产去雅典的属地或任何他想去的地方,如果他对法律和城邦不满的话。没有哪条法律阻止他这样做,尽管其它东西可能会构成他的阻碍。但凡是留在雅典的人——亲眼看见法律如何在法庭判案、如何决定城邦其它事务,就是以其行为同意了按照法律的要求去做,除非法律犯了错误,而他又能使它们信服什么是真正、自然的正义。因为法律是开明的,它们不是以一种粗野的、专制的方式在下命令,而是愿意倾听和被说服。前面所说的通过法律进行的教育,现在被与法律的这种一致所取代了(参见51e4 –7 和50e2)。

　　这样一来,无条件地服从法律就有了两个异质的理由:一个是说它们生育并培养了公民,另一个是说他与法律达成了一致;前者使他成为法律的奴隶,后者则是自由人的行为。无条件地服从法律植根于强制和同意的合作上。法律为由它们的权威所做的一切事情、为处理有关正义的事务和一般的政治管理事务而承担了完全的责任;法律就是城邦,就是城邦的公民全体(citizen body),就是雅典人;先前所暗示的法律与城邦公民之间的差别在此已悄然抹去。这有两方面的原因:首先,法律只有通过为人所知才能行动(《苏格拉底的申辩》24d11以下),它们只有通过人才能行动,更重要的是,它们是从人那里而来的——更确切地说,它们是从雅典作为民主制的政体而来的;其次,不义的行动意味着对人施加恶行,但法律并不是人。

法律接着说,还没有哪个雅典人像苏格拉底那样,以如此非凡的程度用行动对法律表示同意,因为他几乎不曾离开过雅典,他从来无意去了解外邦及其法律——这里的法律和这个城邦已让他感到满足。他以其行动表示了这个城邦让他感到满意。法律的这个推理也许解释了,为什么尽管苏格拉底知道法律至少在一个重要的方面是有缺陷的(《苏格拉底的申辩》37a7 – b1),但法律却说不出苏格拉底有过试图劝说它们改变其做法的行为。因为他要这样做就不可能不投入政治活动,而正如法律无疑知道的,他的命相神灵阻止他这样做(同上,31c4 – e6)。法律没有说到这一点,是因为要讲清劝导法律这事的意涵,就与它们处于超人状态的假设不合。就苏格拉底的情况而言,无论如何,遵守法律的义务并不受限于劝导法律的权利。这一点强化了法律的论点,即苏格拉底若图谋逃跑就会违背他与它们的默契,而那是一种不义的行为。它们现在不再说服从它们的其它理由。它们这部分[64]的讨论以这样的质问来作结:苏格拉底是否同意过像一个守法的公民那样活着。当苏格拉底问克力同时,克力同回答说,他和苏格拉底都必须同意法律所说的。

法律这样来总结它们对苏格拉底逃跑行为的正义性的推理,即它们再次强调他这样做违背了他与它们的约定——他是在没有任何强迫的情况下同意这些约定的,因而无论如何这些约定都是正义的——它们没有说法律本身是正义的，没有说这些法律是令他满意的。后面这一点特别值得关注，因为正如它们现在提到的，他惯常说斯巴达和克里特（Crete）（显然，他没有说雅典怎样）治理有方、法律完善。尽管他并不想了解其它城邦及其法律，但他至少还了解某些城邦及其法律。苏格拉底几乎不曾离开过雅典，这证明了这个城邦是让他满意的，由此才推出城邦的法律也是让他满意的：因为，一个没有法律的城邦怎么会让人满意呢？然而，没有一个无法律的城邦会让人满意，这一点显然并没有证明让人满意的城邦就一定有让人满意的法律：一个城邦也许会有比它的法律更吸引人之处，这就是苏格拉底让法律强调没有哪条法律阻止过他迁居外邦的意涵（人们可以在《王制》第八卷苏格拉底对民主制的描述中，看到他对雅典的吸引力之所在以及雅典法律所陈述的看法）。

　　法律从现在起一直不给克力同机会让他表示是否同意，而是接着说，苏格拉底越狱的行为不仅是不义的，而且是荒唐的，因为这种行为无力达到或不适于它所想达到的目的，这种行为找不到借口说自己至少是有益的犯罪。它们由此反驳了克力同提出建议所用的推理。它们非常简略地提了一下苏格拉底的朋友们所要冒的巨大风险，因为这一点显而易见，不用多说。他们较为详细讨论的是苏格拉底自己要冒的风险。他可以到邻近一个治理有方的城邦如底比斯和麦加拉（Megara）去避难，但他到那里会成为它们那种政体的敌人（因为那里的政体并非民主制，而苏格拉底是在民主制的雅典的守法公民），而且他在那里至少会被热爱本城邦的公民当做一个法律的破坏者，因此也可能是一个会腐蚀青年的人。法律接着简略地提起另一种方案，即苏格拉底可以避开那些治理有方的城邦和爱邦心切的人，但法律马上以一个理由否定了此方案：如果苏格拉底这样做的话，那他未来的生活就是不值得过的。人们不知道，是否苏格拉底的生活也不值得在雅典这个治理无方的城邦过下去呢？法律因此转回到第一个方案：他在治理有方的城邦会说什么样的话呢？他还会像在雅典一样说人生最高的价值莫过于追求德性、正义、法律以及由法律所确立的一切吗？但如果这是由一个违背了正义的逃亡者所说出来的，人们难道不会认为苏格拉底一生所倾力而为的是不可置信的东西吗？法律又再次回到了那个替代方案：苏格拉底可以避开治理有方的城邦，诸如"这些地方"（也即[65]雅典、底比斯和麦加拉这片地区），去帖撒利。他在那里不会为他逾越了最神圣的法律而招来不满，因为那里的人民就生活在最严重的混乱和放荡之中，如果苏格拉底告诉他们他逃跑的可笑细节（那些细节让人真正发笑的程度，要远甚于他滞留在牢中这事让克力同似乎感到可笑的程度[45e5－46a1]），只可能为他们增添笑料。但一旦苏格拉底惹怒了哪个帖撒利人（因为苏格拉底本性不改的话，他就难免不去让人恼怒[参见《苏格拉底的申辩》37d6－e2]），他们的态度就会发生变化。他们会像最可敬的底比斯人和麦加拉人一样，将他的言辞与行事对立起来。法律在推理中所用的这种分离（治理有方的邻邦与秩序混乱、路途遥远的帖撒利）并不周全：在远离雅典的地方也还有治理有方的城邦，有斯巴达，特别还有克里特（52e5－6）——在那些地方，苏格拉底以及他的越狱也许不为人知。但正如法律和苏格拉底（43b10－11）所说的，他已是一个无论如何不大可能活得太长的老人了。法律没有理由去讨论，如果苏格拉底还比较年轻的话，逃往那些地方的行动是否适当。

　　按照克力同的说法，苏格拉底使自己得救从而得以完成对他儿子的抚养和教育，这是正义的要求。法律在对苏格拉底逃跑行为的适宜性进行分析的最后，处理了这种说法。它们建议他把抚养和教育孩子的责任交付给他的朋友。苏格拉底自己所说的只是希望判他死刑的人在他的孩子成年后要对他们进行教育（《苏格拉底的申辩》41e1－42a2）。

　　法律在最后的结论中，只说到它们是苏格拉底的抚养者；它们这时没有说它们生育并教育了他（参54b2和51c8－9及e5－6）。也就是说，法律对其身份的声称进行了限制。与此相应的，它们现在也放弃了承担苏格拉底所蒙受的不义的责任。他蒙受的那种不义不是来自法律,而是来自人。法律自己宣布了苏格拉底在他被指控的罪名前是无辜的,这一点至关重要。它们希望他考虑什么是正确甚于别的一切考虑,这样,当他去冥府的时候,他就可以在向那些冥府的统治者作辩护中诉诸法律曾告诉过他的一切东西。法律很快就在事实上把冥府的统治者等同于冥府的法:在冥府,法律和(执法的)统治者之间并无区别,这一点使法律可以说,苏格拉底过去所遭受的不义不是来自法律,而是来自那些执法者;到了冥府,正义执法不当的情况就不再可能了。对冥府的这种看法当然强化了法律的结论:如果苏格拉底听从克力同的建议的话,那他就是在行不义。

法律的讲辞,无论是从内容上还是从形式上,都使苏格拉底不可能去听任何别的讲辞,尤其是克力同可能有的讲辞。但克力同已没有什么要说的了:法律的这席话[66]已完全让他信服。而苏格拉底的结论就是:既然这条路是神所指引的,那就让我们沿着这条路走下去吧。法律的声音似乎就是诸神的声音。

行为比言辞更可信:苏格拉底的确是待在牢中,他选择了留下来,他有一个告诉他留下来的 logos[理]。但这个 logos[理]与他说服克力同的那个 logos[理]是同一个吗?我们前面已经说过为什么这不大可能。那么,就有两个不同的 logos[理]得出了同一个结论。使苏格拉底信服的 logos[理]并不足以让克力同信服,反之亦然。克力同首先关心的是,如果他没有帮助苏格拉底越狱,雅典人会说些什么。苏格拉底告诉克力同的话,克力同也可以并愿意拿去告诉雅典人。

当霍布斯指控苏格拉底和他的追随者是无政府主义者的时候,他实在是言过其辞。那种夸张之言背后的真相在于,苏格拉底并不认为可以有服从法律的无条件的义务。但这一点并没有阻止他认为,不,毋宁说正是这一点使他认为:与无条件有效的法律不同,对这种服从的要求是一种智慧的经验法则(a wise rule of thumb)。

论《欧蒂德谟》①

陈建洪　译

[67]《克力同》把我们引到《欧蒂德谟》,因为《欧蒂德谟》录有苏格拉底与克力同之间仅有的另外一次交谈。这两个对话确实处于对立的两极。《欧蒂德谟》是最搞笑的(虽说不上是轻慢的和胡闹的)对话,而《克力同》则是最肃穆的对话——《克力同》是唯一的这样一部对话,在其中,神几乎就要显灵了。不过,两部对话在结构上具有显著的亲缘关系。在《欧蒂德谟》里,苏格拉底演示的他与克力同的交谈环绕并打断了苏格拉底所叙述的交谈——即苏格拉底、欧蒂德谟和其他人之间的交谈。唯一具有类似结构的另外一部对话就是《克力同》,在这部对话里,苏格拉底演示的他与克力同的交谈环绕苏格拉底编造的伪交谈——即苏格拉底与雅典法律之间的交谈。

《欧蒂德谟》的胡闹特征与这样的事实形成一种表面上的反差:在此对话中,苏格拉底称赞欧蒂德谟那显然荒谬可笑的"技艺"为极高明的智慧,不仅当着欧蒂德谟的面称赞,而且在苏格拉底和克力同说话时,欧蒂德谟并不在场,他也这样称赞,他甚至表示,渴望成为欧蒂德谟的一个学生。每个人都会说并且已经认为,这是"苏格拉底惯有的反

---

① ［原版编者注］原刊《解释:政治哲学学刊》(*Interpretation*:*A Journal of Political Philosophy*)卷 1,第 1 期,1970。［译按］原文题为 On the *Euthydemus*。

讽"。① 但是克力同,苏格拉底向其转述关于他自己和欧蒂德谟交谈的这个直接听众,却并没有这么说。是克力同没意识到那种反讽吗?是他对此漠不关心吗?如果这样,《欧蒂德谟》岂不向我们透露了克力同最为重要的局限?若果这样,这部对话岂不反过来或者预先清楚地说明了《克力同》?

一、序幕:克力同和苏格拉底的最初交谈

(271a1 – 273d8)

[68]克力同开启了对话,他问苏格拉底:"是谁,苏格拉底,昨天和你在吕克昂(Lykeion)交谈的那个人是谁?"因此,对话的发生是克力同起的头,在一定程度上,这个对话是强加给苏格拉底的。克力同的"谁是…"问题令我们想到苏格拉底的"什么是…"问题。不过,这问题不是哲学的,而是"人类学的",也就是说,属于谣言和日常好奇心领域的问题。[那天,]克力同听到也看到了,苏格拉底在和某人交谈,十有八九是个异乡人,但是,拥挤的人群围住了苏格拉底,而苏格拉底与之交谈的那个人又挡住了克力同的视线,以致他难以清楚看到每个人,也没直接听到什么东西。由于苏格拉底认为他本人置身其中的交谈是哲学的交谈,我们可以说,克力同进入哲学的通道被堵塞了。他可以看到那个人坐在苏格拉底右边第二个位置,他也可以辨认坐在苏格拉底和那个人之间的男孩。这男孩令他想起他自己的儿子克力托布洛斯(Kritoboulos),他和这男孩差不多大,但是,克雷尼阿斯(Kleinias)这个男孩最近发育了许多,长得俊美好看,克力托布洛斯则显然相形见绌。我们假设,克力同的起头问题并非出于茫无目的的好奇心,而是源自对克力托

---

① 《王制》,337a4 – 5。

布洛斯的父爱之念,因为他儿子令他感到着急。对话的尾声证实了这个假设。①

克力同看到的那个异乡人是欧蒂德谟,他没有看到欧蒂德谟的哥哥狄俄尼索多罗斯(Dionysodoros),他坐在苏格拉底的左边。克力同完全不认识这兄弟俩,苏格拉底则认识他们很久了。克力同相信,他们是智术之师;他想听听,他们从哪里来,又有何等智慧;他没有问他们收费多少。② 苏格拉底拿不准他们是何方人士,但是他知道,他们在希腊各地颠沛流离。至于他们的智慧,他们是苏格拉底迄今所见的最厉害的战争大师,最懂得如何打赢战争。他们不但自己能够披挂重型盔甲作战,也能使别人做同样的事;他们也精通在法庭作战、教导别人如何在法庭上说话和如何写要在法庭上发表的演讲词。最主要的是,他们已经使自己成为实实在在的言辞战争大师:他们可以反驳任何时候所谈论的任何事情,不管它是真是假。只有在谈到两兄弟教导大型战事作战艺术的才能之时,苏格拉底才提到了费用。在其讲述的结尾,原因清楚了:他对克里同说,他在思量拜这两个人为师,学习他们的技艺。他们当然会要学费,[69]而苏格拉底又没钱。因此,他必须劝说克力同参与这个事儿。克力同给了他一个劝说的机会。

克力同并没有被说服,他不认为苏格拉底的想法是明智的:拜师学艺,苏格拉底似乎太老了些。此处和《克力同》里的情形正好相反,那里苏格拉底以年老为由婉拒了克力同提议之事。③ 苏格拉底回答说,这两兄弟自己也是年事已高之时才开始修习他所向往之并称之为论辩术(erishcs)的那种智慧的。他承认,他跟他心向往之的两个老师学习,

① 比较《克力同》,45 b4 – 6。[译按]疑应为 45 d4 – 6。
② 比较《苏格拉底的申辩》,20 b7 – 8。
③ 《克力同》,52 e2 – 4,53 d7 – e1。

这在那些稚嫩的同学看来可能有些不伦不类,这一点一定要尽量避免,因为这两兄弟是异乡人。他们可能会因为这个原因拒收苏格拉底为徒。不过,他已经有如何克服这个困难的经验。他也在和男孩子们一起学习弹奏竖琴;通过说服一些上年纪的人成为他的同学,他免除了带给他和老师的尴尬。因此,苏格拉底试图劝说另外一些老年人——同时学习竖琴弹奏和辩论术对大多数人来说不合适——成为他在这两兄弟门下的同学。他从克力同开始他的尝试:为什么克里同不跟他一起学艺呢?作为诱饵,他们将把克力同的两个儿子送到那两兄弟那里去。克力同没有拒绝这个提议。他让苏格拉底做决定。他显然没有表现出他在《克里同》中所表现的那股热情。① 他首先想从苏格拉底那里知道,如果苏格拉底决定把自己和克力同交给那两兄弟,他们会学到何种智慧。苏格拉底当然欢喜不过地满足克里同的愿望,也即,完整如实地转述——即便不是一字不差地转述——昨天的对话。

由于某种神的安排,苏格拉底正独自坐在更衣室(稍后交谈就发生在那里),他正要起身离开。然后,当他已经站起来的时候,时常光顾的征兆——那个 daimonion[命相神灵]——又突如其来地上了他的身,于是他自然又坐了下来。一如既往,那命相神灵提醒苏格拉底别做他将要做的事情。这样,与欧蒂德谟以及其他人的交谈便无可避免。因此,这交谈是苏格拉底的命相神灵强加给他的。然而,接下来的情况表明,这交谈恰恰并非强迫性的。那命相神灵要他别离开更衣室,就好像法律要他别离开监狱一样。通过禁止他离开,命相神灵允许而且认可了后续的交谈。在柏拉图所描写的交谈中,没有任何其他交谈有这么高的起点。这种高起点可以说明,为什么《欧蒂德谟》里苏格拉底的誓言如此罕见地多。

苏格拉底重新坐下不久,欧蒂德谟、狄俄尼索多罗斯及其一队门生

---

① 46 b1。

进来了，他们没有注意到苏格拉底。[70]之后不久，克雷尼阿斯进来；他后面跟着许多有情人(lovers)，其中克特西波斯(ktesippos)最为引人注目。① 苏格拉底证实了克力同的话，克雷尼阿斯长大了许多；苏格拉底自己从来不会对克力同这样说。克雷尼阿斯确实注意到了独自坐在那里的苏格拉底，立即向他跑过去。克雷尼阿斯挨着苏格拉底坐下，此时狄俄尼索多罗斯和欧蒂德谟在思量片刻之后也坐到克雷尼阿斯和苏格拉底身边来。吸引了这么多有情人的克雷尼阿斯也吸引了狄俄尼索多罗斯、欧蒂德谟以及他们那一班门徒，而他自己却被苏格拉底所吸引。如此，克雷尼阿斯的两拨随从，其两边只是偶然接连一起，以某种方式又变成了苏格拉底的随从。但是，最显然的，克雷尼阿斯是中心。

二、两兄弟的第一回合讲辞

（273c1 – 278e2）

苏格拉底向克雷尼阿斯介绍说，那两兄弟通晓大事而非琐事：他们理解和战争有关的任何事情，而这对于未来的良将来说是必具之才；他们还能够使人在法庭上为自己辩护，如果有人冤枉他。我们立即看到，苏格拉底对克力同描述的这两兄弟的技艺已经被紧接下来他从他们那里所学到的东西大大渲染了。我们注意到，跟克力同说的时候，苏格拉底没有提到这两兄弟精通将帅之道：跟阿尔喀比亚德(Alkibiades)②的孙子克雷尼阿斯相比，克力同热衷这门技艺的可能性较小。此外，他还

---

① 苏格拉底说，克特西波斯"本性美好"(273 a8)。克力同说，克雷尼阿斯俊美好看(271 b4 – 5)。克力同从不说"本性"。

② [译按]这里的阿尔喀比亚德显然并非发动西西里远征的那一位同名人物。

对克力同提起,他们传授技艺要收费,他们教人如何为别人写作在法庭上要发表的演讲词:如果克雷尼阿斯信守其诺言,他不会需要一个演讲词写手,更不必说要成为这样的人了。苏格拉底的介绍遭到两兄弟的轻蔑和嘲笑:他们不再把苏格拉底所提到的事情作为正业传授,而仅仅是作为副业;他们声称,现在的正业是,他们相信能够比任何人都更好更快地传授德性。

什么是他们理解的德性,见于苏格拉底对克力同所说的他们新近获得的能力:他们能够反驳任何谈论,无论其真假,并且他们能够使人在短时间内做到这一点。如果德性是智慧,如果原本意义上的智慧——对最重要事情的知识——是不可能的,那这种能力必然就等同于德性。因为在那种情况下,一个人之优越于他人的至高明处便是论辩术的高明。两兄弟的德性观含有这样的意思,具体而言,将才帅艺不是德性,至少不是至高德性。

[71]苏格拉底看起来深受两兄弟的声明触动。他好奇他们的新才具得自何处。上一次来访雅典的时候,他们只是佩甲作战的专家;苏格拉底现在对他们庭辩修辞的技能不置一词。我们不妨假设,苏格拉底已经听说了他们这次来访自称具有的新才干,但是向克雷尼阿斯介绍这两兄弟的时候有意不提他们最为看重的才能,为的是听到这兄弟俩自己当众说出来。即便如此,他又说,如果他们真正像他们自称的那样拥有那种知识、那种科学,他应该把他们当神看待。看起来,只有神才有可能给人以德性。但是,考虑到这声称的惊人程度,他们必须原谅苏格拉底的不信。兄弟俩愿意甚至渴望展示他们的智慧:他们正在招收门徒。观摩展示无需任何费用。苏格拉底则担保,缺乏那种智慧的所有在场者——他、克雷尼阿斯、克特西波斯以及克雷尼阿斯的所有其他有情人——都希望获得这种智慧。

克特西波斯碰巧坐在离克雷尼阿斯相当远的位置;欧蒂德谟和苏格拉底说话的时候,碰巧挡住了克特西波斯的视线,使他看不见克雷尼阿斯;克特西波斯希望既看到他心爱的人又听到所要进行的讨论,于是他猛然起来,挑了苏格拉底对面的位置,还有其他三个人和他坐在一起;其余的人——包括克雷尼阿斯的有情人和兄弟俩的同志们——也同样如此。因此,起初是克特西波斯为了看见克雷尼阿斯而破除障碍的欲望,堵塞了克力同的哲学通道(克力同不是一个有爱欲的男人)。克特西波斯的行为导致的结果是,有情人和门徒们一起形成了半圆形的一堵墙,环绕着那些既非门徒亦非有情人的人。

苏格拉底恳请兄弟俩展示他们的智慧,因为在场的每一个人——不光克雷尼阿斯的有情人,还有兄弟俩的同志们——都渴望学习:兄弟俩有一大帮听众。苏格拉底的恳请受到克特西波斯和所有其他人的热烈欢迎。显而易见,兄弟俩没有直接回应。他们显然是给苏格拉底机会再向他们说一遍。这次,他要求他们为了他展示他们的智慧,以满足其他人[的渴望]。如此,苏格拉底表明,他对这展示的兴趣不同于其他人的兴趣。他的兴趣的特别之处从他问兄弟俩的问题中得以表现出来:他们是只能够传授德性给已经确信应该从学于他们的人呢,还是也可以传授给这样的人——他还不确信是否应该从学于他们,因为他不相信德性可以教授,或者说他不相信他们是德性的教师? 有理由相信,苏格拉底怀疑,德性是否可以教授。当然,兄弟俩必定有能力消除这疑虑;他们必定拥有证明德性可以教授的技艺。但是,苏格拉底忖度,那技艺未必会证明兄弟俩是传授德性的卓越教师。狄俄尼索多罗斯向他保证,[72]这技艺将消除这两种疑虑:德性之可教性,端赖于这兄弟俩能否以最卓越的方式教授德性。

狄俄尼索多罗斯的回答鼓励苏格拉底问他,两兄弟是不是敦促人们爱好智慧(哲学)和切实关心德性的最佳人选,至少在现今活着的所有人中间为最佳。苏格拉底显然设定,德性和智慧两者相同,或者至少不可分离。但是为什么他那么关心劝诫,这一点并不清楚。也许他认为,劝诫人们趋骛德性并没有如下的预设,即关于德性可教与否的问题:即使德性因通过不同于传授的方式而获得,也还是要鼓励人们追求德性。狄俄尼索多罗斯再度肯定答复的时候,苏格拉底要求兄弟俩劝导克雷尼阿斯爱好智慧并顾念德性:他和克雷尼阿斯的有情人都希望,这孩子作为名门之后应该变得尽可能地好,他们害怕他会受到败坏。这群体中最年轻和最可爱的成员自然最容易受到败坏的威胁,因此也是两兄弟劝诫人们追求德性的最合适对象。苏格拉底把克雷尼阿斯交给两兄弟进行德性教育——或者说为了避免他堕落,苏格拉底完全没有像他警告希波克拉底小心普罗塔戈拉那样,警告克雷尼阿斯小心这两个智术师有可能给他带来损害。对于克雷尼阿斯的境况,两位智术之师就在现场,苏格拉底总要显得客气礼貌,但这个事实不足以解释上述不同之处。也许,希波克拉底比克雷尼阿斯更容易受败坏。我们肯定也不会忘记,希波克拉底的故事是苏格拉底对一个匿名的同志说的,而克雷尼阿斯的故事则是对他熟识的老朋友克力同说的。

对于苏格拉底对克雷尼阿斯的关心,欧蒂德谟无动于衷:就克雷尼阿斯的德性或者道德纯洁方面而言,他对这个男孩不像苏格拉底那样有兴趣。对欧蒂德谟来说,唯一必要的是,这孩子愿意回答[问题](欧蒂德谟立下的条件,与苏格拉底在其他场合立下的条件没有任何不同)。苏格拉底向他保证这一点。继续他的转述之前,苏格拉底向克力同表示了他的担忧,他的转述对两兄弟那惊人的智慧可能不够公平:犹如一个诗人,他必须不光求助于记忆而且同样要求助于缪斯。如果没有 daimonion 的介入,这对话不会发生;同样,若无超人[力量]相助,叙述这对话也是不可能的。这叙述是史诗的一种,在某种意义上,它和《克力同》中法律的讲辞一样有诗意。

询问始于欧蒂德谟,他问克雷尼阿斯,哪些人是求学者,智者(the wise)还是不智者? 克雷尼阿斯不知所措,转向尽可能鼓励他的苏格拉底。当克雷尼阿斯沉默无语的时候,狄俄尼索多罗斯在苏格拉底的耳边悄声细语地预测道,无论这孩子回答什么,他都会被驳倒。克雷尼阿斯回答说,智者是求学者,而面对狄俄[73]尼索多罗斯的盘诘时,他又不得不承认,不智者是求学者。两种答案都被兄弟俩反驳。这反驳之所以可能,是因为"不智者"[这个词]的双义性,它既可意味着"愚蠢的"也可意味着"无知的"。学习者是那些明智而(尚)未知的人。那推理的特点,苏格拉底或者现场的任何人都没有说清楚。苏格拉底只是转述,那些反驳得到两兄弟的学徒们的哄笑喝彩,苏格拉底现在称这些学徒为两兄弟的有情人:从敬佩到爱只有差不多一大步。另一方面,苏格拉底和克雷尼阿斯的其他朋友,对两兄弟充满敬佩的同时,又有些沮丧。从我们的角度来看,不可能注意不到,两种 elenchoi[反诘]的任何一种看起来都是苏格拉底式的 elenchos[反诘]。我们也可以注意到,如果不理会推理错误,那么两个反驳便要么证明了,既不是智者也不是不智者在学习,也即,学习是不可能的,于是可想而知智慧本身是不可能的,从而唯一可能的智慧是论辩术;要么它们证明了,智者和不智者都学习,也即,智慧不仅可能而且最容易获得:虽说最好,但它同时也最贱,就像水一样(304b 1 – 4)。两种隐含结果之间的矛盾把我们带到智慧是否可能的问题。最后的结果却超出了两兄弟的智慧。

接下来便是类似于第一轮的第二轮[问答]。欧蒂德谟问克雷尼阿斯一个问题,克雷尼阿斯回答,欧蒂德谟反驳了这个回答,然后在狄俄尼索多罗斯的盘诘之下,克雷尼阿斯坚持了他之前[对欧蒂德谟]的回答。这次,显然没有了嘲笑和掌声。欧蒂德谟准备开始第三轮,这时他被苏格拉底打断了。正如他跟克力同所说的那样,苏格拉底不希望克雷尼阿斯的信心受到进一步的挫折。但是,我们不可以忘记,早先,由于两兄弟的完美合作显然使苏格拉底只顾着诧异,使他没能打断他们。这会儿,苏格拉底打断他们并首先对克雷尼阿斯说话。通过这次说话,苏格拉底显示出他自己已经变了个样子。他没有了之前感受到的沮丧,对兄弟俩的敬佩也所剩无几。有人会说,苏格拉底从来没有沮丧过,从来没有敬佩过那兄弟俩。但是,为什么他说"我们沮丧"和"我们敬佩欧蒂德谟"？为什么他之前把自己等同于克雷尼阿斯的有情人，现在也不再这么等同了？必须认为，苏格拉底的叙述在所有层面上都条理一致。第二轮[问答]几乎就是第一轮的翻版，这事实肯定有助于说明这变化。不过，完整的解释是，苏格拉底在此期间已经理解了兄弟俩下一步要做些什么。他就此对克雷尼阿斯作了解释，这个没遭打断的解释不寻常地长：两个异乡人对克雷尼阿斯所做的，就是库蓓乐女神的祭拜者（the Korybantes）对要被接纳入会者所做的事情；那是一场表演，是纳入智术之门神圣仪式的序曲；因为人首先必须要学会词语的正确使用，如普洛狄科（Prodikos）所说；相应[74]地，异乡人向克雷尼阿斯点明了他对这个问题缺乏意识；但是所有这些都是表演，使人能够臻于对人进行孩子般的胡搅蛮缠，因为即使完全知晓正确使用词语的人，也不会因此更好地知晓事情[本身]。苏格拉底几乎当着兄弟俩的面说，他们一直在对克雷尼阿斯进行孩子般的胡搅蛮缠。当然，这两个异乡人从现在开始要正经表现，实现他们的承诺，即展现他们敦促人们趋于德性的技艺。接着，苏格拉底给了两兄弟以同样的提醒：他们应当向克雷尼阿斯表明，人应当以什么样的方式心仪智慧以及德性。敦促有各式各样的方式：虽然兄弟俩没有表明，他们之前的话语是认真的，尤其是没有表明，那些话语为规劝之语，不管怎么样，狄俄尼索多罗斯曾说过，论辩术和规劝术两种技艺并无二致。他的意思从他和他弟弟所做的事情可以推断出来：如果德性首要之义为言语上的高超，或者反驳任何话语的能力，那么仅仅这种能力的展现便会敦促每一个有雄心壮志的年轻人趋向德性。苏格拉底表示了他的异议，他宣布，他将为兄弟俩提供一个无疑是拙劣的样本，即他所理解之规劝讲辞的样本。规劝讲辞将不再属于序曲，它将是宽泛意义上"智术"之神圣仪式的组成部分。

三、苏格拉底的规劝讲辞(1)

(278e2 – 283a4)

现在,苏格拉底要克雷尼阿斯回答他的问题。与兄弟俩相反,他从开头开始。两兄弟的隐含前提是,他们的潜在门徒都有雄心壮志,他们全心渴求他们看作若非至善便属极善的东西。在其规劝讲辞的开始,苏格拉底引导克雷尼阿斯陈述并且修正那前提。

首先,苏格拉底问克雷尼阿斯,我们人类——我们所有人——是否不想行得正做得好。从这里他接着提出了一份好东西的清单,为了行得正做得好,我们需要这些好东西。由于他没有向克雷尼阿斯建议其他替代选择,因为这一点,我们可以说,他的问题是引导性的,他肯定想鼓励克雷尼阿斯。克雷尼阿斯同意苏格拉底所说的每一点。如此,这样的看法得以建立:首先是富有,其次是健康、俊美诸如此类,最后是高贵出身、在城邦中的权力和荣誉,这些是好东西。对一个有雄心壮志的人来说,这个次序是上升的次序。苏格拉底没有问克雷尼阿斯在他看来这份清单是否完备,但他提了一个问题,这个问题会认可这份清单为完备的答案。在先前的谈话中,他曾透露自己的看法,现在他则不这么做。他问那孩子,节制、正义和勇气是不是好东西,并补充说,它们的好可以争论。可以争论的根据在于,只有前面[75]提到的东西是好东西,还有,为获得那些好东西,各种德性不是必需。无论如何,克雷尼阿斯回答说那三种德性是好的。只有在苏格拉底问他智慧是否属于好东西并得到肯定回答之后,他才问克雷尼阿斯在他看来那清单是否完备,克雷尼阿斯认为那是完备的。显然,智慧属于另一个类别的德性,有别于节制、正义和勇气。但是,苏格拉底随后突然想到了所有好东西里面最好的东西,也即好运气,普遍都认为好运气是最好的好东西,克雷尼阿斯当然也这么以为。然而,苏格拉底同样又突然改变了他的看法,他想起了智慧是好运气,就好像连小孩子都知道这一点。但是,克雷尼阿斯这个孩子并不知道。他震惊于苏格拉底的论点。苏格拉底通过向他表明在所有情况下智慧都使人有好运,使得克雷尼阿斯同意他的看法。他提到的情况为笛子吹奏、文学、航海、帅兵和医术。谈论最中间那个例子的时候,他极为清楚地显示,这里的智慧并不永远确保好运气。克雷尼阿斯被估计不会注意到这一点,他果然没有注意到。如此,我们已经得到结论,从人的角度来讲,智慧是全能的。用苏格拉底的话来说,他和克雷尼阿斯最终都同意,他不知道怎么[达到这一点的]:大体上,拥有智慧的人无论如何都不另外需要好运气。但是,若果如此,什么是宽泛意义上运气的好处呢,像财富、健康和政治权力,这些在苏格拉底的清单上占有如此明显的位置,并且看起来对于行得正做得好或者对于幸福而言都不可或缺?苏格拉底致使克雷尼阿斯同意这些观点:仅当它们令我们受益的时候,我们才因那些好东西而幸福,而仅当我们不只是拥有而且使用它们的时候,它们才令我们受益。为了说服克雷尼阿斯,他运用了食品、饮品和工匠(木工)的工具和材料等例子[来说明](他暗示,使用工具和材料的工匠也许行为得当,但是不会幸福)。这里,问题就来了,如果我们不拥有它们的话,我们是否可以运用这些好东西。因此而来的问题是,一个智慧的人如果贫穷或者甚至是个奴隶的话,是否可能会幸福,换句话说,问题在于智慧是否确保好运气。不消说,这个问题没有被明确地提出来。苏格拉底反而要克雷尼阿斯注意这样一个事实:光使用好东西不足以令人幸福;使用必须是正确使用;错误使用不好,不用既不好也不坏;正确使用因知识而来。知识导致正确使用那些出现在前述清单开始部分的好东西。不管拥有什么,如果不是在审慎、智慧和理智指导下使用,便没有任何益处;拥有很少但理智使用,较之拥有很多但使用不理智,更为有益。因此,一个没有理智的人,与其拥有前面提到的那些好东西,还不如没有它们。比如说,一个没有理智的人,富贵不[76]如贫穷,强大不如弱小,有名不如无名。① 接着,苏格拉底问,一个勇敢的人和一个节制的人或者一个懦夫,谁会做得少一些,连带问题是,如果没有理智的话,两者之中谁的情况会好一些,克雷尼阿斯以"懦夫"作答,也即,没有理智的懦夫好于没有理智的勇夫。苏格拉底没有给克雷尼阿斯任何机会去决定,无理智的人是正义的还是不义的好一些,根据类比其他例子来判断,答案会是,无理智的人,不义的[比他是正义的情况下]更好一些。但是,这个想法近乎荒唐。更好的说法是,正义看起来是(从整体上看)能带来益处的唯一的好和唯一的德性,就算没有理智的引导,也是如此,也许是因为正义的人所服从的法律补足了人本身的理智欠缺。②与此相应,苏格拉底这里对正义的撤除等于是对法的撤除。显然,苏格拉底在《欧蒂德谟》中对法律保持沉默,这与《克力同》完全不同。尽管如此,无情地质问亚里士多德叫做道德德性的东西③,旨在引出智慧之独一无二的重要性:智慧——当然不是荣誉或者荣耀——不仅是至善,还是唯一的善;只有通过智慧和它的指导,其他善端才是善。对于旨在劝诫投身智慧的言词来说,这个目标最合适不过。④

苏格拉底总结了前面他和克雷尼阿斯的交谈,得出克雷尼阿斯赞同的结论:每个人都必须想方设法努力变得尽可能地智慧。特别地,他必须恳请他的有情人,不止于此,恳请每一个人让他分享智慧,乐于从事每一件回报并不卑微的仆役差事。克雷尼阿斯完全赞同。唯一的难

---

① 比较《齐家》(*Oeconomicus*)第一章苏格拉底对克力同的儿子克力托布洛斯所做的解释。

② 正义与勇气和节制之间的对照不能被误用,这一点是康德《道德形而上学原理》第一段文本的重要成分。比较《王制》491 b7 – 10 和《美诺》88 a6 – e4。

③ 《王制》,619 c7 – d1(以及上下文)。

④ 自信心鼓舞了对呼格的使用,克雷尼阿斯三次使用"哦,苏格拉底"(280 d4,282 c4,d3)便是十分明显的例子。

点还在：智慧是否可教，他们没有探究，更不用说在这点上达成共识了。克雷尼阿斯以一种比此前都更为生动活泼的说话方式宣告，他认为智慧是可教的。这令苏格拉底感到高兴，因为这把他从对这个主题的长久探索中解救了出来。他并没有说他和克雷尼阿斯已经在这个问题上达成了共识。苏格拉底得出最后的结论说，因为我们的幸福全然依靠我们的智慧，如果德性可以通过学习而获得，那么学习——或曰追求智慧，或曰哲学思考——便是必需的一件事情。

[77]两兄弟[所发表]讲辞的前提是，智慧本身是不可能的，因此它的位置顺理成章地由论辩术（eristics）代替。苏格拉底看起来不确定智慧是否可教，至于那疑虑是否影响智慧的可能性，则不清楚。不过，对克雷尼阿斯所做的推理似乎暗示，为了变得智慧，必须知晓所有技艺，对任何一个人来说，这看起来又不可能，因此，智慧将是不可能的。苏格拉底和兄弟俩都认为，德性本身不同于“道德德性”。但是，犹如苏格拉底提及的可敬差事——那作为情伴的男孩（the belived boy）为了获得智慧可能从事之——所显示那样，苏格拉底承认，对可敬事物的某种意识，先于智慧的获得。他对智慧可教性的疑虑可以和苏格拉底所暗示的这一点联系起来，即在有关运气或者说机运的方面，智慧的力量是有限的。也许，为了学习智慧，一个人必须特别地“出生得好”。

苏格拉底成功敦促克雷尼阿斯趋从哲学，对此他感到满意。他再度就其劝诫讲辞的缺陷向兄弟俩道歉，并要求他们两个行家把他这个外行刚才所做的重新来一遍，要么继续他的演示，通过和克雷尼阿斯讨论，要想幸福和做一个好人，一个人是必须获得每一门知识，还是只需要获得单门知识以及这门知识是什么。他还再度提醒他们，克雷尼阿斯应该变得智慧良善，这对他和其他人来说十分重要。

这是这篇对话的转折点。通过对克力同说话，苏格拉底引出了这个转折点，他说他聚精会神地等待接下来会发生什么，并观察兄弟俩会以什么样的方式运用讲辞，他们会从哪里开始劝诫克雷尼阿斯趋从智慧和德性。

四、两兄弟讲辞的中心回合

(283a5 – 288d4)

　　狄俄尼索多罗斯,远离年少时代的长兄,开始了[接下来的]交谈,这可以说是个好兆头。苏格拉底和其他人想听到超乎寻常之论的愿望并没有落空:那言论作为趋骛德行之劝诫超乎寻常。狄俄尼索多罗斯不再跟克雷尼阿斯说话,也完全不搭理苏格拉底所说的话。他问苏格拉底和克雷尼阿斯的有情人,他们是否当真希望克雷尼阿斯变得有智慧。考虑到此前由于兄弟俩不相信他们的认真态度,从而导致他们如此嬉笑玩耍,担心[他们]再玩一次,苏格拉底郑重其事地向兄弟俩保证他们的认真态度。对于狄俄尼索多罗斯[接下来的]辩驳言论来说,这足够了:渴望克雷尼阿斯变得有智慧就意味着渴望他不再是现在这个样子——[渴望]他不在了——[渴望]他死,你们[78]是多么好的朋友和有情人啊!关于这个言论,不管还有其他什么东西要说,作为趋骛德行的劝诫来说,它确实超乎寻常。狄俄尼索多罗斯的论题可以说是最无耻地承认了归罪给智者们的最恶劣罪行:教育人有智慧就是败坏年轻人(参285 b1)。或者,狄俄尼索多罗斯是否认为,他的言论是规劝性的,因为这言论反驳了苏格拉底和克雷尼阿斯的有情人,并因此使得克雷尼阿斯认识到两兄弟才是智慧的真正教师?他和他的兄弟不再对克雷尼阿斯本人说话,这是原因所在吗?

　　我们也许期望,苏格拉底会指摘狄俄尼索多罗斯还在继续孩子般地胡闹。[但是]他没有这么做。这一事实对于理解这个对话整体极其重要。两兄弟的种种言论显然是荒谬的,然而苏格拉底对克里同说,他琢磨着要成为他们的门生,他还试图诱导克力同加入他的行列。关于第一个系列的言论，苏格拉底说了很多话，[表示]他不能把它们当真。[所以，]只有与两兄弟的交谈在这个或者那个地方不再是开玩笑并开始转向认真[探讨]时，他在对话开始的地方向克力同陈述的最终判断才可以理解。我们必须盯紧了，看这个转变怎么发生。

苏格拉底[当时]认为，从事哲学活动就是学着去死吗？他没有指摘狄俄尼索多罗斯的轻率，显然原因在于，在他可以说些什么之前，克特西波斯倾泄了他的愤怒和义愤：通过把这样一种亵渎神明的希望归罪于他，狄俄尼索多罗斯在说谎。欧蒂德谟没有震慑于克特西波斯的发作，他问克特西波斯，在他看来，说假相或者说谎话是否可能。克特西波斯当然以肯定回答。欧蒂德谟从这样一个事实开始反驳他，即人们只能谈论或者说在者（what is）而不能说不在者（what is not）。他接着引出这样一个直白的论断：狄俄尼索多罗斯得出令克特西波斯生气的结论是，他肯定说出了真相／真话（truth）（如果欧蒂德谟的推理有效，那么任何人在思考或者说话的时候，都总是在思考或者说及真相，那么所有人都是智慧的，也就没有必要去希望克雷尼阿斯应该变得有智慧了）。克特西波斯没有被这个反驳所困扰。他同意，狄俄尼索多罗斯在一定程度上在说某些在者（things that are），但他不是在说在着的在者（things as they are）。他暗中设定，人们可以说真话。正是这个设定，接下来受到了狄俄尼索多罗斯的质问（狄俄尼索多罗斯的论证将得出这样一个结论，即，所有人总是思考真相或者说真话，也即，基于和欧蒂德谟所论证之根据正相反对的根据，智慧是不可能的）。克特西波斯争辩道：和其他人一样，贤人们（gentlemen）都说真话。欧蒂德谟反驳：如果贤人们说真话，那么他们说恶人恶事的坏话，他们也以大的方式（bigly）说大个子，以激烈的方式（hotly）说烈性子吗？克特西波斯随即回答：他们以冷淡的方式（frigidly）说冷淡的人，说他们以冷淡的方式交谈。[于是，]兄弟俩无计可施了，狄俄尼索多罗斯只能抱怨[克特西波斯]恶言恶语，[79]克特西波斯拒绝道，这个抱怨没有根据，因为狄俄尼索多罗斯都已经粗暴地说过,克特西波斯希望他最心爱的人万劫不复。很清楚,这一轮随着兄弟俩的挫败而结束:克特西波斯的男子气概胜过了他们的智慧。可以预期,两个智术师早晚会惹起一个烈性子青年贤人的意气(susceptibilities)。

在这个节骨眼上,苏格拉底被迫介入,以避免一场火拼。为了安抚克特西波斯,他不得不以开玩笑的方式跟他说话:他根本没法谴责兄弟俩似乎不停开玩笑[这种做法],克特西波斯与狄俄尼索多罗斯之间极端较真的情形迫使他也采取了开玩笑的方式。苏格拉底暗示,问题现在还只是言语上的:两个异乡人坚持把通常叫做德性和智慧的教育叫做败坏;如果他们知道如何摧毁人们,以使他们从坏变好,从不可理喻变得通情达理,那么就让他们摧毁克雷尼阿斯,使他变得通情达理,就让他们也对我们所有人都这么做好了,但是,如果年轻人心有顾虑,那么就让这两个异乡人在年老的苏格拉底身上做他们的危险实验吧。于是,苏格拉底把他自己交给了狄俄尼索多罗斯,让后者想对他怎么着就怎么着:苏格拉底把自己交给这两个智术师,他对克力同说的时候,他说他还只是在考虑这回事儿,而在一定意义上这在前一天就已经发生了,这种情况的发生当然要考虑到[这是为了]安抚克特西波斯对智术师们的愤怒。

克特西波斯这个大度的年轻人不会躲在苏格拉底的后面,所以把他自己交给两个外乡人,让他们想对他怎么着就怎么着,只要他们的所作所为最终会让他变得完全有德性。他否认了他生狄俄尼索多罗斯的气:他只是让他自相矛盾。就好像他已经从普洛狄科(Prodikos)那里学到了一些东西,他指出令人自相矛盾和对人恶言恶语是两件不同的事情。因此,有点危险的冲突以克特西波斯与狄俄尼索多罗斯的完全和解告终。我们不要忽视这个事实,苏格拉底调停成功,完全是通过影响克特西波斯:两个智术师本来就没有生气。克特西波斯谈论令人自相矛盾的东西,并认定令人自相矛盾是可能的,这样他为狄俄尼索多罗斯提供了一个侧击面。狄俄尼索多罗斯与克特西波斯两人关于自相矛盾的看法互相矛盾，克特西波斯在一定程度上注意到了这个事实。但是，狄俄尼索多罗斯让他无话可说。通过利用前面用以表明说谎之不可能性的同样说法，狄俄尼索多罗斯做到了[让他无话可说]，只是，现在的情形不再有可能引起前面那样的生气或者愤怒。

苏格拉底震惊于狄俄尼索多罗斯的论证。如他告诉狄俄尼索多罗斯的那样，他总是震惊于那个特别的论证，因为他许多次从很多人那里听到过这个论证——普罗塔戈拉，甚至他之前的人都用过它。这个论证令他震惊，因为它与运用它的人[所做出]的声称背道而驰。如果说谎是不可能的，如果说假话或者思考假相是不可能的，那么[80]所有人都是智慧的，因此像两兄弟这样的老师也就是[人]不需要的。当苏格拉底展开这个论证的时候，欧蒂德谟取代了他哥哥的位置。因此，苏格拉底根本上反驳的是欧蒂德谟，[他是]两兄弟中更智慧的或者更聪明的。这个事件的重大特征无疑仍然未引起注意。苏格拉底对他的胜利不置一词，我们只能从下面这个事实推知欧蒂德谟已经被驳得无话可说，狄俄尼索多罗斯接下来马上又拾起了话头。他指责苏格拉底提醒两兄弟注意他们早先已经说过的东西：他们声称他们可以驳斥任何时候谈论的任何事(272 b1)，这个声称在相当程度上只被当作字面意思来理解。论辩术作为心智角力是一种游戏，这个游戏本身由一些随意但不可违反的规则组成。如前后情形所示，苏格拉底不知不觉中违反的另外一条规则是，受质问的人不能用他自己的问题来回答[提问]。苏格拉底同意这条规则所立足的明显根据是，言辞方面彻底智慧的人合乎情理地确定是否要回答还是不回答问题。尽管顺从[规则]，苏格拉底还是成功地反驳了狄俄尼索多罗斯，实际上反驳了兄弟两个人，根本上立足于和前面一样的根据。这次，苏格拉底适当地强调了他的胜利。但是，这带来了尴尬的后果，即，克特西波斯变得十分地刻薄，于是苏格拉底不得不再次让他平静下来。总体上的结果因此又变成了,苏格拉底驳倒了兄弟俩[这个事实]无疑依然未引起注意。

苏格拉底平息克特西波斯的用意,类似于早先鼓励克雷尼阿斯的用意。他再一次说兄弟俩并不认真,但是另一方面他又极力避免[使用]"玩笑"这个词及其派生词。他跟克特西波斯说兄弟俩的魔法。因为兄弟俩模仿埃及智术师普罗透斯(Proteus),克特西波斯和苏格拉底应该模仿迫使普罗透斯说出秘密的墨涅拉奥斯(Menelaos)。毋庸置言,苏格拉底不会使用强力。他提议,他继续他的规劝言说:也许,两兄弟出于同情他的认真努力,他们自己也会认真起来。

五、苏格拉底的规劝讲辞之二

(288d5 – 290e1)

苏格拉底要克雷尼阿斯提醒他他们[上次]谈到哪里了,但是没等克雷尼阿斯提醒,他自己先说了:他对克雷尼阿斯的记忆没有任何信心,抑或他对此有太大的信心? 他们曾一致认为,他说,一个人必须从事哲学活动。严格说来,他们并未就此达成一致,因为这种一致源自下面的前提,即智慧是可教的,但对这一点苏格拉底悬置了他的判断。无论如何,哲学是求取知识,那么求取什么样的知识? 克雷尼阿斯不记得他们早先的讨论了,他认为,无关良好运用知识的那些知识可以[81]是被渴求的知识。此后,他们达成一致,他们需要这样一种知识,在其中,某物的制造(生产)和如何运用那事物的知识两者相符。若无如何运用它的知识与之相应,如何制造事物的知识对我们的幸福来说还不足够,这一点在苏格拉底和克雷尼阿斯早先的交流中已经弄清楚了;而若无如何制造或者生产事物的知识与之相应,如何使用事物的知识对我们的幸福来说还不足够,这一点隐含在早先的交流中。人们可以说,在第二个规劝讲辞中,苏格拉底校正了头一个规劝讲辞的缺点——缺点在于从中抽取掉了机运的力量。利用如此建立起来的标准,他们在苏格拉底的提议下首先检审制造言辞的技艺,然后检审领军打仗的技艺——也即两兄弟[具有]的两种技艺,低于论辩术的两种技艺。克雷尼阿斯拒绝了言辞制造的技艺,根据在于,制造(也即写作)在法庭或者类似场合发表讲辞的那些人,并不知道如何使用它们:即使在言辞方面,制造它们的技艺和使用它们的技艺也并不相同。和这个判断至少同等重要的是,青年克雷尼阿斯作这个判断时表现出来的令人惊诧的、焕然一新的自信。苏格拉底同意克雷尼阿斯的主要论点,即言辞制造技艺并不令人幸福,但是他声称,他对此[技艺]抱有很大期望:它是一门精妙绝伦的技艺,毫不输于魔法师的技艺;它施魔法于大众,犹如魔法师施魔法于蛇、大蜘蛛等诸如此类之物。更令人印象深刻的是克雷尼阿斯的坚定判断(不过,我们不应该忘记,"制造言辞的技艺"是一个模糊的表达:苏格拉底拥有的制造言辞的技艺离不开使用言辞的技艺)。然后,苏格拉底转而讨论领军术之为最可能令其拥有者幸福的一门技艺。这个提议也被克雷尼阿斯坚定地拒绝了:领军术是一门猎逐技艺,但是没有任何猎逐技艺是一门使用技艺。比如说,几何学家、天象学家和算术家并不制造他们使用的图像,而是找到或者发现它们,由于他们不知道如何使用它们,他们把他们的种种发现交给辩证学家使用。由于这个评论,克雷尼阿斯受到了苏格拉底的高度赞扬——此前或之后都没有过的高度[赞扬]。如果克雷尼阿斯的看法无可置疑地正确,那么辩证法——它既非猎逐性也非制造性的技艺——只不过是一门使用技艺,便不可能是受渴求的科学。关于这个方面,苏格拉底不置一词。其高度赞扬之反讽特征因此并不十分醒目。克雷尼阿斯显然受到了鼓舞,他接着说,将军们把他们的胜利成果转交给了政治人物。但是,由于他没有只言片语提到这种情况——政治人物制造或者猎逐他们关于如何使用的知识,他似乎在没有意识到的情况下暗示了,政治(或者王治)技艺同样也不是受渴求的科学。从讨论的上下文来看,辩证法和政治学(且不说言辞写作)的缺点只能是促进了[82]论辩的优越。那缺点是由于使用苏格拉底建立起来的一个标准[而产生的]。

五、a. 苏格拉底与克力同之间的中段交谈①

(290e1 – 293a8)

　　克力同突然打断了苏格拉底的叙述。原因并不在于他极度关心受渴求的科学,而是在于他极度关心他的[两个]儿子,苏格拉底关于克雷尼阿斯的热烈赞扬的转述令他想起了他自己的家事烦恼。但是,在没有苏格拉底的协助或者认真抵制之下,他觉得坦然于他[对苏格拉底报道]的不信任。他确定认为,苏格拉底关于克雷尼阿斯各种回答的转述是一个完全的假象。因此,他决非不能够觉察到苏格拉底在任何问题上的反讽。苏格拉底承认,[在其描述中]他归之于克雷尼阿斯的那些机智回答,克雷尼阿斯或者甚至克特西波斯也许并没有给出那样的回答;他声称,他也许是从某个更高的存在者那里听来的。克力同对这个声称的反应和他在《克力同》中所说的话同样有力,不是法律而是苏格拉底制造出那感人的言词。通过对克雷尼阿斯那一番没头没脑的赞扬,苏格拉底挑起了克力同的介入,目的是为了让克力同不要犹豫不决于[是否]把他的两个儿子送到某些智慧的教师那里去。事实上,克力同现在认定,尚未达到苏格拉底虚构的克雷尼阿斯那样成熟的青年人也许会因为做欧蒂德谟的门生而有所受益。

　　克力同的兴趣不止是对克雷尼阿斯的兴趣,他也对交谈的主题内

_____

　　① [译按]这个小标题中的"a"为原文所有,疑为"附录"(apperdix)之义。

容有兴趣。他有兴趣知道苏格拉底对克雷尼阿斯那番规劝讲辞的前前后后,特别有兴趣知道他们是否找到了他们所寻找的那门技艺。苏格拉底[把问题]限制在最重要的问题上,他告诉克力同当他们检审等同于政治技艺之王治技艺(kingly art)的时候所发生的一切。"王治技艺"这个术语也许更可取,因为它与所讨论技艺的恢宏以及权利要术相匹配。王治技艺在他们看来是这样一门技艺:它通过统领所有其他技艺而使所有事物变得有用。然而,他们难于说清楚,王治技艺何作何为。从这点来看,克力同已经成了交谈的一个参与者,仿佛站在克雷尼阿斯这一边。(如果他处在克雷尼阿斯的位置,他会怎么回应苏格拉底的出于规劝目的的问题?)克力同对他自己的技艺——农耕技艺——的职分是什么相当精通,但是他跟克雷尼阿斯一样不能够说明什么是王治技艺的职分。或者它带来什么好处。但是,苏格拉底和克雷尼阿斯已经一致同意,除了某种知识,其他任何东西都没什么好的。这便否认了像自由这样的好东西是政治技艺的职分。根据苏格拉底和克雷尼阿斯一致同意的前提,自由本身既不好也不坏(因此,谈论王治技艺更好一些)。这同样还导出,王治技艺必定造就人之智慧,因为[83]只有智慧令人幸福。于是,王治技艺这门技艺既"造就"(生产)某种东西,还确保良好使用那东西。克力同认为,有必要弄明白苏格拉底和克雷尼阿斯一致认可的这些东西。我们不知道克力同的立场在哪里。不管怎么样,苏格拉底与克力同一致认为,王治技艺并不传播所有技艺,因为王治技艺之外的其他所有技艺的产品既不好也不坏。但是,王治技艺在什么方面造就人的智慧和善良?克力同知道,苏格拉底和克雷尼阿斯处在巨大的困境之中:他没有受这个困境影响,也没有任何关于如何可以克服那困境的建议。苏格拉底告诉他,在绝望之中他请求兄弟俩的援助,敦促他们认真起来。克力同好奇地想知道,欧蒂德谟有否帮助苏格拉底和克雷尼阿斯:他已经注意到,欧蒂德谟胜过狄俄尼索多罗斯;他已经表现出他对欧蒂德谟的智慧有那么点兴趣。

苏格拉底努力想要确定造就人之幸福的科学,这种努力已经以彻底失败告终。他已经以行动事实确证了其批评者的观点,即,他极其精湛于劝诫人追求德性,但是不能引导人达到它:①事实证明,他精湛于劝诫克雷尼阿斯追求那造就人之幸福的智慧,但不能告诉他那智慧是什么。人们也许会说,这个困境之所以会出现,是因为对辩证法几近彻底的漠视:辩证法显然是可欲的技艺或者科学。但随后人们必须解释,苏格拉底何以要抽取掉辩证法。鉴于苏格拉底的行动结果,人们会倾向于说,抽取掉辩证法在对话情境中对论辩术有好处。但是,为什么论辩术要得到好处?

六、兄弟俩最后回合的讲辞

(293a8 – 304b5)

欧蒂德谟[于是]来帮助苏格拉底,他把苏格拉底的问题放到最宽泛的可能基础之上。不再继续苏格拉底对王治技艺的追问,他问苏格拉底,是不是有些东西他不知道。换句话说,通过证明苏格拉底无所不知,他证明了,苏格拉底拥有他和克雷尼阿斯迷惑了这么长时间的那种科学。他采取的步骤如下:众所周知,苏格拉底知道某些事情,不管多么琐屑,因此他是个知者(knowing man);作为一个知者,他不可能同时是个不知者,因此他必定知道所有事情。苏格拉底对这个骇人听闻的论证没有表示任何反对,但是他以行动表示,他已经学得了欧蒂德谟的技艺:他没有表示任何反对,因为他已经学得了欧蒂德谟的技艺。于

①　色诺芬,《回忆苏格拉底》[*Memorabilia*],I4. 1(柏拉图,《克莱托普芬》[*Clitophon*],410 b4 以降)。

是,他试图以其人之道还治其人之身,迫使兄弟俩承认,他们俩——不,毋宁说所有人——也知道[84]所有事情。狄俄尼索多罗斯没有任何困难就承认了这一点。如果我们还记得王治技艺,我们也许要说,按照狄俄尼索多罗斯的承认,王治技艺与民主制相容。苏格拉底要证实,兄弟俩在提出无所不知的声称时是认真的,结果,狄俄尼索多罗斯在这里发了誓,他只发过这一个誓。克特西波斯意识到狄俄尼索多罗斯这一声称失之太过,于是他要求一个可观的证据:兄弟俩知道对方有多少颗牙齿吗?兄弟俩拒绝满足这个要求,因为他们认为,他在玩弄他们。他们没有诉诸论辩术的规则,因为他们急于就他们拥有的许多技艺回答任何问题,不管这技艺多么低下。[这时,]苏格拉底介入了,他绕过狄俄尼索多罗斯而求助于欧蒂德谟。欧蒂德谟成功地做到了让苏格拉底恰当地服从论辩术规则,尽管苏格拉底知道,欧蒂德谟希望让苏格拉底陷入他的圈套,那圈套不过是言辞的圈套,也就是说,尽管他认识到整个过程并不认真,因为苏格拉底已经决定成为欧蒂德谟的门生,成为那个辩证技艺大师的门生——真正的辩证法被完全忘掉了。

　　苏格拉底要欧蒂德谟重新从头开始他的追问。于是,欧蒂德谟问他,他是否通过某种东西知道其所知。苏格拉底答道:是的,通过灵魂。这个回答并没有遵循论辩术规则,因为人家并没有问他通过什么而知。欧蒂德谟向他指出了这一点,苏格拉底恰当地表示了歉意,但是这并没有妨碍他紧接着又犯了一个类似的错误。苏格拉底在克力同面前把自己描述成一个相当笨拙的门生——仿佛是一个斯特瑞普西阿得斯(Strepsiades①)。相应地,他又接着承认,他永远知道所有事情:他是小孩的时候,他出生的时候,他尚在腹中的时候,在有天地之前。苏格拉底领教的是回忆学说的一幅漫画——它是那个学说的一个漫画,尤其是因为它对灵魂和学习沉默不语。欧蒂德谟从他的论证得出结论,他

---

　　①　[译按]此为阿里斯托芬剧作《云》中的主要角色。

断言苏格拉底也将知道将来的一切事情，如果欧蒂德谟乐意的话。鉴于欧蒂德谟的前提，这完全合理：只有他所说（或者所思）的东西存在或者将会存在，但是，由于真正的智慧是不可能的，智慧的位置便被论辩术所取代，以便只有那门技艺的大师所支持的东西在或者将在。

苏格拉底接着试图把欧蒂德谟诱入圈套，他问欧蒂德谟，他苏格拉底如何知道好人不义：如果欧蒂德谟（我们应当记得前面关于正义的难点）说苏格拉底知道，他就在说令人反感的东西；如果他否认苏格拉底知道，他就否认了苏格拉底无所不知，而这又是他已经费尽心机想要确证的。狄俄尼索多罗斯落入了这个陷阱，他选择了并不令人震惊的答案，因此他受到了他兄弟的公开斥责，这斥责厉害到了让他脸红的程度。苏格拉底趁机问欧蒂德谟，他那[85]无所不知的兄弟是不是犯了个错误，狄俄尼索多罗斯迅速回问道，他狄俄尼索多罗斯是不是欧蒂德谟的兄弟，并因此强迫苏格拉底回答这个问题，从而放弃欧蒂德谟对其问题的回答。兄弟俩最终迫使他承认，他没有父亲。这给了克特西波斯一个介入的机会。他提出兄弟俩的父亲问题，试图以其人之道还治其人之身。但是，欧蒂德谟乐于承认，他的父亲之为父亲是所有人和禽兽的父亲，而他自己和克特西波斯一样，是小猫小狗之类的兄弟。狄俄尼索多罗斯则向克特西波斯证明，他的狗是一个父亲从而也是他的父亲，在殴打他的狗的时候，他在殴打他的父亲（苏格拉底逃过了殴父的指责，只因为他并不拥有一只狗）。克特西波斯略带侮辱性的回答并没有导致苏格拉底的介入，而是导致欧蒂德谟告诉克特西波斯，无人需要众多善端。紧接着"殴父"话题的是"自制（confinence）"话题。通过运用神话故事的例子，克特西波斯驳斥了欧蒂德谟的第一个合乎情理的论点。他也成功地针对狄俄尼索多罗斯捍卫了"拥有更多"的情形。"殴父"和"自制"话题令我们想起《云》，那里苏格拉底被描写为"殴父"的教师，并且极端自制。人们不免要说，苏格拉底把欧蒂德谟描述成阿里斯托芬笔下的苏格拉底的一幅漫画。一个赞成自制的论证，其说话对象不可能是苏格拉底,克特西波斯因其天性则适合这个角色。在随后与兄弟俩的论证中,克特西波斯也很成功,正因其如此成功,以致克雷尼阿斯倍感快乐开怀。如苏格拉底跟克力同所说的那样,他怀疑,克特西波斯最后一个论证的成功是因为他无意中听到了俩兄弟自己对这个问题的讨论,"没有其他现如今还活着的人拥有这种智慧"。

苏格拉底问克雷尼阿斯,对这么严肃美好的事情,他为什么要发笑,此时,狄俄尼索多罗斯问苏格拉底,他是否曾经看到过一件美物。由此,他引入了美物与美本身之间的关系这个重大话题。按苏格拉底的说法,众多事物为美,是因为某种美和每一件[美的]事物在一起。狄俄尼索多罗斯驳斥了这个看法,他指出,苏格拉底并没有因为狄俄尼索多罗斯和他在一起而变成狄俄尼索多罗斯,并且以更尖锐的方式重复了他的问题:不同事物之为不同,如何可能是因为不同和不同在一起?苏格拉底装作惊诧于狄俄尼索多罗斯的窘境,狄俄尼索多罗斯把这个窘境归溯到美本身的不存在(the non‑being),苏格拉底此时已经在试着模仿兄弟俩的智慧,因为他渴求这智慧。他模仿那智慧直至让自己满意,因此,也仅仅因此,他捍卫了"理式论(the doctrine of ideas)",不过,他当然承认,除此之外,兄弟俩是精通辩证技艺的匠师,这门技艺和每一门技艺一样毁坏其特有的作品。这给了狄俄尼索多罗斯一个机会表演其另一个言辞上的[86]180度翻转,苏格拉底赞之为智慧的顶峰:"这智慧可成为我自己的吗?"这个问题或者赞叹诱使狄俄尼索多罗斯问苏格拉底,他所说他自己的作何理解。苏格拉底略显不慎地同意,只有那些他可以卖掉、给人或者供奉给任何神的活物(living beings),才是他自己的。但是,苏格拉底的祖先的地位何在呢?显然,苏格拉底可以把它们送人、卖掉或者供奉给他乐于供奉的任何神。苏格拉底被击倒了,从而哑口无言。欧蒂德谟已经给了他击倒性的一拳。兄弟俩的所作所为就好像苏格拉底指控者的漫画像:他们并没有认真地指控他。克特西波斯试图来帮助苏格拉底,也成了狄俄尼索多罗斯另一个滑稽表演的简单牺牲品,他放弃了斗争,说"这两个人不可击败"。

整场表演以兄弟俩的彻底胜利告终。这不仅是欧蒂德谟的有情人的看法,也是围着克雷尼阿斯的那群人的看法,并且首要地也是苏格拉底的看法:苏格拉底从没有看到过这么智慧的人。由于惊叹于他们的智慧,他转而赞颂他们。他首先赞扬他们漠不关心大多数人和被人认为了不起的大人物,只有和他们类似的少数人才喜欢兄弟俩的言辞,所有其他人都耻于用这样的言辞去反驳别人,而宁愿被别人驳倒。这种羞耻感无关乎对不公平优势的意识,这从苏格拉底赞扬兄弟俩的第二个依据可以看得出来:他们的言辞甚得众心并且温文尔雅,他们通过否认明摆着[的事实]确实做到了令每个人都无话可说,但是他们也因此令他们自己无话可说,因此他们的言辞不会被人讨厌。最后,他们把他们的技艺带到了如此完美的程度,以致任何人都可以在很短的时间内学会它。诚然,这个事实也带来不方便之处,即单单一次意在吸引付费生的公开展示,已经足够使人开始[学会]他们的技艺。苏格拉底因此建议他们避免公开展示。作为结语,他希望兄弟俩收他和克雷尼阿斯为徒。

苏格拉底转向克力同,鼓动他加入他(以及克雷尼阿斯)的行列,从学于兄弟俩:他们所立下的唯一条件是要付费,而不是天生资质,也不是只收年轻人;而对克力同尤为重要的是,兄弟俩的教导决不妨碍一个人去赚钱。

七、尾声:苏格拉底与克力同之间的最后交谈

(304b6 – 307c4)

克力同礼貌地回绝了苏格拉底的建议,他属于那种宁愿被欧蒂德

谟式言辞驳倒也不愿意用这种言辞驳斥[87]别人的人。由于意识到他自己和苏格拉底之间层次有别,他认为指摘苏格拉底奇怪的嗜好是不当和荒谬的,但是他还是忍不住要告诉苏格拉底另外一个人跟他说的话。相当凑巧,他曾碰到过一个人,这个人也亲耳听到那场言语交锋——这是个高度推崇苏格拉底的智慧而且精于诉讼讲辞的人。这个人完全看不起那兄弟两个。克力同不同意他的看法,并且为两兄弟辩护道:"但是,哲学是美妙的",也就是说,他理所当然地认为兄弟俩的言辞是哲学言辞。他那位无名检举者也不赞同苏格拉底对兄弟俩[所表现出]的荒诞举止;[要是克力同亲自耳闻目睹苏格拉底那时所言所行,]克力同会以他为耻。克力同再度说,他不同意无条件地反对兄弟俩的言辞,但是他感觉,苏格拉底要为公开与他们争论受到指责。

　　在得知这个人属于什么样的人之前,苏格拉底不能恰如其分地回应这个哲学的诋毁者。从克力同那里得知,他写作讲辞以供严格意义上的演说家们演说。按普洛狄科和苏格拉底的看法,这类人处于哲人与政客的交界地带,并自以为比两者都要高明。为了得到普遍认可,他们便诋毁哲人:对他们的名气带来最大威胁的是欧蒂德谟式言辞的精通者。克力同把欧蒂德谟的技艺描述为哲学,苏格拉底同意这一点。他们所说的那类人自以为无比智慧,是因为在一定程度上他们既部分地参与哲学,也部分地参与政治事务。苏格拉底对他们的判断基于这个原则:居于两种事物之间并兼有两者的事物,低于好的一方,高于坏的一方,如果两者之一为好,另一为坏;如果两者都好并且导向不同的目标,那么就对目标的有用性方面而言,兼与二者的事物较两者皆低;而如果两者都坏并导向不同的目标,那么兼与二者的事物较两者皆高。因此,如果哲学及政治行动两者皆好,只是导向不同的目标,那么处于交界地带的人们便不能不承认,他们较哲人和政客两者皆低。这里,苏格拉底预先假定了,哲学和政治技艺目标不同,并因此是不同的技艺;他暗中重申了辩证法与王治技艺之间的根本分别。他要求,人们不要对哲学的诋毁者生气,毕竟,他们有些合理的看法:他们察觉到哲学与政治之间的根本不同。

苏格拉底已经成功地辩护了欧蒂德谟及其立场的正当性。克力同既没有否认也没有承认这一点。于是,他把话题转向了他最大而且持之经年的困惑:他的两个儿子,尤其是大儿子克力托布洛斯。每当他见到苏格拉底,他总是想到教育的至关重要,但是他不能找到一个[88]名副其实的教师。结果,他不知道如何敦促克力托布洛斯趋鹜哲学:他没有梦想过要苏格拉底将规劝技艺用在克力托布洛斯身上,苏格拉底也没提供这规劝。可以说,苏格拉底已经真诚地展现了他的规劝技艺的限度,起码他已经将此技术用在克雷尼阿斯身上。更说得通的一个理由是,与克雷尼阿斯的天性相比,克力托布洛斯的天性不太适合这个目的,换句话说,关于克力托布洛斯,苏格拉底的 daimonion[命相神灵]阻止他[向之运用规劝技艺],这不同于克雷尼阿斯的情形。

苏格拉底提醒克力同注意一个事实,这个事实在每一种追求中都可以看到:好的践行者(practitioners)稀有。正如这不是拒绝赚钱或者修辞术的理由,它也不是拒绝哲学的理由。人们必须小心谨慎地检审哲学本身。如果它看起来是一件坏事,那么克力同一定要让每一个人——不仅仅他的儿子——都远离它,但是,如果情况相反,那么也应该采取相反的步骤。

我们仍然太倾向于看到苏格拉底与"智术师们"之间的冲突,这种倾向乃是鉴于复辟思想家与那些为法国革命作了准备或者采取了革命立场的思想家之间的冲突。在《欧蒂德谟》中,苏格拉底站在了兄弟俩一边,反对克特西波斯和克力同。苏格拉底并不是智术师们的死敌,智术师们也不是苏格拉底的死敌。根据苏格拉底,哲学的最大敌人——最大的智术师——是政治的大多数①,即雅典法律的制定者。

---

① 《王制》,492a5 – e6。

对修昔底德著作中诸神的初步考察①

彭磊 译

[89]这些考察"重述了"亦即调整了我先前在《城邦与人》(*The City and Man*)中"修昔底德"一章所作的考察。强调这两次评述之间的不同并没有什么必需的目的。

修昔底德一开始就预期,对他自己而言,伯罗奔尼撒人与雅典人之间的战争是最值得注意的运动——可谓所有时代中波及全人类的最伟大的运动。修昔底德对自己的主张提出了双重的证明。第一项——并且无疑也是最全面的证明(I.1-19)②——就是揭示出古人的贫弱并随后揭示出今人特别是希腊人的强大,异常的强大。除了一次好似无意地提到提洛岛的阿波罗神(the Delian Apollon)(I.13.6),第一项证明只字不提诸神。这里的沉默似乎与这一事实相关:对于古代,诗人是最知名的发言人,而诗人们惯于以夸大其辞来粉饰其谈论的对象(I.10.3)——把世事追溯到诸神,恰好意味着通过夸大其辞来粉饰世事。

---

① [原版编者注]原刊《解释:政治哲学学刊》(*Interpretation: A Journal of Political Philosophy*)卷4,第1期,1974。[译按]原文题为"Preliminary Obsevations on the Gods in Thucydides' Work"。施特劳斯先后三次专门论述修昔底德:首先是在讲座"修昔底德:政治史学的意义";其次是在《城邦与人》;最后就是本文。

② [译按]凡未注明书名,仅引卷数(罗马数字)和章节号(阿拉伯数字)的引文均出自修昔底德的《伯罗奔半岛战争志》(下文简称《战争志》)。

第二项证明集中谈论伯罗奔尼撒战争造成的空前苦难,特别是与波斯战争造成的灾难相对比(I.23.1 - 3)。修昔底德秘而不宣地区分了人类造成的苦难与由地震、日蚀、旱灾、饥荒以及瘟疫造成的苦难。按照修昔底德笔下的伯里克勒斯(Pericles)对雅典人的演说,我们可以把这第二类事件或苦难称为"命相神灵式的"(daimonic)事件(II.64.2),暂且不论这个词[90]在这部著作中是否始终指的是源自于非人力或超人力的事件(比如预兆),或者是否最好把它视为"自然的"同义词。

　　让我们转向伯里克勒斯的演说,或者更广泛地来看,让我们思考在修昔底德对事行(deeds)的叙述与其笔下角色们(关涉到我们的主题)的讲辞(speeches)之间可能存在的一个不同。在第一卷中,修昔底德说到德尔斐的神祇、神谕、神殿等等,却没有说清楚,他本人是否像其他人那样以同样的方式接受或敬畏它们。另一方面,第一对演说——科基拉人(Korkyraians)与科林斯人(Korinthians)在雅典的演说(I.32 - 43)——丝毫没有提到诸神或神圣之物(I.53.2 - 9 中科林斯使者和雅典人之间简短的交谈同样如此)。至于科林斯人、斯巴达王阿基达摩斯(Archidamos)、监察官斯忒诺莱达斯(Sthenolaidas)在斯巴达的四场演说(I.68 - 86),情况就有点更为复杂并令人启迪。与其他发言者相比,与雅典人同等杰出的控诉者科林斯人更用力地向监督盟约执行的诸神呼吁。这里唯一一个闭口不谈诸神的发言者是阿基达摩斯,他是修昔底德在此处唯一对其表示明确赞扬的发言者(假如多少名副其实的话)。伯罗奔尼撒人的第二次大会再次在斯巴达举行,那里只有一场演说,科林斯人在那个演说中提到了神谕(I.123.1)。接下来就是一段叙述:雅典与斯巴达进行最后交涉,主要是应对双方就彼此的渎神行为进行的相互指控;修昔底德没有对双方的是非曲直作评判,他只注意到,斯巴达人认为自己的渎神行为导致了那场在斯巴达发生的大地震(I.128.1)。修昔底德报道了波斯战争中的斯巴达和雅典的领袖——泡赛尼阿斯(Pausanias)和泰米斯托克勒斯(Themistokles)——

的命运结局,其中逐字引用了两人致波斯王的信,也就是某种近乎修昔底德笔下角色们的言辞。这些引用并没有提到诸神。另一方面,德尔斐的神(the god in Delphi)严正要求对这位斯巴达王给予体面的安葬,尽管他是个叛国者(I.134.4)。

我们如今能够思考下面的讲辞了,即伯里克勒斯的讲辞。总共有三段这类[伯里克勒斯的]讲辞(I.140 – 144,II.35 – 46 和 II.60 – 64)。就像阿基达摩斯一样,伯里克勒斯完全闭口不谈诸神,只有一次在葬礼演说中(II.38.1)他提到了祭祀。阿基达摩斯则暂且依然故我。在第一次入侵阿提卡(Attica)之前,阿基达摩斯向伯罗奔尼撒军队的最高长官们发表演说却根本不曾提到诸神(II.11)。但是在一个修昔底德转述而没有说是引用的伯里克勒斯致雅典公民大会的演说中,修昔底德让这位著名的领袖说到了"女[91]神",它指的是价值连城的雅典娜(Athena)神像,因为伯里克勒斯当时正在详细地说明城邦的财政来源(II.13.5)。另一方面,伯里克勒斯的葬礼演说之后,紧接着发生了一场瘟疫,在对这场瘟疫的叙述中,修昔底德不得不提到许多与诸神及神圣事务相关的东西,更不用说,在对早期雅典的叙述中他也不得不提到这些(II.15.2 – 6)。

伯里克勒斯最后一场演说之后的第一场论辩关系到斯巴达人与雅典人的盟友普拉提亚人(Plataians)之间的冲突。这场论辩的根据是一个依旧约束冲突双方(或三方)的神圣盟约。特别值得注意的是,斯巴达王阿基达摩斯对普拉提亚人的最后答复始于对拥有普拉提亚土地的诸神和英雄们的呼吁,呼吁他们见证伯罗奔尼撒人事业的正义性(II.74.2)——这种正义兴许会令读者觉得相当可疑:自从在斯巴达的论辩以来,道德—政治状况已经经历了一场深刻的变化。

我们从修昔底德的叙述中得知,雅典人在一场对伯罗奔尼撒人的海战胜利之后,就把俘获的一艘敌舰献给了波塞冬(II.84.4)。接下来就是伯罗奔尼撒人的海军将领对士兵们发表演说,在这篇演说中也丝毫没有提到诸神(Ⅱ.87)。这次失败是由于缺乏海战训练或经验,士兵们为此变得沮丧,这也情有可原。但是,雅典士兵们也感到害怕:伯罗奔尼撒人的舰船多于雅典人的舰船。雅典人的指挥官佛米奥(Phormion)凭借一场同样闭口不谈诸神的演说恢复了雅典士兵们的士气(Ⅱ.88－89)。在第二场海战中,伯罗奔尼撒人的战况要好于第一次,但最终还是雅典人大获全胜:经验和技术再次成为决定性的因素。在第二卷书的结尾,修昔底德讲述了一个有关阿尔克迈翁(Alkmaion)的故事,但没有证实它是否属实,多亏了阿波罗的神谕,这位弑母者才在一个地方(他谋杀母亲的时候,这个地方还不存在)找到了安全的避难所(Ⅱ.102.5－6)。

接下来,米提列涅(Mytilenian)的使者在奥林匹亚向伯罗奔尼撒人与诸中立邦的集会发表演说,他们要为其叛离雅典同盟的预谋寻求援助。米提列涅人要表明他们的预谋并不是不正义或卑劣的行为(Ⅲ.9－14)。在其演说的结尾,米提列涅人像恳求者一样告诫自己未来的新盟友要心存敬畏,因为希腊人对他们寄予希望,他们处身的神庙所属的奥林珀斯的宙斯(Olympian Zeus)也敬重他们。修昔底德通过自己的叙述表明,米提列涅人的请求,特别是他们最后向奥林珀斯的宙斯的呼求并没有什么效果。修昔底德并未给出一个回应性的演说。他是通过事行,或者某种程度上说,通过征服米提列涅之后举行的雅典公民大会上的两个演说的论辩做出了回应。在米提列涅被征服之前,伯罗奔尼撒人的长官爱利斯的泰乌提阿普鲁斯(Teutiaplos of Elis)向自己的士兵们发表了一个简短的演说,据[92]戈麦(A. W. Gomme)(就此处)所说,①这是唯一一个以 tade[这些(话)]而不是以通常的 toiade[下面这些

---

①　[译按]A. W. Gomme,著名古典学者,五卷本《修昔底德著作的历史评注》(*A Historical Commentary on Thucydides*, Oxford:The Clarendon Press, 1945－)的作者之一。

（话）］（Ⅲ. 29 - 30）开头的演说。（有人或许会补充说，在引用了这段简短的讲辞之后，修昔底德指出，泰乌提阿普鲁斯曾说到 tosauta［正是这样的］——这是一个修昔底德经常使用的措辞。）①泰乌提阿普鲁斯的建议遭到其斯巴达同僚阿尔基达斯（Alkidas）的拒绝，这个明显愚蠢的人造成了斯巴达人行动的失败。在征服米提列涅之后举行的雅典公民大会上，克里昂（Kleon）激烈地反对重新考虑处死米提列涅的所有成年男子——一项数天前就已决定的惩罚措施：米提列涅人犯下了无可饶恕的不正义之罪，因此必须得到相应的惩罚。克里昂没有提到诸神：他没有理由提到诸神（Ⅲ. 37 - 40）。狄奥多图斯（Diodotos）提出了一个提案，要求宽大处理或区别对待米提列涅人，他在公民大会之前的会议上就已经陈述过这个提案（Ⅲ. 42 - 48）。狄奥多图斯的演说可能是整部著作中最神秘难解的言辞。狄奥多图斯同样闭口不谈诸神。但是

①　［中译编者按］施特劳斯这里列出的 tade 和 toiade 都是指示代词，都可表示"以下这个/这些"，tosauta 是形容词，表示"这样的，这种性质的"，三个词之间的涵义差别大致如下：tade（τάδε）是ὅδε的中性复数形式，表示"以下这些"，在施特劳斯提及的泰乌提阿普鲁斯简短讲辞之前，修昔底德用τάδε引出了泰乌提阿普鲁斯所讲的话："而埃利亚人泰乌提阿普鲁斯对他们说了下面这些［话］（καὶ ἔλεξεν αὐτοῖς... τάδε）"（Ⅲ. 29. 2）；toiade（τοιάδε）是τοιόσδε的阴性形式，同样表示"以下这些"，但较之τάδε有更强的指示意涵，通常用于讲辞之前，例如，在《战争志》卷一30 - 31章，修昔底德提及科基拉人与科林斯人之间的争战，对于科林斯人的积极备战之举，科基拉人不由担心，因为他们在整个希腊地区缺乏同盟者，因此科基拉人派代表去雅典，希望争取雅典的支持，科林斯人得知后同样派代表赴雅典，雅典人为此召开公民大会，由双方代表辩论，这就是施特劳斯前文提到的《战争志》中的"第一对演说"（见原文页90），修昔底德这样描述这场辩论的开始："［雅典人］召集公民大会，双方代表到场，科基拉人说了以下这些话（καὶ οἱ μὲν Κερκυραῖοι ἔλεξαν τοιάδε）……"（Ⅰ. 31. 4）；tosauta（τοσαῦτα）是τοσοῦτος的阴性形式，该词是带有强调意味的指示代词，表示"如此这样的/正是这样的"，在泰乌提阿普鲁斯讲辞之后，修昔底德指出："可正是［泰乌提阿普鲁斯］这样的一段话（ὁ μὲν τοσαῦτα εἰπὼν）没能打动阿尔基达斯（Ἀλκίδαν）"（Ⅲ. 31. 1）。引文方括号中的语词为补足文意而酌加。

或许应该注意的是,他说到了与"法律的力量或任何其它令人敬畏的东西"相比之下癫狂的"人性"的弱点(III.45.7;比较 III.84.2)。部分由于狄奥多图斯的干预,绝大多数米提列涅人死里逃生了。

从整部著作的上下文来看,米提列涅的命运以及与之伴随的言辞就是普拉提亚(Plataiai)在伯罗奔尼撒人手中命运的陪衬——一个同样由言辞的交锋而阐明的事件。普拉提亚人因为饥馑最终被迫举城而降,斯巴达人有所保留地接受了投降,至少在我看来,这种保留不是一个诚信(good faith)的典范。普拉提亚人当然知道斯巴达人会屈从于普拉提亚人的死敌底比斯人(Thebans)的要求,但他们还是男子气地竭力提醒斯巴达人要像好人般行事。普拉提亚人自然向诸神呼求,诸神在波斯战争中主持建立了反波斯同盟,而普拉提亚人在反波斯同盟中表现极为突出。普拉提亚人提醒斯巴达人,斯巴达人要敬拜那些牺牲于波斯战争中并归葬于普拉提亚大地上的斯巴达人父辈的墓茔,这是他们应当担负的神圣职责,而这些墓茔也一直受到普拉提亚人的尊崇。为了说服斯巴达人不要屈从于底比斯人的要求,普拉提亚人向希腊人共同崇拜的诸神祈求(III.53.5－9)。底比斯人强硬而仇恨的答复意在表明,普拉提亚人一直都是不正义的(III.61－67),因此底比斯人完全闭口不谈诸神(III.67.1)。正如底比斯人所暗示的,普拉提亚人虔敬的祈求不值得回答。

米提列涅人的故事和普拉提亚人的故事为我们分析修昔底德所叙述的科基拉民众(demos)的崛起[93]及其概述的城邦中权贵与民众之间的自相残杀做了充分的铺垫。冷酷的仇恨取代了血亲情谊,导致的后果就是,全然漠视在神庙里避难的神圣性,全然漠视"神法"(the divine law):罪行中的合作关系而非对"神法"的敬重倒成为诚信的纽带。修昔底德没有说明神法确切的依据是什么,也没有说明神法具体的禁令(或命令),但他无疑认为,每一方都失去了所有的虔敬(III.82.6－7)。

修昔底德在一连串事件的驱使下——或以这些事件为借口——说到雅典对西西里的第一次远征,这时,他首先说到一些灵异之事,其中说到西西里附近的一座小火山。据当地人看来,火山爆发直接归因于赫斐斯托斯(Hephaistors)(Ⅲ.87－88)。紧接着,修昔底德比前面更为详尽地说到地震,并就一个相关的事件表达了自己的看法;修昔底德自己的看法也没有提到诸神(Ⅲ.89)。另一方面,斯巴达人向德尔斐的神询问建城事宜,德尔斐的神赞成适当调整计划。尽管德尔斐的神接受了斯巴达人做出的调整,但建城还是不成功,这尤其要归因于斯巴达总督的失职(Ⅲ.92.5－93)。继此之后,修昔底德借此机会提到赫西俄德(Hesiod)暴死于涅米亚(Nemea)的宙斯神庙这件事:赫西俄德在涅米亚接到了一个神谕,大意是说他将死在那里,但修昔底德并没有证明这个故事真实与否(Ⅲ.96.1)。倘若修昔底德在此后没有紧接着描写雅典人在提洛的阿波罗岛(Apollon's island of Delos)的涤净仪式,那么,他将会极大地误导我们对雅典的认识,并由此误导我们对伯罗奔尼撒战争的认识。这次涤净仪式是由"某个神谕"安排的。这一提洛节日的原初形式的真相居然是由荷马来证明的(Ⅲ.104)。

德谟斯蒂尼(Demosthenes)在皮洛斯(Pylos)(或斯法克特里亚[Sphakteria])取得了雅典人的胜利,伯拉西达(Brasidas)则向色雷斯(Thrace)胜利进军,两者的胜利决定了战争第一部分的结束。在近乎这一节的开头部分,德谟斯蒂尼就向其率领的重装步兵发表演说。在当时相当严峻的(甚至可以说绝望)局势下,德谟斯蒂尼激励他们充满希望并且不要太过关注于机运的算计。德谟斯蒂尼没有提到诸神(Ⅳ.9－10)。事后证明,德谟斯蒂尼的策略非常成功。斯巴达人如今想要停战并缔结和约,以便雅典人能遣返他们所隔离的斯巴达人,而且他们想要派使者去往雅典。在对雅典公民大会的演说中,这些使者避而不谈是斯巴达人还是雅典人挑起了战争——即破坏了和约(Ⅳ.17－20)。这些使者自然也没有提到任何神祇:阿波罗曾应许会帮助伯罗奔尼撒人,不论他们是否向他祈求(I. 118. 3,II. 54. 4)。雅典人赢得了一场[94]辉煌的胜利,这主要归功于克里昂。没有任何人说到,斯巴达人派使者到雅典这件事曾要求过或征得了神谕的批准。

在写到伯拉西达的远征之前,修昔底德说到三项行动,这三项行动对我们当前的目的而言特别值得注意。第一项行动就是泛西西里人在革拉(Gela)的集会,修昔底德在集会的高潮时引用了赫摩克拉特(Hermokrates)的演说(IV. 58 - 64)。赫摩克拉特提醒其同胞注意,来自雅典人的危险迫在眉睫:雅典人计划来到西西里,不是为了帮助西西里人的伊奥尼亚亲戚抵抗多利亚人(Dorians),而是为了攫取整个西西里的财富。赫摩克拉特没有因雅典人的欲望而谴责雅典人,这种欲望在人性中普遍存在。赫摩克拉特完全闭口不谈诸神,因而默默地期待着雅典人关于米洛斯(Melos)的论辩。第二项行动是伯拉西达通过一场巧妙的演说把雅典的盟友阿坎苏斯人(Akanthians)成功地拉向斯巴达人一边(IV. 85 - 87)。伯拉西达把斯巴达人刻画成解放者——他们把希腊从雅典的奴役下解放出来,并且消除了阿坎苏斯人对斯巴达人的恐惧——害怕斯巴达人会滥用其胜利。伯拉西达告诉他的听众们说,他已经从斯巴达的统治者那里得到了最最郑重的誓言。对于斯巴达人的诚信,还有比这更为有力的证据吗? 此外,伯拉西达还呼求阿坎苏斯大地上的诸神和英雄们作为证人,从而反驳了阿坎苏斯人可能提出的观点——即斯巴达人无权使用武力把阿坎苏斯人从雅典人那里解放出来:强迫阿坎苏斯人自由以及为了武力解放整个希腊而贡献自己的力量,这并非不正义。第三项行动是雅典人对狄里昂(Delion)——一个接近波奥提亚(Boiotia)和阿提卡边境的阿波罗神庙——的占领和筑防。波奥提亚人的领袖帕冈达斯(Pagondas)对其军队发表演说,告诉他们说,雅典人非法占领的神庙所属的神祇会支持波奥提亚人,并且波奥提亚人此前的献祭也将有利于波奥提亚人(IV. 92)。雅典指挥官希波克拉特(Hippokrates)在对其军队的演说中则完全闭口不谈诸神和神圣事物(IV.95):我们也不能期待别的。这场战役当然以雅典人的惨败而告终。雅典人对圣所筑防并住在里面,这些不虔敬的行动使得波奥提亚人想当然地坚决要求雅典人应当在索回死者之前撤离神庙。在接下来的辩论中,雅典人宣称,他们那些被指控为不虔敬的行为是无意为之,即便是那个神庙所属的神祇也会宽恕他们的(IV.98.6)。

伯拉西达到达托伦涅(Toronte)时,组织了一场公民会议,并向他们说了自己先前对阿坎苏斯人所说的同样的话(IV.114.3－5),不过,伯拉西达对托伦涅人的演说只是被转述(reported)而不是被引用的(quoted)。对于伯拉西达的修辞能力,修昔底德不必进一步证明了。此外,伯拉西达在阿坎苏斯的表现已经为他在那些[95]犹疑的雅典盟邦之间建立了足够的声誉。最后,我们不能排除这一可能:斯巴达官方可能并不完全赞同伯拉西达以他们的名义作出庄严的承诺(IV.108.7;比较132.3)。在对这场致托伦涅人的演说的转述中自然也没有提到诸神。让我们回想一下先前两个相似的例子。在《战争志》I.72－78中,修昔底德首先转述然后引用了雅典人在斯巴达的演说,在转述中没有提到诸神,但在引用的演说中则提到了诸神。这使得当时发表的四个演说中,只有阿基达摩斯的演说闭口不谈诸神。在《战争志》II.88－89中,修昔底德首先转述然后引用了佛米奥对雅典军队的演说,但是与伯罗奔尼撒人的指挥官相反,佛米奥却没有通过惩罚的威胁来强化自己的演说(II.87.9)。

由于伯拉西达的胜利,斯巴达人和雅典人签订了休战协议。休战协议的第一条就是关于皮提亚的阿波罗(Pythian Apollon)神庙和神谕的(IV.118.1－3)。庄严宣誓的所谓尼基阿斯和约(peace of Nikias)也依照同样的条目顺序(V.17结尾－18.2)。

在第五卷的开篇,修昔底德讲到,雅典人纠正了他们在涤净提洛岛时的一个失误,他们因这一失误而负罪。紧接着就是安菲波里斯(Am-phipolis)之役,伯拉西达率领伯罗奔尼撒人及其盟友,克里昂则率领雅典人;此次战役导致雅典人的惨败,双方的领袖都被杀。伯拉西达在战前对其部下发表演说,修昔底德引用了这一演说,其中没有提到诸神或神圣事物(比较 V.10.5)。另一方面,伯拉西达还安排了一场对雅典娜的献祭仪式(V.10.2)。我们注意到,克里昂的演说却没有被转述,更别说被引用了。克里昂太过专注于"观看",专注于观察伯拉西达军队的行动,以至于无暇演说(V.7.3－4,9.3,10.2):在一位斯巴达人与这位当时最重要的雅典民众领袖的行为之间产生了匪夷所思的逆转,有点相当于皮洛斯之战的谐剧式对应(comic equivalent)。安菲波里斯的公民在伯拉西达死后给予他英雄般的荣誉。两位指挥官的阵亡增强了斯巴达和雅典的主和派势力。为了在斯巴达实现和平,德尔斐祭司的合作非常重要。这并不一定与阿波罗在战争一开始的应许——阿波罗曾答应帮助斯巴达人,无论他们是否向其祈求——相矛盾,因为这唯一一个有关战争的神谕在战争持续了 27 年之后经证明是真实的(V.26.3):神并没有应许斯巴达人在"第一场战争"中胜利。这并不是说停战或和平在当时极为有利于斯巴达人。

在伯拉西达最后的演说(V.9)与第五卷结尾部分关于米洛斯的对话(V.84 以下)之间,没有引用的演说,只有一些转述的演说或只是提到它们。但是,其中提到了诸神和神的事物,或许可以数一下其中地震的次数(V.45.4,50.5),也提到了那些致使斯巴达人中断军事行动的不祥祭[96]祀(V.54.2,55.3,116.1)。但雅典人当然也服从了德尔斐神[阿波罗]的神谕(V.32.1)。最重要的是,修昔底德清楚地说到斯巴达人在战前吹箫并不是"为了神明(the divine)的缘故"(V.70)。

我们易于发现,修昔底德在对内战的报道中提到了"神法"(III.82.6,比较 II.53.4),在米洛斯人与雅典人之间的对话中提到了诸神,这些是修昔底德著作中就诸神而论最重要或最具启迪的陈述。我们更要认识到,米洛斯对话的神学只具有次要的重要性,话题是由雅典人提出来的,仿佛还是顺带说起的。米洛斯人为了向雅典人表明自己所抱的一线希望,就提醒雅典人机运在战争中的作用:就机运来说,鉴于米洛斯人的正义,他们相信"神明"(to theion)不会不利于他们——何况斯巴达人会为耻辱所迫来援助米洛斯人。雅典人回答说,他们雅典人能够指靠"神明"的庇佑,因为他们自己的行为并未越出人类对"神明"的认识或信仰的界限,因为雅典人(抑或所有明智的人群)相信,他们自己明白关于"神明"的通常看法并且也深通人性,也就是说,他们雅典人清楚,强者生性就要统治弱者并因此必然永远统治他们。因此,米洛斯人抛下了这个话题并仅仅谈及他们显见的或属人的希望,也就是他们从自己与斯巴达的关系中看到的希望。我们注意到,米洛斯对话中没有提到"诸神"(the gods)而只有"神明",而后者比"诸神"更空泛且更含混。修昔底德以自己的名义说到不同于"神明"的"神法";但正如神明的情况一样,关于神法,修昔底德同样没有说明这些措辞的准确含义。修昔底德无疑反对违反神法的行为,但他克制住自己,没有就雅典使者在米洛斯陈述的雅典人的神学发表评论。

第六和第七卷是修昔底德对西西里远征的报道,它们与米洛斯对话之间的关系就如同他对雅典瘟疫的报道与他笔下的伯里克勒斯葬礼演说之间的关系一样。修昔底德在对西西里的考古中暗示说,关于库克洛佩斯(Kyklopes[译按:即独目巨人])和其他事情的说法都不可信(V.2.1-2)。与西西里远征有关的第一个重大事件就是修昔底德引用的尼基阿斯(Nikias)与阿尔喀比亚德(Alkibiades)在雅典公民大会上进行的那场论辩,尼基阿斯有两个演说,阿尔喀比亚德有一个。回顾整部著作,角色之间似乎有一个逆转,尼基阿斯警告雅典人不要为了不明确且遥不可及的东西而冒险(V.9.3),就像雅典人曾经警告米洛斯人那样。不同的是,米洛斯人没有,或者至少不是以雅典人那样的方式,对远方充满[97]爱(V.13;比较24.3)。不过,尼基阿斯不如阿尔喀比亚德那么机敏灵活。尼基阿斯在论辩中败下阵来,其败阵方式类似于他本人(或他的同志)被克里昂击败的那场关于皮洛斯的论辩。无论尼基阿斯还是阿尔喀比亚德,都没有提到诸神,但阿尔喀比亚德提到了责成雅典人帮助其西西里盟友的誓言(V.18.1;比较19.1)。尼基阿斯最后的话大意是说,这次远征的命运将取决于人所不能掌握的机运而非人的深谋远虑(V.23.3)。人们就依照明智并因而一向好运的尼基阿斯的建议进行远征筹备,就在这时,不知是谁破坏了矗立于神庙和私人住宅前面的赫尔墨斯神柱(Hermai)。这起事件连同其他不虔敬的事件均被视为远征之恶兆,甚至被视为早已确立的民主政制的恶兆。阿尔喀比亚德和许多人都遭到了强而有力的怀疑。尽管如此,阿尔喀比亚德还是和尼基阿斯一起率领着远征军出发了。与雅典人已经拥有的业绩相比,他们对未来的事业抱有最大的希望(V.31.6)。这种希望并非与虔敬无关,备战启程的筹备事宜都安排妥当时,还举行了传统的祈祷和奠酒仪式(V.32.1－2)。叙拉古公民大会上的辩论正如雅典公民大会上的辩论一样,也没有提到诸神。很难说这种沉默是不是由于神柱被毁的未解之谜及类似的渎神事件所蒙上的阴影。

如今,阿尔喀比亚德由于涉嫌渎神而被起诉并被召回雅典,与此相比,雅典人(除尼基阿斯之外)到达西西里之后所遭受的极大失望(VI.46.2)经证明只是微不足道的。雅典民众反对阿尔喀比亚德,这种行为使得或迫使修昔底德讲述了哈摩狄乌斯(Harmodios)和阿里斯托基顿(Aristogeiton)弑杀僭主的真实故事。我们特别注意到两件事情:庇希斯特拉图(Peisistratos)及其家族的僭主统治总体上是温和而守法的,并且尤为虔敬;希庇阿斯(Hippias)是其父庇希斯特拉图死后真正的僭主,他逃过一难,后来被斯巴达人和一些雅典人从雅典放逐,数年之后,他在波斯王那里寻求避难,并且还在马拉松(Marathon)战役中为波斯而战(VI.54.5－6,59.4),这在某种意义上预示着泰米斯托克勒斯后来的命运。

在第一场战役中,尼基阿斯击败了叙拉古人,尼基阿斯战前提醒他的士兵们说,他们对敌人具有军事优势,借此来鼓舞士兵们:敌军在见识上逊于尼基阿斯的军队(VI.68.2,69.1)。尼基阿斯无需提到诸神并因此也没有提到它们。这一点与下面这个事实极为一致:两军在战前都由预言者举行了通常的献祭(VI.69.2)。这场战役伴随着电闪雷鸣和狂风暴雨——这一现象增加了那些毫无战斗经验者的恐惧,而那些更有经验的人只把它们看作那年的节气[98]作用的结果(VI.70.1):经验减少了灵异之事的恐惧效果。赫摩克拉特在叙拉古人大会上的演说一扫叙拉古人因失败而产生的沮丧情绪,修昔底德转述了这一演说,这一转述并没有漏掉其中一次明确地提到诸神(VI.72)。赫摩克拉特还是在卡玛林纳(Kamarina)的集会上的叙拉古代言人,集会上交战双方都要求那些尚属中立的西西里人帮助自己。雅典发言人有一个别致的名字欧菲摩斯(Euphemos[译按:意指"好名声"])。两个演说都是被引用的并且都闭口不谈诸神。在斯巴达举行的反雅典城邦大会上,阿尔喀比亚德成功地使斯巴达人信服了一个全面策划的反雅典政策和战略的正确性,同时也使他们信服了他对自己的叛国行为所作的绝佳辩护。阿尔喀比亚德的演说也是被引用的并且闭口不谈诸神,它之被引用以及它之所以闭口不谈诸神都基于同样的理由。正当斯巴达和科林斯的救兵去往叙拉古时,雅典人在叙拉古的局势看起来非常有利:尼基阿斯非常有希望。但斯巴达人遭遇了唯一一场小事故,即他们不得不中止其已经对阿尔戈斯(Argos)发动的军事行动,起因是一场地震(VI.95.1)。在我看来,第六卷不仅有许多引用的演说,也有不少转述的演说。

第七卷可以说带来了突转(peripeteia):①叙拉古战争的领导权从半斯巴达天性的雅典绅士尼基阿斯手中转移到了更为大胆的斯巴达指挥官吉利普斯(Gylippos)和叙拉古指挥官赫摩克拉特手中(比较 VII.

---

① [译按]悲剧中的"突转"常伴随着对人的"发现"(anagnōrisis),见亚里士多德《论诗术》[旧译《诗学》]1452a - 1452b。

3.3 和 8.3)。雅典人在西西里的局势变得严峻了,尼基阿斯被迫向雅典写信迫切要求增兵和补给。随信还捎去了口信,除此之外,与节录的泡赛尼阿斯和泰米斯托克勒斯致波斯王的信函(I.129.3,137.4)相比,这封信更像一个被引用的演说(VII.8.1－2,10－15)。尼基阿斯毫不犹豫地告诉了雅典人他对他们的"劣根性"(difficult natures)的看法(VII.14.2 和 4)。在西西里发生的命运逆转类似于在皮洛斯发生的命运逆转:雅典的海军力量不再占优势时,反雅典同盟的海军力量则增强了(VII.11.2－4,12.3)。诸神和神圣事物没有被提及——起码没有明确地被提及。因为,斯巴达人实力之所以得以最大的增强是由于他们现在认为,破坏和约的是雅典人,而在第一场战争中,挑起战事的毋宁说是斯巴达人。因此,斯巴达人认为他们在第一场战争中像皮洛斯那样的厄运是应当的或合理的(比较 VII.18.2)。斯巴达人相信,战争中的好运或厄运取决于交战双方的正义或不正义,亦即取决于诸神关于正义的法则。修昔底德把这种看法归于斯巴达人,但并非偶然的是,这种看法几乎是紧跟于他所引用的尼基阿斯的信函;这也是一种尼基阿斯式的看法。

[99]阿尔喀比亚德极力鼓吹的军事行动开始极大地损害雅典人,尽管当时雅典人所遭受的危害与小邦米卡列苏斯(Mykalessos)在色雷斯雇佣军手中所遭受的灾难相比微不足道:雅典付薪给这些雇佣军并因为财政问题而把他们遣送回国了。然后,叙拉古人借由海战战术的革新而在一场海战中确凿无疑地击败了雅典人。这就是战争的转折点(VII.41)。德谟斯蒂尼率领的第二支雅典远征军到达了,当时雅典人的局势似乎因此而得到了极大的改善。德谟斯蒂尼试图立即赢得一场决定性的胜利或者立即筹备率雅典军队回国,而这些大胆的计划首先就被敌军的抵抗打乱了。其次,雅典指挥官之间和军队里面有分歧存在。雅典人似乎没有一丝希望了。德谟斯蒂尼赞成立即返回雅典。在举行的商议中,尼基阿斯无法像德谟斯蒂尼那样坦诚,因为他正与那些

有钱有势的叙拉古人进行秘密协商,叙拉古人像他自己一样,渴望迅速结束耗资巨大的战争。尼基阿斯仍抱一线希望,因而他反对德谟斯蒂尼的提议。尼基阿斯之所以如此是因为他对雅典人的劣根性的看法:那些现在大声喧嚷要立即撤回雅典的士兵们,一旦撤回到雅典之后,就会再次处于民众领袖的影响之下,这时,他们就会说雅典将军们受了敌军的贿赂。尼基阿斯个人宁愿"私下地"(privately)即并非不正义地死于敌手,也不愿不正义地死在雅典人手中。尼基阿斯并没有考虑到这一事实:他不正义的死亡将促成雅典军队的得救。德谟斯蒂尼与尼基阿斯之间的争辩(VII.47-49.3)是修昔底德著作中诸篇转述的演说之中最为引人注目的争辩。尼基阿斯的演说并没有表达出他自己的想法,修昔底德清楚地说明,尼基阿斯所抱的希望使他自己不能完全坦诚。尼基阿斯坚持自己的观点,因为他受到的限制来自他对叙拉古人的关系所寄予的希望,而非来自他对雅典人报复的恐惧,最后他的观点胜出。雅典人推迟撤退完全是由于尼基阿斯。但是,整支军队从海路撤退的所有准备工作都就绪时,发生了一场月食。因此,大多数雅典人,尤其是过分相信占卜之事的尼基阿斯自己,要求进一步推延撤退:尼基阿斯根据预言者的解释决定,在三个九天过后才能讨论撤离日期(VII.50.4)。

叙拉古人在此期间赢得了一场辉煌的海战的胜利,几乎断绝了雅典人从叙拉古海港撤退的道路。雅[100]典人因此变得更加沮丧,并且对整个远征更加悔恨不已。在孤注一掷地冲破叙拉古人的封堵之前,尼基阿斯把自己率领的所有士兵召集在一起,并向他们发表了演说,他在演说中表明,考虑到机运在战争中的特别力量,他们仍然有希望。尼基阿斯的演说伴随着敌军指挥官对其部下的演说:他们(敌军)有更坚实的理由充满希望,而雅典人则不得不完全指望命运(VII.61-68)。这两个演说均是被引用的,其中都没有提到诸神和神圣事物,不过,由于雅典人的处境极度危险,尼基阿斯不得不向每一位战船指挥官发表演说,除了说到其他事情外,尼基阿斯还要求他们感念祖先的神祇（VII. 69. 1 – 2）。接下来的战斗无比激烈,雅典人试图冲破敌军舰队封堵,但徒劳无获。那些无法登船作战的雅典人被迫成为这场生死之战的观众。他们从自己碰巧所在之处观看到局部战事,并对此反应强烈,这限制了他们的表现：当他们看到自己人击败敌人时,他们就备受鼓舞并向诸神呼求;在相反的情况下,他们就倍感沮丧并且显然也不想向诸神呼求（VII. 71. 3）。一旦希望消失,虔敬就消失（亦参 VII. 75. 7）。雅典人的灾难使他们没有向自己的众多死者履行惯常的关爱,甚至没有要求胜利方退还雅典人的尸体（VII. 72. 2）：这与伯里克勒斯发表其葬礼演说时的情景形成了强烈对比。由于赫摩克拉特的计策,雅典人撤入西西里内陆的计划变得难以施行并最终不可能了。赫摩克拉特之所以想到这一计策,是因为叙拉古人拒绝在当晚继续作战：他们碰巧要庆祝一个纪念赫拉克勒斯（Herakles）的节日（VII. 73. 2 – 74）。修昔底德已经尽可能充分地描写了雅典将士们的悲惨结局——这是一个难以描述的事件。

　　就在这个悲惨结局之前,尼基阿斯向其部下发表了一个充满激励之词的演说。修昔底德完整地引用了这一演说,而且这也是其著作中最后一个完整引用的演说。仍旧充满希望的尼基阿斯激励自己的士兵要抱有希望。尼基阿斯真诚地宣称：尽管他自己已经对诸神履行了惯常的职责并始终对人正义而谦恭,但他的身体状况比他的同志们更糟糕。雅典人或许因为他们的远征而激起了神的嫉妒,但他们已经为此遭受到足够的惩罚,如今他们应该得到神的怜悯而不是神的嫉妒（VII. 77. 1 – 4）。尼基阿斯的神学明显不同于——而且还对立于——雅典使者在米洛斯所陈述的神学。根据修昔底德自己的说法,尼基阿斯本应得到一个比他所承担的更好的命运,因为他［101］比修昔底德的所有其他同代人都更加致力于践行那些为法律所赞赏并支持的德性（VII. 86. 5）——不同于另一种或许更高的德性——但他的命运反驳了他的神学。几乎没有必要再说,雅典人在绝望地撤入西西里内陆之时伴随着电闪雷鸣和狂风暴雨,这种节气现象被雅典人解释成预示着将要来临的灾难(Ⅶ.79.3)。

修昔底德的神学——如果可以这么说的话——位于尼基阿斯的神学和米洛斯的雅典使者的神学之间的(亚里士多德意义上的)中道(mean)。

最后的第八卷是反高潮的(anticlimactic)。这个词的意思明显取决于高潮(climax)的特征,亦即首先取决于卷六至卷七的特征,其次取决于整部著作的特征。有人貌似有理地认为,第八卷的特性在于其未完成性,可能是因为修昔底德在得以完成其著作之前就去世了。但这不过是一个貌似有理的假说而已。第八卷的特性必须根据这部著作内容的特性来理解。这部著作最显著的特性就在于,它完整地引用了那些角色们的言辞并将这些言辞与对事行的报道和那些被转述的言辞编织在一起。在第八卷中找不到完整引用的言辞。第五卷中的很大一部分也有同样的特征:《战争志》V.10-84。这一部分缺乏引用的言辞,这强化了米洛斯对话的威力与影响(V.85-112),强化了对西西里远征的报道(Ⅵ-Ⅶ)。第八卷中也缺乏引用的言辞,这是否更加强化了这种威力和影响呢? 让这个疑问也仅仅作为一个貌似有理的假说吧。这么做起码能够使我们避免冒下面的危险:把一个绝大多数人都认可的貌似有理的假说误当做一个得到证实的真理。

因为雅典人及其敌人各自都保持着自己的性情(turns of mind)——雅典人的热情迅疾,其敌人的谨慎迟缓——,尽管发生了西西里的灾难,雅典人还是能建立起一支全新而强大的军队并保护帝国最广大的地域。雅典人在得知他们在西西里的灾难之后,最初亦迁怒于那些占卜者和预言者,因为这些人曾使他们更加坚信自己将有希望征服西西里。但在这之后,雅典人的反应则是主张节俭和节制,并且采取了某种形式的长者统治。有人或许会怀疑,如果雅典人的敌人内部没有摩擦或纷争的话,雅典人的所有努力是否对他们还有任何用处。
在阿尔喀比亚德的煽动下,阿提卡的一块重要地区被斯巴达王阿吉斯
(Agis)率领的军队永久占领了,而阿吉斯是——或被说成了——阿尔
喀比亚德的死敌。阿吉斯[102]因控制着一支斯巴达军队,故而在斯
巴达的势力增强了,并因而激化了或引发了与其他斯巴达当权者的不
合。阿尔喀比亚德因此不得依靠其他斯巴达当权者的支持(VIII. 5. 3
-4,12.2,45.1)。但是,拯救雅典的还有敌军联盟中的另外一项分
歧——听起来或许难以置信,这项分歧也是由那个被雅典判以死刑的
阿尔喀比亚德造成的。雅典人在西西里的失败使波斯王(此外还有他
的提萨佛涅斯总督)和斯巴达人成为雅典帝国在小亚细亚地区及其附
近诸岛屿的事实上的或可能的继承人。提萨佛涅斯(Tissaphernes)想
要把那些以前为雅典所支配的丰富财源用于波斯王的军队。这一事态
自然产生了斯巴达—波斯同盟——由阿尔喀比亚德强力推动。当战争
依旧如火如荼时,萨摩斯岛上的民众在雅典人的帮助下起身反抗他们
的寡头派公民同胞,杀死或驱逐了他们,并没收了他们的财产(VIII.
21)。此外,当战争仍旧拖拖延延时,伯罗奔尼撒人感到,他们与提萨佛
涅斯之间的条约所赋予他们的东西要少于他们有权期望得到的,因此,
双方签订了一个新的同盟条约。斯巴达长官变更,这使得斯巴达与波
斯之间的冲突公开化。正在与提萨佛涅斯进行商谈的斯巴达人发现,
斯巴达与波斯的那两个条约不可容忍:它们恢复了波斯王对他本人及
其祖先曾经占领的国家的一切权利,尤其是希腊人曾经从波斯统治之
下解放出来的所有希腊领土。提萨佛涅斯变得愤怒,并且不愿继续支
付他已经花费在伯罗奔尼撒海军上的巨额薪金。恰在此时,阿尔喀比
亚德意识到自己被迫要向提萨佛涅斯寻求庇护,以使自己免遭斯巴达
众多强敌的迫害。阿尔喀比亚德果断地加入了提萨佛涅斯这一方,反
对斯巴达人。阿尔喀比亚德成了提萨佛涅斯在所有事务上的导师——
特别是关于节制:提萨佛涅斯应该削减付给伯罗奔尼撒水手们的薪金,

因为高薪会使他们滋生事端并弄垮自己的身体(VIII. 45. 1 – 2)。因肆心(hybris)和放纵而臭名昭著的阿尔喀比亚德竟成了教导节制和自制的先生:如果这还不是修昔底德著作中所记录的最伟大或最动人的突转的话,那它必定是最令人讶异的突转。那位古代评论者对修昔底德报道的基隆(Kylon)事件有一个观察(I. 126. 2 以下)——这里狮子在大笑①,这个观察起码也同样能用于阿尔喀比亚德适时的变节。

阿尔喀比亚德在政治上传授给提萨佛涅斯的最重要教导是,既不要让伯罗奔尼撒人也不要雅典人取胜:一个分裂的雅典才易于被波斯所操控。如果波斯非要在这两个希腊政权中择其一的话,它应当选择[103]雅典,雅典对波斯构成的威胁要小于伯罗奔尼撒人。阿尔喀比亚德以这种方式同时筹划与雅典人重修旧好。因为,阿尔喀比亚德认为假如提萨佛涅斯看上去成了他的朋友,雅典人或许会向他求助。但是这个方法需要把雅典政制从民主制变更为寡头制:不要期望波斯王会对一个民主政制抱有任何信任。这个计划——即召回阿尔喀比亚德,废除民主制——争得了那些极有势力的雅典人的支持。民众本来反对这个计划,但由于有望得到波斯王支付的薪金,故而也变得沉默了。与阿尔喀比亚德的阴谋相关但又有些无关的是,在萨摩斯岛上的雅典军队的最上层中间逐渐形成了一个反对民主制的阴谋,于是造成整个军队都赞成废除民主制并召回阿尔喀比亚德。萨摩斯岛上的雅典人向雅典派遣了一个以佩桑德罗(Peisandros)为首的使团。召回阿尔喀比亚德的意见在雅典遭到了相当多的反对,但其理由完全不在于阿尔喀比亚德已因渎神罪而被判以死刑这一事实。但是,反对者无法提出另外一个可以拯救雅典的选择。佩桑德罗就此清楚地告诉他们说,除非把政府变得更为寡头否则“没有办法”(VIII. 53. 3)。佩桑德罗的

---

① [译按]某位古代评论者在第一卷的结尾部分说到“here the lion laughed”,强调了基隆故事的反讽效果。

发言——大致有六行——是第八卷中唯一一段直接引用的讲辞。这并不是说，它就是最后一卷书中修昔底德笔下角色最为重要的一个发言。但它无疑强调了这一卷最为显著的特点，特别是当我们同时看到本卷竟没有引用阿尔喀比亚德的演说时：正如之前说明的那样，本卷是反高潮的。有人或许会注意到，本卷相对较多地完整引用了盟约（VIII.18，37，58），而完全没有完整引用演说，二者形成很大反差。

除阿尔喀比亚德之外，那些一心只想要寡头制的雅典人（假如他们并非完全对阿尔喀比亚德不利的话）在雅典以及雅典帝国内所有他们力所能及的地方都建立了寡头政制。但是，雅典的诸盟邦或属邦更想要的是从雅典独立，而不是寡头政制。雅典此时建立的政制是"五千人"政府，他们是那些最能靠他们的财产和自己的力量来帮助城邦的人。这意味着，实际上只有寡头派成员才有权利参与政府和施行暴政。在佩桑德罗的建议下，实际上的政府只属于五千人中的四百人。这种政制在雅典的建立是一项了不起的成就，是最有能力和最卓越的雅典人中的一些人的杰作。寡头统治者们自然通过向诸神祈祷和献祭来稳固他们的统治（VIII.70.1）。寡头统治者们变更了民主制的众多规定，但并未召回那些被流放者，以便人们不至于要求特别召回阿尔喀比亚德。寡头统治者们试图与阿基斯展开和谈，他们的目的在于与斯巴达而不是与提萨佛涅斯达成和平。但是他们一无［104］所获。此外，萨摩斯的雅典军队推翻了萨摩斯的寡头政权。民主派领袖们通过最有力的誓言迫使士兵们——尤其是其中的寡头分子——接受民主统治并且继续对伯罗奔尼撒人作战（VIII.75.2）。民主派领袖们赞成召回阿尔喀比亚德及其可能带来的后果：与波斯王结盟。萨摩斯的士兵大会接受了这个提议，结果，阿尔喀比亚德加入到这个岛上的雅典人中间。阿尔喀比亚德对这个士兵大会发表了演说，这一修昔底德转述的言辞极尽其能事地大谈支持阿尔喀比亚德及其政策的理由（VIII.81.2－3）。阿尔喀比亚德随即被选为将军，与此前的将军们共事。阿尔喀比亚德如今能够利用他声称的或事实上的对提萨佛涅斯的影响力来威慑雅典人,也能利用他对雅典军队的威信来威慑提萨佛涅斯了。在这一严峻的局势下,阿尔喀比亚德似乎第一次像其他人一样有益于自己的祖国:他阻止了萨摩斯的雅典人的一项考虑不周的计划——他们企图驶离该岛直击佩莱坞港(Peiraeus)。实际上,当时除阿尔喀比亚德之外没有人能够控制这些民众。阿尔喀比亚德废除了"四百人"统治而保留了(或更确切地说是恢复了)"五千人"统治。就在此时,当雅典最尖锐的内部冲突激烈进行时,雅典人在与城邦最为接近的地方遭受了一场严重的海战失败;局势甚至比西西里灾难之后更加严峻。① 但是,雅典人再次表现出了他们固有的勇气和坚韧。"五千人"亦即重装步兵的统治牢固地建立起来了。那时,在修昔底德一生中,雅典人第一次有了一个好政制:一种寡头制与民主制的混合政制。与这场富有教益的革命同时发生的是,阿尔喀比亚德被正式召回(VIII. 96 – 97),雅典得救的希望也随之得以恢复。这个希望化为了泡影,如修昔底德说到的其他希望那样化为了泡影,但却不是因为阿尔喀比亚德的过失。色诺芬在《希腊志》(Hellenika)中讲述了这一希望是如何化为泡影的。修昔底德并未明确指出的是,在修昔底德一生中首次出现的这个好的雅典政制与阿尔喀比亚德无可置疑的统治地位之间似乎有某种联系。

---

① ［译按］指优波亚(Euboea)失陷,见《战争志》VIII. 95 – 96。

色诺芬的《上行记》①

高诺英　译

[105]今日,色诺芬的《上行记》(*Anabasis*)似乎被广泛认定为色诺芬最美的一部作品。我并不与这种判定争论什么,我只是想知道它的根据是什么。这个质疑显然合理:在十八世纪,相当一大批有识之士最为推崇的色诺芬作品应该是《回忆苏格拉底》(*Memorabilia*[译按:以下简称《回忆》]),而非《上行记》。换言之,即使我们判定《上行记》是色诺芬最美的作品,这个事实也仍然无法证明色诺芬认同这种论断。在能够同意或反对这种压倒性的意见之前,我们本该知道这部作品对色诺芬而言意味着什么,我们本该知道它在色诺芬所有作品中的地位和作用,并且如果可能的话,我们本来还应该知道《上行记》的全部的美之所在。当我们谈及色诺芬的《上行记》、色诺芬的上行(ascent)时,我们或许就已经在不经意间轻率地回答了我们提出的问题,兴许还是一种如实的回答。

这部作品的真正标题是"居鲁士的上行记"(Cyrus' Ascent),就是指小居鲁士从沿海平原出发行至中亚腹地的远征。这是一个误导人的

---

① [原版编者注]施特劳斯身后留下这份手写形式的文稿。Joseph Cropsey 在 Jenny Clay 和 Diskin Clay 的协助下,尽量小心翼翼地将之誊录出来。此文初刊于《解释:政治哲学学刊》(*Interpretation*:*A Journal of Political Philosophy*)卷 4,第 3 期,1975。[译按]原文标题 Xonophon's *Anabasis*。

标题,因为小居鲁士的上行(ascent)在库那克萨(Κυναξα)战斗中就结束了,他兵败身死。记述小居鲁士上行的文字最多占了第一卷的篇幅,而《上行记》全书长达七卷。《上行记》的标题并不是色诺芬唯一具有误导性的书名:《居鲁士的教育》讲述了老居鲁士的一生,只有第一卷谈及老居鲁士的教育;《回忆》的内容并非色诺芬记忆中的各种经历,色诺芬在书中回忆了苏格拉底的正义。

[106]《上行记》如此开篇:"大琉士(Δαρείος)和芭莉萨蒂思(Παρύσατις)生有两子,阿尔塔泽西斯(ἀρταξέρξης)较为年长,年幼者即为居鲁士。"①这种开篇就像在讲述波斯王室的重大事件。透过这样的开端,我们看到,波斯虽然表面上是最强大的王朝,实际上却是双龙坐庭(dyarch),王后对幼子的偏爱导致了惨烈之至的后果。另外,尽管《上行记》告诉我们许多关于波斯的事情,涉及波斯王室的内容却非常少,我们不能说这部作品的主题是波斯,甚至也不能说是波斯与希腊之间的冲突,这些只是略带提过而已。

《上行记》的书名和篇首令人迷惑不解甚至会引发误解,作者的身份也费解得很。当色诺芬在《希腊志》中以最简洁的笔触重述《上行记》中的一些事件时,他将《上行记》归于叙拉古人忒迷斯托革涅斯(Θεμιστογένης)名下(参《希腊志》II.1.1–2)。我们对忒迷斯托革涅斯一无所知,甚至不知道此人是否在世上活过。我们有权假设,叙拉古人忒迷斯托革涅斯就是雅典人色诺芬的化名。色诺芬在《上行记》中谈起自己卓越的行事和言论时,一律使用第三人称,他显然愿意尽可能保持这种匿名的状态。叙拉古人和雅典人均为希腊商业和海军最强势的力量。"色诺芬"一词的含义可能是"异乡人的杀手(或译作天敌)",而"忒迷斯托革涅斯"意味着"这个正义[神](ἡ Θέμις)的后裔(the off-

---

① [译按]本文中直接称"居鲁士"者即指"小居鲁士"(the younger cyrus)。

spring of the Right）"，忒迷斯托革涅斯似乎是在某种程度上理想化了的色诺芬。就在《希腊志》的同一个地方，色诺芬还提到了斯巴达海军将领萨米沃斯（Σάμιος）的名字；萨米沃斯受监察团（οἱ ἔφοροι）之命，前去辅佐小居鲁士出征。当色诺芬在《上行记》（Ⅰ.4.2）中提起萨米沃斯时，他称此人为毕达哥拉斯（Pythagoras）。如果《回忆》的作者一听到萨米沃斯这个名字，立即就想起了名满天下的萨摩斯（Σάμος）哲人毕达哥拉斯，这一反应可不足为奇。

在《上行记》中，色诺芬在第三卷的开头才现身于舞台中央。下面，让我们观察一下他写作方式的某些独特之处，这么做是为了首先从前两卷中来一看我们对作者和他的写作意图都有些什么样的了解。可以想见，但凡于居鲁士上行的原因和经过而言是必要的事情，色诺芬都会讲述，不过，他也不可能忽略上行过程中引起他注意的那些值得记述的东西，尽管它们并不可以直接对上行有所揭示。色诺芬特别记下了所经之国的动植物，他这么做是否并非出于对军队给养的兴趣和关注，这仍然是一个可疑的问题。

为了从他的兄长（即国王）施加在他身上的羞辱乃至致命威胁中脱身——此时他已成了国王的嫌犯，居鲁士下定决心自己称王，为此他秘密纠集了一支由各个地方的希腊人组[107]成的雇佣军，之前他的兄长委任他领导的波斯军队就不消说了。居鲁士找了一个借口向内陆进军，这个借口瞒过了国王的眼睛，却愚弄不了忠实于国王的省督蒂萨弗尼斯（Τισσαφέρνης）。色诺芬把沿途的一些城当作最重要的站点，他用一套标准的格式描述这些城，这套标准的格式容许个别变动。色诺芬写道，第一座城"有人烟、繁荣、广大"。在卷一第二章中，这套格式化的词组出现了三次，"有人烟"的城出现五次，而"繁荣、广大"在这五次中被略去了，还有一回，一座城只是被称为"弗里吉亚（Φρυγία）的最后一座城"。当色诺芬将塔尔苏斯（Ταρσούς）描述为广大、繁荣的城时，这种手法的用意显露出来，因为作者随后就说，塔尔苏斯已空无一人，此地百姓在居鲁士的军队到来时都跑了。至于弗里吉亚的最后一座城，有人会考虑：它是否并非空无一人，即使是在居鲁士将至的传闻到达这座城之前。这再清楚不过了：标准格式的词组意指正常或正面的状况，而变动则映射出了各种各样的缺陷状况。那么结果就是色诺芬在许多情况下都不会迫于无奈而明确地指陈缺陷，或者说，他的一贯口吻都比适中的口吻更少些强硬之气，多一些温和之风。他使自己能够或强迫自己尽量多地使用赞扬性的词语，而非含有责备意味的词汇。

这一座有人烟、繁荣、广大的城本身并不重要，但在它身上，一种重要非凡的实践第一次应用。我们首先来思考一下诸种德性。在很多情形下，色诺芬都会列出德性清单。我们能够轻而易举地根据这些清单建立一个无所不包的、色诺芬式的德性大全表。如果一个人虽然并不是在每一个方面都可圈可点，但大体上值得肯定，这就足以让色诺芬在刻画此人的特点时不说出人家缺乏的德性。色诺芬并不是非得——抖出人家的某处或多处瑕疵。在这里我们只举一个例子，色诺芬在第一卷第九章的居鲁士颂文里对居鲁士的虔敬保持沉默。

在这个时候我们必须予以讨论的是色诺芬的第二种手法：使用"据说"（λέγεται）（据说他，据说她，据说……）。那么，一个人是不是据说具备诸如此类的品质与一个人是不是真的具备那些品质，其间就有区别。色诺芬将阿尔塔泽西斯和小居鲁士作为大琉士和芭莉萨蒂思的儿子介绍出场。而在《居鲁士的教育》中，当色诺芬提到老居鲁士的父母时，他写道，[老]居鲁士据说是卡穆布赛斯（Καμβύσης）的儿子，至于他的母亲，人们一致认为是曼达妮（Μανδάνη）。大琉士的父系在人们眼里要比卡穆布赛斯的父系等级更高吗？在何种意义上更高呢？这有助于解释芭莉萨蒂思对小居鲁士的偏爱吗？我们不知道。据说居鲁士与西里西亚国王的老婆，艾普阿克萨（Επύαξα）有一腿，我们并非必须解释为什么会有这样的传言（I. 2. 12）。谈及坐落在马尔叙亚思（Μαρσύας）河附近的一座城时，色诺芬写道："据说就是在这个地方，马尔叙亚思向阿波罗［108］挑战，要跟阿波罗比斗智慧，太阳神打败了马尔叙亚思，并剥下他的皮，悬挂于马尔叙亚思河发源地的山洞口……据说也是在这里，克赛尔柯思（Ξέρξης）吃了败仗从希腊撤回时，在此地建造了壮丽的宫殿（I.2.8－9）"。色诺芬在这里将一则神话故事和一则非神话故事看得同等可信或同等不可信。阿波罗与马尔叙亚思之间的争端由后者愚蠢地挑起，马尔叙亚思也因此受到了应得的惩罚；克赛尔柯思愚蠢地挑起了与希腊人之间的冲突，他受到的惩罚就残酷的程度而言，自然远远不及马尔叙亚思：克赛尔柯思与希腊诸国之间冲突的主题不是智慧。色诺芬平等对待这两则故事，他的态度提醒我们注意一个广阔的、在某种意义上包罗万象的主题——"诸神与人"。但这个主题在严格意义上并非包罗万象，遑论无所不包了，因为"诸神"的意思含混不明。例如，"叙利亚人把克萨洛思（Χάλος）河中硕大、温顺的鱼儿们奉若神明，并且禁止任何人伤害这群神灵，伤害鸽子也不行（I.4.9）"，希腊人也会认同叙利亚人的这些神吗？或者，只有希腊人称之为神，才是真正的神吗？色诺芬特别认同希腊诸神吗？希腊人与波斯人在神的事情上的确有着重大的共识，特别体现在看待祭祀和宣誓上（I.8.16－17；II.2.9）。居鲁士死后，希腊人与波斯人之间的冲突，确切地说就是这个问题：究竟哪一方撕毁了经过庄严宣誓定下的协议。克雷阿尔库斯（Κλέαρχος）对蒂萨弗尼斯讲话时，这位希腊将领理所当然地以为双方均认可盟誓的神圣性及其基础：诸神的普遍法则（II.5.7，20－21，39）。居鲁士的军队成功地徒步渡过幼发拉底河之后，这在当地人眼中似乎成了一件神赐之事，并且河水在居鲁士面前大幅退去，因为此人即将作王。然而，这种征兆很快被证明为误导，正如小居鲁士先前对希腊占卜师（soothsayer）的预言的解释经证明是错的一样（I.4.18；I.7.18－19）。

我们提出或暗示过的各种要点在卷二的末尾之处一齐体现出来。大多数希腊将领（στρατηγός）和许多希腊军官惨死于背信弃义的波斯人之手，色诺芬记述了这个过程，之后又描述了罹难将领们的品行。贰塔洛思人($\Theta\varepsilon\tau\tau\alpha\lambda\acute{o}\varsigma$)梅农($M\acute{\varepsilon}\nu\omega\nu$)是其中的一员将领,此人邪恶透顶,他不仅仅是一个骗子、扯谎者、发假誓之徒,而且自豪地发挥这些才能,嘲弄那些蠢人,这些人蠢得沦为了他各种才能的牺牲品。梅农在一个关键的时刻决定带领他的希腊同伙追随居鲁士,反对国王(I 4.13 – 17)。梅农是阿瑞艾奥思($A\varrho\iota\alpha\tilde{\iota}o\varsigma$)的朋友——亦客亦友(guest friend),阿瑞艾奥思是居鲁士手下波斯军队的司令,居鲁士一死,阿瑞艾奥思便背叛了居鲁士的希腊雇佣军,投了国王(II 1.5;2.1;4.15)。克雷阿尔库斯无论如何都怀疑梅农是煽动他的部下军官投靠波斯的罪魁祸首,可是,阿瑞艾奥思嫁祸给[109]已遭谋杀的克雷阿尔库斯,并宣称,梅农和普罗克赛努斯($\Pi\varrho\acute{o}\xi\varepsilon\nu o\varsigma$)告发了克雷阿尔库斯的罪行,两人因此受到了国王隆重的礼遇(II 5.28,38)。色诺芬这样总结了他对梅农的叙述:"当那些将领们因为跟随居鲁士反对国王而被杀之时,梅农却未被处死,尽管他也曾跟随居鲁士反对国王,但是,其他将领们死后,国王杀死梅农报仇,不是像杀死克雷阿尔库斯和其他将领们那样斩首了事——人们认为斩首是最利落的死法,而是活活折磨了他一年,据说他得到了一个恶人应有的下场。"(II 6.29)波斯国王以最残酷的手段惩治了那位希腊将领,正是这位希腊将领的罪行、假誓、违背庄严誓言的行为给国王带来了最大的收益。梅农因为不敬神而遭受了惩罚,惩罚他的并不是某位神,而是从他的罪行中受惠最大的人。"据说"就是这样。我们很容易就可以注意到,色诺芬把将领们死去时的年龄告诉了我们,对梅农死亡时的年龄则保持沉默。正义隐含的前提,或者说波斯王的高风亮节,与神报复发假誓行为的隐含前提一样可信。利用"据说他"这一引言句式,色诺芬得以展现事物,所有事物,"这个世界"要比它本来的面目更壮丽、更好(另参修昔底德 I 21.1),同时,他也透露出赤裸裸的真理与粉饰之间的区别。色诺芬已经做到了,实际上并不是说他成功减轻了对梅农的严厉谴责(这种轻缓本来服务于何种有用的目的呢?),而是说他成功保持了他的一贯风格,从总体上而言使用赞扬的措辞而不是苛责的措辞。

如果稍微宽泛一些来看,我们可以说,第二卷以梅农结尾,第三卷则以色诺芬登上舞台中央开始。无论如何,卷二与卷三的开篇读起来都好像是有意设计的一种对比,梅农与色诺芬,首恶之徒与英雄。当然,我们仍需在《上行记》中进一步考察,梅农是否真的就是色诺芬的反面陪衬。

第一次列举居鲁士的希腊雇佣军成员时,色诺芬以如下的次第罗列那些将领们:第一是斯巴达的克雷阿尔库斯(Κλέαρχος),第二是忒塔洛思人阿里斯提波(Αριστίπος),第三是彼奥提亚人普罗克赛弩斯(Πρόξενον),第四是斯腾法利亚(Στυμφάλιος)人索菲内托斯(Σοφαίνετος)和阿开俄思人(τὸν ᾿Αχαιόν)苏格拉底(Σωκράτης)(I 1. 9 – 11)。色诺芬这里没有提到梅农,因为他是在朝内陆的出征开始之后才加入居鲁士的征伐(I 2. 6)。无论如何,我们都可以理直气壮地说:在第一份名单中,普罗克赛弩斯领导的雇佣军,因此也就是普罗克赛弩斯这个人占据了中央位置。在卷二结尾处,色诺芬只详细描述了三位将军的品性:克雷阿尔库斯、普罗克赛弩斯和梅农(II 6)。普罗克赛弩斯再次位居中央。普罗克赛弩斯凭什么列位于中央呢?

现在,让我们来看一看从前两卷中能对色诺芬有什么了解。下面这一点应该无需多言了:任何一个相当尊敬我们作者的人都不能将"我"等同于色诺芬——即据说曾说过或写过的"我",或恰好出现在《上行记》[110]某段引言中的"我"(I 2. 5;9. 22,28;II 3. 1;6. 6),除非恰好对某段讲辞的引用明确被归于色诺芬——只能够等同于叙拉古人忒迷斯托革涅斯。色诺芬本人在前两卷共出场三次。第一次情形如下:当时居鲁士骑马经过,他正在用心观望对峙的敌我双方,色诺芬走上前去请示居鲁士有何命令;居鲁士命令色诺芬告诉每一个人祭祀的征兆吉利,牺牲的内脏完好。色诺芬也是十分幸运,他的答语在一个相似问题上满足了居鲁士的好奇(I. 8. 15 – 17)。这段对话十分重要,倒

不是因为它发生在一场决战之前,而是因为这是由色诺芬记录下来的
唯一一次与居鲁士的交谈,正如《回忆》中仅有的一次色诺芬与苏格拉
底之间的谈话一样。前者的内容是献祭,后者谈论到亲吻漂亮男童必
有的危险。在《上行记》里,色诺芬第二次出场时与普罗克赛弩斯在一
起(II 4.15),第三次则是与其他两位将军在一起(II 5.37,41)。在这
件关键的事情上,从某种意义上来看,普罗克赛弩斯再一次居于中央。

　　我们切不可完全小觑了下面的一个情节,它可能出自作者的精心
安排,那一处实际上没有提到色诺芬的名字。库那克萨战役之后,居鲁
士战败毙命,而他的希腊雇佣军却打了胜仗。国王派来使者,其中一名
是希腊的卖国贼普伐利诺斯($\Phi\alpha\lambda\tilde{\iota}\nu o\varsigma$),使者们代表国王要求希军缴械
投降。真正代表希腊这一方发言的主要是雅典人忒奥波姆珀斯
($\Theta\epsilon\acute{o}\pi o\mu\pi o\varsigma$),他解释道,希腊人拥有的有用之物,只有武装和德性,一旦
放下武器,德性也就一无是处了;靠着手中的武器,他们甚至可以与波
斯人打仗,并夺取波斯人的有用之物。普伐利诺斯听后,笑了,说道:
"你像个哲人,小伙子呦,而且讲得中听"(II 1.13 - 14)。忒奥波姆珀
斯的论点与我们非常熟悉的一条亚里士多德的论述相同:德性,尤其是
道德上的德性,需要外部装备(《尼各马可伦理学》1178a23 - 25,
1177a27 - 34;请对比《回忆》I 6.10 和 II 1 - 4)。色诺芬为什么在此刻
应该扮成忒奥波姆珀斯(此人名字的含义是"神派遣而来的")现身呢?
这个疑问很快就会明朗。

　　将领们和许多军官遇害后,希腊人发现自己处于这样的境况中,每
当考虑到他们的处境时,他们就沮丧至极,只有少数人尚有心思觅食、
生火或者回到自己的部队。尽管如此,或者正因为如此,夜晚来临时,
他们全都躺下来休息,只有一个人例外:

　　　　军中有一个叫色诺芬的雅典人。他虽参加征伐,却既非将领,
　　也非军官,也非某个兵种的士兵,他在家的时候收到了普罗克赛弩

斯的邀请信,普罗克赛弩斯很久以来都是他的客人兼友人,普罗克
赛弩斯许诺说,如果他来,就会把他引荐给居鲁士做朋友,普罗克
赛弩斯[111]本人说,他认为对于他自己而言,居鲁士比他的祖国
更好。

至此,我们才领会色诺芬为什么将普罗克赛弩斯安排在中间位置:
正是他建议色诺芬加入了居鲁士的军队(III 1.1–4)。普罗克赛弩斯
并非无条件地归属彼奥提亚或由此而归属希腊,就某种程度而言,他是
无家可归者。普罗克赛弩斯显然对此毫不怀疑,即色诺芬也并非无条
件地归属雅典甚或希腊,就某种程度而言,色诺芬也是无家可归者,尽
管色诺芬并没有陈述何以如此。那么,普罗克赛弩斯归属何人或什么
东西呢? 他在非常年轻的时候就渴望成为一个能够成就伟业的男人,
出于这个原因,他出钱师从列奥提诺斯(Λεοντῖνος)人高尔吉亚。与高尔
吉亚交往之后,他开始相信,自己现在既有能力进行统治,又有能力通
过成为一流人物们的朋友这种方式,在报答一流人物施加的恩惠时不
输于他们。抱着这种心态,他加入了居鲁士的队伍。他相信,凭借自己
在居鲁士手下的行动,他可以获得巨大的声誉、显赫的权力和巨额钱
财,但是,他显然注重只以正义和高贵的方式来获取。普罗克赛弩斯的
确能够统治贤士,但他没有能力激起士兵对自己的敬畏和恐惧;他显然
害怕士兵们的憎恨;他认为,做一名好统治者或做一名大家心目中的好
统治者,赞扬行事得体的人,不赞扬不义的人便已足够。普罗克赛弩
斯和色诺芬,不同于梅农,甚至不同于克雷阿尔库斯,他俩是谦谦君子。
普罗克赛弩斯看上去更热衷于在地球上除了父邦之外的任何地方正义
地获取美名,重权和巨额财富。色诺芬与普罗克赛弩斯之间的差异泾
渭分明,色诺芬更强硬,更狡猾,更精明。我们会倾向于将这两人之间
的差异追溯至师门有别——高尔吉亚与苏格拉底。但高尔吉亚也是梅
农的老师。断定苏格拉底是一位哲人,而高尔吉亚是一位智术师,这并

不能消除难题,我们如何从色诺芬或他笔下的苏格拉底那里得知高尔吉亚是智术师呢?(另参柏拉图《美诺》70a5 – b2,95b9 – c8,96d5 – 7;《高尔吉亚》465c1 – 5)。或许下面的说法不无道理:普罗克赛弩斯与色诺芬之间的不同,可能和色诺芬跟苏格拉底的密切交往有关。那么我们必须从苏格拉底的角度来理解色诺芬——《上行记》中的色诺芬吗?

　　色诺芬读了普罗克赛弩斯的邀请信以后,便与雅典的苏格拉底商议这次行程。(苏格拉底之所以被称为雅典的苏格拉底,因为雅典的色诺芬并非作者。)色诺芬深知自己心中盘算的事非同小可,因此才向更明智的长者寻求指导。苏格拉底猜想,如果色诺芬变成了居鲁士的朋友,色诺芬与城邦的关系可能会陷入僵局,因为人们认为居鲁士曾经积极与斯巴达联手,在伯罗奔半岛战争期间共同对付雅典。当然苏格拉底并不知道[112]结果会如何。他的 daimonion[命相神灵]也无法给出任何指引,即使命相神灵给出建议,对于城邦来说也毫无权威可言,命相神灵的意见还可能引起争议(另参柏拉图《忒阿格斯》[Θεάγης]128d8 – e6)。因此,苏格拉底建议色诺芬去德尔斐,与那位神商议这次行程。色诺芬听从苏格拉底的建议,向德尔斐的阿波罗请示,为了以最高贵、最适宜的方式开始心中盘算的行程,待完成高贵的行动后平安返家,他应当向什么神献祭和祈祷。阿波罗告知色诺芬应该给哪些神献祭。可色诺芬并没有告诉我们,为什么阿波罗并未告诉他应该向哪些神祈祷。色诺芬一回到雅典,就立即将神示禀报给苏格拉底。苏格拉底颇为震惊,因为色诺芬并没有向神请教出行还是留在雅典对他来说更好,他擅自决定出发,仅仅向神请示如何才能最高贵地出行。成为居鲁士的朋友,这件事本身是否是一件令人向往的事?雅典人对此事的态度是否值得顾及?色诺芬必定思考过这些问题,他的不假外援的能力(unassisted powers)也能够解决这些问题,然而没有一个凡人会知道此行对他是否有利(另参《回忆》I 1.6 – 8;《希腊志》VII 1.27)。或许,色诺芬与苏格拉底不同,他轻率地低估了雅典城邦对他与居鲁士的结交抱有的敌意。苏格拉底仅仅回应道,既然已经向神请示了那个第二位的或从属性的问题,色诺芬就应该遵照阿波罗的命令行事。随后,色诺芬按照阿波罗的指示,祭祀诸神,然后就离开了雅典(III 1.5–8):他与阿波罗一样,在祈祷的事情上沉默不语。

　　色诺芬与苏格拉底对神谕的共识和分歧促使我们更有必要返回到这个问题:理解《上行记》中的色诺芬是否一定要从苏格拉底出发? 换个说法,这两人之间真正的区别究竟在哪里? 色诺芬凡事都会付诸行动,他在"政治"这个词语的一般意义下从事政治事务,而苏格拉底不从政,但苏格拉底向同伴们传授政治事务,在传授时强调战略和战术(《回忆》I 2.16–17;6.15;III 1)。当我们想起普罗克赛努斯以高贵的方式追求的三种目标——名扬四海、权势显赫和巨额财富——时,由这些简洁有效的词语表达出来的区别的含义就显现出来。我们知道苏格拉底相当贫穷,但他对贫穷的状况并没有什么不满。而色诺芬呢,他从居鲁士的军队中返回家乡时,可谓满载而归(V 3.7–10)。这表明色诺芬在"齐家技艺"(economic art)这个词语的普通意义上成功运用了齐家技艺。这意味着色诺芬与苏格拉底不同,他渴望财富,当然,他的原则是取之有道,取之有度。在对待财富上,色诺芬更像伊斯霍玛霍斯(Ischomachos)而非苏格拉底,伊斯霍玛霍斯曾向苏格拉底传授苏格拉底[113]不会运用的齐家技艺。色诺芬还使我们想起了他的同辈友人克利托布勒斯(Κριτόβουλος),苏格拉底试图把齐家技艺传授给这个人,但色诺芬并没有告诉我们苏格拉底此次的教育成功与否(参《齐家》)。这样说怎么都不会出格:对比色诺芬与苏格拉底——而不是色诺芬与普罗克赛努斯,更不用说色诺芬与梅农——才使色诺芬在《上行记》中个性鲜明的那种原则得以显现。

　　居鲁士向色诺芬和普罗克赛努斯隐瞒了此次行军的意图。除了克雷阿尔库斯——此人是居鲁士雇佣军中声望最高的将领,居鲁士未曾向任何人道出实情：他意在废黜或杀死国王。当这支军队进入西里西亚之后，任何人都识破了此次出征旨在反对国王。可是，大部分希腊人，包括色诺芬在内，出于彼此面对时的羞耻或面对居鲁士时的羞耻，并没有舍居鲁士而去。遭到波斯人的出卖之后，色诺芬与其他人一样灰心丧气。他在抑郁中陷入了短暂的沉睡之中，做了一个令人惊惧的梦。他梦见一道闪电击中了他父亲的宅院，整座院子陷入火海，无人得以逃生。这场梦从一方面来说还算吉利：色诺芬似乎看到了来自宙斯的灵光。但从另一个角度说，宙斯也是一位王，他可能托梦警告这些胆敢攻击波斯王的人：篡逆不会有什么好果子吃（III 1. 9 – 12；另参 I 3. 8, 13, 21；6. 5, 9；II 2. 2 – 5）。这场梦使色诺芬——色诺芬一个人——清醒过来：他必须立即有所作为。他首先起身召集了普罗克赛弩斯的军官们。他向他们发表了演讲，讲话内容全文被记录了下来。他清楚、有力地陈述了他们目下的危险处境和波斯人的背叛使希腊人面临的巨大好处：希腊人从此无需受缚于和约，他们可以理所当然地夺取波斯人的财产，无论什么，无论多少，只要他们喜欢。这场较量的裁判是诸神，而诸神将会站在希腊人一方，这是合乎情理的设想，因为波斯人背弃誓言，而希腊人则严格恪守对着诸神结下的盟誓。这次讲话中，色诺芬一连五次提起诸神。临了，他向军官们保证了自己精诚合作之意，甚至不止于此：如果他们希望他担任领导，他也不会以年轻为借口拒绝。色诺芬自然被在场的人一致推举为领袖，接替普罗克赛弩斯，在场的人实际上都是军官，甚至都是希腊人（III 1. 12 – 16）。这就是色诺芬上行（ascent）的开端：仅仅凭借一番讲话，在恰当的时机，以恰当的方式，他从无名之辈变成了将领。

接下来，普罗克赛弩斯部下的军官们召集了希腊雇佣军中所有幸免于血洗之难的将领和高级指挥官。普罗克赛弩斯部下一位最年长的军官向众人介绍了色诺芬，并要求色诺芬当着这更威严的队列重申先前对普罗克赛弩斯部下的军官们说过的话，但色诺芬没有简单地重复自己的话。第二场演讲的内容也全文收录。他现在[114]强调这个事实:希腊人的得救关键在于士气和指挥官们的指挥,因此,将领们必须身先垂范。当务之急是选立新将以代替死去的将领们。一切事物——特别是在战争中——秩序井然,都有赖于良好的秩序和纪律。这次演讲中,他只有一次提到了神。于是,大家选举了五位新将,色诺芬是其中之一(III 1.32 – 47)。

　　选举完毕不久,第二天正将破晓时,指挥官们决定召集士兵大会。斯巴达人克赛瑞索弗斯(Χειρίσοφος)首先向士兵讲话,接着是阿尔卡思人克勒阿诺尔(Κλεάνωρ),在色诺芬的新将列表中,克勒阿诺尔排在中间(III 1.47)。克勒阿诺尔的发言比克赛瑞索弗斯长一倍,其间重述了波斯人的背约,克赛瑞索弗斯此前对波斯人背约一事保持沉默。相应地,克赛瑞索弗斯只有一次说到神,而克勒阿诺尔一共说起四次。这两个人的发言只不过是色诺芬演讲的引子,色诺芬竭尽所能地穿上庄重的戎装,向这支威武无敌的劲旅陈词:他希望为了胜利、为了光荣地战死沙场而身着戎装。当色诺芬说到"如果对敌人发动无情的战争,我们就有希望得救"时,有人打了个喷嚏,于是全体士兵一致俯身向神致敬(参阿里斯托芬的《骑士》[Knights]638 – 45)。色诺芬于是紧紧地(或者说没有任何虚假羞耻地)抓住这次送上门来的机会,他解释道,这个喷嚏是救主宙斯送来的预兆,他提议大家一起发誓:一旦到达友邦,就向宙斯献祭,同时,每个人都要根据自己的能力向其他神进献牺牲。他请大家表决这个提议,结果全体通过。之后,他们立誓并唱起了赞歌。在这个虔敬的开端过后,色诺芬开始解释为什么希腊人很有希望得到拯救。首先,希腊人谨遵誓约,它们是在神的注视下达成的约定,而敌人则发了假誓,因而可以有理有据地设想,诸神将会与波斯人为敌,成为希腊人的盟友,帮助他们对付波斯,只要诸神愿意,自然能提供非常巨大的帮助。为了进一步提升希腊人对未来的期盼之情,色诺芬提醒人们不要忘记,在当年的波斯战争中,他们的祖先在神的帮助下，从波斯人手中解脱出来。还有，就在几天前，居鲁士的希腊雇佣军还在诸神的帮助下，以少胜多，大败敌军，那时的奖品是居鲁士登上王位，而现在的奖品则是希腊人的得救。说到这里以后，色诺芬就不再提起诸神。这位演讲者在他的第三次讲话中总共十一次说到诸神，第一次演讲提到五回，而中间一次演讲只提到一回。

[115]色诺芬转而开始纯粹从人的角度来进行考虑或考量。就在这点上，他指出，如果波斯人成功地阻止希腊人返回希腊的话，他们倒是可以好好在波斯中部安顿下来，这里物产丰饶，特别是那些美丽、修长的妇女和少女。设想自己成为某块蛮荒之地上的一座城邦的建立者是色诺芬上行的第二阶段吗？我们回想起来，普罗克赛弩斯的邀请可能暗示了他对色诺芬那温吞水似的爱邦之情了如指掌，虽然色诺芬谈不上缺乏爱邦之情。我们的这种印象在色诺芬现在对军队发表的言论中似乎也得到了强化。色诺芬向军队提议的最后一条但绝非无足轻重的措施是恢复并强化将领们的生杀予夺之权，此举措必须得到每一位士兵积极和热情的配合方可以实施。他要求全军投票决议。斯巴达人克赛瑞索弗斯在这件事情上给了色诺芬强烈的支持，此提议获得一致通过。最后，色诺芬提议克赛瑞索弗斯领导前锋，他自己和提玛瑟欧（Τιμασίων）——两位最年轻的将军——负责殿后。这种提议又获得全体通过。色诺芬以非常不正规的形式至少变成了全军的精神领袖（spirifus recfor），即使并非全军的指挥官。亟待解决的要务解决之后，色诺芬专门提醒那些一心想发财的人，必须努力成为胜者，才能既保全属于自己的东西又掠夺敌人的东西（Ⅲ.2）。人们能够利用战争的技艺来实践作为增长财富之艺的齐家技艺（《齐家》Ⅰ.15）。

之后，波斯人便用每一个小规模的胜利来腐蚀、拉拢希腊士兵，甚至军官。波斯人动用了弓箭手和投石手袭击希军的后卫，更加得逞，希腊人遭受了巨大的损失并无力反击。色诺芬想出的应敌之策也无济于事。一些共事的将领责备了色诺芬，他坦然接受。他更加仔细地分析了刚才发生的事情并运用自己军事上的知识——他在眼下的这场行动中自然不曾获取这种知识，终于找出了必定能够削弱波斯军队的投石手和骑兵优势的对策。他的提议再次被大家采纳。

色诺芬告诫士兵们说，他们害怕大而深的河流——底格里斯河和幼发拉底河——足以切断返回希腊的路程，这是杞人之忧。所有河流，即使在中下游不能渡过，但到了它们的发源地就可以过去(III 2.22)。但是，他没有指出这种解决方式带来的新困境：群山阻隔，攀登不易。打败波斯人之后，希腊人来到底格里斯河畔的废城拉瑞萨(Λάρισα)，此城原属米底亚人，[116]波斯人攻打米底亚时，无法攻克此城，直至一团乌云遮住太阳，全城百姓弃家而逃，波斯人才拿下此城。希腊人又来到一座原来属于米底亚的城，当年波斯人也是久攻不下，直到宙斯动用惊雷恐吓居民(就在写下这句话之前，色诺芬用了λέγεται[据说/有人说]：我们会想到"据说[what was said]宙斯发出了惊雷"不同于"据知[what was known]宙斯发出了惊雷"么?)。希腊人继续前行，波斯人谨慎地追踪，特别是在希腊人改进了战术之后。他们行至山岭更密的地区时，处境有所好转，可是每当他们必须从一座山上下到平地的时候，他们就会遭受巨大的损失。克赛瑞索弗斯与色诺芬曾在一件事情上产生分歧，但很快就友好地和解了。解决方案是全力登山进军，其间色诺芬骑着马激励士兵，许下的承诺未免有些夸张。一名士兵抱怨道，色诺芬骑在马背上，上山当然轻松，而自己可是负重爬山。色诺芬一跃下马，一把将那个满嘴牢骚的士兵推出队伍，拽过他的盾牌，全速前进。这时候，色诺芬还穿着骑兵胸甲。其他士兵站在色诺芬这边，打骂那个怨天尤人的士兵，逼着他拿回自己的盾牌，老老实实地登山(III 4)。色诺芬可不是普罗克赛弩斯。

当波斯人开始焚烧底格里斯河畔的村庄时，这些村庄的饮食供应很充足，克赛瑞索弗斯与色诺芬的看法又产生了分歧。色诺芬好像很乐意看见这种场景：只要希波双方定有盟约，希腊人就受到约束，不得在国王的领土上为害,可是现在,波斯人的行径明明白白地宣告,此处已经不再是国王的土地,因此我们应该阻止这些波斯人的纵火。而克赛瑞索弗斯认为希腊人也应该放火,这样的话波斯人才会更快停手。色诺芬没有回应克赛瑞索弗斯,或许他在想着当初的考虑,即,假如最坏的情况出现,这些希腊人便可以留居此地,享受波斯国王的财富。尽管这仅仅是一件可能发生的事,军官们还是非常沮丧。盘问过俘虏之后,将军们决定取道卡杜克(οἱ Καρδοῦχοι)人的山区向北进军,那里山地陡峭崎岖,还住着一群骁勇善战的卡杜克人,但卡杜克人不隶属于[波斯]国王。后来的事实证明,这个决策拯救了希腊人。虽然这个策略是"由将军们制定",但我们看到,它的种子早在色诺芬对士兵的讲话中就已种下(III 5)。

[117]第二至五卷,还有第七卷,都以简明总结前面内容的方式来开始新一卷的叙述(亦参VI.3.1)。这些小结或导言都未提到色诺芬的名字。色诺芬可能是为了消除自我表扬的嫌疑,因为在叙述自己言行的过程中,难免会在不经意之间抬高自己。第四卷的导言篇幅最长,足足相当于二、三、五、七卷导言的总和。卷四位于中央。色诺芬没有为第六卷写导言,所以第四卷还是带导言的各卷的中心。从内容上来看,第四卷堪当双重的中心卷吗?

卡杜克人既非波斯国王的朋友,更非其同盟。但这并不意味着他们就会友好接待希腊人。相反,当希腊军队开进卡杜克人的领地时,他们早已经带着女人和孩子转入高山之中,并竭尽全力地打击希腊人。实际上,希腊人路经卡杜克人领地的七天当中,不得不时刻战斗,比他们行经波斯时在国王和蒂萨弗尼斯手上遭的罪还要多(IV 3.2)。下起大雪以后,困难就更大了。克赛瑞索弗斯眼下专管前锋部队,色诺芬殿后。前锋与后部之间的联络变得异常困难,尤其当敌人重创了后部之后,这一部人马就像是在溃逃。色诺芬抱怨克赛瑞索弗斯没有等后部,这个斯巴达人找了个巧妙的借口,却没能想出对策。最后还是色诺芬提出对策,他的部下抓了两个俘虏,他下令杀了其中一个,而让另一个眼睁睁看着,然后逼迫他帮助希腊人渡过难关——这些困难由这名活着的俘虏的同胞一手造成——并且为希腊人做向导。穿越卡杜克人地区的旅程,又一次展示了希腊人特别是色诺芬的勇敢和足智多谋。尽管曾经与这些蛮人有过恶战,色诺芬还是通过和议,索回了希腊战死者的遗体,并以最隆重的仪式安葬了死者。

他们从难行、危险的卡杜克山区下行至阿美尼亚,这里地处平原,当地的气候好像可以让遭受了前一个地区及其居民的摧残之后的希腊人好好松一口气。可是,一条难以渡过的河流截断了他们向阿美尼亚继续推进的路,河对面还有一支敌军阻拦希腊人渡河,军队中有波斯人、波斯雇佣军,还有阿美尼亚人。另外,一股卡杜克人的武装力量重现在希军后部,同样是试图阻挠他们渡河。希腊人由此再一次[118]陷入危难之中。在那样的境况之下,与库那克萨战役之后的那个晚上一样,色诺芬夜晚做了一个梦,这个梦没有上一个梦那么恐怖。天一破晓,他就将梦告知克赛瑞索弗斯,解释了此梦的吉利之处,这种解释出自色诺芬。将军们到齐之后,他们就开始祭神,结果征兆从一开始就是大吉,这就确证了色诺芬的梦。这时有两个年轻士兵向色诺芬报告,他俩无意间发现了一个浅水处,当时色诺芬正在吃饭,不过只要事关军务,人们任何时候都可以去找他。色诺芬向诸神致谢,感谢诸神所赐的那些梦以及其它帮助,并立即将发现浅水处的事情告诉克赛瑞索弗斯。渡河之前,克赛瑞索弗斯头戴花环,占卜师们向河献祭,这些献祭的兆头也吉利。情势如此,希腊人顺利渡河也就不足为怪了。与“雅典人忒奥波姆珀斯”——此人像一位哲人——曾经说过的话相反,武器和德性不是希腊人手中仅有的好东西,或者,只要你愿意,你就可以说,神的恩惠以某种必然性跟随着希腊人恪守誓言的行为。假如有人补充说色诺芬的虔敬与强硬、精明、足智多谋的综合体很难区分——正是这种综合体将他与普罗克赛努斯区别开来,而且在他向德尔斐的神卜问时,这种综合体就已经显露了出来了——只要你愿意,你还是可以说,色诺芬特有的德性是虔敬。色诺芬的虔敬与尼基阿斯(Νικίας)①的虔敬显然有天壤之别(toto caelo)。

进入阿美尼亚之后,他们行至西阿美尼亚,此地由提里巴左斯(Τιριβαζος)统治,此人是波斯国王的一个"朋友"。提里巴左斯有心与希腊人缔结和约。尽管希腊人曾两次领教过国王和蒂萨弗尼斯的违约,将军们还是接受了提里巴左斯的要求。但他们小心防范波斯人再次毁约。暴雪天既帮助了希腊人又阻碍了希腊人。色诺芬又为人们找到出路。有几个希腊士兵蓄意烧毁了他们住过的房舍,违背了合约,因而受罚去住破营房。大军继续在阿美尼亚前行,深雪使人们步履维艰,凛冽的北风迎面袭来,把人都冻僵了。这时,一名占卜师让大家向风神献祭。祭祀过后,每一个人都明显感觉到:暴风的淫威大大减弱了(IV 5.4)。"每个人都明显感觉到"要比"据说"更值得信赖。由于大雪覆盖,很多人饥肠辘辘,甚至病倒了。一开始色诺芬还不明白麻烦出在哪里,当他从一个有经验的人那里得知实情后,便采取了应对措施。

虽然敌对的卡杜克人让希腊人遭受了不少困厄,但阿美尼亚的行程很愉快,当[119]地人十分友善地接待了他们。色诺芬成功地在短时间内与一位阿美尼亚村长(village chief[κωμάρχης])建立了最亲切的关系,这是军队受到礼遇的重要原因。他们得到了充足的生活供应,其中还有一种上等好酒。次日,色诺芬在村长陪同下去视察,他看到大家都在宴饮,神情愉快而且受到最好的款待。色诺芬和克赛瑞索弗斯在村长的帮助下得知,养在此处的马原来是敬献国王的供品。色诺芬牵了一匹公马驹当坐骑,把自己原来那匹老态龙钟的马交给村长去喂肥,将来作献祭的牺牲,因为他听说它是太阳神(ἥλιος)的圣物。他还让他的高级军官们每人牵了一匹马。(国王的供品马一共是十七匹,村长

---

① [译按]尼基阿斯(公元前 470 – 前 413),雅典政治家、将军。

的女儿九天之前出嫁,九是十七的中间数[IV 5.24]——色诺芬最初的三次演讲中正好十七次提起诸神,他以三次演讲,成全了自己的上行[III 1.15 - 2.39])。

现在我们或许是时候回到这个问题了:为什么第四卷或者行经卡杜克人领地和阿美尼亚的那段旅程位居《上行记》中央呢?再补充一点,只有在卷四中没有出现正式的宣誓(比如"以宙斯的名义"、"诸神在上"等)。卡杜克地区的行军最为坎坷,而作者笔下的阿美尼亚之旅充满了欢乐。卡杜克人和阿美尼亚人正好是两个极端。让我们从《上行记》转向《居鲁士的教育》(III 1.14 和 38 - 39),通过后面这部作品,也只有通过这部作品,我们才能够解释《上行记》何以赋予阿美尼亚好名声。阿美尼亚国王的儿子有一个朋友是"智术师",这位智术师重蹈了苏格拉底的覆辙,因为国王嫉妒这位智术师,他的儿子对这位智术师的敬重超过了对父亲的敬重,于是国王指控那位"智术师""败坏"了自己的儿子。阿美尼亚似乎是雅典人的蛮夷类似者(the barbarian analogon)。这样看来,《上行记》中的波斯与希腊之间的敌对毫不重要或者只占次要位置就不是十分正确的观点。

从这里开始,我们就能够比以前更好地把握色诺芬与苏格拉底之间的区别。苏格拉底的阿美尼亚类似者丝毫没有什么报复学生父亲的欲望在里面。更确切地说,色诺芬不相信德性在于向朋友们施惠要超过朋友们对自己的恩惠,伤害敌人要倍于敌人对自己的伤害。他默默地拒绝了苏格拉底试图灌输到克利托布勒斯心里的德性观念(《回忆》II 6.35;II 3.14),即贤人的德性,据说居鲁士在极高的程度上具备这种德性(《上行记》I 9.11,24,28;另参《上行记》V 5.20)。不仅柏拉图笔下的苏格拉底(《王制》335d11 - 12)指出过这种德性观有值得推敲之处,而且色诺芬的两个德性列表也指出过,一张列表中"勇气"(或男子[120]气)没有出现,另一张中正义被等同于绝不——哪怕最轻微地——伤害任何人(《回忆》IV 8.11 和[色诺芬]《苏格拉底的申辩》15

–18）。

色诺芬的上行，或者说他那与生俱来的优势，在他与克赛瑞索弗斯之间产生的唯一一次严重嫌隙的事件上体现出来。色诺芬把村长派到克赛瑞索弗斯那里当向导。这个阿美尼亚人没有按照克赛瑞索弗斯的意思好好带路，于是这位斯巴达人揍了人家，却没有把那个人捆住，结果阿美尼亚人跑脱了（IV 6.3）。要是换上普罗克赛弩斯，他绝不会打村长。克赛瑞索弗斯打了人，正像克里尔库斯也会动手一样，但是克赛瑞索弗斯没给人上绑。如果情势需要，色诺芬也会打那个村长，可他必定会防患未然，把人捆牢。色诺芬一贯保持着恰当的分寸。

过了一些时候，怀有敌意的当地人截断了希腊人的去路。克赛瑞索弗斯召集众将商讨对策。议事过程中出现了两种截然相反的意见。色诺芬也热切期望能够以最小的代价越过障碍，他提议以最简易的办法克敌：不应该以正面进攻的方式夺取敌人的据点，而是以计谋取之，即"偷袭"。色诺芬求助于在偷窃上训练有素的斯巴达的统治阶层。这一举动赢得了克赛瑞索弗斯的好感，这位斯巴达人友好地回敬道，雅典人窃取公款的本领大得很，从雅典人中意选择那些贼艺超群的人来做他们的统治者这件事可以看出来。克赛瑞索弗斯举出一些修改意见后，大家决定就按照色诺芬的方法行事。结果大功告成。不久又生变故，色诺芬凭着精明的算计——而不是像克赛瑞索弗斯一样只是一味地好勇斗狠，带领大军又一次越过另一撮蛮子势力的阻截（IV 7.1–14）。又经历了一番艰苦卓绝的努力之后，希腊人终于看到了大海。色诺芬率领着殿后部队，可谓是最后一位看到如此激动人心和美不胜收之景象的希腊人。可是这并未降低他那伟大的成就：正是他审慎的建议将希腊人从国王以及其他蛮族的杀戮中拯救出来。

如果有谁对上面的事有任何怀疑，希腊人举办的盛大、庄严、欢快的庆祝仪式会打消他的疑窦，他们来到位于黑海岸边括尔克斯（χολχίς）境内的希腊城市特拉佩祖斯（τραπεζοῦς）后举行了庆祝活动。他们在括尔克斯停留了三十天左右,在此期间,他们获得了充裕的给养,部分是劫掠而来,部分是从特拉佩祖斯人手里买来。他们准备向诸神还愿,向救主宙斯、领路神赫拉克勒斯和其他神献上祭牲。德尔斐的阿波罗告知过色诺芬应该向哪些神献祭,色诺芬除了向苏格拉底透露那些神的名字外,没有对任何人说起过,[121]但是,在此处,他似乎亮出了那些神的身份(III 1.6–8)。

军队如何返回真正的希腊本土成了目前最紧要的问题。他们一致赞同经海路返回。克赛瑞索弗斯承诺,如果派他去找斯巴达海军将官,他将带回所需船只。全军上下对此提议是一片赞扬。只有色诺芬一个人对前景不太看好,他警示士兵们,谁也无法肯定克赛瑞索弗斯一定会不负使命地归来。他还规定了在克赛瑞索弗斯离开期间大家必须做的事情以及行事方式。当色诺芬说到他们将来可能会不得不继续从陆路前进,因此应着手令沿海各城修缮道路时,士兵们一片哗然,大肆抗议:无论如何,他们再也不会走陆路。色诺芬非常明智,他没有让大家当场表决自己的提议,但他还是说服那些城邦开始修路,凡认为必要的事情,色诺芬绝不会轻易放弃。此外有些士兵把色诺芬的警告当成耳旁风,结果他们中的某些人死于敌手。

克赛瑞索弗斯离开后,色诺芬实际上成了全军的最高指挥官。特拉佩祖斯人不想因为希军的供应之事交恶于括尔克斯人,于是就把这支希腊军队引至德里垒(Δρίλη)人的地盘,这可是黑海岸边最好战的一群人,他们居住的地方难以通行。希军的轻装部队未能拿下敌人的堡垒,而此时又绝对不可撤退。在此紧要关头,人们请色诺芬做出决定,他同意军官们的意见,派重装步兵对要塞发动强攻,他相信占卜师们说过的吉兆(V 2.9)。人类审慎的决议与神的预示完全吻合:重装步兵攻克了堡垒。但战斗尚未告终,显然是色诺芬最先发现某些防守牢固的高地上还有敌军。这就是说,其他军官们的观点和占卜师们的观点一致,只有色诺芬另有想法。在色诺芬介入之前,形势真是令人绝望之极。十分出乎意料的是,突然之间某位神赐给希腊人一种自救的计策:有个人——只有神知道这个人为什么这样做以及如何这样做——放火烧了一所房子,这一烧把一些敌人烧得痛楚不堪;色诺芬抓住送来的这个机运(chance)示厄,下令烧掉所有房舍,也就是将全城付之一炬。一开始还称"某位神"(some god),现在则称"机运":deus sive casus[神或机运]。显然,是某种不同于人类审慎(human prudence)的东西,或者从人类审慎[122]良好的追求来看,是某种高于人类审慎的东西成就了希腊人的胜利(《回忆》I 1.8)。这种东西就是色诺芬对超人者(the superhuman)、对 daimonion[命相神灵]的倚赖,正是这种倚赖将他与其他军官区分开来,在他成为全军实际的主帅之后,他的倚赖就特别清晰地流露出来。我们不禁会琢磨:色诺芬超乎寻常的虔敬与他超乎寻常的狡猾(wiliness)是如何并行的呢?作为一介凡人,色诺芬不会比任何神更强大。但他难道不会有比任何神更狡猾的时候?难道一个奴隶不会比他的无论多么狡猾的主人更狡猾?然而,诸神与人类截然不同,诸神无所不知(《回忆》I 1.19,请对比[色诺芬]《会饮》4.47),因此,诸神可以看穿人类的每一出诡计。但是,诸神全知的属性难道不恰恰部分地出于一种人类的诡计、人类[对诸神的]奉承?色诺芬或者说他笔下的苏格拉底仍然面临着巨大困难,这种巨大的困难与下面的事实相关:在色诺芬看来(或在色诺芬和苏格拉底看来),通晓涉及诸神的法律或法律在诸神事务上确立了什么的人才是虔敬之人,因此他从来没有提起过这个问题:"什么是法?"(《回忆》IV 6.4 和 I 2.41 – 46)。仅凭对《上行记》文本的解读还不足以解决这种困难。下面这种说法或许是更加简单,又更复杂:色诺芬或他笔下的苏格拉底从来就没有讨论过一个更根本的问题——"神是什么?"(what is a god?)

希腊人最终被迫由陆路离开特拉佩祖斯。两位年事最高的将领只带着那些最羸弱的人乘船离去。第三日,步行的军队抵达克拉苏思(κερασοῦς),一座属于希腊的沿海城邦。他们逗留了十天,重新检视了全副武装的部队,人数共计八千六百,这也是存活下来的人数,而当初大约有一万多人。之后他们分发了战利品换来的钱财,并且将献给阿波罗和以弗所的阿尔忒弥斯的十一捐拨出。每个将军都把自己保管的那份钱财安放在神指定的地方。色诺芬详细讲述了自己向阿波罗捐钱还愿的过程。说到向以弗所的阿尔忒弥斯进献,色诺芬碰上了困难,因为那时雅典已经将他流放——大概这是因为他与斯巴达人一起攻打他的父邦——但斯巴达人将色诺芬安置在思栖庐,他听从阿波罗的神谕,在这个地方为阿尔忒弥斯购置了一块圣地。这块土地猛兽遍布,适合狩猎。色诺芬邀请所有邻人参加打猎,以此礼敬狩猎女神。色诺芬建立了庙宇供奉女神,以代替以弗所的阿尔忒弥斯神庙。如果色诺芬在神的保佑下返回希腊之后弃绝了他的虔敬或对虔敬之事所有懈怠,那可真是令人震惊的出格之举。色诺芬对思栖庐生活的描述是他对克赛瑞索弗斯离开后自己担任最高指挥官的日子记述的恰当结尾。

希腊人从克拉苏思出发,两队人马,一路乘船、一路在陆地上前进,到达莫叙诺伊柯(Μοσσύνοικοι)人的山区。希腊人首先遭遇的一拨莫叙诺伊柯人企图[123]阻止他们经过,但色诺芬同另一伙莫叙诺伊柯人已经联手,原来这两拨莫叙诺伊柯人历来就是对头。可是攻打敌人堡垒的结果是可耻的失败,不仅希腊人的蛮人盟友落败,而且那些出于自己的自由意愿,为了抢掠而与蛮人盟友共同作战的希腊人也落败了。翌日,希腊全军得到献祭的吉兆后,对敌人发动了进攻,大获全胜。盟友莫叙诺伊柯人自然热情接待了希腊人。希腊人觉得,这些莫叙诺伊柯人是他们此行见到的最不开化的一群人,此处的风俗与希腊简直有天壤之别。其他人只会私下干的事,莫叙诺伊柯人堂而皇之公开地做,而独处时他们又如在人群中一般,自言自语、自说自笑、随处跳舞,好似对着一大帮观众一样(V 4.33 – 34)。先前我们倾向于认为卡杜克人和阿美尼亚人是希腊人遇到的两个极端类型。现在我们看到,比起卡杜克人或阿美尼亚人,莫叙诺伊柯人与希腊人更加格格不入。显然,这并不意味着莫叙诺伊柯人就处于"自然状态"中,这一点无须多言。与其它部族相同,他们生活在律法(laws)之下。所有人都生活在律法之下,就这一点而言,律法对于人来说是自然的东西,或者说律法是人天性的一部分。可是尽管如此,还是有必要区分自然与律法(另参《齐家》VII 29-30 和《希耶罗》3.9)并且保存两者之间的差异。如果我们观察到极端野蛮之人的一些特性与苏格拉底的一些特性之间的相似之处,那么,自然与律法之间貌似的悖谬就会变得可理解一些(另参《会饮》2.18-19;柏拉图《会饮》175a-b3,c3-d2,217b7-c7,220c3-d5)。

　　当希腊人来到提巴厄诺(οἱ Τιβαρηνοί)人境内时,将军们都主张攻下提巴厄诺的堡垒。但他们最终没这么做,因为祭兆不吉,占卜师们一致声称诸神不允许这场战争。他们平静地穿过了提巴厄诺人的土地,行至科图奥拉(Κοτύωρα),一座希腊城,西诺佩(Σινώπη)人的殖民地。他们在这里待了四十五天,向诸神献祭,每族希腊人都列队游行并举行运动竞技大会。说到粮草,他们不得不靠武力获得,因为没有人肯卖给他们什么。西诺佩人害了怕,派来使节团。使节团发言人赫卡托纽莫思(Ἑκατώνυμος)是公认的聪明演说家,他在希腊人面前展示了他雄辩术的威力。他首先向希腊士兵发表一小通友善之词,紧接着就抛出了一种相当巨大和带有侮辱性的威胁:西诺佩人可能会联合帕弗拉戈(Παφλαγονιά)人和其他任何反对色诺芬军队的人。色诺芬将对方的威胁化于无形,他首先将西诺佩人的风俗、行事与特拉佩祖斯人做了对比,甚至与其他蛮族做了对比,然后针锋相对地回敬了对方一个更有效的威胁:色诺芬的军队至少可以[124]像西诺佩人一样与帕弗拉戈人联手。色诺芬的这番讲辞使赫卡托纽莫思在同行的使节中失去威信,西诺佩人与希腊军队鱼水和谐。色诺芬已经完全驳倒了不义的指控,保全了军队。他可能与蛮人们联手向希腊人发动战争,他将这种可能性展现为一种纯粹的自我保护行为,以此为自己的正义提出了一种标志性的证据。

其实,和谐并不像最初看起来那样完美。第二日,将领们集合全军并召集了西诺佩的使节们,商讨如何继续行军,经陆路还是坐船。无论选择哪个,他们都需要西诺佩人相助。赫卡托纽莫思再次发言,他一口断定希军全然不可能从陆地上穿过帕弗拉戈,唯一的方式就是乘船到赫拉克勒亚。并不是所有的希腊士兵都信任此人——有人疑心他私底下是帕弗拉戈国王的朋友——但大家还是投票决定走海路。色诺芬警告说,只有当所有的士兵都确定无疑地可以上船,也就是说船只足够时,希军才接受赫卡托纽莫思的方案。此时希军与西诺佩人需要重新商议。在这种情境下,一想起这一支位于偏远之地、浩浩荡荡的希腊武装力量,色诺芬脑中浮现出这样的构想:如果这些士兵建立一座城邦,以此扩大希腊的疆域和势力,将会是一桩辉煌的事业。这应该会成为一座大城,如果将这支军队的规模与已经居住在当地的人数相加的话。色诺芬没跟任何人讲他的想法,他首先向神献祭并咨询了居鲁士占卜师。但那位占卜师急不可耐地要回家,因为他钱囊鼓鼓,里面塞满了居鲁士的付给他的钱,因为他卜算准确。于是这位占卜师便在军中散布色诺芬的计划,还咬定色诺芬是出于一己之私欲,为了保住自己的名声和权势才构想建城。

我们似乎到达并已超越了色诺芬上行的顶峰。假如"在某块蛮荒之地"(柏拉图《王制》499c9)开辟创建一座伟大的希腊城邦会提升色诺芬的声望与权力,难道那种声望和权力不值得得到充分的肯定吗?他的行动难道不是有益的行动,既有利于他自己,又有利于希腊,因而也有利于全人类吗?作为一个显然是出于非常鸡毛蒜皮的(frivolous)理由才加入居鲁士征伐行动的无名之辈,凡是人们能够期待这样的一个人做出的事,而且不止于这些事情,难道色诺芬不曾公正、虔敬地完成吗?色诺芬不但在最高的程度上适合担任军队的最高统率,而且在最高的程度上适合成为一座城邦的创建者,无论生前还是身后——尤其是身后,他都配得上最高的荣誉:一位城邦的始创者应该享有的荣誉。但是,在最后一刻,不是任何神的恶意(any divine ill – will)而是一个贪婪的占卜师[125]剥夺了这种至高无上且非常般配的荣誉。不消说,诸神没有在那件事情上对色诺芬施以援手。

我们可能还没有充分地留意真正的难题。当士兵们听说了那个计划,即要在远离希腊的土地上建城,大多数人都予以反对。全军集合时,一些人发出诘难。色诺芬沉默地听着。曾经与色诺芬一起领导殿后部队的提玛瑟欧(III 2.37 – 38)宣布:一个人绝对不能将任何事物看得高于希腊,因此别妄想留在黑海岸边(V 6.22)。提玛瑟欧心照不宣地——也许是浑然不知——在反对普罗克赛弩斯向色诺芬发出的加入居鲁士的远征的邀请,因为普罗克赛弩斯的邀请建立在这样的前提之上:认为居鲁士对自己比父邦对自己更好,可能是正确的想法(III 11.4)。色诺芬没能答复这项严厉或许还隐晦的指控:一个人能够将一位蛮族的王子或国王看得比自己的父邦高许多,难道这种思想不是极度不义的行为吗?甚至可能是色诺芬不义的根源?

然而,我们再重复一遍,色诺芬依旧一言不发。有人责备色诺芬谋划着私下说服士兵并私下献祭,而不是面对全军公议此事,这时,色诺芬被迫起立发言。他开始陈述:他们自己都看到了,因此他们都知道,他尽力就士兵们的事和自己的事多多献祭,就是为了凭借言、思、行,得到对士兵们、对自己而言最高贵和最好的东西。换言之,这位占卜师将色诺芬的利益与士兵们的利益区分开来,或者对立起来,纯属造谣生事。当时,色诺芬继续说,他独自献祭是为了确定哪种做法会更好——是告诉士兵们然后动手做相应的事情,还是完全不触及此事(V 6.28)。用平实的英语来说,色诺芬的话意味着他考虑过创建一座城邦,他没有就这种想法的可行性咨询过祭兆。色诺芬收到普罗克赛弩斯的邀请时,他的反应与这一次极为相似,他违背了苏格拉底的意思,向德尔斐的神询问的内容不是应否参加远征,而是他应该向哪些神献祭、祈祷才能最高贵地成行(III 1.7)。然而,两种情形还是存在重大的区别。对于普罗克赛弩斯的邀请,色诺芬是自己决定参加居鲁士的远征;而在建城一事上,色诺芬是从那个占卜师身上获知最重要的一点,即兆头吉利,因此,考虑建城并没有什么过错。但思是一回事,言和行是完全不同的另外一回事。既不是凶兆也不是色诺芬自己的决定,而是那位占卜师阻挠色诺芬就言、行之事咨询祭兆。事情的原委如下:这位占卜师曾如实向色诺芬禀报了祭兆——[126]因为这位占卜师知道色诺芬也深通此道,但他添枝加叶地警示色诺芬说,祭兆显示有人正在针对色诺芬策划骗局和阴谋。因为他知道——其实哪里是什么祭兆——他自己在密谋向士兵们诋毁色诺芬,扬言色诺芬准备不征得军队的同意就创建城邦。色诺芬由此极为成功地驳倒了占卜师的指控。然而,现在色诺芬继续说,鉴于大多数人反对,他自行放弃他的计划,他还提议,任何人在行军结束之前开小差都要受到惩罚。此提议全军通过。这个决议自然使得那位占卜师十分窝火,他是恨不得即刻回到家里。他形单影只,抗议也是徒劳,对将领们没有产生丝毫影响。这种情况与军中一些更有权势的成员不同,这些人曾与黑海岸边的希腊人联手密谋扳倒色诺芬。流言不胫而走,说色诺芬并未放弃建城计划。外面已经涌动着一股叛变的气息,色诺芬认为最好集合全军,召开大会。

色诺芬甚至不费吹灰之力就轻而易举地向那些愚钝不堪的人展示了他们的愚蠢之处,他们竟然相信色诺芬能够以在亚细亚建立一座城邦的计划欺骗全军,而绝大多数人——即使不是全部,除了他自己——都急于返回希腊。不管这犯傻式的栽赃是一个人所为还是众人所为,都是忌妒心在作祟,这种妒忌自然会尾随色诺芬享有的各种盛誉而来,而他的各种盛誉是其巨大功德自然的果实。他从未妨碍任何人获取相同或更伟大的功绩:无论凭言辞、战斗还是警觉(speaking, fighting, being awake)(V 7.10)。"言辞、战斗或警觉"的三分法取代了"言、思、行"(speaking, thinking, doing)(V 6.28),但是现在"战斗"取代了"思"在先前的讨论中占据的位置,因为,当我们讨论那一段落[译按,指 V

6.28]时,"思"对于给定的理由而言是核心的因素。现在"警觉"取代了"思"的地位,因为"警觉"有意成为"忧思"(worrying),是一种特殊的思(μέριμναι[操心,忧虑],φροντίζειν[寻思、斟酌])。色诺芬情愿将自己的权威让渡给任何一个分享他的应得赏罚(his deserts)的人,但只是稍微情愿而已。他的自我辩护到此结束。但他又补加了重要的一点。威胁着军队的最大危险不是建城计划或类似的事情,而是纲纪松弛引发的可怕罪行,对此色诺芬刚刚得知了一些,现在他第一次向士兵们和盘托出,纲纪松弛将来必定会演化为纲纪尽丧。色诺芬已从自卫转至反击,这个转换彻底成功了。士兵们自发提议并表决通过了下面这个规定:从此以后,对犯罪者要严惩不贷;胆敢图谋不轨者,要予以审判以决定其生死。居鲁士已死,[127]就由将军们组成审判团负责处置违法乱纪的行径。色诺芬建议军队举行涤罪仪式,占卜师们也赞同,于是举行了涤罪仪式。

虽然色诺芬已经转守为攻,但事情还没有结束。结果是将领们也应当为他们可能已经犯下的过失承受指控,色诺芬没有交代这是谁的主意。色诺芬是遭受控告的将领之一。有人揭发他出于肆心(ὕβρις)滥打士兵——即没必要地打人。这就意味着在当下时刻,色诺芬与普罗克赛努斯之间的差异变成了主题。无论是反驳滥打士兵的指控,还是反斥那些控告他违反军队意愿创建殖民地的人,对于色诺芬来说都是易如反掌。接下来,色诺芬请求士兵们不要只对那些残酷的行为耿耿于怀,他是迫不得已为了大家的利益而为之,还要记住他和善的行为。他的演讲以这句令人难忘的话结束:"铭记好事是一件高贵、正义、虔敬的事,而且记住好事也比记着坏事更令人愉快。"如果一个人已经安全摆脱了坏事,那么记着这些坏事也还愉快,尽管就快乐的记忆而言,好事比坏事更可取。不管从哪个角度来看,在最后的分析中,高贵、正义、虔敬和快乐之间好像存在一种和谐。难怪色诺芬总是尽量使用赞美之词而不是苛责之语。无需赘言,色诺芬的听众肯定接受了他在总结发言时提出的建议。

色诺芬受审的结局是被判完全无罪。苏格拉底受审的结局是被判死刑,或许这件事情能够最清晰地展现色诺芬与苏格拉底之间的差别。但我们一定不要忘了,色诺芬的建城构想也胎死腹中。

在第五卷中,色诺芬亲口发誓的次数比前四卷的总和还略多一些。

军中的不满情绪并不是完全不可见,正是这股不满情绪引发了对色诺芬的指控。如果我们并不是"过度虔敬"(希罗多德[《原史》]II 37.1)——也没什么东西或什么人强迫我们非得过度虔敬——我们或许就得承认,色诺芬已经完全成功地证明了自己的虔敬。但是他证明他的正义了吗?他驳回那个含蓄的指控——即他把某些东西看得高于希腊——了吗?更进一步说:他完全献身于希腊就是正义唯一甚或最高的组成部分吗?难道一个人不是必定——正如在马的事情上一样——更中意最好的人们(the best human beings),而非本地或家养的人——父邦的后裔们?① 色诺芬描述的是一支军队,不,毋宁说是一个政治社会,这个政治社会是[128]根据其《居鲁士的教育》中的那种最高的标准(this highest standard[译按:指正义])建构而成。从正义的角度来看,《居鲁士的教育》中的主人公——老居鲁士——与色诺芬有何不同?老居鲁士的功业部分得自他的出身、他的承袭:他身为双料世袭君王悠长谱系中的子嗣,而色诺芬没有这样的优势。假设从最理想的立场来看,只有具备治国知识的人才有资格统治,而不是世袭使人获得统治资格(另参《回忆》III 9.10),那么,治国的知识难道就不需要某种铁的成分——即某种粗暴和粗粝的混合物——以便取得正当性,也就

---

① 《居鲁士的教育》II 2.26。达肯斯(Dakyns)在这里评注道:"色诺芬的视角宽广:德性并非仅限于[城邦]公民,但我们有整个世界可挑选。四海一家的希腊主义(Cosmopolitan Hellenism)。"[译按] Henry Grahm Dakyns(1838 - 1911)以色诺芬作品的英译者闻名,曾翻译过《希腊志》《居鲁士的教育》《齐家》《会饮》《希耶罗》《回忆苏格拉底》《上行记》等。

是说,以便在政治上行得通吗? 用伯克(Burke)最喜欢的一个词来说,
"药方"(prescription)难道不是一个非专制政府必不可少的要素? 难道
不是正当性的必不可少的要素? 总之,正义是个模棱两可的词,它也许
意味着这个人的德性就在于向朋友们施惠要超过朋友们对自己的恩
惠,伤害敌人要超过敌人对自己的伤害(《回忆》II 6.35);它也许意味
着苏格拉底式的德性,即正义就是即使在小事上也不要伤害任何人
(同上,《回忆》IV 8.11)。毫无疑问,色诺芬拥有一个男人的正义,尽管
如此,很难说他拥有的正义是苏格拉底式的正义。但这并不意味着他
的地位接近于老居鲁士的地位。下面的事实对问题的解决会让我们十
分满意:老居鲁士打完第一场战役之后,曾盯着惨死敌人的脸庞,而他
的外祖父,米底亚暴虐的老国王,都不忍目睹惨状(《居鲁士的教育》I
4.24)。残忍的确是此类军事领袖必不可少的品质(《回忆》III 1.6),
但残忍也分三六九等。从某种程度上来看,色诺芬介于老居鲁士与苏
格拉底之间。色诺芬通过这个中间地位向我们展现的不是决断力的缺
乏,而是正义的问题:正义既需要一个男人的德性(以及与之相随的残
忍),也需要苏格拉底的德性;前一种德性最终指向苏格拉底的德性,
而苏格拉底式的德性则需要前一种德性作基础;这两种德性都无法充
分地在同一个人身上共处。色诺芬可能认为他是自己熟悉的人里最接
近于兼容两者于一身的人(参施特劳斯《色诺芬的苏格拉底》[*Xeno-
phon's Socrates*],页144)。可以确定的是,色诺芬(与柏拉图不一样)
展现的是自己不同于苏格拉底的一面。

　　色诺芬被判无罪,军队恢复了军事纪律,希腊人与帕弗拉戈人缔结
了和约,有一段时间希腊人曾靠掠夺帕弗拉戈人获得给养。就在这些
事情发生后不久,克赛瑞索弗斯回来了,他没有如约或如愿带回船只,
但捎来了阿那克西庇奥斯('Αναξβιος)的表扬和承诺:大军如果顺利离开
黑海岸边,他就会雇佣他们加入他的部队。这番话使得士兵们更加急
切地盼望着快快返回希腊,从而也盼望他们可能带回家的钱财。士兵

们[129]认为,如果他们为全军推选出一位单独的指挥官,他们就可以最顺利地达到他们的目的,因为君主统治的明显优势(更保密、更周全的调度等等)更适合这一类目的。军官们告知色诺芬这支队伍想让他担任唯一的指挥官,他们试图说服他接受这个职位。色诺芬对这样的未来并不是完全排斥:成为独一无二、至高无上、不隶属于任何人的统治者。他考虑到这个职位会提升他在朋友圈中的声誉,提升他在雅典的声望,另外他还可能为军队做些好事。然而,当色诺芬考虑到目前每个人都是前途未卜的时候,他认识到危险也会伴随这个高高在上的位子而来:他甚至会丧失以前获得的名望。他自己相决不下,于是与那位神商议自己的困境,任何明理之士面临两难时都会这么做。他向宙斯王献上两头牺牲。这位神明确地告诉色诺芬:对这个位子不应汲汲而求,即使被推选上,也不要接受。神谕倒没有那么清楚地显示什么凶兆。但色诺芬没有直接说出神谕的事,他立即快速总结了一下自己先前的经历,这些经历中都含有与命运相关的预兆:他企图建城的事,可能还有他遭受指控的事,都为解释原先的预兆提供了一些新的线索。色诺芬之所以向王者宙斯咨询,是因为德尔斐的神谕向色诺芬点了宙斯的名。更进一步来说,色诺芬认为,在他着手与其他人一起照管全军时,也就是将领们遇害之后,正是这位宙斯神赐梦于他,这场梦的意思晦暗不明(III 1.12),但起初色诺芬将它看作上上大吉之兆。最后,色诺芬回想起来,当他从以弗所起身前去加入居鲁士的队伍时,一只鹰卧在他右边尖叫,一位占卜师解释说这是大吉之兆,绝非针对一介无名之辈,它预示着盛大的名誉和巨大的艰辛,因为鸟最容易攻击卧鹰。由于翱翔的鹰比卧鹰更有可能攫取它想要的东西,所以这个兆头不是发财的征兆。

有人会暂时倾向于认为,当选为全军的最高指挥,当选为"君主"(VI 1.31),而不是成为一名黑海边希腊城邦的奠基者,才是色诺芬上行的顶端(参《居鲁士的教育》VIII 2.28;亚里士多德《尼各马可伦理学》1115a32）。但是"君主"能够与"奠基"同等威严、同等神圣吗？

在士兵集合大会上，任何发言者都主张推选一个人作全军指挥，此提议悉数通过。色诺芬获得提名担任此职。就在色诺芬几乎当选之际，他出面阻拦，他必须尽己之所能，清晰、有力地陈述拒绝当选的理由。诸神已经按照需要的方式[130]给出了理由，但是，在色诺芬向军队发表的演讲中，他一开始对这个主题保持沉默。一开始，他为了自己而私下保持着虔敬的思想。在他的公开演讲中，作为一个政治人，他一开始以公开的方式、以政治的方式讲话。其中原委似乎如下：他不仅希望避免自己当选，而且希望给军队一些引导，即引导他们应该选谁。在引导一事上，他并没有神谕的指示。他必须自己决定，就像他在德尔斐自己决定是否接受普罗克赛努斯的邀请一样。有一位斯巴达人就在军中且堪当此任，因此色诺芬反对大家推选自己做最高指挥。在这种情况下选色诺芬，对军队和色诺芬本人而言都不大妥当。斯巴达人在不久前的战争中已经以行动表明，他们绝不会允许领导权落入一个不是斯巴达的人手中（III 2.37）。色诺芬向全军保证，他不会那么傻，自己没当选就去搞分裂：战争期间与最高指挥对着干就是跟自己的性命过不去。我们千万不可小觑了这段看似漫不经心的话，它可以帮助我们理解色诺芬作品中那种半真半假的亲斯巴达倾向。色诺芬在这句话里指明了斯巴达的强势以及斯巴达人对这种优越的执著，人们据此得到的第一印象更应该是：色诺芬反斯巴达。色诺芬是不是有意给人造成这种印象，从而警告那位暴躁的斯巴达候选人，当选后切勿滥用职权？如果是的话，在何种程度上是呢？这些都不好说。对伯罗奔半岛战争的提及也有助于——甚至非常有助于——说明下面命题的成问题的特征：忠诚于希腊才是正义唯一和最重要的因素。无论如何，色诺芬此时不得不消除这个貌似亲斯巴达的行动造成的影响。以所有男神和女神的名义发誓之后，色诺芬说，诸神已经晓谕他不要做"君王"，接受这个职位对军队，尤其对他本人非常不利，神的告谕连占卜新手都可以一眼

看出来(参《回忆》I 1.8)。就字面而言,不用说,克赛瑞索弗斯当选为
唯一和绝对的全军指挥。此人欣然接受了这一荣誉并印证了色诺芬的
猜测:雅典人与斯巴达人之间会有一段冰封期。最高统率的人选仅仅
在色诺芬与克赛瑞索弗斯之间游移,这个事实说明,希腊霸权的争夺仍
旧是斯巴达与雅典之间的争斗,因此将正义等同于对希腊忠诚仍然成
问题。

　　在克赛瑞索弗斯的领导下,大军沿海岸航行,第二日来到赫拉克勒
亚,一座希腊城。军队又必须重新决定日后的行程,走海路还是陆路。
还有一个与此不可分割的问题:如何供给部队。有一个曾经反对色诺
芬建城计划的人提出,[131]他们应当向赫拉克勒亚人要钱:难道不应
该为了这个目的而选派一个人——当选的统领克赛瑞索弗斯,甚或色
诺芬——去赫拉克勒亚人那里一趟?两位领导人都强烈反对向友好的
希腊城邦施暴。士兵们于是推举出一个特派的使节团。但这些人遭遇
了一部分赫拉克勒亚人的强硬抵抗。于是大部分希腊士兵滋生了反叛
情绪,他们都是阿开俄思人和阿尔卡思人,拒绝听命于一个斯巴达人或
一个雅典人。之后,他们脱离了[军队中的]小部分人,选出了自己的
十位将领。克赛瑞索弗斯的领导权大约一周之后戛然而止:斯巴达的
霸权终究是昙花一现。回头看时,我们看到神建议色诺芬勿做"君王"
的事多么灵验。色诺芬为军队的分裂举动感到十分不快,分裂只会把
各部力量都抛入险境。但色诺芬被聂翁(Νέων)说服了(这个聂翁是克
赛瑞索弗斯军中的二把手[V 6.36]),打算与克赛瑞索弗斯及其小分
队(即以前克雷阿尔库斯的兵力)一道加入拜占庭的斯巴达将领麾下。
色诺芬之所以听从聂翁的建议,也许是因为它与引路神赫拉克勒斯的
神谕相合。据我们所知,这个神谕肯定在色诺芬的算计和猜测之外。
但是,这么做就十分正确吗?色诺芬正思忖着离开部队坐船回家,但当
他向引路神赫拉克勒斯献祭卜问时,神的预兆示意他应该与士兵们在
一起。究竟是赫拉克勒斯的指引,还是色诺芬的抑或是聂翁的说

服——这完全是一种属人的说服——对色诺芬起了决定性的影响,在哪种程度上起了决定性的影响呢?我们不可能知道答案。由此整支军队分裂为三部:阿尔卡思人和阿开俄思人组成一部、克赛瑞索弗斯一部和色诺芬一部。每支部队都以不同的方式朝色雷斯进发。

阿尔卡思人(和阿开俄思人)夜间在卡尔佩($Ká\lambda\pi\eta$)港下船后,就立刻占领了附近物产丰富的村庄,他们确实掠夺到不少战利品。当色雷斯人从这措手不及的偷袭中缓过神之后,就消灭了许多攻击者,还切断了敌方的后路。克赛瑞索弗斯乘船安全到达卡尔佩港。色诺芬这位唯一手中尚有骑兵的希腊将领,从他的骑兵那里得知了阿尔卡思人的遭遇。他召集了士兵,向大家声明:目前的情势要求他们援助阿尔卡思人。他总结道,神意如此安排,可能就是为了让那些浮夸者自食其果,而我们这些永远谨遵神旨的人将拥有更体面的命运。他已经周密部署了救助行动。提玛瑟欧负责带领骑兵在前开路,并且要虚张声势,给敌人造成这样的印象:前去为阿尔卡思人解围的部队比它实际 [132]的规模要庞大得多。色诺芬的军队第二天早上做的第一件事就是向诸神祈祷。凭借那位神的意愿也好,凭借色诺芬的主张也好,或者两者兼而有之,三部人马终于在卡尔佩重新聚拢。卡尔佩位于亚洲的色雷斯,此地丰饶迷人,以至于滋生出了这样的谣传:军队之所以被带到这里,是因为某些人策划在此地建城(VI 4.7)。尽管大多数人并不是因为家里贫穷才加入了居鲁士的军队,但是挣钱、在返回希腊时囊中充裕是他们的目的。吸取了阿尔卡思人惨败的教训之后,全军一致决定:恢复全军推选的将领们的权力,日后胆敢分裂军队者当以死罪论处。克赛瑞索弗斯因为服用医治高烧的药一命呜呼。他一死情况就更为简单:聂翁接任了他的指挥权。色诺芬以一种任何凡人都无法预见到的方式成为了"君王",而他的建城构想一如先前,仍旧是空中楼阁。尚未破解的疑难是:在斯巴达的霸权统治时期,一个雅典人如何克服了政治上的阻碍成为君王。我们几乎立即就可以明白,使阻碍得以克服的事件可以被理解成神的行动或色诺芬的虔敬。

色诺芬接下来向士兵们坦白,全军必须继续从陆上行走——因为没有船只,而且他们必须即刻动身,因为眼下已经没有足够的给养。然而,神的预兆却是不宜行军。人们心生疑窦,怀疑占卜师听从了色诺芬的教唆而妄报祭兆,色诺芬肯定对建城之事念念不忘。由于连续几次献祭得到的都是凶兆,色诺芬拒绝带领部队去寻找给养。聂翁企图带着人从周遭的蛮人村落里强抢一些物品,结果遭到灾难性的报复。最后,来自赫拉克勒亚的一艘船运来了物资。色诺芬一大早就起来卜问前途,兆头吉利。一位占卜师还从中看到另一个吉兆,因此敦请色诺芬领军前行迎敌(波斯人及其色雷斯同盟)。诸神从来没有这么持久地禁止希腊人将他们决意要做的事情付诸行动,这就为色诺芬展露他的军事和修辞才能开辟了天地。在后来的战斗中,希腊军队大获全胜。

这群希腊人还在等候克勒安德罗斯(Κλέανδρος)到来,其间他们从附近物产丰饶的村庄获取给养,这些村庄几乎什么好东西都应有尽有。另外还有一些希腊城邦卖东西给军队。此时流言又起,说是就要动工建城,此地将会是一个港口。有的敌人甚至打算与这座将要创建的城邦建立睦邻友好关系,因此纷纷前来向色诺芬[133]询问此事,但色诺芬精明地藏身幕后。

克勒安德罗斯终于到来了,他带来两艘三排桨战船,但一条商船也没有。斯巴达人德克西珀斯(Δέξιππος)与克勒安德罗斯一道前来,此人曾在特拉佩祖斯相当放肆。克勒安德罗斯与一位当选的将领阿加西亚(Ἀγασίας)之间爆发了一场居心叵测的纷争。尽管色诺芬和其他将领们全力平息,克勒安德罗斯还是同德克西珀斯沆瀣一气并且威胁道:他要禁止任何城邦接待这支希腊雇佣军,"那时正值斯巴达称雄全希腊"(Ⅵ.6.9)。克勒安德罗斯要求交出阿加西亚,但阿加西亚是色诺芬的好朋友。这层关系正是德克西珀斯中伤色诺芬的借口。将领们集合全军,色诺芬向大家阐明了日渐严峻的形势:每个斯巴达人都可以在任何一个希腊城邦为所欲为,冲撞克勒安德罗斯将致使希腊雇佣军既不可能留在色雷斯也不可能航行返家。唯一可行的办法就是服从斯巴达人的权威。德克西珀斯曾在克勒安德罗斯面前诬陷色诺芬,说阿加西亚的叛乱出自色诺芬的指使。色诺芬向克勒安德罗斯负荆请罪,并建议其他蒙受指控的人仿效他的做法。阿加西亚以诸神的名义,信誓旦旦地宣称自己的行为皆出自一己之意。他效仿色诺芬,甘愿听从克勒安德罗斯发落。多亏了色诺芬的斡旋,冲突才得以平息:他拯救了自己,拯救了全军,这其中不仅有波斯人、其他蛮人,还有斯巴达人。

波斯省督法尔那巴祖思($Φαρνάβαζος$)诱使斯巴达海军统帅阿那克西庇奥斯思安排这支希腊大军离开亚细亚,因为这支军队似乎对他的领地构成了威胁。阿那克西庇奥斯思向雇佣军的将领们保证,只要军队渡海到达欧罗巴,他就会雇佣它。唯独色诺芬不愿接受阿那克西庇奥斯思的安排。鉴于阿那克西庇奥斯思只不过是请色诺芬等军队渡海之后再离开它,色诺芬就同意了。士兵们进驻拜占廷,但阿那克西庇奥斯思爽约,并未兑现承诺付给他们报酬。阿那克西庇奥斯思还企图利用这支军队攻打色雷斯人赛忒斯($Σεύτης$),他那时正在与赛忒斯交战。阿那克西庇奥斯思成功说服雇佣军开出拜占廷,直到士兵们发觉自己在报酬的事情上受到了蒙骗。这时他们要使用武力返回城中。激烈的冲突一触即发。色诺芬这个时候出面周旋,不仅为了拜占廷,为了整支军队,也为了他自己。士兵们一看到他,便一致宣称他的大好时机到了:"你有一座城,你有三排桨战舰,你有钱,你还有这么多的士兵。"色诺芬先让大家冷静下来,在成功做到这一点后,他召集[134]全军,接着发言如下:仅仅为了报复某些斯巴达人的欺压,就洗劫一座完全无辜的城邦,他们只会成为所有斯巴达人以及斯巴达的所有盟邦,也就是所有希腊人的敌人;伯罗奔半岛战争的经历已经全面衬托出他们的意图和行为有多么疯狂;区区一支雇佣军,如果真要与斯巴达控制下的整个希腊打仗,他们必败无疑;所有的正义站在斯巴达那边,因为,受了一小伙斯巴达人的欺骗,就要洗劫一座完全无辜的城邦来报复所有的斯巴达人是不义的行为,他们甚至从来没有伤害过蛮人的城邦,现在却要第一次对一座希腊城邦下毒手;如此一来,这些雇佣军的士兵们将会遭到父邦的放逐,并因此而成为父邦和亲人的敌人。色诺芬警告大家:作为希腊人,他们应该遵从希腊的统治者,然后才去试着争得自己的权利。即使他们没获得什么权利,但至少要避免失去作为一个希腊人的身份。在色诺芬的恳请下,大军决定向阿那克西庇奥斯思送信,以示完全服从。色诺芬通晓进退之机。至此,那些乐于将居鲁士看得高于希腊的希腊人,最终由于波斯人的背叛而不得不重新恢复希腊的合适地位。但是(更别说居鲁士发兵反对兄长的正义之处了)这还并非故事的结局。

　　阿那克西庇奥斯思的回复不大友善。这让一个底比斯的投机者有机可乘,他蓄意捣毁了色诺芬的计划,造成了这样的后果:色诺芬独自与克勒安德罗斯离开了拜占庭。后来,将军们无法就下一步往哪里行进的问题达成共识。军队再次面临分崩离析的危险,这正是法尔那巴祖思和阿那克西庇奥斯思乐意看到的结局。但阿那克西庇奥斯思即将卸任,法尔那巴祖思再也无需曲意逢迎这位斯巴达海军统帅了。这时阿那克西庇奥斯思请色诺芬重返军队,无论如何也要将大军主力带回亚细亚。只要斯巴达有内讧(intra – Spartan jealousies),对斯巴达,因而也就是对希腊的忠实,即使并非完全不可能,也会不容易实现。

　　在这种情势下,赛忒斯故伎重演,企图将色诺芬争取过来。克勒阿诺尔和另外一名将领早就想着引军投奔赛忒斯了,因为赛忒斯的礼物打动了他们,但色诺芬拒绝了赛忒斯的美意。新任驻拜占廷的斯巴达长官阿瑞斯塔科斯(᾽Αρίσταρχος)禁止居鲁士的雇佣军返回亚细亚。色诺芬时刻防备,以免遭到斯巴达长官或波斯省督的出卖。他请示那位神是否应该投至赛忒斯麾下。那时阿瑞斯塔科斯的险恶用心已经昭然若揭,色诺芬得到吉兆,他断定,[135]投奔赛忒斯的话,他本人和军队都会平安无事。初次会面的时候,色诺芬和赛忒斯各自坦白了想从对方那里得到的帮助。色诺芬特别强调,赛忒斯应该尽心保护士兵们免受斯巴达人的戕害。在全军做出决定之前,色诺芬向他们陈述了阿瑞斯塔科斯和赛忒斯的承诺。他建议大家,当务之急还是立刻去一些能够安全获得给养的村庄。大部分士兵都认为赛忒斯的提议更可取。就这样,居鲁士的雇佣军易帜,成了赛忒斯的雇佣军。但赛忒斯很快就清楚地露出了狐狸尾巴。他设宴款待指挥官们,却意在攒收礼物,尤其是色诺芬的礼物。色诺芬极度尴尬,因为他身无分文,轮到他进献时,仗着酒力,总算保住颜面,遮掩过去了。

色诺芬和他的士兵们忠诚地遵守协约:他们竭尽全力帮助赛忒斯扫平了他的色雷斯对手。色雷斯的冬季酷寒逼人。这时,赫拉克雷德斯('Ηρακλείδης)——赛忒斯的朋友,也称为代理人——心怀鬼胎,要克扣希腊雇佣军的军饷。当此人发觉色诺芬看透了他的阴谋之后,就极力挑唆赛忒斯与色诺芬不和,并蓄谋煽动其他将领叛离色诺芬。色诺芬开始权衡继续与赛忒斯相处下去是否明智。士兵们因为没有收到饷银便迁怒于色诺芬。就在这个时候,克萨米诺斯(Χαρμῖνος)和珀吕尼科斯(Πολύνικος)奉命前来通知希腊雇佣军:斯巴达人决定讨伐蒂萨弗尼斯,因此急需居鲁士的这支军队。赛忒斯获得天赐良机,可以甩掉这支雇佣军,同时就连欠部队的债也甩掉了。在全体士兵面前,两位斯巴达来使说明来意,受到了大家的欢迎。此时,一个阿尔卡思人起身发言,矛头直指色诺芬,他斥责色诺芬为了自己捞到钱财,全然不顾士兵们的劳苦,把大家带到赛忒斯身边,色诺芬实在是死罪难逃。色诺芬的上行最终成为最剧烈的下行。然而,我们难道不应该说色诺芬的辩护——其中包含了他那些广为人知的言行——比苏格拉底的辩护要简单、有效得多吗?赛忒斯在最后一刻决意阻挠色诺芬同斯巴达人联合,于是在色诺芬面前中伤斯巴达人。色诺芬向救主宙斯请示,这位神打消了一切疑虑。

色诺芬与赛忒斯达成了一种模棱两可的和解,结果,赛忒斯同意归还所欠[136]饷银,之后,色诺芬与所有雇佣军士兵和好如初,并与斯巴达人达成明确的一致。色诺芬最终以行动表明:他认为希腊远远高于居鲁士和其他的蛮人(III 1.4)。他并未表示,他的父邦雅典远远高于居鲁士或斯巴达,因为正如他告诉我们的,雅典城邦已经将他流放(V.3.7,V 6.22,VII 7.57),他没有告诉我们流放的缘由。得知普罗克赛弩斯的邀请后,苏格拉底顾虑重重,整部《上行记》能够证实苏格拉底的忧虑吗?

色诺芬立即开始对波斯人发起进攻,缴获战利品是首要目的。这次战斗相当成功,色诺芬收获颇丰。

在第七卷中,神、誓言,尤其出自色诺芬本人之口的正式宣誓出现的频率要高过前面所有各卷。

论自然法[①]

张缨　译

[137]自然法在许多世纪里曾是占支配地位的西方政治思想的基础,在我们的时代,除罗马大公教会以外,它却几乎为所有的社会研究者所拒绝。拒绝自然法主要基于两种不同理由。这两种理由分别与当今在西方占支配地位的两个思想流派——实证主义和历史主义——相对应。按实证主义的说法,真正的知识是科学的知识,而科学的知识绝不能使价值判断有效;然而,所有坚持和维护自然法的陈述都是价值判断。按历史主义的说法,科学(即现代科学)只不过是人理解世界的一种历史的、偶然的形式,所有这些形式都要仰仗一种特定的世界观(Weltanschauung),在每种世界观里,理论理解的"诸范畴"与"诸多"基本"价值"彼此不可分割,因而,把事实判断从价值判断中分离出来原则上并不可行,因为有关好和正确的每一个概念(every notion of good and right)都属于一种特定的世界观,不可能存在一种自然法来规约人之为人。鉴于实证主义和历史主义的优势,自然法在当今首先只不过是个历史的主题。

---

①　此文原刊《国际社会科学百科全书》(*International Encyclopedia of the Social Sciences*, David L. Sills 编,第 11 卷,页 80 – 85;Crowell Collier and Macmillan, Inc.),经出版商允许重刊。[译按]原文标题 On Natural Law。译文初稿曾经赵雪纲博士指正,特此致谢。

自然法意指这样一种法(a law),它可以判定何为正确、何为错误,判定何者具有权能(power),或依据自然固有地(从而时时处处都)有效。自然法是一种"高级法"(a "higher law"),不过并非所有高级法都是自然的。在索福克勒斯《安提戈涅》(Antigone)的著名诗节(449 - 460)中,女主角诉诸的比人制定的法更高的法并不必然指向一种自然法。这些诗节还可能指向诸神所立的法,或者说,指向人们日后所称的一种实定的神法(a positive divine law)。自然法概念[138]预设了自然这个概念,而自然这个概念并不与人类的思想同时[发生](coeval),因而——比如说——在《旧约》中就没有什么自然法的教导。由古希腊人发现的自然与技艺(指导人工物品制造的知识)截然不同,更重要的是,古希腊人发现的自然与 nomos[礼法](法律、习惯、约定[convention;或译"习俗"]、协约、权威意见)截然不同。根据"自然"的原初含义,"自然法"(natural law [nomos tēs physeōs])这一概念在说法上自相矛盾,它绝非当然之事。首要问题涉及的与其说是自然法,不如说是自然正确(natural right),亦即依据自然,什么是正确的或正义的:是否所有的正确都是约定的(conventional),或者说,有没有某种自然而然的正确(physei dikaion)? 提出这个问题基于如下假设:有一些事物依据自然是好的(健康、力量、才智、勇气等等)。约定论(conventionalism)(将所有正确都看作约定这种观点)首先从正义概念的多样性中得到支持,正义概念的多样性是与自然正确的那种据信的划一性(the supposed uniformity)无法兼容的一种多样性。不过,约定论者们不能否认,正义拥有一个人们普遍认可的内核,其普遍程度足以使非正义必须求助于谎言或"神话",才能在公开场合自圆其说(publicly defensible)。准确地说,问题由此就涉及人们普遍认可的那种正确的地位:那种正确难道仅仅是某个特定社会——即一个由盟约(covenant)或协议构建而成的社会——得以共同生活的条件,而那种正确的有效性源自先前的盟约? 抑或,在人之为人中间能有一种正义,这种正义不源自任何属人的安排？换言之,正义究竟是仅仅基于对共同生活的有利之处的算计,还是因其自身之故,从而"依据自然"就值得选择？[这个问题的]两种可能答案在苏格拉底之前就已提出。然而,对于前苏格拉底哲人的思想,我们拥有的知识全靠他们著作的残篇以及后世思想家们的相关记载。

就严格意义上的著作而言,苏格拉底的门徒柏拉图是首位这样的哲人——柏拉图的著作得以流传到我们手上。尽管人们不能说,柏拉图提出了一种关于自然法的教导(参《高尔吉亚》483e 及《蒂迈欧》83e),可毋庸置疑的是,他反对约定论。柏拉图断言,存在一种自然的正确,即某种依据自然而正义的(just)东西。自然而然的正义或正确是正义的"理式"(the "idea")(《王制》501b;参 500c‑d 及 484c‑d)——也就是正义自身、十足的正义(justice pure and simple)。正义被界定为做某人自己的事情(do one's own business),或者更准确地说,"以一种特定样式"——即"好好地"——做某人自己的事情(433a‑b;443d)。一个人(或更准确说他的灵魂)或者一个城邦,只有当其每个部分都好好地做自己的事,从而其整体是健康的时候,才是正义的;一个灵魂或一个城邦,只有当其健康或井然有序时,才是正义的(参 444d‑e)。灵魂有三个部分(理性、血气、欲望),只有当每一部分都获得各自特定的德性或完美时,它才是井然有序的,而作为其结果,个人就会对他的同伴——尤其是公民同伴——有礼有节(well‑ordered)。个人只有将本质上对每个人是好的东西分配给每个人,从而将本质上对作为整体的城邦是好的东西分配给城邦,[139]这个人才会对他的公民同伴有礼有节。由此可以推断,只有智者(the wise man)或曰哲人才能真正正义。在各种德性和其他好东西中有一种自然的秩序,这一自然的秩序是立法的标准(《法义》631b‑d)。人们由此可以说,在柏拉图的意义上,自然正确首先是各种德性的自然秩序,而这些德性乃是人类灵魂的自然的完美(参《法义》765e‑766a),同时,自然正确也是依据自然就好的其他事物的自然秩序。然而,如同我们在任何地方看到的那样,在社会中给每个人分配对他来说依据自然就好的东西是不可能的。有些人知道依据自然什么对每个人和所有人是好的,而这样的分配就要求这些人——哲人们——成为绝对的统治者,并且要求绝对的共产主义(就财产、妇女、儿童而论的共产主义)在那些公民之间建立起来——赋予该共同体[the commonwealth]以特性的正是那些公民。这样的分配还要求两性的平等。这种秩序是依据自然[而建立]的政治秩序,它与约定的秩序不同并且对立(《王制》456b‒c;参428e)。因而,在柏拉图的意义上,自然正确也决定了最佳政制,在这种政制中,那些凭天赋和训练达到最好的人——智者——以绝对的权力统治不智者,并给他们每个人分配依据自然是正义的东西,即依据自然对每个人而言是好的东西。最佳政制的实现经证明确实是不可能的——或至少是极端地不太可能的,人们能够合理期待的仅仅是严格对应于自然正确的那种政治秩序的一个稀释的版本。最佳政制的建立归根结底因身体而遇到阻碍——身体是唯一依据自然而私有的东西(《法义》739c;《王制》464d)或全然无法公有的东西。与此相应,十足的身体般的("臂膀的"[brachial])力(force)必须被认可为具有进行统治的自然资格——确实劣于智慧但决不能为后者摧毁的一种资格(《法义》690a‒c)。政治社会要求对完美而精确的正确的稀释,要求对严格意义上的自然正确的稀释:这种严格意义上的自然正确与智者会分配给每个人依其德性应得的东西这一点相一致,因而参差不齐的人(unequal people)会分配到参差不齐的东西。统领这种稀释的原则是同意(consent),即纯然平等的民主原则,根据这一原则,每一公民如同任一其他公民那样都拥有同等的统治资格(《法义》756e‒758a)。同意要求受法律保护的自由。自由在此既意味着那些有能力获取寻常德性或曰政治德性的不智者参与到政治统治中,又意味着他们对私有财产的拥有。法律永远都只能是近似于智慧的一种裁决,但它足以刻画寻常德性或曰政治德性的种种要求,同样也足以刻画财产法规、婚姻法规以及诸如此类的各种法规。

这与亚里士多德哲学的总体特征相一致,这种总体特征在于,亚里士多德有关自然正确的教导较之柏拉图的教导更接近对正义的日常理解。在亚里士多德的《修辞学》(*Rhetoric*)中,他将"依据自然的法"(the law according to nature)称为普遍适用于所有人的不可变更的法,不过,亚里士多德是否将这种法视为不止于某种[140]众所公认的东西从而对庭辩式修辞(forensic rhetoric)有用,这一点并不能完全确定。至少,在亚里士多德所举的三个有关自然法的例子中,有两个与他自己视为自然意义上的正确(naturally right)并不吻合(《修辞学》1373b4 – 18)。在《尼各马可伦理学》(*Nicomachean Ethics*, 1134b18 – 1135a5)中,亚里士多德确实没有提及自然法,但是他提到了自然正确。自然正确是那种在任何地方都具有同样权能(power)的正确,且自然正确的有效性并不归因于人类的制定(human enactment)。亚里士多德对此没有给予一个单一的明确的例证,但他似乎暗示,诸如这类事情——出于履行公民责任的缘故而帮助陷于不幸的公民同伴以及通过献祭来崇拜诸神——属于自然的正确。倘若这一解释正确,自然正确就是那种任何想要持存下去的政治社会必须认可的正确,职是之故,自然正确是处处有效的。如此理解的自然正确刻画了政治生活的最低条件,其程度足以令健全的实定正确(sound positive right)占据了比自然正确更高的等级。在此意义上的自然正确与政制的差别无关,而实定正确则与政制相关:[存在着]民主制的实定正确、寡头制的实定正确等等(参《政治学》1280a8 – 22)。"然而",亚里士多德以简洁的陈述对自然正确作了总结,"唯有一种政制依据自然而在任何地方都是最佳的"。这种政制,"最神圣的政制",就是某种王政,它是唯一不需要任何实定正确的政制(《政治学》1284a4 – 15, 1288a15 – 29)。地板与天花板——政治社会的最低条件与最高可能性——都是自然的,且在任何意义上不依赖于(实定)法([positive]law)。亚里士多德没有明确把自己关于自然正确的教导与他自己关于交换正义和分配正义(commutative and distributive justice)的教导联结起来,但交换正义和分配正义的原则不可能仅仅属于实定正确。交换正义是在一切种类的物品和服务的交换中获得的那种正义(由此,它包含了诸如价格公道和酬劳公平这样的原则),它同样也是在惩罚中获得的那种正义;分配正义首先在政治荣誉或政治职务的分派中有其地位。根据交换正义和分配正义来理解的自然正确,并不等同于刻画了政治生活最低条件的自然正确:坏的政制习惯性地抵制分配正义的原则,但坏的政制无论如何依然持存着。亚里士多德不再迫不得已去要求对自然正确的稀释。亚里士多德教导说,所有的自然正确都是可变易的(changeable),他没有在——托马斯·阿奎那加以区分的——不可变的原则与可变的结论之间作出区分。这似乎意味着,有时候(在极端或紧急的情势下)甚至偏离自然正确的最一般原则也是正义的。

在廊下派(the Stoicism)那里,自然法第一次成为一个哲学主题。在那里,自然法没有首先成为道德哲学和政治哲学的主题,而是成了自然学(关于宇宙的科学)的主题。自然法或神法或永恒法等同于上帝(God)或最高的神(火、以太,或气)或他的理性(his reason),也就是说,自然法或神法或永恒法通过型塑(molding)恒在的质料,等同于遍布整全并由此支配整全[141]的有序原则(the ordering principle)。理性存在者们能够认识这种法,当这种法运用于理性存在者的行为时,他们也能够有意地遵从它。在这样的运用中,自然法将人导引向他的完善——一种理性的社会动物的完善。自然法是"生活的指南和责任的导师"(西塞罗,《论诸神的本性》[*On the Nature of the Gods*]I 40),它是对事关人类生活的理性的献身。由此,为其自身的缘故而值得选择的有德性的生活,开始被理解为遵从自然法——遵从一种法——的生活,由此,有德性的生活开始被理解为顺服的生活(the life of obedience)。

反过来说,自然法的内容就是德性的全部。然而,廊下派理解的有德性的生活,并不等同于跟沉思生活有别的道德生活,因为四枢德(the four cardinal virtues)之一是智慧,而智慧首先是理论式的智慧,有德性的人即是智者(the wise)或哲人。人们不禁要说,哲学研究在廊下派看来仿佛就是一种道德德性,也就是说,他们将哲学研究看作是可以向大多数人要求的某种东西。正义——四枢德中的另一种德性——首先在于去做依据自然而正确的事。正确的根基是人爱自己的同伴(即不仅是他的公民同伴)的自然倾向:存在一个包括了所有人(以及所有神)的自然的社会。对普遍社会(universal society)的倾向与对政治社会的同等自然的倾向可完美兼容,而政治社会必然是个特殊社会。不可变易且普遍有效的自然法——其中的一部分决定了[何为]自然正确,即与(截然不同于智慧、勇气和节制的)正义相关的那种正确——是所有实定法的基础,与自然法相抵触的实定法是无效的。有时候,人们断言廊下派哲人因是平等主义者而不同于柏拉图和亚里士多德。与亚里士多德(但不是柏拉图)不同,廊下派哲人否认有人依据自然而是[译按:即天生]奴隶,但这并不能证明,他们认为所有人在关键方面——即在涉及成为智者或有德性者的可能性方面——依据自然都是平等的(西塞罗,《论善事与恶的界限》[*On the Ends of the Good and Bad Things*]IV 56)。廊下派哲人与柏拉图和亚里士多德截然不同的独特性,说明了为何他们才是首批明确断言自然法存在的哲人,这种独特性看来似乎在于这样的事实,即他们的教导要远比柏拉图——更不消说亚里士多德了——的教导更少含混性,神意(divine providence)的存在为遵从或不遵从德性的诸多要求配备了神的制裁(divine sanctions)(参西塞罗,《论法律》II 15–17 及《论共和国》III 33–34)。

廊下派的自然法教导是自然法传统的基本层面,它在某种程度上影响了罗马法。经过重要修正,廊下派的自然法教导也成为基督教教义的组成成分。基督教的自然法教导在托马斯·阿奎那的著作中臻至理论上的完满。不消说,在基督教的[自然法]版本中,廊下派的肉身主义(corporealism)("物质主义"[materialism])遭到抛弃。尽管自然法保留了理性的地位,它却在基督教(启示)神学的语境[142]中得到处理。托马斯是在人类行动原则的准确语境中处理自然法的,这些原则要么是内在的(德行或恶行),要么是外在的,推动人趋向善的外在原则是上帝,上帝用律法教导人并且用他的恩典协助人。一方面,自然法明显区别于永恒法——上帝自身或上帝统治一切造物的原则,另一方面,自然法明显区别于神法,即包含在圣经中的实定法。永恒法是自然法的基础,而人若要臻达永恒的福祉(eternal felicity),若是无恶不受惩罚,那么自然法就必须由神法来补足。一切造物,就其借助神意从而拥有趋向自身的合宜行动和目的的倾向而言,都参与了神法。理性存在者以更为优越的方式参与神意,因为他们能够为自己运用某种预见(exercise some providence),他们能够知道自己依据自然而倾向善的目的,他们也能够引导自己走向那些目的。人依据自然就倾向于拥有自然次序的多种多样的目的,他们通过社会中生命的自我保存和繁衍而向上帝的知识上升。自然法引导人的行为朝向那些由命令和禁令构成的目的。换种不同的说法,作为理性存在者,人依据自然而倾向于按照理性来行动。按照理性而行动即是有德性地行动,自然法因而就规定了德性的各种行动。人天生拥有有关自然法的各种首要原理的知识,这些原理是普遍有效或不可变易的。然而,由于人的行动的偶然性,来自多少有点遥远的原理的那些结论,拥有的既非原理本身的证据,亦非原理本身的普遍性。仅仅这一事实,就会要求自然法要由人法(human law)来补足。与自然法不一致的人法并不具有法律约束力(《神学大全》1 2 问题 90 以下)。《旧约》的所有道德戒律(moral precepts)(不同于祭仪戒律和诉讼戒律)都能归结为"十诫"(the Decalogue),它们属于自然法。这对严格意义上的"十诫"的第二块石板上的戒律——即规范人与人之间关系的七条诫命(《出埃及记》20:12 – 17)——也是成立的。上述戒律即便对普通人也是自明且可以理解的,同时,这些戒律是毫无例外地有效的,遵从这些戒律并不要求以德性为习惯(the habit of virtue)(《神学大全》1 2 问题 100)。神的惩罚为触犯自然法配备了充分的制裁,但人的理性能否确立这类[神的]惩罚的事实,这一点却并不是完全清楚的。托马斯无疑拒绝接受上帝不惩罚那类灵知派的主张(gnostic assertion),他也拒绝接受唯一的神的惩罚是永恒福祉的丧失这类伊斯兰亚里士多德主义者的主张。托马斯确实说,神学家们考虑的罪主要限于它是对上帝的冒犯,而道德哲学家们考虑的罪主要限于它是对理性的违背。这些思想可能导向某些后期作家的观点,[143]按照他们的说法,严格理解的自然法就是自然理性本身,也就是说,自然法并不命令或禁止而仅仅"指示"(indicates),如此理解的自然法即便没有上帝也将是可能的(参 Suarez,《论法律及神的立法》[*Tractatus de legibus ac de Deo Legislatore*] 卷 II,6 章 3 节;格劳秀斯,《战争与和平法》[Grotius, *De jure belli ac pacis*], 绪言,11 节;霍布斯,《利维坦》15 章末尾;洛克,《政府论》卷 II,6 节;莱布尼兹,《神义论》,183 节)。托马斯在讨论作为一种特定德性的正义时处理了(不同于自然法的)自然正确(《神学大全》2 2 问题 57)。在其中,他面对的任务是调解亚里士多德式的教导和罗马法在自然法(ius naturale)与万民法(ius gentium)之间作出的区分,按照这样的区分,自然正确处理的仅仅是一切动物共有之事(类似生育及抚养后代),而万民法则特别地处理人类事物。罗马法的区分可能看似反映了早期约定论者的教导(参德谟克里特《残篇》278),托马斯的调解显然为作为人类前社会状态的"自然状态"概念铺平了道路(参 Suarez,前揭,卷 II, 8 章 9 节)。

　　托马斯主义的自然法教导是自然法教导的古典形式,这一教导于中世纪已经在不同基础上遭到争议。按邓斯·司各特(Duns Scotus)的说法,严格说来,只有爱上帝的诫命甚或禁止恨上帝的禁令严格说来才属于自然法。按帕多瓦的马西利乌斯(Marsilius of Padua)的说法,亚里士多德意指的自然正确是到处都认可和遵守的实定正确(positive right)(崇拜神、尊敬父母、抚养后代等等)的一部分,它只能在隐喻意义上被称为自然正确。另一方面,涉及将要去做的各类事情的正确理由(right reason)的诸多指令(即托马斯主义意义上的自然法)并不如此这般普遍有效,因为它们没有为人们普遍地认识和遵守。

自然法在现代获得了其最伟大的可见的权能:同时在美国革命和法国革命中,庄严的国家公文(solemn state papers)都诉诸自然法。效力上的变化与实质的变化相联系。现代自然法在本质上不同于前现代的自然法。前现代的自然法依旧强有力,但它多多少少遭到剧烈的改编以适应现代自然法。现代自然法最显著的特征是这些:(1)自然法得到独立的处理,即人们不再在神学语境或实定法语境中处理自然法;一些新教国家为自然法设立了专门教席;有关自然法的论章(treatises)采纳了自然法的法典形式;相信自然法能够以"几何学的"方式来处理(即结论与原理拥有同样的确定性),使得对自然法的独立处理成为可能。(2)自然法愈益变为自然的公法(natural public law);霍布斯的主权学说、洛克的"无代表权则不纳税"(no taxation without representation)学说或卢梭的公意学说(doctrine of general will),都不仅仅是政治学说,而且也是法律学说;它们属于自然的公法;[144]这些人没有宣称,最佳政治秩序——按其本性,除非在极为有利的条件下,这样的政治秩序不会实现——是什么,他们倒是指出了无论何时何地都可获取的各种正当性条件。(3)孤立的自然法被假设为在自然状态(即一种前文明社会的状态)中如鱼得水。(4)在现代发展中,"自然法"仿佛为"人的种种权利"(the rights of man)所取代,或换个说法,强调重点从人的责任转化为人的权利。(5)如果说前现代的自然法在整体上是"保守的",那么现代自然法本质上就是"革命的"。若是有人研究依然被记得的伟大的现代自然法导师们——而非总是满足于折衷的大学教授们,前现代自然法与现代自然法的彻底区别就显得最为清楚。

　　马基雅维利和笛卡儿这两位思想家建立了厘定现代自然法的各种原则，[尽管]他们自身并非自然法的导师。按照马基雅维利，传统的政治学说将自身定位于人应当如何生活，从而这些学说在描述想象的共同体（"各种乌托邦"）中臻致巅峰，这对于实践是无用的，人们应当从人实际上如何生活出发。笛卡儿的革命始于普遍的怀疑，这种怀疑导向对自我（the Ego）和作为知识绝对基础的有关自我的"各种观念"（"ideas"）的发现，他的怀疑也导向一种对宇宙的数学式—机械论解说（a mathematical – mechanical account of the universe），这种解说将宇宙当作人的知识和利用的区区客体。

　　由霍布斯创始的现代自然法并没有如传统自然法那样始于人的自然目的的等级秩序，而是始于那些目的的最低处（自我保存），这可能被认为要比始于较高的目的更有成效：最终只不过是立足于自我保存权利（the right of self – preservation）的公民社会不会是个乌托邦。人依然被断言为理性的动物，但人的自然的社会性遭到否认；人不是天生受命趋向社会，而是为区区算计（calculation）所怂恿而命令自己趋向社会。这一观点自身非常古老，但如今激发它的是对公民社会的一种自然的权利基础（a natural – right basis）的关注。自我保存的欲望具有一种激情而非自然倾向的特征。自我保存的欲望乃最强有力的激情这个事实使它足以成为一切权利和责任的基础。规定人的责任的自然法衍生于自我保存的自然权利，权利是绝对的，而所有责任却是有条件的。就自我保存的欲望以及杀害其他人的权力而言，人是平等的，所有人依据自然是平等的。人与人之间没有自然的等级，就此而言，所有人为了和平的缘故，并且最终为了每个人的自我保存的缘故而必须服从的主权者（the sovereign）只是被理解为一个"位格"（a "person"）——这个"位格"（the "person"）乃是每个人的代表者或代理人，个人的首要性——任何个人的首要性——以及他的自然权利依然完整无缺（参《利维坦》21 章）。——洛克的学说可被描述为现代自然法[145]的巅峰。初看之下,它显得是传统学说与霍布斯学说之间的折衷。洛克认同霍布斯之处在于,他否认自然法植根于人的心灵,否认自然法能通过人类的同意来认识,也否认自然法能通过人的自然倾向来认识。一般公认,洛克对自然法的演绎虽说不上混乱无章(confused),可却令人费解(confusing),然而,这不能证明洛克自己是混乱无章的。看来最安全的做法是将他的学说理解为对霍布斯学说的深刻修正。可以确定的是,与霍布斯不同,洛克在有关财产(即获取财产)的自然权利中看到有关自我保存的自然权利的关键性的重要后果,公民社会内部的一种自然权利变成了无止境获取的自然权利。财产在首要的意义上仅仅通过劳动才能正当获取,然而,在公民社会中,劳动不再是财产权的标志,尽管劳动仍是所有价值的来源。洛克的自然法学说是资本主义理论的原初形式。——卢梭同样始于霍布斯的前提。霍布斯断言,判定自我保存手段的自然权利是自我保存权利本身的必然后果,自然权利就像基本权利(fundamental right)一样,同等地属于无论智愚的所有人。但卢梭与霍布斯不同,他要求把判定自我保存手段的自然权利保留在公民社会内部,并作为认同自然权利的机制(institution):通过成为主权者(即立法会[the legislative assembly])的一员,每一个服从法律的人必须在法律的制定中有发言权。对蠢行的纠正首先将在各种法律——它们的起源和内容都是共通的(general)——的特性中获得:所有服从法律者决定何为所有人必须不做或可以不做的事。经由那种共通性(generality),各种法律的正义性或合理性(rationality)在与自由和人人平等相兼容的唯一道路上得到保证。在按照自然权利建立的社会中,既不再有必要也没有可能从实定法上诉至自然正确[权利],尽管(或正因为)那一社会的成员或统治者并不被设想为正义者。卢梭与霍布斯进一步的不同在于,卢梭认识到,倘若人依据自然是非社会的(asocial),那人依据自然也是非理性的(arational)。通过质疑人是理性的动物这一传统观点,卢梭发现人的特殊性在于人的可臻完美性(perfectibility），或更笼统地说，在于人的可塑性（malleability）。由此引出的结论是，人这个族类是我们希望去塑造的东西，而人性无法为我们提供人以及人类社会应当怎样的指南。——不是卢梭而是康德从卢梭的划时代创新中得出决定性的结论：应然（the Ought）无法从实然（the Is）、从人性中衍生；道德法不是一种自然法或者说不能衍生于自然法；道德法的评判标准只不过是其形式——理性的形式，即具有普遍性的形式。正如依据卢梭，特定的意志经由共通化（being generalized）成为无可厚非的实定法那样，依据康德，若是行动的各种公理能通过普遍化（即成为普遍立法的可能原则）[146]的检验，就证明它们是道德的。——大约与此同时，怀着对法国革命的同情，康德对现代自然权利的最彻底形式（the most radical form）进一步彻底化，从而将自然权利转化为理性的而不再是自然的权利，将自然法转化为理性的而不再是自然的法，反对法国革命及其理论基础（该理论基础乃现代自然权利的特定版本）的伯克（Burke）则返回到前现代的自然法。在这样做时，伯克使某种程度上隐含于前现代自然法中的保守主义成为主题。就此，伯克深刻地修正了前现代［自然法］教导，并决定性地准备好从自然的"人的权利"（the natural "rights of men"）到指定性的"英国人的权利"（the prescriptive "rights of Englishmen"）的转折，准备好从自然法到"历史学派"（the historical school）的转折。

参考书目①：

1）Carlyle, R. W. , Carlyle, A. J. , *A History of Medieval Political The-*

---

① ［译按］施特劳斯此文原是为《国际社会科学百科全书》（*International Encyclopedia of the Social Sciences*, 前揭）所撰辞条，故含参考书目。书目体例按原文（即将作者之姓列于名前），中文仅译出书名（或文章标题）。

ory in the West,6 卷本(Edinburgh and London, 1903 – 1936) =《中世纪西方政治理论史》。

2)Gierke, O. von,*Political Theories of the Middle Ages*,F. Maitland 英译(Cambridge 1900) =《中古时代各种政治理论》。

3)Gierke, O. von, *Natural Law and the Theory of Society, 1500 – 1800*,E. Barker 英译(Cambridge 1934) =《1500 至 1800 年间的自然法与社会理论》。

4)Gierke, O. von,*The Development of Political Theory*,B. Freyd 英译(New York 1939) =《政治理论的发展》。

5)Kelsen, Hans, "Natural Law Doctrine and Legal Positivism," A. Wedberg 英译,收 *General Theory of Law and State*(New York 1961) = "自然法学说与法律实证主义",收于《法与国家的一般理论》。

6)Jaffa, H. V. , *Thomism and Aristotelianlism*(Chicago 1952) =《托马斯主义与亚里士多德主义》

7)McIlwain, C. H. ,*The Growth of Political Thought in the West*(New York 1932) =《西方政治思想的成长》

8)Nussbaum, Arthur,*A Concise History of the Law of Nations*(New York 1947) =《万民法简史》

9)Rommen, H. A. ,*The Natural Law*,T. Hanley 英译(St. Louis 1947) =《自然法》

10)Strauss, L. ,*Natural Right and History*(Chicago 1953) =《自然正确与历史》①

① [译按]中译本名为《自然权利与历史》,彭刚译,北京:三联书店,2003。

耶路撒冷与雅典：一些初步的思考①

何子建　译

一、《圣经》的开端及其希腊对应物

[147]在当代的种种困惑和危险之中我们所抱有的一切希望，都正面或负面、直接或间接地基于过去的经验。就我们西方人而言，其中最宽广而又最深远的经验，是以两个城市的名字来标示，即耶路撒冷与雅典。西方人成为现在的样子并是其所是，乃通过将《圣经》信仰和希腊思想融合为一。要了解我们自己，要照亮我们通往未来、渺无人迹的道路，必须了解耶路撒冷与雅典。不言而喻，要恰当地完成这样的任务，远非我力所能及，可是，我们不应以自己的能力来限定我们的任务，只有通过完成自己的任务，才对自己的能力有所认识，与其卑怯地成功，不如崇高地失败。此外，我既获邀替贵院开设的柯亨纪念讲座作首轮演讲，就必须顾及未来几年或几十年由其他人——但愿更优秀、更伟大的人——所提供的一整套演讲。

---

① ［原版编者注］原刊《城市学院文集》(*The City College Papers*, no. 6, The City College of New York, 1967)。［译按］原文标题"Jerusalem and Athens: Some Preliminary Reflections"。此文原为施特劳斯的一篇演讲稿，演讲分两天进行，时间是 1967 年 3 月 13 日和 15 日，地点在纽约城市大学的城市学院(the City College of the City University of New York)，乃作为"弗兰克·柯亨犹太事务公开讲座"(The Frank Cohen Public Lectures in Judaic Affairs［按：柯亨是著名的工业家和金融家］)的第一讲；这篇讲稿曾由该学院于 1967 年印成单行本。

我们谈到耶路撒冷与雅典时所指涉的不同对象,眼下却被专门研究此类对象的学科理解为不同文化。"文化"意味着是一个科学的概念,根据这个概念,世界上有无定数的文化——n①种文化,研究这些文化的科学家把它们看作客体(或对象)。身为科学家,他站在诸文化之外,对它们无所偏爱,一视同仁,他既公正又客观,他担心的是不要对诸文化[148]有任何歪曲。在提到诸文化时,科学家避免用上任何"受文化约束"的概念,即受到任何特定文化或某种文化束缚的那些概念。在许多情况下,文化科学家所研究的这些对象从来都无法知道自身是或曾经是文化,这并没有让科学家们难堪:电子也不知道自身是电子,甚至狗亦不知道自己是狗。科学家将其研究对象称作文化,正因为这样,他便想当然地认为,他对所研究的人们的理解,远远多于人们过去或现在对自身的理解。

有时候,这套方法受到怀疑,但这种怀疑对文化科学家似乎全无影响。首先提出怀疑的是尼采。我们说过,按流行的看法,世界上曾有过或尚有 n 种文化,比如说有一千零一种文化,这让人联想起"阿拉伯之夜"(the Arabian Nights)——《一千零一夜》②。若对各种文化娓娓道来,也不失为一系列扣人心弦的故事,也许是一系列悲剧作品。与此相应,尼采借其笔下的扎拉图斯特拉之口在题为"一千零一个目的"(Of 1,000 Goals and One)的一段讲辞中谈到我们的主题。出现在这段讲辞中的希伯来人和希腊人只是民族之林中的两个民族,并不比其中提及的另外两个或略而不提的九百九十六个民族更优越。希腊人的特质在于:个人完全献身于为表现卓越、赢得荣誉、凌驾于旁人而竞争;希伯来人的特点则是:无比尊崇父母(时至今日,犹太人在最重大的宗教节日

---

① [译按]n 是数学中表示不定数的符号。
② [译按]或译《天方夜谭》,系古代阿拉伯民间故事集。

中仍会诵读《托拉》(*Torah*)①中关于尊崇父母之首要前提的章节:绝对
禁止子女与父母乱伦)。对于希伯来人以至所议论到的其他民族的神
圣法典,尼采比任何观看者都怀有更深的崇敬。然而,尼采只不过是这
些法典的观看者,由于这些法典所赞美或命令的东西互不相容,他因而
不受任何戒律约束,尤其不受现代西方文化的法典或曰"价值"约束。
不过,按尼采的意思,一切科学概念,尤其文化概念,都受文化约束。文
化概念是19世纪西方文化的产物,将这个概念应用于其他时代和氛围
的行为,源于该特殊文化精神上的帝国主义。于是,在文化科学声称拥
有的客观性及其固有的主观性之间,就产生了引人瞩目的矛盾。换句
话说,除非一个人牢牢地植根于自己的文化,或者凭自身能力以观看者
的身份属于某种文化,否则不可能观看或真正地理解任何文化。然而,
如果观看一切文化的普遍性要得到保留,观看者所从属的文化就必须
是普遍的文化、人类的文化、世界的文化;观看的普遍性预设了(即使
只是通过预期)不再是众多文化之一的普遍的文化。迄今出现的文化
的多样性[149]与真理的唯一性相矛盾。真理不是一个女人,以至每
个男人都可以像拥有自己的妻子一样拥有自己的真理。因此,尼采寻
求一种文化,这种文化不再是特殊的、最终可任意分析的。按他的设
想,人类之单一目的从某种意义上说是超人类的(super - human):尼采
提到未来的超人(the super - man)。超人意味着在最高的层次上将耶
路撒冷与雅典集于一身。

　　不管涉及所有文化的科学会提出多少抗议,以表示对一切偏爱或
评价漠不关心,文化的科学还是助长了一种特殊的道德状态。由于涉
及所有文化的科学要求对一切文化敞开,它就助长了普遍的宽容和源

---

　　① ［译按］"托拉"为希伯来语Torah的译音,一般指"摩西五经",即《希
伯来圣经》的首五卷:《创世记》、《出埃及记》、《利未记》、《民数记》和《申命
记》,据犹太人传说系摩西所写。有时,Torah也指整部《希伯来圣经》。

自对多样性的观看的兴奋；涉及所有文化的科学必然要影响一切文化，以便它仍能借着促使一切文化沿着同一个方向转变来施加影响。不管愿意不愿意，涉及所有文化的科学都促成了从特殊到普遍的重点的转移：通过——哪怕只是含蓄地——维护多元论的正确性，涉及所有文化的科学断言多元论是独一无二的正确道路，它主张普遍宽容的一元论，并坚持要尊重多样性，因为，作为一种主义，多元论也是一种一元论。

如果有人限定自己，宣称任何要了解议论中的现象的尝试都依赖于某种与大部分这些现象不相干的概念体系，并且必然要歪曲这些现象，他似乎就更接近文化的科学的通行做法。只有当一个人尝试理解各种文化或人群时——就像他们现在或过去解自己一样，才可望达到"客观性"。处于有别于我们的时代和社会氛围中的各种各样的人们，并不根据诸文化来理解自己，因为他们没有按照文化一词的当代意义去关注文化。我们现在所谓的文化，其实与关注文化没有什么关系，不过是关注其他事物，尤其是关注独一无二的真理（the Truth）的偶然结果。

然而，我们提到耶路撒冷与雅典，似乎意在驱使我们超越任何一方的自我理解。或者，是否有一个概念、一个词可以指称那个《圣经》和希腊人最伟大的著作都声称要传达的至高物？确实有这样的一个词——智慧。不仅希腊哲人，连希腊的诗人都被认为是有智慧的人，而在《托拉》中，"托拉"就被说成"万族眼里的你们的智慧"①。因此，我们必须尝试去理解，《圣经》的智慧与希腊人的智慧有什么差异。我们

---

① ［中译编者按］此句原文 and the Torah is said in the Torah to be "your wisdom in the eyes of the nations"，这里前面作为主语的 the Torah 指摩西授自上帝的诫命、典章、律例——即律法，后面作状语的（in）the Torah 可以理解为《律法书》，由于施特劳斯有时采用 the Law［《律法书》］这样的表述，为示区别，这里采纳音译。引文出自《申命记》4 章 6 节，其中的"你们"指"以色列人"。

旋即看到,每一方都自命是真正的智慧,否认对方作为严格和至高意义上的智慧之权利。根据《圣经》,智慧以对上帝的畏惧为开端;按照希腊哲人的看法,智慧始于好奇。我们从最开始就被迫作出选择,要采取某个立场。那么,我们站在哪一边? 在决定我们的效忠对象时,我们得面对耶路撒冷与雅典互不相容的主张。我们对两者都乐于接受,也愿意聆听每一方。我们自己不是有智慧的,但我们[150]希望变得有智慧,我们都是智慧的寻求者——"philo – sophoi"[爱智慧者]。通过这样的说法,即我们希望先聆听,再作决定,我们就已经选择了偏爱雅典而非耶路撒冷。

　　对于大家来说,我们既然不可能成为正统派,就得接受对《圣经》进行历史考证研究的原则,这似乎是必需的。传统上,《圣经》被理解为真实可靠地记述了上帝和人类从原初到[以色列人]被掳于巴比伦(the Babylonian exile)①之后和好的事迹。上帝的事迹包括他的立法和他对众先知的默示(inspirations),②人类的事迹则包含他们对上帝的颂扬和祈祷,以及他们那些受上帝激发的训诫。《圣经》考证始于这样的观察,即《圣经》的记述在许多重要方面并不可靠,是推想出来的,并非由"历史",而是由——借用马基雅维利的话③——"对古代历史的记忆"构成的。《圣经》考证所达到的第一个高潮是斯宾诺莎(Spinoza)的《神学—政治论》(Theological – Political Treatise),那是毫无掩饰地反神学的。斯宾诺莎阅读《圣经》就像阅读《塔木德》(Talmud)和《古兰经》

----

　　①　[译按]指以色列人被掳往巴比伦的历史事件(公元前 597 – 前 538 年),犹太人称该段历史为"受难时代"。

　　②　[译按]默示,指上帝以启示激发他所拣选的个人而使之写作圣书。

　　③　Machiavelli:Discorsi(《论李维》),I. 16。

(Koran),①而他的考证结果可概述如下:《圣经》很大程度上是些自相
矛盾的断言、古代的偏见或迷信残余和某种异想天开式想象力的迸发;
《圣经》的编纂和保存都同样差。斯宾诺莎得出这样的结论,乃预先假
定了不可能有神迹。19 世纪和 20 世纪的《圣经》考证与斯宾诺莎的
《圣经》考证有着种种显著的差别,其成因在于它们对想象力有不同的
评价:对斯宾诺莎来说,想象力压根儿次于理性,而想象力在后来的时
代却被赋予高得多的地位,被当作宗教或精神体验的表达工具,这种体
验必然要以符号以及诸如此类的形式来表达自身。《圣经》历史考证
研究试图理解《圣经》的不同层面,就像最贴近这些不同层面的信息接
收者——即不同层面的各个作者之同代人——理解它们一样。《圣
经》讲到的很多事物,对《圣经》作者来说都属于遥远的过去,只需提到
创世就够了。《圣经》无疑包含了不少历史成分,即由同代人或几乎是
同代人撰写的各种事件的记载。于是有人得出结论,《圣经》同时包容
了"神话"(myth)与"历史"(history)。但是,这种区分对《圣经》来说是
陌生的;"神话"与"历史"之间的区分是 mythos[(虚构的)神话]与 log-
os[言辞;理]之间的区分的一种特殊形式;mythos 与 historie[历史]具
有希腊起源。从《圣经》观点来看,"各种神话"与"各种历史"同样真
实:以色列"实际上"(in fact)所做或所遭遇的事情,除非被看成是创世
与拣选(election)的"各种事实"(facts),否则不可能得到理解。现在所
谓"历史的"(historical)指那些对拥有信仰者与不拥有信仰者都同样可
理解的行与言,但从《圣经》角度而言,不拥有信仰者是那些在心里说
"没有上[151]帝"的愚顽人,《圣经》对一切事情的叙述,皆务求让智
者——按《圣经》中的智慧的含义来说——觉得可信。我们决不要忘

---

①　[译按]《塔木德》本指犹太教口传律法集,又称"口传《托拉》",后指
犹太教自公元 1 世纪末到公元 500 年间编定的《希伯来圣经》注疏文献汇集,
为该教仅次于《圣经》的经典。《古兰经》一译《可兰经》,乃伊斯兰教的经典。

记,《圣经》中没有关于怀疑的字眼,《圣经》中的神迹和奇迹使那些信念不足或信仰多神的人信服,它们不是针对那些"心里说'没有上帝'的愚顽人"(诗 14:1)而发的。①

我们确实不可以把神学的神迹概念归于《圣经》,因为那个概念以自然的概念为先决条件,而自然的概念则与《圣经》不相干。但人们会受到诱使,将所谓诗艺的神迹概念(the poetic concept of miracles)归于《圣经》,就像《诗篇》第114章所描述的:

> 以色列出了埃及,
> 雅各家离开说异言之民;
> 那时,犹大为主的圣所,
> 以色列为他所治理的国度。
> 沧海看见就奔逃;
> 约旦河也倒流。
> 大山跳跃,如公羊;
> 小山跳跃,如羊羔。
> 沧海啊,你为何奔逃?
> 约旦哪,你为何倒流?
> 大山哪,你为何跳跃,如公羊?
> 小山哪,你为何跳跃,如羊羔?
> 大地啊,你因主的临在,
> 就是雅各上帝的临在,便要震动。
> 他叫磐石变为水池,

---

① 培根(Bacon),"论无神论"(Of Atheism),载《培根论说文集》(*Essays*)。

叫坚石变为泉源。①

当上帝临在（presence）或召唤时，可以引发他的受造物做出一些明显与他们的普通行为不同的举动，他使无生命之物变得生气勃勃，也使液体变成固体。很难说《诗篇》的作者不是把他的言辞视为的确是真实的或者说字面上是真实的；容易说的是，[希腊意义上的]诗作（poetry）的概念——诗作的概念与歌（song）的概念不同——与《圣经》不相干。也许，更简单地说，由于科学对自然神学的胜利，神迹的不可能性不再能够被说成是纯然真实的，而是降格为一种无法论证的假说。人们可以将《圣经》考证的许多——虽不能说是所有——结果之假说性质追溯至这种基本前提的假说性质。可以肯定，一切形式的《圣经》考证都利用了在《圣经》中找不出对应词的术语，就此而言，《圣经》考证是非历史的。

我们该如何继续前进呢？我们不会对《圣经》考证的种种研究成果乃至前提持有异议，且让我们同意，《圣经》——尤其《托拉》——相当程度上包含了"对古代历史的记忆"，甚至是对各种记忆的记忆，但是，对各种记忆的记忆不一定是对原有事件的歪曲或苍白无力的反映，它们可能是对往事的重新搜集，通过沉思原初经验而深化回忆。因此，我们既要认真看待最新和最上面的层面，也要认真对待各种更早的层面。我们将从最上面的层面着手——从对于我们而言是最初的层面开始，纵使它未必确实是最初的层面。我们将要开始的地方，恰是传统的和历史的《圣经》研究必然开始之处，在这个进程中，我们不用就偏爱雅典而非耶路撒冷被迫预先作出决定。因为，凡在《圣经》里[152]没有表现为奇迹的事件，《圣经》没有要求我们相信那些

---

① [译按]中译据和合本中文《圣经》，略有改动。以下圣经引文除另作说明外，均引自和合本。

事件的奇迹般的特征。上帝对人说话可以被描述为奇迹,然而,《圣经》并没有如此断言:将[上帝的]那些话编在一起也是奇迹。我们从开端开始,从开端之开端开始。开端之开端恰巧要应付独一无二的开端:天与地的创造。《圣经》开始得合情合理。

"起初,上帝创造天与地。"是谁在说这句话? 我们没有被告知,因此我们不知道。难道谁说这句话都一样吗? 这可能是一个哲人的理由,难道它也是《圣经》的理由吗? 我们没有被告知,因此我们不知道。我们无权假定,那句话是上帝说的,因为《圣经》引用上帝的话时都会使用"上帝说"之类的字眼。我们于是假定,说这些话的是一位无名氏,然而,上帝创造天地时,这个世界上没有目击者(见《约伯记》38:4),唯一的目击者是上帝。由于"以色列中再没有兴起先知像摩西的,他是耶和华面对面认识的"(申34:10),传统将上引的句子及其整个后果归于摩西是可以理解的。但是,可以理解或表面上讲得通的事情本身却不是确凿无疑的。叙述者并没有声称他是从上帝那里听到这些事情,也许他是从某人或某些人口里听到传闻,也许他是在复述一个故事。《圣经》继续写道:"地是空虚混沌……"不太清楚的是,被如此描述的地究竟是上帝所创造,还是先于他的创造而存在。然而,相当清楚的是,《圣经》虽然讲到起初地是什么样子,却对起初天是什么模样不置一词。地——没有天的地,似乎远比天重要。随后而来的事证实了这种印象。

上帝在六天之内创造了万物。他第一天造出了光,第二天造出了天,第三天造出了地、海、植物,第四天造出了太阳、月亮和众星,第五天造出了水中的动物和飞鸟,第六天造出了地上的动物和人。最惹人瞩目的困难在于:光乃至昼(与夜)被放在太阳之前,植物也被放在太阳之前。察觉到上帝创世之日(creation – days)并非太阳日(sun – days;或译:日历之日),第一个困难就消除了。然而,人们必须立刻补充,这两类日子之间有着某种关联,因为在光与太阳之间有一种与之相应的关联。对创世的描述显然包括两部分：第一部分谈到头三天的创世日子，第二部分讲述后三天。前者始于造出了光，后者始于造出了天上的发光体。相应地，第一部分以造出了植物结束，第二部分则以造出了人作结。第一部分处理的一切受造物都缺乏局部位移（local motion）；第二部分[153]处理的一切受造物都具备局部位移。① 植物比太阳先出现，因为植物缺乏局部位移，而太阳则拥有局部位移。植物从属于地，②它植根于地，植物是固定的地之固定覆盖物。植物是地听从上帝的吩咐所产生的，《圣经》没有讲到上帝"造"（making）植物。至于那些提到过的有生命的存在物，是上帝命令地生产有生命的存在物，然而，上帝自己"造出了"它们。在创世日子的前半部分结束之时，植物被创造出来了；到后半部分结束时，那些终其一生都活在坚实大地之上的有生命的存在物也被创造出来了。那些有生命的存在物——除了有自身的运动之外还拥有生命的存在物——是在第五和第六天创造出来的，紧随着造出天上的发光体的日子。《圣经》以由低至高的顺序来展示这些受造物。天低于地。天上的发光体缺乏生命，它们低于那些最卑微的牲畜。这些发光体为那些只在天空下才找得到的有生命的存在物服务，把它们造出来是为了管理昼夜，而不是为了统治大地，更别提统治人了。《圣经》的创世叙述最突出的特征是，将天和天上的发光体降级或降格，太阳、月亮、星辰比生物先出现，因为它们是无生命的：它们不是诸神。天上发光体之所失，正是人之所得，人是创世的顶点。头三天的受造物不能改变自己的位置；天上的物体能改变位置，却改不了行动方向；有生命的存在物能改变行动方向，却改不了"习性"（ways）；唯

---

① 参 U. Cassuto，《〈创世记〉注疏，第一部分》（*A Commentary on the Book of Genesis*，part I），Jerusalem，1961，页 42。

② 参柏拉图《王制》491d1，其中将植物刻画为 engeia["地里的或属于地的"（in or of the earth）]。另参 Empedocles（恩培多克勒），《残篇》A 70。

独人可以改变"习性"。人是唯一按上帝的形象来创造的存在物,只有就人的被造,《圣经》的创世叙述才提到上帝"创造"(creating)他,至于天和天上的物体之被造,叙述中只说上帝"制造"(making)它们。只有就人的被造,《圣经》才提到上帝的多数性(a multiplicity of God):"我们要照着我们的形像、按着我们的样式造人……上帝就照着自己的形像造人,乃是照着他的形像造男造女"(创1:26—27)。两性非人类所独有,但只有人类的两性可以引起这样的观点,世界上有[男]神和女神:《圣经》中没有"女神"这字眼。因此,创造不是生产(begetting)。《圣经》在别处清晰地但并非更强有力地作出的告诫,现在透过创世的叙述暗中教导一番:世界上只有一个上帝,其名字被写成用来表示上帝的四字母词(the Tetragrammaton),①活生生的上帝源于永恒,止于无尽,他独自创造了天与地及一切日月星辰,但他没有创造任何的神,因此,除了他之外,再没有其他的神。人们顶礼膜拜的许多神,要么是虚无,[154]只不过靠人类制造它们才存在,要么——即便它们确实是某些东西(像太阳、月亮和星辰)——它们肯定不是神。②《圣经》里所有并非为争辩而提到"别神"③的地方都是僵化的说辞,保留这些说辞实际上提出了一个不太重要的问题。《圣经》中的上帝非但没有创造任何神,而且,在《圣经》的创世叙述的基础上,人们甚至质疑,上帝究竟有没有创造出任何让人不得不形容为"神话的"存在物:天与地及其一切日月星辰总是让作为人的人容易接近。人们也许必须从这个事实出发,以便理解为何《圣经》包含如此多的章节(sections)——基于"神话

---

①　[译按]指以色列人称呼上帝的、由四个辅音字母组成的词יהוה,在不同的欧洲语言中变形为 JHVH 和 YHVH 等,中文和合本《圣经》译作"耶和华"。

②　见《申命记》4 章 15—19 节对两类"别神"(other gods)所作的区分,一类是各种偶像,另一类是太阳、月亮和星辰。

③　[译按]见《出埃及记》34 章 14 节;《但以理书》3 章 29 节。

的"（或传说的）与"历史的"之间的区分，这些章节将不得不被描述为历史的（historical）。

　　根据《圣经》，创世之完成以人的被造为标志，人被造出来，创世也就达到了高潮，也只有在创造了人之后，上帝"看着一切所造的都甚好"（创1:31）。那么，恶或坏从哪里来？《圣经》的回答似乎是，既然来自神的一切事物都是善的，恶来源于人。然而，即使上帝的创造总的来说非常完善，也不能就此说创世的所有部分都是好的，或者说整体而言创世不包含丝毫的恶：上帝并不感到其创造的所有部分都是好的。也许，倘若不包含一点点恶，创世从整体上看就不可能"非常完善"，没有暗就不会有光，暗和光是同样多地被造出来的：上帝降灾祸，同样施平安（《以赛亚书》45:7）。不管怎么样，《圣经》在谈完创世之后揭露了诸恶的来源，那是特殊的诸恶——使人苦恼的诸恶。正如《圣经》借着阐明人的原初境况所显示的那样，诸恶不是由创世引起的，也不是创世固有的，为了阐明这种境况，《圣经》不得不借着尽可能使人的被造成为唯一的主题来复述人的被造。这第二个叙述回答的问题，不是关于天和地及一切日月星辰如何产生，而是关于我们所知道的人类生活——受着原初不曾有过的诸恶所困扰——如何产生。第二个叙述也许只是对第一个叙述的补充，也可能对后者作出修改并形成矛盾。毕竟，《圣经》从来没有教导说，人们可以谈到创世而不会自相矛盾。按《圣经》之后的说法，《托拉》的自相矛盾正是《托拉》的奥秘（sithre to-rah）所在，而关于上帝的种种矛盾说法也正是上帝的奥秘所在。

　　第一个创世叙述以人结束，第二个创世叙述则以人开始。根据第一个叙述，上帝创造了人，也只有人是按照他的形象来创造；根据第二个叙述，上帝以尘土造人，并且朝他鼻孔吹了一口生气。这个叙述弄清了一个事实：人是由两种极为不同的要素组[155]成，一是高级要素，另一为低级要素。按照第一个叙述，似乎男人和女人是同时被造出来的；从第二个叙述来看，首先造出来的却是男人。如我们所知，人的生活——大部分人的生活——是土地耕作的生活,他们的生活既贫困又严酷。人们需要雨水,但雨水往往并非随要随有,而且他们必须辛勤劳作。如果人类生活一开始就既贫困又严酷,人就会不得不,或者至少无可抗拒地变得残酷无情、欠缺仁慈、不公不正,就不会完全为自己的缺乏仁爱或公正负责。然而,人还是得负其全责。因此,人类生活的严酷性必须归咎于人的过失。人的原初境况必定是无忧无虑的:他不需要雨水,更不必辛勤工作,上帝把他安顿在一座水源充足的花园里,里面布满了有果实可供食用的树木。虽然人被造出来是过一种无忧无虑的生活,却不是过奢侈豪华的生活:在伊甸园里没有黄金或珍贵的宝石,①人是被造出来过简朴生活的。与此相应,上帝容许人随意采食园中每一棵树上的果实,②唯独那棵能辨别善与恶(坏)之树的果子不能吃,"因为你吃的日子必定死"(创2:17)。人并未被拒绝给予知识,如果没有知识,人就不能辨别知善恶树、女人或者野兽,也不可能理解上帝的禁令;人只是被拒绝赋予辨别善恶之知识,即是说,足以胜任指导人自身和人的生活的知识。纵使人不是小孩,但他将要过孩子般单纯的生活,并服从上帝。《圣经》第一个[创世]叙述降低天的地位,第二个[创世]叙述明令禁止采食知善恶树的果实,可以推测这两者之间有着某种联系。虽然人被禁止采食知善恶树的果实,却没有被禁止吃生命树的果子。

由于缺乏能辨善恶的知识,人就对自己的境况,尤其对自己的独居心满意足。然而,上帝拥有能辨善恶的知识,发觉"那人独居不好,我要为他造一个助手帮助他"(创2:18)。于是,上帝造出各种飞禽走兽,带它们到这人面前,但它们却不是他想要的助手。因此,上帝就以这人身上取出的肋骨造了一个女人。既然这是他的骨中之骨和肉中之肉,

---

① U. Cassuto,《〈创世记〉注疏,第一部分》,前揭,页77-79。

② 人不必忍辱去摘取树上的果实。

他就愉快地接受了，可是，由于缺乏能辨善恶的知识，他没有把这女人称为是好的。叙述者补充道："因此（那就是说，因为这女人是那人的骨中之骨，肉中之肉），人要离开父母，与妻子连合，二人成为一体。"（创2:24）他们两人都赤身露体，但由于缺乏能辨善恶的知识，他们并不感到羞耻。

这就为我们的第一对祖先的堕落（fall）搭起了舞台。首项行动来自一切田野生物中最狡猾的蛇。蛇引诱女人不服从，然后让女人引诱男人。引[156]诱从最低处着手，再向最高处移动。《圣经》并没有告诉我们，什么诱导蛇引诱女人违反禁止采食知善恶树上的果实的神圣律令。有理由假定，蛇这样做，是因为它狡猾，那就是说，它拥有一种低等的智慧，一种天生的恶意。如果不包含某些先天倾向于恶作剧的东西，上帝所创造的一切事物就不会非常完善。蛇这样开始它的引诱，它暗示，上帝本应禁止那男人和女人吃园中任何一棵树上的果子，那就是说，上帝的禁令很可能用意歹毒或者不可能遵从。女人纠正蛇的话，使禁令变得比原来更加严厉："园中树上的果子，我们可以吃，唯有园当中那棵树上的果子，上帝曾说：'你们不可吃，也不可摸，免得你们死'"（创3:2－3）。其实，上帝并没有禁止男人触摸知善恶树上的果子。此外，女人没有明确提到知善恶树，她心中想到的也许是生命树。再者，上帝曾对男人说："你可以吃……你必定死"，女人声称上帝曾经对她和男人说过这些话。她无疑只是通过属人的口传才知道这个神圣的禁令。蛇向女人保证，他们不会死，"因为上帝知道，你们吃的日子眼睛就明亮了，你们便如上帝般能知道善恶"（创3:4）。蛇不动声色地质疑上帝的正确性。与此同时，它掩盖了这样的事实，即采食那树上的果子等于违抗上帝。在这方面，那女人追随蛇。根据蛇的断言，能知善恶可使人免除一死，但我们无法获悉蛇到底是否相信这一点。然而，对于那些不知善恶的存在物、对于像孩子般的人而言，免除死亡可否作为件大好事？但那女人已经忘掉神圣的禁令，有点儿尝到了知善恶树的滋味，不再是对善恶全无所知:她"见那棵树的果子好作食物,也悦人的眼目,且是可喜爱的,能使人有智慧"(创3:6),于是,她就摘下果子来吃了。由此,女人令那男人几乎无法避免堕落,因为他依恋女人:女人给男人摘了几个那树上的果子,他也吃了。通过追随女人,男人就不自觉地违抗了上帝。吃完果子,两人的眼睛顿时明亮起来,这才知道他们自己一丝不挂,他们把一些无花果树叶缝起来,系在腰间:通过堕落,他们对自己的赤身露体感到害羞,采食知善恶树上的果子让他们认识到裸露是恶(坏)的。

《圣经》没有表示过,我们的第一对父母之所以堕落,是因为受到自己的欲望推动,要变得跟上帝一样。他们并非目空一切地起来反抗上帝。他们只不过忘记要服从上帝。他们不知不觉地犯下了不服从上帝的错误。尽管如此,上帝还是严厉地惩罚了他们。上帝也惩罚了蛇。可是,这种惩罚并没有否定如下的事实,正如上帝[157]自己所说,作为不服从他的结果,"那人已经与我们相似,能知道善恶"(创3:22)。结果,危险出现了,那人可能摘取生命树的果子,吃了它会长生不老。因此,上帝把人赶出伊甸园,使他不能再返回园中。人们会感到疑惑,当人身处伊甸园时,为什么没有采食生命树上的果子,那是上帝不曾禁止人吃的。也许,男人没有想到过这件事,由于他缺乏能辨善恶的知识,所以他不怕死,加之,神圣禁令使男人的注意力从生命树移向了知善恶树。

《圣经》有意教导说,人应该过简朴的生活,用不着知善恶。可是,叙述者似乎察觉到这样的事实,能够被禁止力求获得善恶知识的一个存在者,亦即能够多多少少理解到,知善恶对其来说乃是恶的一个存在者,必定拥有这种知识。人因恶遭受苦难,是以人的善恶知识为前提,反过来也一样。人希望过没有恶的生活。《圣经》告诉我们,人曾经有机会过没有恶的生活,并且人不可以为了因恶而遭受的苦难责怪上帝。通过给人这个机会,上帝让人确信,人最深层的愿望不可能得到满足。

人堕落的故事是上帝教育人的故事的第一部分。这个故事表明上帝深不可测。

人必须容忍能辨善恶的知识，忍受因这种知识或因获得这种知识而遭受的苦难。人类的好或坏（goodness or badness）以这种知识及其伴随物为先决条件。《圣经》通过第一对兄弟的故事首次向我们暗示了有关人类的好与坏。兄长该隐是个耕田人，弟弟亚伯是个牧羊人。上帝偏爱亚伯的供品——这位牧羊人献出了羊群中头生的羊，而非耕田人的供物。上帝的偏爱理由不止一个，理由之一似乎是，畜牧生活比耕田生活更接近原初的简朴。该隐很生气，尽管上帝已经笼统地警告他不要犯罪，他还是杀死了弟弟。在试图否认其罪责但徒劳无功之后——这种尝试加深了他的罪责（"我岂是看守我兄弟的吗？"［创4：9］）——该隐遭到上帝的诅咒（他的遭遇与蛇和土地在那场堕落后的遭遇一样，但与没有受到诅咒的亚当和夏娃相反）。该隐受到上帝的惩罚，然而却得以免除死罪：谁要是杀死该隐，将比该隐受到更严厉的惩罚。该隐受到相对温和的惩罚，这不能以这宗谋杀没有明确地遭到禁止这个事实来解释，因为，该隐多少有一点儿善恶之知，而且明明知道亚伯是自己的弟弟，甚至不要假定，该隐对人是按上帝的形象造出来的事实毫不知情。对该隐受到的惩罚的更好的解释是，惩罚在开端期比后来要温和得多。该隐——就像与他一样杀死兄弟的罗慕洛斯（Romulus）①——创建了一个［158］城市，他的部分子孙后代成了从事各种技艺的祖师爷：与人类原初的简朴性如此不相容的城市和技艺，其起源应该更多归功于该隐及其族裔，而不是归功于作为亚伯之代替者的塞特及其族裔。不言而喻，这并非《圣经》就城市和技艺所说的最后

---

① ［译按］罗慕洛斯，或译罗穆路斯，在古罗马神话中乃罗马城的奠基者。相传他和其孪生兄弟瑞穆斯（Remus）在建筑罗马城墙时发生争执，罗慕洛斯杀死瑞穆斯，其后当上了罗马国王。

的话,相反却是对此说的最初的话。正如人们可以认为,禁止采食知善恶树的果子不过是《圣经》的最初指示,而《托拉》的启示,即人类获赐的最高的善恶之知,是其最后的指示。人们会由此想到《撒母耳记》上卷关于王政的最初言辞和最后言辞之间的差异。对该隐族裔的叙述以拉麦的歌词作结,他对自己的两个妻子自吹自擂,他既杀了人,作为报仇者又自觉比上帝高一等。塞特(在大洪水以前的)族裔连一个可以吹嘘的发明者都没有,著名的成员仅有与上帝同行的以诺(Enoch),还有挪亚(Noah)这个义人,他也与上帝同行。由此可知,文明与虔诚是截然不同的两码事。

到了挪亚时代,人类变得过于邪恶,以致上帝要为创造了人类和地上万物懊悔不已——唯独挪亚不在他的懊悔之列,因此,上帝使洪水泛滥。一般而言,在大洪水之前,人的寿命要长得多。人的前洪水时代的长寿是其原初状况的遗痕。人当初住在伊甸园里,本来可以采食生命树的果子而长生不死。人在大洪水之前的长寿反映出这个丧失了的机遇。就此而言,人从大洪水之前到大洪水之后的过渡是一种衰落。如下的事实进一步加强了这种印象,即在大洪水之前而不是之后,上帝诸子与人的众女儿结合,生出古老的强有力的人、享有声誉的人。另一方面,我们首对祖先的堕落却有可能或有必要使上帝在适当时候启示他的律法。正如我们将要看到的,大洪水决定性地为此作好了预备。就此而言,人类从大洪水之前到之后的过渡是一个进步。有关堕落的模棱两可——认为堕落是一种罪,是可以避免的,或者认为堕落无法规避——也在大洪水之前人类状况的模棱两可中有所反映。

大洪水之前的人类与对《托拉》的启示之间的联系,是由上帝与人之间的首次立约,即紧随大洪水所立的约提供的,大洪水是对人类先前极端而近乎普遍的邪恶所作出的应有惩罚。生活在大洪水之前的人类,可以说不受任何限制,也没有律法可依。当我们的始祖仍然住在伊甸园时,除了不能采食知善恶树的果子,他们没有被禁止做任何事情。

大洪水之前的人类奉行素食,并非遵循某项明确的禁令(参见创1:
29)。人类不沾肉食与他们不沾酒(参创9:20)属同一类事情,两者都
是人的原初简朴性之遗痕。把人逐出伊甸园后,上帝也没有再惩罚人,
上帝施于该隐的相对温和的[159]惩罚可算例外。上帝也没有树立人
类的法官。为了教导人,上帝仿佛是在与人类一起做实验,使人生活在
免受法律约束的环境中。这项实验,如同要使人类永远作为天真无邪
的孩子的实验一样,以失败收场。不管沉沦还是觉醒,人都需要受到限
制,人的生活必须以律法为准绳。但这种律法不应该露骨地强加于人。
它必须成为上帝与人以平等(equally)而非对等(equal)伙伴的身份订
约的一部分。这种伙伴关系是大洪水之后才建立起来的;大洪水之前
的时代,不管在人类始祖堕落之前或之后,都不存在这种关系。如下的
事实更能反映出与立约有关的不平等,即上帝应许只要地存在就永远
不再灭绝地上几乎一切活物,并非以所有人或差不多所有人都遵守上
帝在大洪水之后颁布的诸律法为条件。上帝做出了这样的应许,尽管
(或正是由于)他知道,人的心灵的种种图谋从青年时代起就是邪恶
的。亚当过去是人的祖先,挪亚现在是所有后来者的祖先。以洪水清
洗大地,某种程度上使人类重新回到原初状态,这是某种再次创世。在
我们所指出的范围内,大洪水之后人类的境况要比大洪水之前优越。
有一点值得特别强调:大洪水之后的立法中,谋杀明确遭到禁止,并且
会以死刑来惩罚,其理由是,人是按上帝的形象造的(创9:6)。所以,
第一份立约既增强了希望,同时又加重了惩罚。人对动物的管治乃是
命中注定,或者说是从开端期就建立起来的,只是在大洪水之后,这种
管治才伴随了动物对人产生的惊恐和惧怕(参创9:2,以及1:26–30
和2:15)。

　　大洪水之后的立约替上帝与亚伯拉罕的立约做好了准备。《圣
经》列举了大洪水之后的立约与上帝呼召亚伯拉罕之间发生的三件事
情:挪亚诅咒含的儿子迦南、含的孙子宁录的卓越表现,以及人们试图

建造一座城和一座塔,塔顶通天,免得他们要分散各地。迦南——他的土地成了应许之地——受到诅咒,因为含看见其父挪亚赤身裸体,违反了一条尽管不成文却是最神圣的律法。与迦南遭诅咒一起发生的,还有闪和雅弗得到赐福,他们两个都背着脸看不见父亲的赤身。在这里,不管怎么说,我们对大洪水之后的人类有了第一个和最基本的划分,即划分为遭诅咒的与受赐福的。宁录为世上英雄之首——他在耶和华面前是个英勇的猎人,他的王国包括巴别(Babel),那些大国都是企图用武力克服人类分裂状态的结果,征服和狩猎彼此间有亲缘关系。人为了住在一起,并且要传扬他们的名而建造的那座城叫做巴别。上帝变乱了他们的言语,将人类划分为操不同语言的群体,划分为彼此不能沟通的群体:划分为各民[160]族,即不仅凭血统也要凭语言而统一的群体。由此,上帝分散了人类。将人们划分为各个民族,可以被看成是替代大洪水的较温和的解决办法。

大洪水之后,上帝同人类立约与上帝呼召亚伯拉罕之间所发生的那三件事,表明上帝是如何处置既具善恶之知,又从青年时代起就图谋作恶的人的。他不再以近乎完全的毁灭去惩罚近乎普遍存在的邪恶。把人类划分为前述意义上的各个民族,将会防止近乎普遍存在的邪恶。人类不再被划分为遭诅咒的与受赐福的(那是挪亚而不是上帝的诅咒与赐福),而是被划分为被选中的与没有被选中的民族。各民族的出现促成了以下的景象:从前,挪亚的一叶方舟独自漂浮在淹没整个大地的水面上;现在,人数众多的整个民族居于遍布地上的各民族之间。上帝拣选神圣的民族始于拣选亚伯拉罕。挪亚以他的正直超拔于其同代人之上。亚伯拉罕在上帝的命令之下远离其同代人,特别是远离其邦国和本族——上帝的命令伴随着上帝的使他成为伟大民族的应许。《圣经》并没有说对亚伯拉罕的最初拣选是以他的正直为前提。不管怎样,亚伯拉罕通过立刻服从上帝的命令,也通过信赖上帝的应许来表现自己的正直,考虑到大洪水之后人的短寿,亚伯拉罕不太可能看到上帝实现其应许——只有在亚伯拉罕之后，他的后裔才会成为一个伟大民族，迦南之地才会永远赐给他的后裔。这个应许的实现也要求亚伯拉罕不能没有儿女，但他已老得可以了。因此，上帝应许他将得到后裔。恰恰是亚伯拉罕信赖上帝的应许，使他超乎一切地成为上帝眼中的义人。上帝的用意是，通过亚伯拉罕及其妻子撒拉（Sarah）的后裔来实现他的应许。但这个应许即使对亚伯拉罕也显得可笑，更不用说撒拉了——当时，亚伯拉罕已经一百岁，撒拉也年届九十。然而，对于上帝来说，没有什么事是过于神奇的。那个令人暗笑的宣告变成了皆大欢喜的宣告。随之而来的，是上帝向亚伯拉罕宣告他关注到所多玛（Sodom）和蛾摩拉（Gomorra）两地人民的罪恶。上帝还不知道那些人的罪行是否如同传闻那样糟糕。但他们也许就是那样子，就活该像大洪水一代人一样全体毁灭。挪亚不带任何质疑就接受了自己那代人的毁灭。亚伯拉罕却不然，与挪亚相比，亚伯拉罕更深沉地信赖上帝和上帝的公义，也更深刻地意识到自己卑微如尘，他在恐惧与战栗中擅自祈求上帝的公义，生怕这个审判全地的上帝会将义人与恶人一起剿灭。回应亚伯拉罕锲而不舍的恳求，上帝某种程度上应许了亚伯拉罕，只要所多玛仍有十个义人，他就 [161] 不会毁灭该城：为了城里的十个义人，他会拯救全城。亚伯拉罕充当了上帝的公义的现世伙伴；他的举动活像他也分担了上帝行公义的部分责任。难怪比起上帝在大洪水后立的约，他与亚伯拉罕立的约无与伦比，更为深刻。

　　亚伯拉罕对上帝的信任似乎是这样子的：上帝不会做任何与上帝的公义不相容的事情，尽管，或者因为没有什么事情足以令这个上帝惊奇无比，上帝和上帝的公义却为他自身订立了明确的界线。对亚伯拉罕的信赖作出最后也是最严厉的考验，加深和修正了这种意识——上帝吩咐他用以撒（Isaac）献祭，那是他和撒拉的独生子。在讲到以撒的孕育和出生之前，《圣经》提到基拉耳王（the king of Gerar）亚比米勒（Abimelech）试图与撒拉同睡，考虑到撒拉的年岁，亚比米勒的作为很可能预示那是撒拉为亚伯拉罕生孩子的最后机会,因此,上帝阻止亚比米勒亲近撒拉。其实,许多年以前,撒拉在法老手上也遭到类似的威胁,但在发生亚比米勒事件的时候,撒拉显然已人老珠黄,尽管她年近九十,一定还保持着相当的吸引力,①这使得以撒的诞生不那么具有奇迹性,但是,上帝对亚比米勒的特殊干预却增强了这一奇迹性。上帝对亚伯拉罕的至高考验以以撒诞生的奇迹性为先决条件:这个儿子是亚伯拉罕与选民的唯一联系,以撒的诞生出乎一切合理的意料之外,其父还会拿他去献祭。对献祭的这一吩咐不但与神圣应许相矛盾,也与反对让无辜者流血的神圣禁令不一致。然而,亚伯拉罕并没有跟上帝争辩什么,这与他对待所多玛城之毁灭的做法不一样。在所多玛的事情上,亚伯拉罕没有面对要他做些什么的神的吩咐,尤其没有面对要他向上帝屈服,要他向上帝献出自己的心肝宝贝的吩咐:亚伯拉罕没有为了保存以撒而跟上帝争辩,因为他全心、全灵、全力所爱的是上帝,而不是自己,也不是他最珍视的希望。他关注上帝的公义,这关注促使他向上帝祈求,只要在所多玛找到十个义人,就应保存该城。但同样的关注却没有唤起他祈求上帝保存以撒,因为上帝的命令合情合理,唯独上帝才应该无条件地为人所爱:上帝并没有吩咐我们要全心、全灵、全力地爱他的选民。要求献祭以撒的命令与不让无辜者流血的禁令相矛盾,这必须[162]借助人的正义与神的正义之间的差别来理解:只有上帝才会无条件地——哪怕是深不可测地——表现公正。上帝应许亚伯拉罕,只要在所多玛能找到十个义人,他就会赦免该城,亚伯拉罕对这个应许已心满意足。但上帝并没有应许,如果只找到九个义人,他也会饶恕该城。那九个人会否与恶人同遭剿灭? 即使所多玛的人全都

---

① 《圣经》还记载了发生在亚比米勒与利百加(Rebekah)之间的明显类似的事件(创26:6–11)。那次事件发生在雅各出生之后;仅仅这一点就可以解释何以在这件事中没有神的干预。

是恶人,罪有应得地要被杀掉,难道他们那些要同遭毁灭的婴儿也活该有此一劫？在要求献祭以撒的命令和对以撒的后裔作出的神圣应许之间存在着明显的矛盾,因为没有什么事情足以令主惊奇无比,这个矛盾也就不存在了。亚伯拉罕对上帝的绝对信赖,其单纯专一、孩子般的信仰获得了报偿,虽然,或者正因为它假定了亚伯拉罕对任何报偿都漠不关心,这是由于亚伯拉罕愿意放弃、毁灭、扼杀他所关心的唯一报偿。上帝阻止了亚伯拉罕拿以撒作献祭。纵使亚伯拉罕对报偿不感兴趣,但他的故意行为还是需要报偿,因为其故意行为说不上已内含报偿。以撒的保存跟他的出生都是奇迹。这两项奇迹比任何其他事情都更清晰地揭示了那个神圣民族的起源。

上帝创造了天与地,他是唯一的上帝,他的唯一形象是人,他禁止人采食知善恶树的果子,在大洪水之后他与人类立约,之后他又与亚伯拉罕立约,这又成为他与亚伯拉罕、以撒和雅各立的约——他是怎样的一个上帝？或者,说得更虔敬和恰当一些,他叫什么名字？当摩西被上帝派往以色列人那里时,他已向上帝提出这个问题。上帝回答说:"Ehyeh Asher Ehyeh。"这句话多数被翻译成:"I am That(Who)I am"[我是我所是](出 3∶14),①有人将这个回答称为"《出埃及记》的形而上学(metaphysics)",以便指出其根本特性。这回答确实是有关《圣经》中的上帝的根本的圣经式说法,但要称之为自然之后的(metaphysical)我们却不无犹豫,因为 physis②[自然]的概念与《圣经》格格不入。我相信,我们应该以"I shall be What I shall be"[我将是我所将是]来表

---

①　[译按]和合本此句译为"我是自有永有的"。

②　[译按]从语源上讲,metaphysics[形而上学]意为"物理学之后",指的是对超感觉事物的知识;因此,metaphysical 一词,可理解为"形而上学的,自然之后的,感觉之后的"。至于 physis,希腊文里的意思是(作为生长或变化之源的)自然。这三个字翻译成中文后,不容易看得出它们之间的联系。凡译文都不免有所"隔",于此可见一斑。

达该说法,这样才可以保留上帝的名字与上帝和人类立约的事实之间的关联,这事实也可以说成:上帝向人类启示自身,首先是通过他的诫命、应许和他对应许的实现。"我将是我所将是"仿佛在下面的诗句里得到了解释:"我要恩待谁就恩待谁,要怜悯谁就怜悯谁"(出 33:19)。上帝的行动无法预测,除非他亲自作出了预测,也就是作出了应许。然而,有关亚伯拉罕捆绑以撒的叙述明确地显示出,人们无法事先获悉上帝实现其应许的方式。《圣经》中的上帝神秘莫测:他在密云中来临(出 19:9);他是不可见的;他的临在并非随时随地都可以感知;人类对他的认识,仅限于他选择要传达的那些东西,这些东西又体现为获他拣选的仆人所传达的圣言。其[163]余的选民了解圣言——除了十诫之外(申 4:12 和 5:4 – 5)——都只是通过间接的方式而不希望直接地了解(出 20:19 和 21,24:1 – 2;申 18:15 – 18;摩 3:7)。实际上,上帝向他的先知,特别是向摩西显示的上帝圣言几乎变成了善恶之知独一无二的源泉,真正的知善恶树同时就是生命树。

　　这大致就是《圣经》的开端及其引申。现在让我们看一看《圣经》开端的希腊对应物,首先要看一看赫西俄德(Hesiod)①的《神谱》(Theogony),乃至帕默尼德(Parmcnides)②和恩培多克勒(Empedocles)③的残篇。这些都是已知作者的作品。这并不意味着它们是——或者它们

---

①　[译按]赫西俄德,约公元前 8 世纪时候的希腊诗人,作品包括长诗《神谱》,叙述希腊诸神的世系与斗争。《神谱》中译本见张竹明、蒋平译,《工作与时日,神谱》,北京:商务印书馆,1991;吴雅凌,《神谱笺释》,北京:华夏出版社,2010。

②　[译按]巴门尼德(公元前 515 – 前 450? 年)是古希腊哲人,爱利亚学派创始人,著有用诗体写成的哲学著作《论自然》,现仅存残篇。

③　[译按]恩培多克勒(公元前 490 – 前 430 年)是古希腊哲人、诗人、医生,认为万物皆由火、水、土、气四种元素所形成。

将自己表现为——仅仅属人的东西。赫西俄德根据缪斯诸女神（Mu-
ses）①——她们是诸神和人类之父宙斯（Zeus）②的女儿——的教导和
命令咏唱。可以说，要不是缪斯诸女神有时候也说些像真话的谎话，她
们就保证了赫西俄德咏唱的真实性。帕默尼德传达了一位女神的教
导，恩培多克勒也一样。然而，这些人都写了自己的书，他们的歌和言
辞都辑录成书。另一方面，《圣经》却不是一本书。极端者会说，那是
许多书的合集。可是，难道这本合集的所有部分都是书？尤其是，《托
拉》算不算一本书？它难道不是某位或某几位匿名编纂者将一些来源
不详而口头相传或形诸文字的东西编纂在一起的著作？《圣经》甚至
可以包含一些与它关于上帝的基本教诲不相符合的陈腔滥调，难道不
正是出于这个理由？从最严格的意义上说，一本书的作者会把一切不
必要的、不能为自己的书要达到的目的而发挥必要作用的东西都清除
掉。整本《圣经》，尤其《托拉》的编纂者却遵循截然相反的规则。编纂
者需要毕恭毕敬地对待一大堆早已存在的神圣讲辞，仅清除那些无论
如何竭尽想象都不能与既基本又权威的教诲相协调的东西。正是这种
由早先存在的神圣讲辞激发和促进的虔诚，引导编纂者对神圣讲辞作
出如同他们业已作出的改动。他们的作品因而充满种种矛盾和重复，
尽管从来没有人有意为之，而在一本严格意义上的书里，没有任何东西
不是作者有意为之的。可是，通过清除那些无论如何竭尽想象都不能
与既基本又权威的教诲相协调的东西，编纂者就设定了《圣经》阅读的
传统方式，即那样去阅读《圣经》，仿佛它在严格意义上是一本书。以
这种方式去阅读《圣经》——尤其是《托拉》——的趋势，由于编纂者相
信《圣经》是唯一的神圣著作——或与此同等卓越的神圣著作——而

---

　　① ［译按］缪斯是希腊神话中司文艺诸女神。从赫西俄德以后，认为缪
斯共有九位，各有分工。

　　② ［译按］宙斯，希腊神话中最高的天神，他统治着神和人的整个世界。

得到了极大的加强。

赫西俄德的《神谱》咏唱诸神的世系或诞生。诸神不是任何谁"制造"的。天和地绝不是由一位神创造的，反而是不朽诸神的祖宗。更确切地说，根[164]据赫西俄德的说法，一切现存之物都是自然生成的。首先出现的是卡俄斯（Chaos）、该亚（Gaia）和爱若斯（Eros）。① 该亚率先诞下乌兰诺斯（Ouranos）②及其兄弟姐妹。乌兰诺斯憎恨其子女，不想让他们得见天日；在该亚的恳求和授意下，克罗诺斯把他的父亲阉了，非蓄意地导致阿佛洛狄忒（Aphrodite）③的出现；克罗诺斯就成为神王。克罗诺斯的恶行受到其儿子宙斯的报复，后者是克罗诺斯与瑞亚（Rheia）④交配所生而意欲毁灭的孩子。宙斯废黜了其父亲，成为神王、诸神和人类之父、诸神中最强有力者。宙斯虽然是人类之父，又属于施予善事的诸神之列，但他对人类一点不仁慈——只要想想他的祖先，就不会对此感到惊奇。宙斯跟该亚和乌兰诺斯之女谟涅摩叙涅（Mnemosyne）⑤交配，生下了九位缪斯。凡是受她们尊敬的国王，缪斯诸女神都赐他们清新而温文的口才和理智。有了缪斯，世界上就有了歌者，正如有了宙斯就有国王。虽然王政与歌可能走在一起，两者之间却有着深刻的差异——根据赫西俄德的指引，这种差异可跟飞鹰与夜莺的差异相比拟。当然，墨提斯（Metis）⑥虽然是宙斯的第一个妻子，与他难分难离，毕竟不能与他完全一致。宙斯与墨提斯的关系，让人联

---

① ［译按］卡俄斯是希腊神话中的混沌之神。该亚，地神，大地的化身。爱若斯，小爱神，是最古老的神祇，被认为是自然的本原之一。

② ［译按］乌兰诺斯是最古老的天神。

③ ［译按］阿佛洛狄忒是爱神、美神。

④ ［译按］瑞亚是该亚和乌兰诺斯之女，掌握时光流逝与风霜的女神。

⑤ ［译按］谟涅摩叙涅是记忆女神，九位司文艺女神之母。

⑥ ［译按］据说当墨提斯怀孕时，宙斯害怕墨提斯会生出比他更聪明强壮的孩子，就把她吞下肚去，其后墨提斯就生活在宙斯腹中，并充当宙斯的参谋。墨提斯一词即为"智慧"之意。

想起《圣经》中上帝与智慧的关系。① 赫西俄德也提到创造或制造人，但不是在《神谱》里，而是在他的《劳作与时日》（*Works and Days*）中——在他教导人应该如何过日子、什么是人的正确生活的语境中，这包括关于正确季节（即"时日"）的教导：正确生活的问题并非由诸神引起。对于人来说，正确的生活就是正义的生活，就是献身于劳作，特别是献身于耕作的生活。这个意义上的劳作乃宙斯颁赐的一种祝福，宙斯祝福正义的人，镇压妄自尊大者，他甚至经常因为一个坏人而摧毁全城。然而，宙斯只有在愿意的时候才会注意到人类的正义与不义（35 –36,225 – 285）。因此，劳作似乎就不是祝福而是诅咒：人类必须劳作，因为诸神把生活材料藏在人们不会知道的地方，诸神这样做，是要处罚人类，因为普罗米修斯②出于对人类的爱而盗天火给人类。但是，普罗米修斯的行动本身，难道不正是受这样的事实促使，即诸神，尤其宙斯，并没有为人类提供适当的生计？ 即使如此，宙斯并没有使人类丧失普罗米修斯为他们盗取的天火，他通过派遣潘多拉③及其装满诸如苦役（42,105）等罪恶的盒子来惩罚人类。因此，困扰人类生活的种种罪恶就不可以追溯到人的罪（human sin）。赫西俄德通过他所讲五大人种相继产生的故事，④传达了同样的信息。第一个人种是［165］金种［人］，是克罗诺斯仍在天上统治的时候由诸神所造。这些人过着既不

---

① 《神谱》53 –97 及 886 – 900；参见《箴言》第 8 章。

② ［译按］在赫西俄德的《神谱》中记载了这样的传说：宙斯为了惩罚人类，把火藏起来，普罗米修斯则盗天火送给人类。

③ ［译按］据传，因为普罗米修斯盗取了天火给人类，宙斯非常愤怒，就将一位名叫潘多拉的漂亮少女送给普罗米修斯的弟弟厄庇米修斯（Epimetheus）为妻，厄庇米修斯不听普罗米修斯的劝告，接受了潘多拉和她带来的盒子。盒子一打开，一切灾难都从中飞出，只有"希望"留在盒子里面，使人无法找到。

④ ［译按］赫西俄德在《工作与时日》中讲到五种人的顺序：金种、银种、铜种、英雄神种和铁种。

辛劳也不悲惨的生活,一切好东西他们都应有尽有,因为大地本身赐予了丰足的果实。然而,由人类之父宙斯所造的人就缺乏这份福气。赫西俄德没有说清楚这到底是出于宙斯的恶意还是由于宙斯缺乏能力,总之他没有赋予我们任何理由认为这是出于人的罪。他营造的印象是,随着人种一个接一个出现,人类的生活只有日益悲惨:既没有神的应许,也不会通过实现先前的神的应许来使人满怀信心和希望。

诗人赫西俄德与哲人帕默尼德和恩培多克勒之间最惹人瞩目的差别是,在哲人看来,并非一切事物都是自然生成的:真正自然生成之物既没有产生,也不会消亡。这不一定意味着永恒之物是一位神或者诸神。举例说,如果恩培多克勒将永恒的四种元素之一称作宙斯,这个宙斯与赫西俄德或一般人所理解的宙斯几乎没有什么共同之处。无论如何,在两位哲人看来,我们通常所理解的诸神已经产生,就像天和地一样,因此也会再度消亡。

在耶路撒冷与雅典互相对立的被称之为古典斗争时期的 12 和 13 世纪,哲学以亚里士多德为代表。亚里士多德式的神像《圣经》中的上帝,是会思想的存在者,但与《圣经》中的上帝不同,他仅仅是会思想的存在者,是纯粹的思想:思考并且仅仅思考它自身的纯粹思想。只是通过思考它自身,除了它自身什么也不思考,他才可以统治世界。当然,他不会靠颁布命令和律法来统治世界。因此,他不是一个创世神:世界跟神一样永存永在。人不是这个神的形象:比起世界的其他部分,人的地位要低得多。对于亚里士多德来说,把正义归因于他的神几乎是一种亵渎行为;他的神超乎正义与不义之上。①

经常有人说,柏拉图算得上最接近《圣经》思想的哲人,这绝不是

---

①　《形而上学》(*Metaphysics*),1072b14 – 30,1074b15 – 1075a11;《论灵魂》(*De Anima*)429a19 – 20;《尼各马可伦理学》(*Eth. Nic.*),1141a33 – b2,1178b1 – 12;《优台谟伦理学》(*Eth. Eud.*)1249a14 – 15。

在耶路撒冷与雅典之间发生古典斗争的中世纪时的说法。柏拉图式的
哲学与《圣经》的虔诚都因关注纯洁和净化而平添生气:柏拉图意义上
的"纯粹理性"(pure reason)较之康德所讲的"纯粹理性"或在阿那克萨
哥拉(Anaxagoras)①和亚里士多德意义上的那一类东西,更接近《圣
经》的思想。柏拉图教导说——就像《圣经》的教导一样——天和地是
由一位不可见的神创造或制造出来的,他把这个神称作父(the Fa-
ther),这个神既始终存在,又是善的,因而其创造物也是善的。由神创
造的这个世界如何生成和维护就要视乎其创造者的意志了。柏拉图自
己所谓的神学包含了两个教导:(1) 神是善的,[166]因而绝不是恶的
起因;(2)神是单一的,因此不可改变。讲到神对人类的正义与不义的
关注时,柏拉图的教导与《圣经》的训诲基本一致,该教导甚至以一句
连字面上也差不多与《圣经》的陈述相一致的话而告终。② 然而,柏拉
图的教导与《圣经》的训诲之间的差异,其引人瞩目之处不亚于两者之
间的一致性。柏拉图关于创世的教导至多声称自己是一个逼真的故
事。柏拉图的神也是诸神、可见的生灵即各种星辰的创造者;是受造的
诸神而不是作为造物者的神创造了有死的生灵,特别是人;天是一个受
祝福的神。柏拉图的神没有凭借其圣言创造世界,他求助于永恒理式
后才创造这个世界,因而,永恒理式要高于他自身。据此,柏拉图将其
明晰的神学放置在《王制》首次讨论教育——人们可以称之为对基础
教育的讨论——的语境中,在第二次和最后一次讨论教育,即讨论哲人
的教育时,神学就被理式学说所取代。至于《法义》对神意
(providence)的专题讨论,只消说那是发生在讨论刑法的语境中就

① ［译按］阿那克萨哥拉(约公元前500－前428年),古希腊爱奥尼亚学
派哲人,原子唯物论思想的先驱。
② 见《法义》(*Laws*)905a4－b2与《阿摩司书》9章1－3节和《诗篇》139
章7－10节。

够了。

在其关于神如何创造可见的整全的逼真的传说中,柏拉图区分了两类神,即可见的宇宙诸神和传统诸神———一类神显然循环往复出现,有规律地显现自身,另一类神只在他们愿意时才会显现自身。毋庸赘言,在柏拉图看来,宇宙诸神的地位远远高于传统诸神,即希腊诸神。宇宙诸神是人之为人——是人的观察和算计——可以理解的,希腊诸神则只有通过希腊传统才让希腊人理解。人们可以凭谐剧式的夸张将对宇宙诸神的崇拜归于野蛮人。在《圣经》中,这种归属以一种全然非谐剧的方式和目的出现:以色列被禁止敬拜和侍奉日月星辰,那是上帝分派给遍及天下的其他民众的。① 这暗示了其他民众、野蛮人对宇宙诸神的崇拜不是出于自然的或理性的原因,不是出于宇宙诸神可以让人之为人理解的事实,而是出于上帝意愿的一项行为。不用说,根据《圣经》,只有愿意时才会显现自身的上帝,不以普遍的方式就其本身而言得到崇拜的上帝,才是唯一真正的上帝。将柏拉图的陈述与《圣经》的陈述结合起来看,揭示了处于巅峰期的雅典与耶路撒冷之间的根本对立:哲人们的神或诸神与亚伯拉罕、以撒和雅各的上帝之对立,是理性与启示之对立。

二、论苏格拉底与众先知

[167]五十年前,第一次世界大战鏖战正酣,德籍犹太人最伟大的代表及其代言人,也是当时德国哲学教授中最强有力的人物柯亨(Her-

---

① 《蒂迈欧》(*Timaeus*)40d6 – 41a5;阿里斯托芬(Aristophanes)的《和平》(*Peace*),404 – 413;《申命记》4 章 19 节。

mann Cohen），①在一篇题为"柏拉图与众先知的社会理想"（The Social Ideal in Plato and the Prophets）②的演讲中表达了他对耶路撒冷与雅典的看法。柯亨在去世之前又复述了这篇演讲，因而，我们不妨视之为他对耶路撒冷与雅典，以至对与此有关的独一无二的（the）真理的最后看法。正如柯亨开宗明义所说："柏拉图与众先知是现代文化的两个最重要的来源。"虽然他关注的是"社会理想"，但通篇演讲对基督教只字未提。人们可以粗略而明白无误地将柯亨的观点复述如下。那独一无二的真理其实是柏拉图与众先知的教导之综合。我们应该将这样的洞察力归功于柏拉图，即真理首先是作为科学的真理，但必须用善的观念去补充和支配这种科学。所谓善的观念，柯亨意指的不是上帝，而是理性的、科学的伦理学。伦理真理不但必须与科学真理相一致，甚至需要科学真理。众先知非常关注知识：关注有关上帝的知识，但众先知所理解的这种知识与科学知识毫无联系，那只不过是一种隐喻意义上的知识。也许是鉴于这样的事实，柯亨有一次谈起神圣的柏拉图，却从来不提神圣的众先知。为什么他不可以让一切事情就到柏拉图哲学为止？柏拉图的哲学究竟有什么根本缺陷，需要由众先知，也只能由众先知补救？根据柏拉图的思想，恶需要靠哲人的统治去消除，哲人拥有最高种类的人类知识，即最广泛意义上的科学知识。但是，这种知识，如同某种程度而言的一切科学知识，在柏拉图看来只为极少数人所独揽：这些人拥有大部分人所缺乏的某些天赋——他们是具备某种天性的少数人。柏拉图预设了有一种不可改变的人性，所以，他预设好的人类社会有某种根本的、不可改变的结构。这导致他断言或推测，只要有人类存

----

　　①　［译按］柯亨（1842－1918），犹太裔德国哲人，新康德主义马堡学派创始人。

　　②　Hermann Cohen，"柏拉图与众先知的社会理想"（The Social Ideal in Plato and the Prophets），载《犹太教论著集》（Jüdische Schriften），Berlin，1924，卷1，页306－330；参该书第341页的编者注。

在,就会有战争,因此应该有一个卫士阶级,这个阶级应比生产者及商人阶级享有更高的等级,也更受尊崇。这些思想缺陷要由众先知补救,恰恰因为众先知缺乏科学观念,从而缺乏自然观念,相信人类相互之间的行为能够作出某种改变,这种改变与柏拉图所梦见过的任何改变相比,都要更为彻底。

[168]柯亨很好地揭示了柏拉图与众先知的对立。可是,我们不能让一切事情就到他认为的那种对立为止。柯亨的思想属于第一次世界大战以前的世界。与此相应,他对现代西方文化支配人类命运的能力,比起当前似乎已获得证实的一切,具有更大的信心。他所经历的最糟糕的事情,是德雷福斯(Dreyfus)①丑闻以及俄国沙皇时代挑动的大屠杀,却没有体验过德国希特勒的统治。对于现代文化我们比柯亨感受到更大的幻灭,让我们疑惑的是,现代文化,乃至现代综合中的两大要素是否不及柯亨所指的综合来得稳固?只有透过柏拉图与众先知,而不是凭借关于进步的现代信念,我们才会对曾耳闻目睹又亲身熬过来的、前所未闻的大灾难和大恐怖作出更好的准备,或者更易理解这些灾难和恐怖。既然我们没有像柯亨那样确信现代的综合比起它的[两种]前现代要素远为优越,既然这[两种]要素处于根本对立状态,那么,我们最终要面对的是一道难题,而不是一个解决办法。

况且,柯亨乃根据柏拉图与亚里士多德之间的对立——这是他根据康德与黑格尔之间的对立来理解的——来理解柏拉图。然而,对于柏拉图与亚里士多德的相似之处,以及对于康德与黑格尔的相似之处,我们都比柯亨有更深刻的印象。换句话说,在我们看来,跟柏拉图与亚里士多德之间或者康德与黑格尔之间的争执相比,古代人与现代人之

---

① ［译按］德雷福斯是犹太裔法国军官,1894 年被法国军事法庭以叛国罪判终身监禁,激发起要求释放他的政治风波,经重审于 1906 年得到平反昭雪。

间的争执更难消除。

我们宁可提到苏格拉底与众先知，而不是柏拉图与众先知，理由如下：我们不再像柯亨那么肯定，认为可以在苏格拉底与柏拉图之间划分一条明确的界线。传统上，尤其亚里士多德，是支持划分这样一条明确界线的，但是，亚里士多德在这类论题上的说法，对于我们已不再具有以往的权威性（这部分地由于柯亨自己的缘故）。在苏格拉底与柏拉图之间作出明确的划分，不仅以传统，而且以现代历史考证学的成果为基础，然而，在具有决定意义的方面这些成果却是假设性的。对于我们来说，关键的事实是，柏拉图仿佛离开自身指向苏格拉底。如果我们希望理解柏拉图，就必须认真对待他，尤其要认真对待他对苏格拉底的敬意。柏拉图不单面对苏格拉底的言论，而且面对他的一生，也面对他的命运。因此，柏拉图的生活和命运并不具有苏格拉底的生活和命运的象征性质。正如柏拉图所显示，苏格拉底具有使命，柏拉图却不曾声称他自己具有使命。正是苏格拉底具有使命这一事实，成为我们不考虑柏拉图与众先知，而考虑苏格拉底与众先知的根本原因。

［169］我无法用自己的话来描述众先知的使命。显然，此刻我所能做的只是给诸位引用三段先知的言辞，这些言辞具有非凡的力量和庄严气象。《以赛亚书》第6章写道：

　　当乌西雅王崩的那年，我见主坐在高高的宝座上。他的衣裳垂下，遮满圣殿。其上有撒拉弗侍立，各有六个翅膀：用两个翅膀遮脸，两个翅膀遮脚，两个翅膀飞翔。彼此呼喊说："圣哉！圣哉！圣哉！万军之耶和华，他的荣光充满全地！"因呼喊者的声音，门槛的根基震动，殿充满了烟云。那时我说："祸哉！我灭亡了！因为我是嘴唇不洁的人，又住在嘴唇不洁的民中，又因我眼见大君王——万军之耶和华。"有一撒拉弗飞到我跟前，手里拿着红炭，是用火剪从坛上取下来的，将炭沾我的口，说："看哪，这炭沾了你的嘴,你的罪孽便除掉,你的罪恶就赦免了。"我又听见主的声音说:"我可以差遣谁呢?谁肯为我们去呢?"我说:"我在这里,请差遣我!"

看来,以赛亚是自愿为其使命作出奉献。难道他不可以保持沉默?他可以拒绝自愿奉献吗?当耶和华的话临到约拿(Jonah),说:"你起来往尼尼微大城去,向其中的居民呼喊,因为他们的恶达到我面前。""约拿却起来,逃往他施去躲避耶和华。"(拿1:2-3)约拿躲避自己的使命,但上帝不容许他逃跑,强迫他完成使命。关于这种强制行为,我们以不同方式从《阿摩司书》和《耶利米书》都有听闻。《阿摩司书》3章7至8节写道:"主耶和华若不将奥秘指示他的仆人众先知,就一无所行。狮子吼叫,谁不惧怕呢?主耶和华发命,谁能不说预言呢?"众先知被上帝的威严、愤怒、慈悲所压服,带来了关于他的愤怒及慈悲的预言。《耶利米书》1章4至10节这样记载:

> 耶和华的话临到我说:"我未将你造在腹中,我已晓得你;你未出母胎,我已分别你为圣;我已派你作列国的先知。"我就说:"主耶和华啊,我不知怎么说,因为我是年幼的。"耶和华对我说:"你不要说'我是年幼的',因为我差遣你到谁那里去,你都要去;我吩咐你说什么话,你都要说。你不要惧怕他们,因为我与你同在,要拯救你。这是耶和华说的。"于是耶和华伸手按我的口,对我说:"我已将当说的话传给你。看哪,我今日立你在列邦列国之上,为要施行拔出、拆毁、倾覆,又要建立、栽植。"

那些不是真先知而是虚妄的假先知的人也声称他们是上帝派遣来的。因此,许多甚至大部分听道者都确定不了究竟该信任或相信哪一类声称具有[170]预言能力的人。根据《圣经》的说法,假先知只不过谎称是上帝派遣来的："所说异象是出于自己的心，不是出于耶和华的口。他们常说……'耶和华说：你们必享平安。'"（耶23:16 – 17）人们爱听什么，假先知就告诉人们什么，因此，他们比真先知更讨人喜爱。假先知就是"本心诡诈的先知"（同上，26 节），他们把自己想象的东西（有意识或无意识地）告诉人们，这是假先知或其听道者想要的东西。但是，"耶和华说：'我的话岂不像火，又像能打碎磐石的大锤吗？'"（同上，29 节）。再不然，正如耶利米在反对假先知哈拿尼雅（Hananiah）时所说："在你我以前的先知，向多国和大邦说预言，论到争战、灾祸、瘟疫的事。"（耶28:8）这并非意味着，能预言厄运的先知才是真先知，真先知同时也是预言终极救恩的先知。如果我们听取并思考耶利米下面的话，就会明白真先知与假先知的区别："耶和华如此说：倚靠人血肉的膀臂，心中离弃耶和华的，那人有祸了！……倚靠耶和华、以耶和华为可靠的，那人有福了！"（耶17:5 – 7）假先知倚靠血肉，即使此血肉是耶路撒冷的圣殿，是应许之地，不，是选民本身，不，是上帝对选民的应许——如果此应许被视为无条件的应许而不是作为一项立约的一部分。真先知，不论他们预言的是厄运或救恩，都是那突如其来、非人力所能预见的事情——什么事不会发生在人类身上、什么事听任人们自便、什么事要惧怕或盼望。真先知借助并根据"我将是我所将是"的精神来发言和行动。但是，对于假先知来说，不管好歹，都不可能有完全出乎意料的事。

我们只能透过柏拉图的《申辩》来了解苏格拉底的使命，《申辩》显然将自身呈现为苏格拉底发表的一篇讲辞，当时他被指控不信奉雅典城邦崇拜的诸神以及败坏青年，他在为这一指控而自行抗辩。在那篇讲辞中，苏格拉底否认自己具有超人的智慧。已有人对此番否认作出如下的理解,哈列维(Yehudah Ha‑levi)①是其中之一:"苏格拉底对人们说'我并不否认你们的神圣智慧,可是我对此一窍不通,我凭属人智慧而有智慧。'"②这个解释虽然指出了正确的方向,却多少走得太远。至少,苏格拉底在否认拥有任何超人的智慧之后,随即就提到那篇引发他的使命的演说,他表示该演说不是他本人的,但他似乎想暗示它有神圣来源。他的确把自己所说的话归于一位值得雅典人相信的演说家身上。但他所说的[171]那位演说家很可能就是他的同伴凯瑞丰(Chairephon),这人深得雅典人信任,比苏格拉底尤有过之,因为他依附于民主政体。这位凯瑞丰有一次到德尔斐(Delphi)求问阿波罗神谕(Apollo's oracle),究竟有没有人比苏格拉底更有智慧?皮提亚(Pythia)③回答说,没有谁更有智慧。这个回答就引发了苏格拉底的使命。我们立刻就明白到,苏格拉底的使命由属人倡议所引发,由苏格拉底的一位同伴的倡议所引发。苏格拉底认为皮提亚的回答理所当然是出自阿波罗神的。然而,这可没有导致他认为神的回答理所当然是真实的。他确实认为神理所当然不宜撒谎,这却没有让他就信了神的回答。事实上,他试图通过找到比他更有智慧的人来反驳神的答案。他孜孜以求,发现神说的是真的:苏格拉底的确比其他人更有智慧,皆因他知道自己一无所知,也就是对最重要的事情一无所知,其他人却相信他们知道最重要的事情的真相。因此,苏格拉底本来试图反驳神谕,却变成证明神谕正确。他虽非有意为之,却给神提供了帮助;他为神服务,听从神的命令。虽然没有神对他说过什么,但苏格拉底却乐于接受神的命

---

① [译按]哈列维(约 1075 – 1141 年)是穆斯林统治下西班牙著名的犹太哲人之一,其专著《为保护这个受歧视的宗教》,由于其戏剧般的形式而一般以 sefer hakuzari [《库萨里》]闻名;有的译为《哈扎尔人书》或《库撒里》。

② 《库萨里》(Cuzari)四章 13 节和五章 14 节。参见 Leo Strauss,《迫害与写作艺术》(Persecution and the Art of Writing),页 105 – 106。

③ [译按]皮提亚是德尔斐城阿波罗神庙中宣示阿波罗神谕的女祭司。

令去检审他自己和别人,亦即从事哲学活动,或者说规劝他所碰见的每一个人实践德性——他是由神派到雅典城的牛虻①。

尽管苏格拉底没有声称他听到过神的话,却承认有一个声音——某种如神的、命相神灵般的声音——不时让他听得见,那是他的daimonion［命相神灵］。然而,这个命相神灵与苏格拉底的使命扯不上关系,皆因这命相神灵从来不曾促使他前进,只是拉他后退。尽管德尔斐的神谕促使苏格拉底从事哲学活动,检审自己的同胞,因此令凡人都讨厌他,让他面临致命的危险,但他的命相神灵却使他远离政治活动,免除致命的危险。

苏格拉底与众先知都有某种神圣使命,这个事实表明或好歹暗示着,苏格拉底与众先知都关注正义或正直,关注完全正义的社会,这样的一个社会将免除一切恶。就此而言,苏格拉底对最佳社会秩序的勾勒与众先知对弥赛亚时代(the Messianic age)的视见是一致的。虽然众先知预言了弥赛亚时代的来临,苏格拉底却认为完美的社会有可能实现:究竟它怎么才能变为现实,就要看一个未必会产生但并非完全不可能出现的巧合(coincidence),即哲学与政治权力的巧合。在苏格拉底看来,最佳政治秩序的产生并非出于神的干预;人的本性将始终保持不变;最佳政治秩序与所有其他社会的决定性区别在于:在最佳的社会秩序中,哲人将成为王者,或者说,哲人的天赋［172］潜能将臻于最高程度的完善。按苏格拉底的看法,在最完善的社会秩序中,与最重要的事情有关的知识,将一如既往为哲人独占,也就是说,为人口中的极少数所独占。然而,在众先知看来,在弥赛亚时代里,"认识耶和华的知识要充满遍地,好像水充满洋海一般"(赛11:9)。这种状况将会由上帝亲自促成。因此,弥赛亚时代将成为普遍和平的时代:万民都要登耶和华的山,奔雅各上帝的殿,"他们要将刀打成犁头,把枪打成镰刀。

---

① ［译按］喻指以尖锐的批评指摘得人不得安宁,以致惹人讨厌的人。

这国不举刀攻击那国,他们也不再学习战争"(赛2:2-4)。可是,苏格拉底预期,最好的政制将使某一城邦生气勃勃,它理所当然将卷入与其他城邦的战争。苏格拉底期望最好的政制能够消除罪恶,但这并不包括对战争的消除。

完全正义的人,人类有能力做到的最正义的人,依苏格拉底所见,将会是哲人,依众先知所见,则将会是上帝的忠实仆人。哲人是这样的人:他献身于追求有关善的知识,追求有关善的理式(the idea of the good)的知识,我们所谓的道德德性只是这种追求的条件或副产品。可是,在众先知看来,根本就不需要追求有关善的知识:上帝"已指示你何为善。他向你所要的是什么呢?只要你行公义,好怜悯,存谦卑的心,与你的上帝同行"(弥[Micah]6:8)。与此相应,众先知通常对民众——甚至对所有民众——讲话,而苏格拉底通常只对一个人讲话。用苏格拉底的话来说,众先知是演说家,苏格拉底却忙于跟一个人谈话,这意味着他在向那个人提出种种问题。

《圣经》中也有一个惹人瞩目的事例,一位先知在私下对某人说话,以某种方式向那人提出一个问题。《撒母耳记下》12章1至7节记载道:

> 耶和华差遣拿单去见大卫。拿单到了大卫那里,对他说:"在一座城里有两个人:一个是富户,一个是穷人。富户有许多牛群羊群;穷人除了所买来养活的一只小母羊羔之外,别无所有。羊羔在他家里和他儿女一同长大,吃他所吃的,喝他所喝的,睡在他怀中,在他如同女儿一样。有一客人来到这富户家里,富户舍不得从自己的牛群羊群中取一只预备给客人吃,却取了那穷人的羊羔,预备给客人吃"。大卫就甚恼怒那人,对拿单说:"我指着永生的耶和华起誓,行这事的人该死!他必偿还羊羔四倍;因为他行这事,没有怜恤的心。"拿单对大卫说:"你就是那人!"

[173]在有关苏格拉底的著述中,与此最相似的事件是,苏格拉底责备他以前的同伴——僭主克里提阿(Critias):

> 当三十僭主杀害了城中的许多人(他们都不是下等人),并怂恿许多人干坏事的时候,苏格拉底曾说过**大致这样的**话:他所感到惊异的是,当一个负责牧养牲畜的人,他所牧养的牲畜越来越少,情况越来越坏的时候,这个人毫不承认自己是个坏的牧者;更令他惊异的是,一个人做了一城邦的治邦者,弄得人民越来越少,而且情况越来越坏,这个人毫不自觉羞愧,认识不到自己是一个坏的治邦者。这一段话被传到克里提阿那里……①

---

① ［译按］此段译文摘自色诺芬《回忆苏格拉底》,吴永泉译,北京:商务印书馆,1997,第13页;楷体处原为着重点,是施特劳斯所加,译文略有改动。

注意尼采《善恶的彼岸》的谋篇

林国荣　译　林国华　校

[174]在我看来,《善恶的彼岸》(*Beyond Good and Evil*)似乎是尼采写得最漂亮的书。这种印象或许与尼采本人的判断不一致,因为他倾向于认为他的《扎拉图斯特拉如是说》(*Zarathustra*)是以德语写就的最深刻的书,就其语言来说也是最完美的。但是,"最漂亮"与"最深刻"甚至和"语言上的最完美"并不是一个意思。可以通过一个可能并不是过于牵强的例子来部分地对此加以说明。一般都同意这样的看法,即柏拉图的《王制》(*Republic*)、《斐德若》(*Phaedrus*)和《会饮》(*Banquet*)是他最漂亮的作品,虽然不一定是他最深刻的作品。然而,柏拉图没有在其作品当中就其或深刻、或漂亮或语言上的完美作出区分。他[柏拉图]并不关注柏拉图——不关注他的私己性(ipsissimosity)——因而也不关注他的作品,而是指向自身之外的东西。而尼采则非常强调自己,强调他"尼采先生"。尼采"就个人而言"(personally)更为看好的不是《善恶的彼岸》,而是《朝霞》(*Dawn of Morning*)和《快乐的科学》(*Gay Science*),这恰恰是因为这两本书是其"最具个人性的"作品(见尼采1888年6月21日致Karl Knortz的信)。因为"个人的"(personal)这个词最终来源于表示"脸"的希腊词,这表明"个人的"与"深刻的"或者"语言上完美的"没有任何关系。

通过我们的判断,《善恶的彼岸》中被模糊地感觉到、但却没有充分表达出来的东西,在尼采自己《瞧,这个人》(*Ecce Homo*)里对《善恶的彼岸》的说明中得到了清晰的陈述:《善恶的彼岸》恰好是"充溢灵感的"、"酒神颂般[狂放恣肆]的"(dithyrambic)《扎拉图斯特拉如是说》的反面,正如[175]扎拉图斯特拉是极富远见的,而在《善恶的彼岸》中,眼睛却被迫去逼真地抓取那些最近的、即时的(在场的)和周围的东西。这种关注点的变化要求在所有的方面——"首要地也是在形式的方面"——同样的任意性脱离使《扎拉图斯特拉如是说》得以可能的各种本能:形式上、意图上以及沉默艺术上的优雅的微妙(graceful subtlety)在《善恶的彼岸》中处于最显著的位置(in the foreground),这等于说,这些品性没有出现在《扎拉图斯特拉如是说》的最显著位置,尼采的其他著作就更不用提了。

换句话说,在《善恶的彼岸》这本尼采本人亲自出版的唯一的书中,在当时的前言中,尼采虽以柏拉图的敌对者的面目出现,但该前言在"形式"上较之[尼采作品的]任何其他地方都更加"柏拉图化"(platonizes)。

根据《善恶的彼岸》的前言,柏拉图的根本错误在于他所发明的纯粹心智(pure mind)以及善本身(the good in itself)。从这个前提出发,很容易走向第俄提玛(Diotima)的结论,即:没有人是智慧的,只有神是智慧的;人类只能追求智慧或者进行哲学思考(philosophize);诸神并不进行哲学思考(《会饮》203e-204a)。在《善恶的彼岸》倒数第二个格言当中,尼采描绘了"心灵的天才"——一个超苏格拉底,事实上是狄奥尼索斯神(the god Dionysos)——在一番适当的铺垫之后,尼采泄露了这样的新奇想法,他怀疑(或许这样的怀疑尤为哲人所有),诸神也进行哲学思考。然而,第俄提玛既不是苏格拉底也不是柏拉图,而且柏拉图很可能同样认为诸神进行哲学思考(参《智术师》[Sophist]216b5-6,《泰阿泰德》[Theaetetus]151d1-2)。在《善恶的彼岸》最后一个格言当中,尼采强调了"书写的和描摹的思想"与原初形式的思想之间的根本差异,我们不禁回想起了柏拉图关于"logos[言辞/理]的孱弱"、关于真理的不可言说——尤其是其不可书——写所作的论述或者暗示（《书简七》,341c－d,342e－343a）:柏拉图所构想的心灵的纯粹并不必然会确立 logos 的力量。

《善恶的彼岸》的副标题是"一种未来哲学的序曲"（Prelude to a philosophy of the future）。这本书的意图并非真的是去准备一种未来的哲学,一种真正的哲学,而是通过将心智从"哲人们的偏见"当中——亦即从过去（和现在）的哲人们的偏见当中——解放出来,来为一种新的哲学作准备。同时,也可以说,单单凭借这一事实,这本书试图成为未来哲学的范例。第一章（"论哲人的偏见"）之后的一章是"自由的心智"（The free mind）。尼采意义上自由的心智们摆脱了过去哲学的偏见,但他们还不是未来的哲人们,他们是未来哲学的带路人和先驱者（格言44）。理解自由心智与未来哲人之间的区别是困难的:自由心智有可[176]能比未来哲人更自由吗? 他们拥有一种只是在过去哲学和未来哲学之间的过渡阶段才有可能的开放性吗? 如果是这样的话,哲学就肯定是《善恶的彼岸》的首要主题,是前两章的明显的主题。

这本书由九章构成。第三章专论宗教。第四章的标题（"格言和插曲"[Sayings and Interludes]）并不标明其主题,这一章之有别于其他各章在于这样的一个事实,即它全部是由简短的格言组成的。最后的五章专事道德和政治。因此,这本书在总体上是由两个主要的部分构成的,这两个部分由大约123个"格言和插曲"分隔开来,第一部分主要用来论述哲学与宗教,第二部分主要是论述道德与政治。哲学与宗教似乎是归属在一起的——较之哲学与城邦（政治）更为密切地归属在一起（参黑格尔关于绝对精神与客观精神的区分）。基本的选择是在哲学统治宗教或者宗教统治哲学之间作出的。这种选择不像在柏拉图或亚里士多德那里一样,要么是哲学的生活要么是政治的生活。对尼采来说,不同于古典哲人,政治从一开始就是归属于较之哲学与宗教更低的等级。在前言中,尼采暗示了他的最卓越的先驱者不是政治家,甚至也不是哲人,而是那帕斯卡式的 homo religiosus[宗教人](参见格言45)。

在前两章中,尼采很少谈到宗教。可以说,他只是在一个格言当中谈到了宗教,而且这个格言恰巧又是最短的(格言37)。这一格言是由它前面的那个格言推演而出的,在那个格言当中,与其意向相吻合,尼采以最坦率、最清晰的方式确立了他的基本命题的特殊性格,根据这一命题,生命就是权力意志,或者,从世界内部来看只能是权力意志。权力意志取代了 eros[爱欲]——即"对善本身的追求"——在柏拉图思想当中所占的位置。但 eros 不是"纯粹心智"(der reine Geist)。无论在柏拉图思想中 eros 与纯粹心智的关系如何,在尼采的思想中,权力意志对二者都予以取代。相应地,哲学思考成为权力意志的一种方式或者修饰:它是最精神化的(der Geistigste)权力意志;它是对自然应当是什么和如何是的规定;它不是对独立于意志或决断的真理的热爱。根据柏拉图的看法,纯粹心智把握真理,而在尼采看来,不纯粹的心智(the impure mind),或者某种不纯粹的心智是真理的唯一来源。因此,尼采从对真理之爱和真理自身的质疑出发,开始了他的《善恶的彼岸》。可以在某种程度上随意借用一下出现在尼采的《不合时宜[177]的思想》第二篇中的一个表达,那就是说,真理并不吸引人,并不可爱,并不赐予生命,而是致命的,就像那种关于生成(Becoming)的主宰权,关于所有的概念、类型和种类的流变性,关于人与兽之间没有决定性的分别的真正教义所表明的那样(《著作集》,Schlechta 编,1272),这在上帝死亡的真正教义当中得到了最直接的表达。世界本身,"物自体"(thing–in–itself),"自然"(格言9)是完全的一团混乱并且毫无意义。因此,所有的意义,所有的秩序都产生于人,产生于人的创造性行为,产生于人的权力意志。尼采的陈述或建议有着经过深思熟虑的神秘难解(格言40)。通过将真理显明为或表述为是致命的,他倾尽了全力去破坏致命的真理,他表明最重要的、最普泛的真理——关涉所有真理的真理——乃是赐予生命的。换句话说,通过表明真理是人的创造,他表明了这种真理绝不是人的一个创造。人们会冒险地认为:尼采的纯粹心智抓住了这样的事实,即不纯粹的心智把握住了可以朽坏的真理。为了抵制这种想法,我们指出尼采的观点是以这样的方式展开的:哲人试图把握与"解释"相区别的"文本";他们试图去"发现"而不是去"发明"。尼采所宣称的是:文本在其纯粹的和真正的形式上是无法接近的(有如康德的物自体);任何人——哲人或者普通人——所思考的任何东西最终都是一种"解释"。正是出于这个原因,世界本身——真正的世界——不能够被我们关注,值得我们去关注的世界必然是一个虚拟,因为它必然是人类中心论的,人必然在某种意义上是万物的尺度(格言3结尾、12结尾、17、22、24、34、38;参柏拉图,《法义》716c4-6)。正像这本书的标题所充分表明的那样,尼采所择取的人类中心论是超道德的(对勘格言34、35与格言32)。乍一看,在严肃庄重的格言34和轻松从容的格言35之间似乎不存在联系,而且这和一般性的印象是一致的,根据这种印象,一本由格言构成的书不会有,也不必有某种清晰的、必然的秩序,或者说这种书可以由互不相关的片断组成。格言34和35之间的联系却是一个由某种清晰秩序支配的显著例子,即便这种秩序或多或少是隐匿着的。尼采散漫芜杂的论证风格更多的是一种虚饰而非真实。如果上面所说是真的,那么权力意志学说就不能宣称揭示了实际的情形,揭示了事实,揭示了基本的事实,而"仅仅"是一种"解释",可能是诸多解释当中最好的一个。尼采将这种明显的反驳看作是对他的命题的确证(格言22结尾)。

现在,我们转向《善恶的彼岸》第一至二章中的两个论述宗教的格言(格言36-37)。格言36提供了支持权力意志学说的推理。尼采此前曾经谈论过权力意志,但只是大胆的断言,失之武断就不用提了。而现在,他却以一种最不妥协的智性上的[178]诚实和最让人着迷的谐谑开始了他的推理,也就是说,显明了其命题的问题性、尝试性、诱惑性和假设性的特点。情形似乎是:关于作为基本实在的权力意志,他在此已经说得再清楚不过了。几乎就在刚才,在第二章的核心格言(格言34)当中,尼采曾将读者的注意力引向了关涉我们的世界与世界自身之间的区分之上,或者说引向了现象界或说虚拟世界(解释)与真正的世界(文本)之间的区分之上。他看起来像在致力于废除这一区分。作为权力意志的世界不仅是所有被我们思量的世界,同时它也是世界自身。确切地说,如果所有对于世界的看法都是解释,也就是说,是权力意志的行为,那么,权力意志学说本身同时是一种解释和最基本的事实,因为,较之所有其他的解释,它是任何"范畴"之可能性的必要的和充分的条件。

尼采借助权力意志学说诱惑了他的一些读者(参格言30)之后,又让这些读者提出了一个问题,它关涉如下质疑,通俗一些来说就是:这种学说是否断言了只是上帝遭到拒斥,而魔鬼没有。尼采回答道:"恰恰相反! 恰恰相反,我的朋友们! 真该死,谁强迫你们说大白话来着?"权力意志学说——《善恶的彼岸》一书的全部学说——在某种意义上是对上帝的辩护(参格言150和295,以及《道德的谱系》,前言,条7)。

第三章被冠之以"Das religiöse Wesen"[宗教式的本质]的标题,而不是"Das Wesen der Religion"[宗教的本质],原因之一乃是,所有宗教中共同的本质不是或者不应当是我们所关心的。此章关于宗教的思考着眼于对人类灵魂及其边界、对灵魂迄今的全部历史及其尚未究尽的可能性的考察:虽然尼采思考了迄今的与未来的宗教,但他并不思考不为人知的可能性;或者说,因为尼采思考了迄今的与未来的宗教,所以他并不思考不为人知的可能性。格言46到52专事迄今的宗教,格言53到57专事未来的宗教。剩余的部分(格言58-62)用于传递尼采对宗教的总体性的估价。在论述以往宗教的部分,尼采首先谈到了基督教(格言46-48),然后是希腊的宗教(格言49),接下来又是基督教(格言50-51),最后是《旧约》(格言52)。"古希腊的宗教性",尤其是

"犹太教《旧约》"的一些部分,给尼采提供了判定基督教的标准。在这一章当中,当谈及基督教时,尼采丝毫不像谈及那两个前基督教现象时那样满怀尊重、崇拜和敬畏之情。论述基督教的格言明显地被谈论古希腊和《旧约》的格言有意打断,这两个突如其来的格言保持着一定的间隔,以便去模仿人们所说的 [179] 雅典与耶路撒冷之间的距离或——毋宁说——对立。谈论《旧约》的格言紧随在谈论圣人(the saint)的格言之后:《旧约》中没有圣人,尤其是较之希腊神学,《旧约》神学的独特性在于有关神圣上帝的创世的概念(参《朝霞》,格言68)。对尼采来说,《旧约》(某一部分)的"伟大风格"表现出了人曾经拥有的那种伟大,而非上帝的伟大;神圣的上帝(the holy God)和神圣的人(the holy man)一样,都是人类权力意志的造物。

尼采对上帝的辩护因此是无神论的,至少暂时是这样的:论述《旧约》之后的格言以这样的提问开始——"今天为什么会有无神论?"曾几何时,有神论是可能的或必要的。但是与此同时"上帝死了"(《扎拉图斯特拉如是说》,开场白,3)。这并不仅仅意味着人们不再信奉上帝,因为人类的不信并不会摧毁上帝的生命或存在。这实实在在地意味着即使上帝仍活着,他也绝不会是信仰者所认为的那样,即上帝不死。这里所理解的有神论本身因此就总是错的。然而,有神论曾经一度是真的,也就是说是强大的和富于生命力的。在谈及这种有神论为什么以及是怎样丧失力量时,尼采更多地谈到了他的一些同代人——很可能是最有能力的同代人——所提供的理由,而非左右他自己的那些理由。他的更出色的读者当中,很多人会心安理得地认为这些理由触及了问题的毫末。尤其是,这些理由是针对自然(理性)神学还是针对启示神学还不是很清楚。但是,尼采所勾画出的反有神论的论辩乃是针对一个清晰、明确的启示,也就是说,是针对上帝对人的"言说"的可能性的(参《朝霞》,格言91和95)。尽管欧洲有神论已经衰落,尼采还是认为宗教的本能——即区别于宗教的宗教性——正在有力地增强,或者说,无神论只是个过渡阶段。无神论是否能够归属于尼采所构想的自由心智,而某种非无神论是否归属于那些继续供奉狄奥尼索斯神的未来哲人,或者如某个伊壁鸠鲁分子所说的那种 dionysokolax[酒神狄奥尼索斯的献媚者](参见格言7)? 对于尼采的思想来说,这种模棱两可是至关重要的,没有这种模棱两可,他的学说就会丧失其试验和诱惑的特性。

　　通过宣称下面的一个事实,尼采暂时阐明了他的无神论的或者说(如果你们愿意可以称之为)非有神论的宗教性的建议,这个事实就是:整个现代哲学是反基督教的,而非反宗教性的——这似乎让人想起吠檀多派(Vedanta)的哲学。但是,尼采并不预期,也确实并不希望未来的哲学会是类似于吠檀多派哲学的东西。他期望一种更为西方的、更为严厉的、更为可怕的和更富有激情的可能性:来自权力意志的否定自身的残酷的牺牲——上帝的牺牲,这为对石头、愚蠢、滞重(庄重)、命运以及对虚无的崇拜开辟了[180]道路。换句话说,他期望当代的无神论者当中的较为出众者能够知道他们所从事的事情——“石头”使我们想起了阿那克萨哥拉对太阳的揭秘,期望他们能够意识到有一些事物即将到来,这些事物较之 foeda religio[血污的宗教]或 l’ infâme[污秽]更能让人感受到难以捉摸的可怕、沮丧和堕落,也就是这样的一种可能性、一种事实:人的生命是全然没有意义的,是缺乏依凭的,生命只是在生命之前与生命之后的无限时间之间的一瞬,在此前与此后的无限时间当中,人类是不存在的,也将不会存在下去(参“论超道德意义上的真理与谎言”的开头)。这些宗教性的无神论者,这些新型的无神论者不会像恩格斯之类的人那样欺骗性地为一种美好未来、一种自由王国的前景所安抚,这种前景肯定要因人类及其所有意义的毁灭而终结,这一毁灭到来之前将会持续很长时间——一个千年或许更长——因为我们幸运地发现我们仍然处在“人类历史上升的枝藤之上”(恩格斯,《路德维希·费尔巴哈和德国古典哲学的终结》):那注定要毁灭的自由王国必然在其内部包含着毁灭其自身的种子,因此,在其存续期间将蕴含着与以往时代同样多的矛盾。

尼采并不打算为了虚无而牺牲上帝,因为当认可上帝死亡这一致命真理的时候,他是在致力于将其转化为一个激发生命的上帝,或者更确切地说他要在这一致命真理的深处发现其反面。为着虚无而牺牲上帝将会是否定世界或者悲观主义的一种极端形式。但是,为“某些神秘的欲望”所推动,尼采曾经长时间地尝试着突入悲观主义的深处,着意把它从与其否定世界的倾向相矛盾的道德幻象中解放出来。如此一来,较之此前的任何悲观主义者,他就把握了一种更倾向于否定世界的思考方式。然而,一个走上了这条道路的人却可能无意识地向相反的理想睁开了眼睛,向属于未来宗教的理想睁开了眼睛。无须多言,在其他人那里只是可能的情形,在尼采的思想和生平当中却是一个事实。对虚无的崇拜证明了是从所有的对世界的否定到对世界的无限的肯定——那永恒的对过去存在的与现在存在的万物的肯定——的一个必要的过渡。通过这种肯定,尼采似乎表现为一个激进的反革命者或保守主义者,他超越了所有其他保守主义者的最狂妄的诉求,这些保守主义者对过去与现在存在的一些东西均加以否定。想想尼采对“各种理想”(ideals)和“理想主义者们”(idealists)的责难,这使我们回想起了(1824年11月24日)歌德对艾克曼(Eckerman)说过的话:“每一种类似理念(jedes ideelle)的东西都有助于革命的目的。”有鉴于此,尼采是这样总结他关于过去与现在存在物的永恒重复的说明的:“这难道不是 circulus vitiosus deus[关于上帝的循环论证]吗?”正像这一总结性的[181]模棱两可的问题再次表明的那样,他的无神论并不是清清楚楚的,因为他曾经怀疑是否存在一个不以上帝为中心的世界(格言150)。目前的格言的结论经由它的形式使得我们回想起了出现在前两章中的神学格言(格言37),在那里,尼采提出了这样的事实,即在某种意义上,权力意志学说是对上帝的辩护,即使它是一个对上帝的决然的非有神论的辩护。

但是,现在,我们得面对这样一个事实,即这种对上帝的辩护只是那种为了愚蠢、为了虚无而牺牲上帝的一个翻转,无论如何,它预设了上帝的牺牲。经过一段长时间的准备,究竟是什么将虚无神圣化? 是某种对于永恒的意欲本身赋予了或恢复了世界此种神圣价值,而此种价值曾经由于否定世界的思考方式而一度丢弃了吗? 这种对于永恒的意欲使得无神论秉有了宗教性吗? 这一招人喜爱的永恒之所以是神圣的是否仅仅因为它被人喜爱? 如果为了配受喜爱,我们就说它自身一定是可爱的,那么我们不是又满怀愧疚地跌入了柏拉图主义,从而陷入了"善本身"的说教之中了吗? 但是我们能够完全避免这样的错误吗? 尼采所肯定的永恒不是石头,不是愚蠢,不是虚无,这些东西,即使是永恒的或者是近乎永恒的,也不能唤起热情洋溢的和激发生命的对它们的肯定。从否定世界的思考方式到其反面理想的转化是与此种认知或者识见相联系的,即上帝为之而牺牲的石头、愚蠢或虚无在其可被理解的性格上乃是权力意志(参见格言36)。

尼采的"神学"当中有一个重要的组成部分——虽说不上是其神学的神经中枢,由于我至今没有触及这个组成部分,所以我还没有谈到它,也不会谈及它。莱因哈特(Karl Reinhardt)在其"尼采的阿莉阿德涅哀歌"(Nietzsche's Klage der Ariadne)一文中已极好地处理了这个问题(参见 Karl Reinhardt,《古代的遗产》[Vermächtnis der Antike],哥廷根,1960,页310–333;亦见 Reinhardt 在其关于 Walter F. Otto 的悼文结尾处的相关评议,同上,页379)。

第四章当中的"格言和插曲"没有秩序,其选题和顺序也没有节奏和理由,这是可能的,但似乎不是这样的。我必须对此作一番考察,这对我们当中的一些人或许会有帮助。

那个开篇的格言将我们的注意力引向了成为你自身、为自身而存在、"保存"你自身的至高无上性(参格言41)。由此,知识不能因着其自身的缘故而存在或者成为善的,只有作为自我认知,它才是可以确证的:成为你自身意味着忠实于自身,走那条通向自己理想的道路。这似乎有着无神论的意涵。在第四章中,共有九处提及上帝,但只有一处论及尼采自己的神学(格言150),只有一处关于自然的论述(格言126)。然而,我们注意到有9个格言是专事男人和女人的。显然,尼采心目中的知者(the knower)并不像康德那样头顶灿烂的星空。因此,他[182]有着一种很高的道德,一种超越善恶,尤其是超越清教主义和禁欲主义的道德。恰恰是由于他对其心智的自由的关注,他必然将他的心禁锢起来(格言87、107)。没有愚蠢的冲击,心智的自由是不可能的(格言9)。自我认知不仅是非常困难的,而且也是不可能的。人类生活不堪忍受彻底的自我认知(格言80–81、231、249)。

第五章是核心的章节,也是唯一的标题中提及"自然"的一章("论道德的自然史")。自然会不会是这一章甚至这本书整个第二部分的主题呢?

自然——更不必说"自然主义者"、"物理学"和"生理学"——在前四章当中曾经不止一次地被提到。我们来关注一下其中最重要或最显著的。在讨论并拒斥廊下派"依据自然而生活"的道德律令时,尼采在自然与生命之间作出了区分(格言9;参格言49),就像他在另一场合对自然与"我们"(人类)作出区分一样(格言22)。生命的反面是死亡,它和生命一样是——或者可以同样是——自然的。自然的反面是不自然,即人为的、经过驯服的、畸形的(格言62)、反自然的(格言21、51、55),也就是说,非自然的东西同样可以是活着的。

在导论性的格言当中(格言186),尼采谈到了道德的自然历史所迫切需要的东西,这种方式使我们回想起他在论述宗教一章的导论性格言中所说的(格言45)。但是在较早的场合,尼采使我们怀疑:真正的宗教科学,也就是经验的宗教心理学对于各种实际的目的是否可能。因为,心理学家必须熟知 homines religiosi[宗教人们]最深刻的宗教经验,并且同时能够居高临下地观察这些经验。为了对各种不同的道德版本进行经验研究和描述而陈述某一个案时,尼采也以此个案的陈述为例驳斥了哲学伦理学的可能性,亦即道德科学的可能性,此种科学据说可以传授唯一真正的道德。情形似乎是:他对宗教研究者比对道德研究者有着更高的要求。这可能解释了为什么他没有把第三章命名为"自然宗教史"(the natural history of religion)——休谟曾经写过一篇题为"自然宗教史"的文章。

　　哲人的道德科学声称已经在自然或者理性之中发现了道德的基础。抛开这一虚伪科学的所有其他缺点不谈,道德科学的基础乃是在于这样一个虚妄的假设,即假设道德必然是或者能够是自然的(依据自然的)或者理性的。然而,任何一种道德都是建立在某种对自然也是对理性的暴政之上的。尼采尤其将他的批评指向了反对服从任何武断法律的无政府主义者:所有有价值的事物、任何的自由都是从武断和非理性的法律所施加的长时期的强制之中诞生的,正是这一强制训导心智走向自由。与无政府主义破坏性的放纵相反,尼采断言:[183]对非自然和不合理的 nomoi[礼法]的持久的服从恰恰是"自然的道德律令"(the moral imperative of nature)。Physis[自然]使礼法成为必需,尽管同时还保留着自然与礼法之间的区分——不,毋宁说是对立。整个格言(格言 188)当中,尼采在论及自然时几乎都加上了引号,只有一处例外,即最后一次提及自然时。自然——不仅仅是无政府主义者所理解的自然——对尼采来说成了一个问题,但是他不能没有自然。

　　至于理性主义者的道德,它首要地在于将善等同于有用和愉悦,亦即在于对后果的计算当中。它是功利主义的。它的古典形态是平民的苏格拉底。充溢着贵族气质的柏拉图——"古代性的最辉煌发展"(前言),其力量和影响是无与伦比的,并且迄今的哲人们仍受惠于他——何以能够接受苏格拉底的教导是一个谜。柏拉图笔下的苏格拉底是一个怪物。接下来,尼采试图不仅通过以自己的真理取代柏拉图的真理,而且也通过在力量或权力上超过柏拉图来击败柏拉图。除了别的，"柏拉图还令人厌倦"（《偶像的黄昏》，"我亏欠古人的"，条2），而尼采却肯定不使人厌倦。苏格拉底和柏拉图不仅为理性所指导，或者说跟从理性，而且也为本能所指导，或者说跟从于本能。较之理性，本能是更为根本的。通过明确地与本能为伍而反对理性，尼采与卢梭得以秘密结盟（参拙著，《自然正确与历史》[Natural Right and History]，页262注释）。本能至少是类似于自然的东西——那种用干草权就可以予以驱除，但是却总是去而复归的东西（参格言264；亦参格言83的斜体字标题，第四章中四个斜体字标题中的第一个）。我们有理由猜测那种基本的本能是权力意志，而不是自我保全的冲动（参格言13）。我们冒险所称的尼采的宗教性也是一种本能（格言53）："那宗教性，也就是成神的本能"（《权力意志》，条1038）。由于道德判断的非理性，由于道德判断中非理性的决定性存在，作为其结果，就不会有任何普遍有效的道德规则：不同的道德适用于并归属于不同类型的人。

当尼采再次谈到自然的时候，这一术语加上了引号（格言97），他吁求不要再把那些危险的、无节制的、激情的、"热烈的"（tropical[译按：本义"热带的"]）掠夺性存在物视作病态的（有自然缺陷的）存在物：正是几乎所有道学家的此种有缺陷的本性（自然）——而不是所谓的理性或纯粹自然——亦即他们的胆怯诱使他们将危险的野兽和人构想为病态的存在物。这些道学家们并没有创造来自胆怯的道德。那种道德是"人类畜群"的道德，也即人类大多数的道德。说到底这些道德哲人（以及神学家们）乃是图谋保护其本人免遭某些危险的威胁，这些危险并非来自他人，而是来自其自身的激情。

尼采谈到了那种现今普遍固有、经由遗传承继下去的服从的畜群本能。无须多言，[184]起初，在前历史时期，这种本能是获取的而非生来就有的（参《道德的谱系》，Ⅱ）。在整个历史进程中，它是非常有力量的，而在当今的欧洲则完全占据了主宰性的地位。在欧洲，它至少

破坏了那些发布命令者和独立之士的好良心,并且,它宣称自己是唯一
真正的道德。更确切地说,在其早期的较为健康的形式中就已经有如
下意涵:善的仅有的标准乃是对于畜群的功用,亦即共同的善;独立、优
越和不平等只是在其被认为服务于共同的善并且对这种善是必要的意
义上才受到尊敬,并非因其自身的缘故而受到尊敬。共同的善被理解
为一个特定的团体或者部族的善,它因此要求对外部和内部的敌
人——尤其是罪犯——采取敌对的态度。当畜群道德就像在当今欧洲
那样收获其最终的果实的时候,它恰恰与罪犯站在了一起,害怕施加惩
罚,它满足于使罪犯变得没有害处。通过将恐惧的这一残留的根据祛
除,源自胆怯的道德终于完成其使命从而使自己成为多余的东西(参
格言73)。通过将善等同于不加歧视的同情,胆怯以及对恐惧感的祛
除一并获得了合法论证。

　　在民主运动——根据尼采的理解,无政府主义者和社会主义者同
属于这一运动——取得胜利之前,不同于并且高于畜群道德的各种道
德至少还是为人所知的。尼采怀着高度的赞赏提到了拿破仑以及首要
地提到了阿尔喀比亚德(Alcibiades)和凯撒。通过以同一种口吻论及
阿尔喀比亚德和凯撒,尼采再明显不过地表明了他之脱离畜群道德这
一事实。凯撒作为罗马历史上的一个官吏,可以说为罗马执行了辉煌
的历史性功能,并将自己奉献于这一功能。而对阿尔喀比亚德来说,雅
典只不过是一座雕像的基座,为着他自己的荣誉和伟大,只要需要就可
以和斯巴达或者波斯交换。尼采将此种本性的人与有着相反本性的人
相对而置(格言199–200)。在这一章的剩余部分,他不再谈论自然,
而是表达了这样的观点,即人类必须在实际上位列于兽类之列(格言
202)。尼采呼吁从当今欧洲大获全胜的畜群道德走向 Führer[领袖们]
的卓越道德。领袖们能够阻止人类的堕落以及由此导致的畜群之自主
性,但领袖绝不是像拿破仑、阿尔喀比亚德和凯撒那样的天生的统治
者。他们必须是哲人,新的哲人,是一种崭新类型的哲人和发号施令

者,是未来的哲人。单单凯撒,无论其多么伟大,都是不够的,因为这种新的哲人必须将人的未来作为他的意志,作为有赖于一种人类意志的东西教给人,以便于终结那种迄今被称为"历史"的愚蠢和偶然所施加的丑恶统治。真正的历史——根据马克思,它有别于前历史——要求由拥有最高的精神性和最伟大理性的人来征服机运和自然[185](《道德的谱系》,Ⅱ,条2)。对自然的征服决定性地取决于有着某种本性的人。我们听说,哲学是最具精神性的权力意志(格言9):未来哲人必须秉有以往的哲人甚至从未梦想过的权力意志,他们必须在其绝对形式上秉有这种意志。我们禁不住要说,依据自然,未来哲人属于最高的等级,并且在这一等级上行事。依据理性,他们也属于最高的等级并在这一等级上行事,因为他们终结了非理性的统治,因为高等的东西——高级的独立的精神性、特立独行的意志、伟大的理性(格言201)——明显优于低等的东西。从畜群的自主性到未来哲人的统治的转化,类似于从对虚无的崇拜到对过去与现在的所有存在物的绝对肯定的转化,这一转化也明显会是合理的。

但是,道德判断的非理性,亦即关于每一种道德判断(格言191)的非理性又怎么样了呢? 或者说,为了能够与它取得一致甚至理解它,人们必须强壮、健康并且高贵,仅仅因为这一点它就不再是理性的了吗? 能够认为尼采对残酷的赞赏——这有别于柏拉图对温文尔雅(gentleness)的赞赏——是理性的吗? 或者,这种对残酷的赞赏只是针对同情的非理性虚饰的一个必不可少摹仿(参《道德的谱系》,前言,条5结尾)? 进一步说,尼采对柏拉图和苏格拉底的批判难道不是一个严重的夸张——即便说不上是一种漫画式讽刺——吗? 为了看清楚苏格拉底不是尼采意义上的功利主义者(参格言190),回想一下《普罗塔戈拉》(Protagoras)与《高尔吉亚》(Gorgias)之间的区别就够了。正像尼采在同一章(格言202)当中所说的,苏格拉底并不认为自己知道善恶是什么。换句话说,"德性即知识"的命题与其说是一个答案,还不如说是一个谜。苏格拉底的神秘言说是建立在他对这样一个事实的清醒认识之上的：有时候"一颗科学的脑瓜扛在蠢人的肩膀上，而卓绝的理解则遗失于鄙俗的灵魂中"（格言26）。用尼采所偏爱的一个区分来说——这一区分在此种形式上对苏格拉底来说的确是陌生的——这还意味着对 Wissen［知识］与 Gewissen［良知］之间复杂关系的清醒认识。基于此，人们被迫作出这样的争辩，即对尼采来说，没有自然的或者理性的道德，因为他否认存在着一种人的本性：对人与野兽之间的任何基本差异的否定乃是一个真理——即便那是一个致命的真理。因此，人之为人并没有自然的目的：所有的价值都是人的创造。

虽然尼采从自主的畜群到新的哲人的转向与其权力意志学说是完全一致的，但这与他永恒复返的学说是不能相容的。的确，这种对全新事物的要求，对整个过去、对全部"历史"的断然告别何以能够与对过去与现在存在的万物的全然肯定调和起来呢？在这一章接近结尾的地方，尼采［186］给出了有关全新哲人与永恒复返之间的联系的暗示，他说，未来哲人必须能够担负起对人类未来的责任重负。起初，尼采以"Das grösste Schwergewicht"［最大的重量级］为标题发表他关于永恒复返的说明（《快乐的科学》，格言341）。

由于对新哲人的渴盼，尼采顺理成章地对当代哲人进行了一番评头论足：这是令人遗憾的一群人，这些人不是严肃的和真正意义上的哲人，而是哲学教授、哲学工作者，或者正如尼采死后他们自己表白的那样，是"搞哲学"的，充其量或者说只是在罕见的情形下，他们才是学者或科学家，也就是有能力的和诚实的专家，服务于哲学或者作哲学的仆人应当是其职责所在。论述这类人的章节被冠之以"Wir Gelehrten"［我们学者们］的标题，它是唯一的在标题中用到第一人称代词的章节：尼采希望强调这样的一点，即除了作未来哲人的先驱者之外，他也归属于学者的阵营，而非诸如诗人们或者 homines religiosi［宗教人们］的阵营。据尼采看来，学者或科学家从哲学中的解放只是民主运动的一个组成部分,也就是将低等的从对高等的隶属之中解放出来。我们在20世纪就人类科学所观察到的症状印证了尼采的诊断。

当今学者或科学家的平民特点归因于对自身缺乏尊重,而这一缺乏则又归因于自我的丧失,归因于对自我的遗忘,这是这样的人的客观性的必然结果或原因。因此,这样的人就不再是"自然"或"自然的",他只能是"真实的"(genuine)或"本真的"(authentic)。起初,可以略有夸张地说,自然的和真实的是一回事(参柏拉图,《法义》642c8 – d1,777d5 – 6;卢梭,《社会契约论》I. 9 结尾和 II. 7,第三段),尼采为本真事物(the authentic)取代自然事物(the natural)打下了决定性的基础。从下面的论述当中,也许可以看清楚他做了些什么以及他为什么这样做。尼采更直接地关注古典学者和历史学家,而非自然科学家(参格言209)。较之自然科学,历史研究与哲学靠得更近,因此对哲学也是个更大的危险。这自然是人们所说的哲学的历史化的后果,亦即这样的一种看法:真理是时间(历史纪元)的功能,或者说每一种哲学属于特定的时间和地点(国家)。由于自然——例如,使得一个人成为哲人的自然禀赋——不再认为是被给予的,而是前人的获取(格言213;参《朝霞》,格言540),这使得历史取代了自然。一种特殊的现代取向是将万物依照其起源、依照其人类造物来加以理解,历史主义正是这种特殊的现代取向的产[187]物:自然则仅仅用来提供如其自身那样几乎是毫无价值的材料(洛克,《政府论》下篇,第43 节)。

哲人不同于学者或科学家,他是那种弥补性的(complementary)人,在他那里,不仅仅人类而且还包括其他的存在物都得到确证(参格言207);他是不容超越,更不需要超越的巅峰。但是,严格地说,这种定义仅仅适用于未来哲人,和他们相比,像康德和黑格尔这样的人只是哲学劳动者,因为严格意义上的哲人是要创造价值的。尼采提出了是否曾经有过这样的哲人的问题(格言211 结尾)。在第六章论述赫拉克利特、柏拉图和恩培多克勒的开始部分,尼采似乎给出了肯定的回答。或者说,难道这种说法——即我们也必须胜过希腊人——仍然是真的吗?
(《快乐的科学》,格言 125,340)哲人之为哲人是属于未来的,因此他任
何时候都是与他的时代对立的;哲人总是他们时代的坏良心,他们之属
于他们的时代并非像黑格尔所认为的那样是他们时代的儿子(黑格
尔,《哲学史讲演录》,导论,Hoffmeister 编,页 149),而是他们时代的继
子(《作为教育家的叔本华》,3)。如果以继子的名分归属于他们的时
代、地域或国家,未来哲人的先驱者所关注的就不仅仅是人的一般性的
优异,而且也关注欧洲的生存——它处在俄国的威胁之下,因此欧洲必
须成为统一的欧洲(格言 208),未来哲人必须成为统一的欧洲的看不
见的精神统治者,而不是它的奴仆。

　　在第七章,尼采转而谈论"我们的德性"。不过这里的"我们"不是
"我们学者",而是"我们后天的欧洲人,我们 20 世纪的头生子们"(格
言 214),"我们自由的心智"(格言 227),也就是未来哲人的先驱者。
对学者的德性与邪恶的讨论必须以对自由心智的德性与邪恶的讨论为
补充。自由心智的德性在第二章当中已经讨论过了,但是,与这些德性
不可分离的自由心智的邪恶也必须予以揭示。"我们"的道德的特征
在于其基本的模棱两可;它既从基督教获取灵感,也从反基督教获取灵
感。可以说,"我们"的道德与以往时代的道德相比有所进步,但是没
有理由据此骄傲。这种骄傲与"我们"在道德事物中日益增长的精细
是不协调的。尼采乐意承认:一种高度的精神性(智性)是道德品性的
最终产物;它是对所有那些状态的综合,人们将这些状态归之于那些
"仅仅有德"(only moral)之士;它也是对于正义和某种严苛性的精神
化,这种严苛性知道,它负有这样的使命,即维持世界的等级秩序——
甚至在事物当中——而不仅仅是在人类当中——维持等级秩序。哲人
[188]乃是弥补性的人,实存的其余部分(the rest of existence)都在他那
里得到确证(格言 207),哲人屹立于峰巅,不,毋宁说,他就是峰巅,因
此,哲人对整个宇宙负有责任。但是,"我们"的德性不是未来哲人的

德性。尼采对那些有德之士所作出的让步,并没有阻止他将诸多支配性的道德教条(利他主义、善等同于同情、功利主义)以及道学家们根据它们所作出的批判视为琐碎之物——即使谈不上对它们蔑视有加。从这种批判或者其前提当中得出的优越道德不属于"我们的德性"。那些支配性的道德并不清楚道德本身的问题性,这是由于它们对道德的多样性没有充分的认识(参格言186),也由于这些道学家们缺乏历史感。历史感是"我们的德性",甚至是"我们伟大的德性"。历史感是一个在19世纪才出现的新奇现象,它是个模棱两可的现象。它的根源在于平民化的欧洲匮乏自足性,或者说,历史感表达了现代性的自我批判,表达了对不同事物的渴望,亦即对过去的或陌生的事物的渴望。结果,"尺度于我辈是陌生的,我们被无限之物和不可测度之物撩拨得心猿意马",因此,我们是半野蛮人。情形似乎是,此种缺陷,亦即我们伟大德性的反面指向了一种超越历史主义的思考和生活方式,指向了以往所难以企及的顶峰。对同情的讨论(格言222,225)伴随着对历史感的讨论(格言223–224):历史感在平民道德与其反面道德之间起着居中调停的作用,这种平民道德鼓吹对被自然忽视的人施以同情(格言219),并倾向于消除所有的苦难,而其反面的道德则怀有因着苦难而生就的对于丰功伟业的意识(格言225)。接下来的一个格言(格言226)是这一章中唯一有斜体字标题的("我们非道学家"):我们非道学家是"义务中人","我们的"非道德主义是我们的德性。"唯一留给我们的德性"乃是诚实,智性的诚实。人们可以说它是我们的非道德主义的积极的和另外的一面。诚实包含并成就"我们的历史感的伟大德性"。然而,诚实是个结束而非开始,它指向过去而非未来;诚实必须为"我们最精微、最隐秘、最精神化的指向未来的权力意志"所支持、调节和加强。可以肯定,我们的诚实决不可成为我们骄傲的理由或对象,因为这会把我们重新引回道德主义(以及有神论)。

为了更好地理解"我们的德性",把它与其最强有力的敌对者、由英国功利主义者鼓吹的道德版本作一对比是有帮助的,功利主义道德的确是将自我主义作为其道德基础而加以接受的,但它却强调说:正确理解的自我主义可以促进一般福利。这种功利主义是令人讨厌的、无聊的和幼稚的。尽管它承[189]认自我主义的基本特性,但却没能意识到自我主义是一种权力意志,因此包含着残酷性,这种针对自身的残酷性在理智的诚实中、在"理智的良心"中是有效的。

如果要想使得"令人恐惧的基本文本即 homo natura[自然人]",亦即"那个永恒的基本文本"重见天日,如果人类要"重新迻(译)入自然"(re‑translated into nature),那么承认残酷的至关重要性就是必需的。这一重新迻(译)入自然完全是未来的任务:"还从来没有一种自然的人性"(《权力意志》,条 120)。人类必须连同"纯粹的、新近发现的、重新获救的自然"一同"成为自然的"(vernatürlicht)(参《快乐的科学》,格言 109)。因为人还没有被固定为——或者被确定为——兽类(格言 62):人通过获取他最终的、确定的本性而成为自然的。一个存在物的自然就是它的目的、它的完善的状态、它的顶峰(亚里士多德,《政治学》1252b32‑34)。"我也谈论'回归自然',虽然它其实不是一种倒退,而是上升——上升到崇高的、自由的甚至可怕的自然以及自然性(naturalness)……"(《偶像的黄昏》,"一个不合时宜者的漫游",48)人通过未来哲人并且在未来哲人那里达到其顶峰,未来哲人是真正的弥补性的人,在他那里,不仅仅人,实存的其余部分也将得到确证(格言 207)。他是将权力意志理解为根本现象并在此基础上有意识地创造价值的第一人。他的行动构成了最具精神化的权力意志的最高形式,因而也是权力意志的最高形式。通过这一行动,他终结了荒诞和偶然的统治(格言 203)。作为人的权力意志的最高行动,人的 Vernatürlichung[自然化]同时也是非人的(non‑human)拟人化的最高形式(参《权力意志》,条 614),因为最为精神化的权力意志在于对自然应该是什么和如何是做出规定(格言 9)。正是通过这种方式,尼采取消了现象世界或虚拟世界（解释）与真实世界（文本）之间的区分（参见马克思，"政治经济学与哲学"［Nationalökonomie und Philosophie］，《早期作品》［*Die Frühschrigten*］，Landshut 编，235、237、273）。

　　然而，正是人类迄今受制于无意义和机运的历史，构成了克无意义和机运的必要条件。这就是说，人的 Vernatürlichung［自然化］预设的整个历史进程，并将这一整个历史进程带到其结论——这一进程绝不是必然的，而是要求崭新的、自由的创造行动。而且，通过这种方式，历史得以整合进自然。如果情形真是这样，那么就不能在肯定未来哲人的同时否定过去的哲人。然而，这种肯定与对过去与现在存在的万物的无限制的肯定——即对永恒复返的肯定——有着很大的差异。

　　尼采没有去解释为什么必须确证永恒复返，而是去表明最高成就——和以往所有的伟大成就一样——归根结底都是自然的作品。而非理性的作品。最终，［190］所有的思想都依赖于某些无法传授的"深深潜藏着"（deep down）的东西，依赖于根本的愚蠢。情形似乎是：个人的本性（the nature of the individual），个别的本性（the individual nature），而非显见的普遍有效的洞察，是所有有价值的理解或知识的根据（格言 231；参见格言 8）。存在着一个自然界的等级秩序，在其顶峰是弥补性的人。他解决最高的和最困难的问题，他的至高无上性正是通过这一事实得以表明的。就像我们看到的那样，对尼采来说，自然成了个问题，但他却不能抛弃自然。人类正在征服自然并且这一征服没有可以确定的疆界，由于这一事实，我们可以说，自然已经成为一个问题。作为结果，人们开始考虑着去消除苦难和不平等。然而，苦难和不平等是人性之伟大的前提条件（格言 239，257）。迄今为止，苦难和不平等一直被认为是理所当然的，是"给予的"，是加之于人的。因此，它们必须是被意愿的。这就是说，无意义和机运的丑恶统治，自然，几乎所有的人都是裂片、碎屑和丑陋的偶然性，整个的过去和现在本身都是一个碎片、一个谜、一种丑陋的偶然性——除非它们是作为通向未来的桥梁而被意愿的(参《扎拉图斯特拉》,"论救赎")。人们一方面必须为弥补性的人铺平道路,另一方面也必须无条件地肯定裂片和碎屑。自然,自然的永恒要将其存在归因于一个公设,归因于最高自然的权力意志行为。

第七章结尾,尼采讨论了"男人和女人"(格言237)。向这一主题的明显笨拙的过渡——在这一过渡当中,尼采通过宣称它仅仅表达了他的"深深潜藏着的根本的愚蠢"而质疑了他所要说出的真理——不仅仅是对妇女解放支持者的一种奉承或一种殷勤的姿态。这表明尼采充分意识到自然成了个问题,且准备继续讨论自然亦即自然的等级这一主题。

未来哲人属于统一的欧洲,但欧洲仍然是 l' Europe des nations et des patries[各民族和各祖国的欧洲]。与法国、英国等所有这些非俄国的欧洲部分相比,德国具有更广阔的未来和前景(格言240,251,255;参《海涅作品集》,Elster 编,IV, 510)。我们可以发现,在论民族和祖国的章节中,尼采格外强调当时德国的缺陷而非德性:将心灵从落败的祖国解放出来比从胜利的祖国里解放出来更困难(格言41)。在此,尼采批判的靶子不是德国哲学,而是德国音乐,也就是瓦格纳。更确切地说,欧洲的贵族精神(nobility)通过法兰西的作品和发明得以揭示自身,而欧洲现代观念里的庸众性和平民气则是英格兰的作品和发明(格言253)。

如此一来,尼采就为其最后一章作好了准备,其标题为"何为高贵?"(Was ist vornehm?)"vornehm"[高贵的]之有别于"noble"[高贵的],乃是由于其与[191]渊源、血统和出生不可分离(《朝霞》,格言199;歌德,《威廉·麦斯特的学习时代》[*Wilhelm Meister's Lehrjahre*],《全集》,Tempel - Klassiker, Ⅱ, 87 - 88,以及《诗与真》[*Dichtung und Wahrheit*],第二卷,同前,页 44 - 45)。作为未来哲学导论的最后一章,它将那种(一种)未来哲学视作是反映在行为和生活的中介当中的,由此得到反映的未来的哲学将自身揭示为未来的哲学。未来哲人的德性与柏拉图式的德性是不同的：尼采以同情（compassion）和孤独取代了节制和正义（格言284）。这是尼采为何将自然冠之以"Vornehmheit"［高贵性］（格言188）的众多例证中的一种。Die vornehme Natur ersetzt die göttliche Natur［高贵的自然取代了神性的自然］。

迈蒙尼德《知识书》疏释①

张缨 译

[192]倘若《迷途指津》(*The Guide of the Perplexed*)当真不是一部哲学著作,而是一部犹太著作,它显然也跟犹太著作《重述托拉》(*Mishneh Torah*;或译《重述律法》)不可同日而语。迈蒙尼德清楚地在这两种犹太著作之间作出了区分,他说《指津》致力于真正意义上的律法学,而《重述托拉》及《密西拿义疏》(the *Commentary on the Mishna*)则属于一般意义上的律法学,即 the fiqh[律法学]或曰 talmud[对律法的研习]。② 这两种犹太著作的最明显区分相应于两种律法学之间的最

---

① [原版编者注]原刊《神秘主义与宗教研究:献给肖勒姆》(*Studies in Mysticism and Religion Presented to Gershom G. Scholem*, Jerusalem: Magnes Press, Hebrew University, 1967)。

② [译按]在"《迷途指津》的文学特征"(The Literary Character of *The Guide for the Perplexed*)一文中,施特劳斯对阿拉伯文 *fiqh* 一词在迈蒙尼德作品中的含义作出过详尽的解释。施特劳斯告诉我们,对 fiqh 的解释直至《迷途指津》结尾处(卷三 54 章)才出现,它是"通过对律法的权威声明以及使人变得高贵的那些行为——尤其是崇拜行为——的'演绎推理'(deduction)作出的准确决断(exact determination)"。进而,施特劳斯指出,"一般意义上的律法学关注人应当做什么,而真正的律法学关注的则是人应当思考和相信什么"。见氏著,《迫害与写作艺术》(*Persecution and the Art of Writing*, Chicago, London: The University of Chicago Press, 1980, 1952),页39。talmud 一词为希伯来文,原意指"教导"、"研习",这里指对律法的研习;该词也用来指称涉及犹太教律法、伦理、习俗和历史的拉比文献《塔木德》(*Talmud*)。

明显区分：律法的种种根基(the foundations of the Law)在《重述托拉》中处理得比《指津》远为简洁，尽管前者以清晰的阐述通达它所提及的这些根基。因此，在《指津》中，迈蒙尼德尽可能充分地讨论在律法的追随者与哲人之间引起争议的根本问题——世界是恒在的抑或世界在时间上有一个开端——在他的一般律法学著述(fiqh books)中，他将上帝的存在建立在"世界是恒在的"这种观点的基础上，而这一观点是他在《指津》中所拒斥的。① 这似乎意味着，在一个重要的方面，迈蒙尼德的一般律法学著作比《指津》更为"哲学"。

在《重述托拉》中，哲学似乎在第一卷书(the First Book)——即《知识书》(the Book of Knowledge)——里得到最有力的呈现。《知识书》是在指明主题的术语时唯一附带冠词的书。更准确地说，在《重述托拉》中，《知识书》是唯一[193]同时在全书"导言"以及该书标题中指明主题的名词上面附带冠词的书。因为，在《献祭书》(the Book of Sacrifices)的例子中，指明主题的名词在该书标题里带有冠词，但在全书"导言"里则不带冠词。② 在《指津》的基础上，这种表面上的不规则很容易被理解为一个暗示：《知识书》首先且尤其着重梳理《托拉》的种种基础；整个《托拉》的首要意图是消除偶像崇拜，或者说，我们的《托拉》作为一个整体，它的基础和它所环绕的枢轴在于消除支持偶像崇拜的各种意见，而根除偶像崇拜的主要工具是关于献祭的摩西立法。③ 唯有在《重述托拉》的基础上，那一暗示才几乎不会被说成是通达清晰的阐述(approach clear exposition)。

---

① 《迷途指津》卷一"导言"(Munk 译本，页 6a)及卷一 71 章(页 97a)。[译按]以下施特劳斯文中所引《迷途指津》页码均指蒙克(Munk)译本页码。

② 另参《重述托拉》(Mishneh Torah)，第一卷(Bk. I)，M. Hyamson 编，28a22 及 19a3。

③ 《指津》卷三 29 章和 32 章；参《重述托拉》18a3 - 4 和《论偶像崇拜》('Abodah Zarah)2 章 4 节。

迈蒙尼德本可以轻易地将《重述托拉》的第一卷书命名为 Safer Madda'（知识书;［译按］此处 madda'［知识］一词未带冠词）。在《指津》第 70 章（［译按］指卷一 70 章），迈蒙尼德提及他在 *Safer Madda'* 末尾所说的"灵魂"与"灵性"（spirit）间的歧义性（equivocity）。人们可能一时会认为，他由此所指的是《论悔改》（*Teshubah*①）8 章 3 节，但除了那个篇章不能被恰当地称为《知识书》的末尾这个事实外，迈蒙尼德既未在那儿说到"灵性"，也不曾说到与"灵魂"这个词相随的困难。迈蒙尼德在《指津》卷一 70 章提及的是《论托拉的基础》（*Yesodē Ha - Torah*;［译按］此为《知识书》的第一部分）4 章 8 节。通过这一提及，迈蒙尼德暗示了在 Sefer Ha - Madda'（［译按］此处 madda'［知识］一词带有冠词 ha）与 Safer Madda' 之间存在着区别，后者仅由《论托拉的基础》一至四章构成。通过这个暗示，迈蒙尼德强调了在那四章与《知识书》其余部分之间——更不消说与《重述托拉》其余 13 卷书之间②——存在的明显和彻底的区别。可以说，那四章就是最纯正的（par excellence）《知识书》，因为它们致力于神车论（the Account of the Chariot）和开端论（the Account of the Beginning），根据《指津》，神车论和开端论分别等同于神学和自然学（natural science）。③

上述四章——也唯有这四章——才致力于神车论和开端论。这两个论述、尤其其中的第一个论述乃是桩大事（a great thing），而涉及哈拉喀的讨论（the halakhic discussion④）则是桩小事（《论托拉的基础》4 章

---

① ［译按］此为《知识书》第五部分,亦是最后部分。

② ［译按］《重述托拉》由 14 卷书组成,《知识书》（the Book of Knowledge）是其中第一卷。

③ 《指津》卷一"导言",页 3b。

④ ［译按］halakha（哈拉喀,意为"行走的道路"）指一切与律法（诫命）相关的成文与口传律法;与之相对的 haggada（哈嘎达,意为"口头传说、民间故事"）指各种指导生活的历史轶闻、传说、道德训诫等。

13 节）。不过,严格意义上的哈拉喀(halakha)并非被排除在上述两个论述之外的唯一主题。在《论托拉的基础》4 章之后为《知识书》所采纳却同样被排除在神车论和开端论之外的是下列主题:上帝的名字([《论托拉的基础》]6 章 2 节)、预言(7－10 章)、摩西律法(the Torah of Moses)的不可变易和绝对特性(9 章 1 节)、伦理学(《论品性》[De 'ot] ①)、人的自由意志(《论悔改》5 章)、特殊神意(同前,9 章 1－8 节)、来世(同前,8 章)以及弥赛亚时代(同前,9 章 9－10 节)。

[194]在《重述托拉》中,神车论位于开端论之前。这种次序与两个论述的等级次序相一致,但它却并不与如下事实相一致:开端论(自然学)提供了神车论(神学)由以开始的各种前提。② 那么,究竟什么才是《重述托拉》中神车论的基础呢? 我们留意到一个同源的困难(a kindred difficulty)。根据迈蒙尼德,神车论是关于上帝和天使的学说,而开端论是关于低于天使的受造物的学说。由此,迈蒙尼德在两个论述之间作出的区分模糊了造物主和受造物之间的区别。迈蒙尼德通过在前四章里所解释的对五个诫命([译按]指"十诫"中的前五个诫命)的区分,某种程度上克服了第二个困难。他在(致力于关于上帝的学说的)第一章里解释了前三个诫命,又在(致力于关于受造物的学说的)其后数章里解释了其余两个诫命。这意味着,《知识书》所提供的关于上帝的学说的基础,不是出于自然学,而是出于最根本的那些诫命。比如说,第一条诫命——承认上帝存在的诫命——取代了有关上

---

① [译按] De' ot 为《知识书》的第二部分。de' ot 是 dē' āh[知识、理解力、见解等]一词的复数形式,在《迷途指津》湃恩斯(Shlomo Pines)英译本中,译者将该书名译作 Laws concerning Opinions(参 Moses Maimonides, The Guide of the Perplexed, Shlomo Pines 英译,卷 II, Chicago and London：University of Chicago Press, 1963, 页 550)。De' ot 一书讨论人的各种品性(character traits,或"性格特征"),故这里译为《论品性》。

② 《指津》卷一"导言"(5a)及 71 章(98a)。

帝存在的证明(the proof of His existence)。

　　这一点必须伴随着细节来看。迈蒙尼德断言,有关上帝存在的知识是根本中的根本(the foundation of the foundations)和各种科学的支柱(the pillar of the sciences),他以此来开启整部《知识书》:迈蒙尼德没有称之为律法的支柱或一个支柱(the pillar, or a pillar, of the Law),可他却称上帝以预言激发人类的知识为律法的一个支柱(《论托拉的基础》7章开头)。相应地,迈蒙尼德从恒久的、无始无终的天穹的旋转(revolution of the sphere)中,暗示了对上帝存在的证明([译按]参《论托拉的基础》1章5节)。他还几次指出什么是"不可能的"(亦参《论托拉的基础》1章11节开头)。进而,按迈蒙尼德的说法,关于上帝存在的知识由"我是耶和华、你的上帝"(I am the Lord, thy God)所命令。紧随这个诫命之后的是禁止思考和想象"除这一位外还有另一个神"的诫命。紧随其后的话语——即"这是一切所赖的伟大根源"([译按]《论托拉的基础》1章6节)——究竟是指这两个诫命还是仅指那个禁令,并不如表面上那么清晰(参《论偶像崇拜》['Abodah Zarah]2章4节;[译按]此为《知识书》第四部分)。同样不清楚的是,第一条诫命是否责成我们认识到上帝的绝对独一性和无可比拟性(incomparability)而非他的存在。无论如何,《重述托拉》的第一章——《重述托拉》中最纯正的神学篇章——提出,上帝存在着,他是一,他是无形体的。上帝的无形体性并未呈现为一个诫命的主题。上帝是无形体的这一点,既通过他的单一性,亦通过圣经章节推断而得。①

　　[195]在[《重述托拉》]第1章,迈蒙尼德避免"创造"(to create [bara'])这个词及其衍生词。他是在讲到受造物时,才开始使用那个词的。处理作为受造物的造物(the creatures as creatures)(《论托拉的基础》2-4章),目的是为了解释爱上帝和敬畏上帝的诫命。迈蒙尼德

① 参《指津》卷三28章开头。

以强调的方式指出,有关受造物的学说属于他自己,①至少,该学说没有溯及犹太教文献。有关受造物的知识是通往爱上帝和敬畏上帝的道路,因为知识使我们认识到上帝的智慧。迈蒙尼德没有说,知识是为认识上帝的存在、单一性和无形体性所需的。迈蒙尼德起初列举三种受造物(地上存在者、天体和天使)是按上升的次序(《论托拉的基础》2章3节②),尽管他在讨论这些受造物时依照的是下降的次序。这个变化并没带来什么差异,至少在这两种情况下,天体都居于中间位置。在讨论天体时,迈蒙尼德没有说到"创造"(creating),他也没有引用《圣经》,然而他却引述了希腊的贤哲们(the Sages of Greece;3章6节)。迈蒙尼德没有在神学章节中论述上帝的知识(God's knowledge),尤其是上帝的全知,而是在论述受造物时,在恰恰说到上帝对受造物的知识问题时论及上帝的知识,这并不奇怪。上帝对他的所有造物的知识暗含在上帝的自我知识中(2章9－10节)。相应地,天使对上帝的认识(know)远不如上帝对自己的认识那么恰切,而天体意识到上帝(are aware of God)又远不如天使那么恰切,但既然它们意识到上帝,它们也就意识到自己和天使(2章8节;3章10节)。对天体和天使是否认识低于它们的存在者,迈蒙尼德在此缄默不语。这并不与如下事实相矛盾:最低等级的天使"跟先知说话。出现在先知视见(prophetic vision)中",因为迈蒙尼德在此"按照人类的语言"说话。这足以说明,事实上仅有一个最低等级的天使(对勘2章7节与4章6节)。

　　开端论比起神车论来,更容易为一般人接近。开端论中最容易接近的部分是处理月下造物(the sublunar creatures;或译"地上的造物")

──────────

①　参《论托拉的基础》2章2节中的"我"(the "I")。
②　[译按]在施特劳斯后文的随文注中,凡仅注明章节而未标示书名的,均出自《论托拉的基础》。

的部分。① 在讨论四元素的特征时，迈蒙尼德首先说的是每种元素的
"方式"（way；或译"道"），其次是该元素的"习性"（custom），只有在这
样的预备之后，他才说到其"自然"（nature；或译"本性"）（4 章 2 节）。
由此，迈蒙尼德让我们看到，"自然"——一个指向希腊贤哲们的概
念——不能不加预备地用在这个语境中。② 迈蒙尼德将空气（air）称
为"灵"（spirit），这使他能为《创世记》1 章 2 节表述的灵与水的关
系——也为《传道书》12 章 7 节表述的灵与尘土（dust）的关系——带
来新的启发。③

[196]有关造物的知识导向爱上帝和敬畏上帝，乃因为这种知识
导向关于上帝的无限智慧的知识，随之也导向对[上帝的]伟名（the
Great Name）的知识的热切和渴望。然而，当人考虑到上帝那些令人惊
异和伟大的造物本身时，他就会退缩且变得畏惧，并认识到自己的渺小
和卑微，以及与上帝的知识相比自己的知识的贫乏。尽管有关造物的
知识既导向爱上帝也导向敬畏上帝，但迈蒙尼德却将他的天使论（his
account of angels）作为爱上帝的途径来引入（2 章 2 节）。在迈蒙尼德
的造物论（his account of the creatures）而非天使论的末尾，也就是关于
有形体的存在者（bodily beings）的论述中，他说：通过关于所有造物的
知识，人对上帝的爱得到增强；通过将人自己与任何伟大和神圣的有形
体（即各种天体）加以比较，甚而，通过将人自己与任何纯粹的非物质
形式（即天使们）加以比较，人就进入一种敬畏的状态并认识到自己全
然的卑微（4 章 12 节）。这似乎意味着，区别于敬畏上帝的爱上帝绝不

① 《论托拉的基础》4 章 11 节；3 章结尾；参《指津》卷二 24 章（54a）和卷
三 23 章（50b）

② 参施特劳斯，《自然正确与历史》（*Natural Right and History*, Chicago
1953），页 81－83。

③ 《论托拉的基础》4 章 2，9 节；参 3 章 3 节（《重述托拉》37a9）对 awir
[气]的提及；另参《指津》卷一 40 章和卷二 30 章（68a）。

依赖有关造物的知识。要说这与众所周知的《指津》的教导相一致,①
只有在以下条件下才成立:这两种教导都将一种更高的等级归因于爱
上帝而非敬畏上帝。

头四章②的最高主题是上帝及其属性。从上帝的属性可轻易地导
向上帝的名字,③上帝的名字正是后两章——即《论托拉的基础》的中
间章节——的主题。迈蒙尼德对上帝的各种名字——或者不如说对上
帝的那个名字(the name of God)——的处理,目的是为了解释如下三
个诫命:要圣化上帝的名字,不可玷污上帝的名字,不可毁坏担当上帝
名字的事物。这两章的开头说得很清楚,这三个诫命与研究神车论和
开端论有根本性的差异(2章12节;4章11节),它们是每个犹太人都
要尽的本分(obligatory)。对事关圣化和玷污上帝名字的诫命的讨论包
含了对以下问题的讨论:哪些禁令在任何情况下都不得违背,哪些禁令
在严格意义上是普遍有效的。④ 那些禁令中最严厉的就是那些针对偶
像崇拜、不贞(乱伦)和谋杀的。在[《指津》卷一]第70章,迈蒙尼德通
过着手处理有关预言的论题返回[律法的]"各种基础"(the founda-
tions),这是他在《论托拉的基础》的最后四章里致力处理的论题。尽
管预言属于"律法的各种基础",但迈蒙尼德在讨论预言的地方却指
出,预言并不属于神车论和开端论。迈蒙尼德确实在处理神车论的时
候提及预言,但那只是为了拒斥那些基于对预言式表述特性的无知的
关于上帝和天使的观点。关于预言的仅有的肯定式诫命(positive com-

---

①　[《指津》]卷三52章。参卷三27 – 28章和51章(125a)。最重要的
是参考《诫命之书》(Sefer Ha – Misvot)对爱上帝和敬畏上帝的诫命的解释。

②　[译按]这里所说的"头四章"既是《重述托拉》全书的头四章,也是其
第一卷书《知识书》的头四章,同时亦是作为《知识书》第一部分的《论托拉的
基础》的头4章。

③　对勘《指津》卷一61章及以下,卷一50 – 60章

④　参《论君王》(Melakhim)10章2节。

mandments)开启了迈蒙尼德对[197]规范(区别于人对待上帝的行为的)人对待人的行为的肯定式诫命的详尽阐释。紧随其后的是委任君王(to appoint a king)的诫命。① 人们不禁要说,预言并非一个理论的论题,而是一个实践智慧的论题。至于说仅有的关于预言的否定式诫命——反对过分试探预言宣告者的禁令,它就等同于反对试探或曰考验(testing or trying)上帝的禁令。②

　　《重述托拉》的谋篇及其所有部分必定被设想为是尽可能理性的。这并不意味着,那种谋篇总是清晰可见。仅仅如下事实似乎就足以表明这种情形:迈蒙尼德能在《重述托拉》和《指津》(卷三 35 章)中以如此不同的方式将所有诫命分为 14 种。致力于预言的头一章(7 章③)的谋篇极为明晰。迈蒙尼德首先指出,倘若一个人满足了成为先知的所有要求,圣灵(the Holy Spirit)就会驻足于他(1 节)。正如我们从《指津》(卷二 32 章)中得知,这是哲人们的观点。它与《托拉》的观点不同,根据《托拉》,上帝可以奇迹般地从一个完全适合成为先知的人那里撤回预言。迈蒙尼德接着指出所有先知的种种特征(2－4 节),他在这里以强调的方式提及"所有"先知。然后,迈蒙尼德为自己的第一个声明作出限定:倘若一个人恰当地为预言做好准备,他不见得非得成为一个先知(5 节)。尽管在第一个声明中,迈蒙尼德已经指出或几乎指出了哲学的观点,他还是在重复中④指出了《托拉》的观点。在第一个声明中,迈蒙尼德提及"圣灵",他将该词当作"灵"(the Spirit)的同义

---

① 第 172－173 条[诫命]。

② 否定式诫命第 64 条。

③ [译按]指《论托拉的基础》第 7 章,下文括号中数字为该章小节号。

④ [译按]这里的"重复"应指第 5 节对第一个声明作出的符合律法的限定。

词来使用,①而在重复中,他说的是 Shehkinah([上帝的]居处、停留处;
[译按]在《塔木德》中该词通常指上帝的临现)。可以将这个变化与第
一章避免"创造"一词又在后文中使用该词加以比较。从哲学开始(尽
管并非凭哲学之名[eo nomine])并几乎立即转向《托拉》,这可以被称
为统领《重述托拉》整体的法则。迈蒙尼德继而限定他的第二个声明:
有关预言的本性(nature)——或不如说有关预言的方式(way)——的
一切说法,对除摩西之外的所有先知都是真的。第二个或者说限定的
声明具有同样的特性:两者均引入——或显明——奇迹般的或超自然
的事物。摩西的知识较之其他先知具有更为彻底的超自然性,因为这
知识具有天使的而非人的特性(6 节)。最后,迈蒙尼德清楚表明,征兆
和奇观(signs and wonders)是必要的,但不足以认定一个先知;征兆和
奇观以及[预言]宣告者对智慧和圣洁(holiness)的拥有,并不能确定他
就是先知,尽管那些东西建立起对此人有利的一种有约束力的合法推
定。与此相应,迈蒙尼德在讨论预言时更经常地说到"相信"(believ-
ing),即对一个先知的"相信",而在讨论神车论和开端论时,他[198]
根本没有说过"相信"。② 在有约束力的律法假设与不容置疑的真理之
间存在着差异,由此引起的困难在下一章中得到解决,在那儿,迈蒙尼
德表明——基于第 7 章建立的前提,即摩西的预言要绝对高于其他先
知的预言——以色列人相信摩西,因为他们是西奈启示的目击者和耳
闻者。③ 其他先知的权威因而来自《托拉》的权威。

———————

① 参迈蒙尼德在[《论托拉的基础》]4 章 2 节的使用及他在那里对《创
世记》1 章 2 节的解释。
② 参阿尔博(Albo),《根荄之书》(Roots)卷一 14 章(128,4–5 胡熙克
[译本])。[译按]Albo 此书原名 Sefer Ha–Ikkarim[直译:根荄之书],旨在论
述犹太教的三大基本信仰原则——上帝的实存、上帝的启示和上帝的奖惩。
书名中译据英译,采纳直译方式。
③ 参阿尔博的《根荄之书》卷一对该论题的完整讨论。

正如《论托拉的基础》这个标题充分指出的，《重述托拉》的成或败系于对什么是一种基础或曰根基与什么不是［一种基础或曰根基］作出的区分。然而，所有《托拉》的诫命均同等地具有神圣源头并永远有效这个事实，却使那种区分失去了很大一部分重要性。① 因而，不该指望迈蒙尼德作出的根本区分应当全然明晰。《托拉》的种种基础在严格意义上由以下内容组成：（1）关于上帝、上帝的属性和他的名字人们必须知道的东西；（2）关于《摩西律法》的"绝对性"人们必须知道或相信的东西。我们看到，这些基础的第一部分已经由异质的成分构成。《论托拉的基础》头四章（或许最明显的是致力于有形体的造物的那段）与后面六章具有根本的差异，头四章仿佛在至圣所（the Holy of the Holies）中重新发现了哲学一般，借此将哲学引入至圣所。既然哲学要求最大可能地意识到人的所作所为，迈蒙尼德就不可能没意识到这是一个根本的变化——也就是说，不可能没有有意识地（尽管未必明确地）对理解《托拉》的寻常方式进行批判——就去实现那种根本的变化。通过如下事实，《论托拉的基础》的两个部分得以相互联结：将对他［译按：上帝］的知识作为诫命颁布［给人］的上帝（the God whose knowledge is commanded）是"这位上帝"（this God），是以色列的上帝。② 相应地，《重述托拉》的第一部分［译按：即《知识书》］教导说：只有"这位上帝"将得到承认、爱和敬畏，只有他的律法是真实的。

基于迈蒙尼德在《指津》（卷三 38 章）中对《论品性》（De' ot）一书的说法，人们会倾向于认为，《论品性》带着一种明显的限定，致力于人对其同伴的根本责任，正如《论托拉的基础》致力于人对上帝的根本责任。事实上，《论托拉的基础》讨论的所有诫命都明显地论及上帝，可

---

① 参阿布拉瓦内（Abravanel），《信仰汇要》（Rosh Amanah）23 - 24 章；另参阿尔博《根荄之书》，卷一 2 章结尾。

② 《重述托拉》34b5 和 15。

《论品性》仅在讨论 11 条诫命的头两条时才论及上帝。然而,按照迈蒙尼德随后的解释,这些诫命中的第 2 条(你当依附他[to Him shalt thou cleave][译按]这里的"他"指上帝)①[199]意指"你当依附那些认识他[＝上帝]的人(即先贤们及其弟子们)"([《论品性》]6 章 2 节)。② 相应地,人们肯定会疑惑,两条诫命中的第 1 条(要求人自身同化于[assimilate]上帝之道或行走于上帝之道的诫命)是否具有一种直接的神学涵义。行走于上帝之道(to walk in God's way)意味着和善(gracious)、仁慈(merciful)、正义、强大、有力等等(1 章 6 节)。为了理解《论品性》一书的涵义,必须理解这一部分的谋篇。[《论品性》]头三章致力于解释"行走于上帝之道"这条诫命,而最后两章(6 - 7 章)则致力于对其余 10 条诫命的解释,这是迈蒙尼德分派给《论品性》的解释。中间的一章([译按]第 4 章)是头三章的一个附录(appendix),该章属于医学而非律法。第 5 章是头三章的另一个附录,但此章的意图并不明显。要理解其意图,就必须首先考虑头三章的主要论点。

迈蒙尼德在那里[＝《论品性》头三章]对人的两类善(two kinds of human goodness)作出区分,他分别称之为智慧与虔敬。智慧包含两种有缺陷的极端之间的中道所代表的所有品性(character traits)。另一方面,虔敬却在于从中间向一个或另一个极端多多少少的偏离,比如说,[虔敬]在于不止是谦卑,而是极其谦卑。可以说,迈蒙尼德所说的智慧即亚里士多德意义上的道德德性,通过并举智慧与虔敬,迈蒙尼德实际上并举的是哲学式道德(philosophic morality)与《托拉》的道德。相应地,较之《论托拉的基础》,[这几章中]哲学与《托拉》之间的张力会

---

① 《申命记》10 章 20 节;《指津》并未引述这句话。

② [译按]在《论品性》6 章 2 节中,迈蒙尼德指出,肯定式诫命"你要依附他"(即施特劳斯所说的第 2 条诫命)中的"他"并非上帝,迈蒙尼德引述先贤们的说法称,人要依靠的是智者(wise people)及其弟子们。

在更高等级上成为主题。① 基于更细致的审查,这种张力经证明是一种矛盾(contradiction)。正如在《论托拉的基础》第7章迈蒙尼德实际所说的,首先,所有先知根据想象力发出预言;其次,先知摩西并未根据想象力发出预言。在这里([译按]指在《论品性》中)迈蒙尼德说,首先,事关一切品性时,中道即正道(the middle way is the right way);其次,事关某些品性时,虔敬者偏离中道走向一个或另一个极端。更准确地说,根据迈蒙尼德,正道——我们受命要行走之道——在每种情况下都是中道,即耶和华之道(the way of the Lord)(《论品性》1章3-5,7节;2章2,7节),不过,在愤怒和骄傲的情况下,人被禁止行中道(2章2节)。要说迈蒙尼德明显地将耶和华之道与区别于虔敬的智慧相等同,显然并未解决这个困难。迈蒙尼德的这个举动可以与他在《论托拉的基础》1章中偏向世界是恒在的这个学说相对勘。这个困难多少在《论品性》第5章得到解决。那一章表面上致力于智者(the wise man)区别于其品性(及其智慧)的"行动"。但迈蒙尼德这里说的"行动"不能离开[200]品性来处理。② 事实上,第5章与前面几章的不同在于,迈蒙尼德在其中从前面严格或狭义上界定的智者的主题转移到"智者的弟子们"身上,也就是说,转移到那些既智慧又虔敬的,或者说在有些方面智慧、另一些方面虔敬的犹太先贤们身上(尤参5章5,9节)。这个转折以迈蒙尼德对爱邻人诚命的解释为例证:爱邻人的诚命意味着每个人有义务爱每个犹太人(6章3-5,8节;7章1,8节);同样,这个转折也以迈蒙尼德在此限定和平所要求的诚实的责任(the duty to be truthful)为例证(5章7节;参2章10节)。进而,考虑到以色

---

① 想一想《论品性》1章2-3节中"自然"(nature)一词相对频繁的出现。

② 参《论品性》6章5节,并对勘《论议事会》(*Sanhedrin*)18章1节与《论品性》1章7节。

列所有先知的实践,迈蒙尼德将反对公开羞辱犹太人的禁令限定为:宣告其([译按]指违背禁令者)对上帝犯罪——以区别于其对人犯罪——的责任(6章8–9节)。迈蒙尼德没将正道无限制地等同于中道,他的犹豫(hesitation)可以从他的文献来源(《祖辈训言》[*Pirqē Avot*]5章13–14节)里出现的一个模棱两可的说法得到解释。那本书里说,那个说"我的东西就是你的东西,你的东西就是我的东西"的人是虔敬的,但那个说"我的东西是我的,你的东西是你的"的人拥有中间性格(middle character),或者,据有些人说,这样的人拥有所多玛(Sodom;[译按]《圣经》中的罪恶之城,见创18–19章)的性格。

《研习托拉》(*Talmud Torah*)①合理地紧随《论品性》之后,并由此形成了《知识书》的中心。倘若上帝对人的要求——对人对待上帝及对待其同伴的行为的要求——在《托拉》中且仅在《托拉》中以最完美的方式得到陈述,那么,有关《托拉》的知识、对《托拉》的研习就是所有责任中的头等大事,因为,即便神车论和开端论也不过构成研习《托拉》的部分([《研习托拉》]1章11–12节)。[《知识书》的这个]中心部分清楚表明,《托拉》所要求的极端谦卑并未预先排除先贤对获得尊荣和享受其它特权的关注,因为那种关注不过反映了先贤对使《托拉》获得尊荣的关注(5章1节;6章11–12节)。

《论偶像崇拜》('*Abodah Zarah*)②中解释的诫命大多是对第一条且最根本的禁令——即不准思及除耶和华(the Lord)外任何其他神的禁令——的直接规范。相应地,在那儿讨论的51条诫命中有49条是禁令。即便另外两条肯定式诫命,其实在形式上也是否定的。为了看清何以有关受禁止的崇拜构成《知识书》的部分篇章,我们要从这部分最明显的特异之处着手。那个特异之处在于,这个部分在解释相关的

① [译按]此为《知识书》第三部分。
② [译按]此为《知识书》第四部分。

所有 51 条诫命之前,由一个引言式章节开启。那一章展示了受禁止的崇拜与真正的或曰正确的崇拜在时间上的关系。真正的崇拜先于受禁止的崇拜。我们可以说,这必然是从人乃根据上帝的形象所创造得出。起初,人知道所有的存在物除上帝之外都是上帝的造物。这一知识逐渐丧失,结果绝大多数人成为偶像的崇拜者,而他们中的智者知道,除星辰和各层天穹(the spheres)外,别无神祇。真理仅仅由像挪亚(Noah)这样孤独的个人所保存。这真理因亚伯拉罕(Abraham)的努力而恢复,亚伯拉罕认识到,天穹不可能自己运动,推动天穹者是整全的创造者,是唯一的上帝。亚伯拉罕以言辞和行动与偶像崇拜及天体崇拜作斗争,他的言辞由各种证明(demonstrations)构成。亚伯拉罕因此受到迫害,但他为一个奇迹所拯救。这个奇迹尤为令人瞩目,因为,在亚伯拉罕对真理的恢复和宣传中,这里是迈蒙尼德唯一一次提及神的干预的地方。无论如何,受禁止的崇拜——对任何造物的崇拜(2 章 1节)——乃基于最根本的错误,基于一种可证明为错的观点,[这种错误观点是]"根本中的根本和各种科学的支柱"的唯一替代方案(the alternative)。① 正是出于这个理由,受禁止的崇拜是《知识书》的一个恰当主题。

可以看到,《论偶像崇拜》第 1 章的教导似乎与《指津》的教导不符,按照《指津》的说法,世界的创造不是可证明的,且反对偶像崇拜的禁令也无法诉诸理性或理智。② 这可能不会引起困难,因为《指津》的目的与《重述托拉》的目的大相径庭。倘若在两部著作之间的这个特别差异与迈蒙尼德在《指津》中就它们之间最重要的本质性差异的说法截然矛盾,那情况就会不同。③ 迈蒙尼德强调,大多数人的心智有缺

---

① 《论托拉的基础》开头及《论偶像崇拜》2 章 4 节。

② [《指津》]卷二 33 章(75a)。

③ 参本文开头。

陷,因而通过启示的方式(哪怕是对上帝的存在)建立起确定性和一致性就是必要的,对此我们并不感到困惑,因为,对大多数人的心智真实的事物并不对所有人都是真实的(《论偶像崇拜》2 章 3 节)。迈蒙尼德在这个部分结尾处所说的话引出一个困难(11 章 16 节),那是在他讨论反对占卜、占星、使用符咒及类似的事的禁令的结尾处:每个"相信"这类事并认为这类事是真的、是智慧的话语,只因为《托拉》禁止这类事而放弃的人,都是一个傻瓜。人们感到疑惑,究竟这句话意在追溯性地(retroactively)运用到严格意义上的偶像崇拜上面,抑或,迈蒙尼德在这里在偶像崇拜与我们会称为迷信的事物之间暗示了一种区分。

《知识书》的最后一部分致力于对一个单一诫命——即罪人在耶和华面前忏悔自己的罪行并认罪——的解释,同时还致力于对"为[那条诫命]①的缘故与之相关"的各种根基或信条(roots, or dogmas)的解释。这样看来,与此相关的信条并不属于神车论和开端论。这些信条的理由是独有的(solely),若不接受这些信条,悔改就不可能;这些信条是纯然实践性的,也就是说,它们[202]比事关预言和《摩西律法》的信条要更具有实践性,因为启示同样揭示理论真理;或者,用迈蒙尼德在《指津》(卷三 38 章)中作出的一个区分,这些信条是各种意见,与其说这些意见因自身的缘故应当得到信仰,不如说,因为它们是为改进人类共同生活所必需的,所以应当得到信仰。此外,《知识书》最后部分的标题隐含的意思是,《托拉》的 613 条诫命中,没有一条明确地命令要接受上述那些意见。

问题来了:何以这类区别于其它受命的行动(commanded action)(诸如祈祷)的信条与悔改相关并为了悔改的缘故而被要求? 而这里所说的信条又是哪些? 迈蒙尼德对事关悔改律法的特殊条款的法典化(codification)为这些问题准备了答案。完美的悔改(perfect repentance)

---

① [译按]这里方括号中的说明文字由施特劳斯所加。

与严格意义上的悔改(repentance as such)之间的区别似乎具有至关重要性。完美的悔改要求罪人不再犯已然悔改的罪,尽管相关的环境没有改变,或者说,尽管他仍暴露在先前使他屈从的同样的诱惑中:一个老人不能完美地悔改他年轻时因年轻而犯下的罪。由此出发可以推断,在人临终时,不可能有任何完美的悔改。因而,倘若没有不折不扣的悔改(repentance pure and simple),人们就不能悔改他们的大多数罪。不过,人们被要求悔改他们所有的罪。因而,不折不扣的悔改要求的只是人痛悔(deplore)他的罪,在耶和华面前用他的唇供认(confess)这些罪,并且在心里决定不再犯这些罪。即便一个人完美地悔改了一项既有的罪,他也不会因这个缘故免于罪,因为他还会犯其它罪。区别于完美悔改的不折不扣的悔改,对宽恕他的罪已经足够(2章1-3节;参3章1节)。罪的宽恕是需要的,因为有罪(sinfulness)——即人的罪比他的值得称道的行为占有更大的数量优势——在字面上是致命的,只有上帝知道不同种类的罪与值得称道的行为的真正分量(3章2节)。当迈蒙尼德在这个语境下(3章4节)提及如下事实:新年的羊角号声(the sounding of the Shofar on Rosh ha-shanah)是《圣经》的一个规定,也就是说,并不是可解释的,他给我们一个暗示,大意是:要求悔改的诫命具有一个可诉诸人的理由,那个理由就是刚刚被重新指出的那个。因而,倘若没有特殊神意(particular providence),悔改就不可能,而特殊神意反过来要求上帝是全知的(omniscient)。进而,临终悔改的至关重要性与来世生活的前景相关。相应地,迈蒙尼德紧接着(3章6节及以下)就列举了不能进入来生世界的人的种类。在那些种类中,我们发现有说造物主不知道人做了什么的人,还有那些否认死者复活和救赎者(the Redeemer)将要到来的人。

迈蒙尼德没有明确将这三种信条作为信条或根基引入《论悔改》。他只是在《论悔改》[203]的第5至6章中——也就是说,在那个部分的中心章节里——才在信条的意义上论及种种根基。没有"大根基"

(the great root)，悔改就不可能，这"大根基"是人的自由。人是自由的
建立在如下意义上：人的自由完全依赖他自己，无论他将选择好还是
坏；每个人都有能力(power)像摩西一样公正或像耶罗波安(Jerobo-
am)①一样邪恶，有能力做智者或傻瓜。世界上没有其他存在者拥有这
种特权。人们必须跃出迈蒙尼德所说的，并且说，没有其他存在者拥有
那种特权：上帝不可能不义或不智。人若是不能凭自己的能力知道善
或恶、真理与错误，他就不能真正自由地选择善或恶、真理或错误。无
论上帝还是任何其他人、任何其它事物②都不能迫使人做得好或坏，或
是驱使人要么正义和智慧，要么不义和愚蠢。迈蒙尼德由此暗地里否
认他曾在《论品性》(1 章 2 节)中所断言的：不同的人从他们出生起，凭
其天性(by nature)倾向于不同的恶。实际上，他现在完全避免说到"自
然"(nature[teba'])。既然通过沉默，困难不再昭然若揭，迈蒙尼德就
用"每个人的自由是给予他的"(the freedom of everyman is given to him)
来取代"自由是给予每个人的"(freedom is given to everyman)。③

　　人的自由是整个《托拉》的一个支柱：倘若人没能力在每种情况下
去做与他被告知去做的事相反的事，人就不能合理地(reasonably)被告
知"要这样做"或"别这样做"。特别是，若人缺乏自由，他就不能合理
地因他的违法受到惩罚，也不能合理地为他的服从得到奖赏。人能通
过悔改他的恶行避免他应得的惩罚，因为人有自由作恶，他同样有自由
悔改他的恶行。人的自由甚至扩展到他的知识或学问，并扩展到他的

---

　　① ［译按］耶罗波安在所罗门死后分裂了大卫王朝，因铸造和带领百姓
崇拜金牛犊而被视为犯了崇拜偶像的大罪。参《列王纪上》12－14 章。

　　② 《重述托拉》87a18。

　　③ 参《论悔改》5 章开头及 7 章开头。后一个表述可能也同样是 5 章开
头的正确读法；参 Hyamson 的校勘本，以及阿尔博《根荄之书》卷一 3 章(59,17
－18)。参湃恩斯(Pines)［《指津》］英译本"译者导言"(Chicago 1963)，页
xcv，注 63。

情感。人的自由似乎跟上帝的全知不相容，也跟上帝对一切未来事情的知识不相容。对这个难题的解决方案要求深邃的思考——并不受所有人掌控的思考——并且，"许多大根基"（many great roots）都取决于那个解决方案。这个解决方案由以下洞见得到补充：上帝的知识（God's knowledge）截然不同于人的知识，这种不同到了如此的地步：上帝的知识对人来说就像上帝的本质（God's essence）一样深不可测。但尽管我们不知道上帝如何知道所有造物及其行动，我们还是毫无疑问地知道人是自由的。这个知识并不只是源于对律法的接受，而且也是源于取自智慧的话语的清楚证明，即源于科学。还有另一个难题有待解决，迈蒙尼德为此倾注了整个第 6 章。这个难题由许多圣经段落似乎跟人的自由这个信条相矛盾引起，在那些段落里，上帝似乎被说成规定了人的作恶或行善。为了解决这个难题，迈蒙尼德以他自己的名义解释"一个大根基"。这个解释始于如下事实：个人或共同体的每个 [204] 未曾悔改的罪要求一个适切的惩罚——唯有上帝知道哪种惩罚是适切的——在此世或是在来世，或者既在此世又在来世。倘若个人或共同体犯了一个大罪或许多罪，正义要求罪人不能通过悔改逃脱惩罚，从而那个悔改——即从他的邪恶中回转的自由——就从他身上被撤销了。这就是"上帝使法老的心坚硬"以及诸如此类表达的意思。

迈蒙尼德在第 7 章对有关悔改的主题式讨论作了总结，在那里，他以比先前更强调的方式论及悔改的尊贵等级：那些悔改者的等级高于那些从未犯罪者；除了通过悔改，以色列不会得到救赎；悔改使人接近上帝的临在（the Presence）。特别引人瞩目的是这种突然（suddenness）：人通过悔改突然就从上帝的敌人转变为上帝的朋友。那些悔改者具有不同于智者的虔敬者的特征。

随后两章处理的是来世和弥赛亚时代。这两个主题和悔改的联系在悔改的主题式讨论中已经变得很清楚。来世是对履行诫命和获取智慧的最高奖赏。不过，正如迈蒙尼德在最后一章指出的，只要我们为了获得任何奖赏而履行《托拉》的诫命、关心《托拉》的智慧,我们就没有恰当地侍奉上帝,因为我们只是出于敬畏而非出于爱而侍奉上帝。但人只能以认识上帝的程度来爱上帝。因而,人必须将自己投身于各种学问和洞见的研究,以便人能够在认识上帝方面达到这样的程度——使爱上帝对人来说成为可能:"正如我们在《论托拉的基础》中已经表明的"。随着这些话,《知识书》结束了。对 *Sefer Madda*'①的提及使迈蒙尼德不必明确地指出什么是他在此要求的学问和洞见。

---

① ［译按］不带冠词的"知识书",即《论托拉的基础》头四章。

简释迈蒙尼德的《占星学书简》

张缨　译

[205]这封书简的收信者们曾要求迈蒙尼德谈谈他对占星学(astrology)的看法。在赞扬了他们的问题之后,迈蒙尼德说,倘若他们知道他的《重述托拉》(*Mishneh Torah*),他们就会知道他关于这个论题的意见。在论及自己作为《重述托拉》的作者时,迈蒙尼德用的是第一人称复数,而在论及他自己的意见或他的《迷途指津》(*Guide[of the Perplexed]*)时,他用的却是第一人称单数。迈蒙尼德从知识的来源说起:知识来源于理性(reason;deah)、感觉(sense)和出自先知及义人(the just)的传统。他悄悄地排除了endoxa[各种意见或信念],要么因为各种意见处理的主要是人应当去做或避免去做什么——这与人应当相信或不信的东西有区别,要么因为各种意见可以被理解为传统学问(traditional lore)的部分。感觉占据了中心的位置,在各种感觉中有触觉。迈蒙尼德劝诫他的收信者们,对任何他们倾向于相信的事情持一种批判态度,尤其是对许多老书(old books)所支持的各种意见持批判态度。这并不是要否认占星学文献或偶像崇拜文献(因为占星学是偶像崇拜的根源)的无比有用性(immense usefulness);通过研习全部可获得的偶像崇拜文献,迈蒙尼德已经成功地解释了若非如此就似乎难以解释的那些诫命,由此,迈蒙尼德已经成功地解释了所有诫命(见《指津》卷三26章[结尾]及卷三49章[结尾])。

在迈蒙尼德看来,占星学根本不是一种科学,而是纯然无意义的昏话(sheer nonsense);在各民族中,凡真正智慧的智者,从无一人曾写过一部占星学作品;那些书归于哈斯底人(the Chasdeans)、迦勒底人(the Chaldeans)、迦南人(the Canaanites)和埃及人,占星学属于那些民族的宗教。迈蒙尼德在此对示巴人(the Sabeans)不置一词,这与他在《指津》(卷三37章[开头])中的做法大相径庭。但希腊人中的智者——哲人们——对[206]那四个民族加以嘲笑,彻底拒斥他们的原则。波斯人甚至印度人中的智者同样意识到占星学的荒谬性。迈蒙尼德在此一共列举了七个民族。对《圣经》里命令要毁灭的这七个民族的提示可能不是偶然的,所有那些民族都是偶像崇拜者,无论他们的智者是否占星学家。我相信,这一事实对迈蒙尼德而言要比一般设想的更为重要。占星学与偶像崇拜之间的关系,要远比出现在《占星学书简》中的寥寥几句复杂得多。有关星辰的真正科学是天象学(astronomy),迈蒙尼德将天象学的范围设定得相当大。

接下来,迈蒙尼德通过论及哲人们与《托拉》(Torah)的关系将整个问题置于最广泛的基础上。伟大的哲人们赞成世界有一位统辖者(a governor)——即天穹的推动者(the mover of the sphere)。哲人们中的大多数说,世界是恒在的,尽管他们中有些人说只有其质料是恒在的,而另一些人像先知曾说过的那样说,作为唯一非受造的存在者,上帝从无中创造了一切造物。迈蒙尼德引述自己"以阿拉伯语编撰的巨著"(即《指津》),在其中,他曾驳斥哲人们自称的反对创造的证明,尤其是从无中创造[的证明]。通过提及教导从无中创造的哲人们,迈蒙尼德削弱了《指津》中指出的、存在于哲学与《托拉》之间的差异。正如上下文所显示,迈蒙尼德这样做的目的是呈现哲学与《托拉》在反对占星学上仿佛有个统一阵线。因为,他继续指出,所有三个阵营的思想家们都赞同,这个下部世界(nether world)由上帝藉天穹和星辰统辖。"正如我们说,上帝通过天使演示征兆和奇迹,所以哲人们说,所有事物借助天穹和星辰,总是按世界的本性运行,他们还说,天穹和星辰是有生气和智力的(animate and intelligent)"。迈蒙尼德声称已经(在《指津》中)证明,在世界的总体统辖问题上,以色列的先贤们与哲人们之间无论如何不存在分歧。

更重要的是,所有哲人与《托拉》在特殊神意(particular providence)问题上存在分歧。按哲人们的说法,发生在个别人或个别社会的事全然事关机运(a matter of chance),星辰绝非其起因。与此相反,真正的宗教——摩西的宗教——相信,发生在人类个体身上的事按照正义发生在他们身上。按《指津》的说法,《托拉》与哲学之间的分界线是它们各自对世界——或至少是质料——的恒在性或非恒在性的教导,按照《占星学书简》,区分《托拉》与哲学的则是它们各自关于神意的教导:即便教导从无中创造(creation out of nothing)的哲人们也否认特殊神意。《托拉》和所有哲人们同样赞同人的行为不受强制(compulsion)的支配。不过,[207]迈蒙尼德从这个事实得出的结论是:发生在人类身上的事不同于发生在兽类身上的事,就如哲人们所说。

正如对作为一个整全的世界有三种意见,对人的命运也有三种意见:哲人们的意见是这仅仅事关机运,占星学家们的意见是这完全取决于星辰,还有就是《托拉》的意见。由于接受了《托拉》,哲人们的意见就得加以拒斥。在这两种三分之间没有什么可见的关联。

在《指津》中,迈蒙尼德尤其通过自己对《约伯记》(Book of Job)的解释,很大程度上削弱了特殊神意问题上哲学与犹太教的对立。在《占星学书简》里,远在迈蒙尼德着手讨论特殊神意之前,人们就可以发现上述意图的一个痕迹。我们失去我们的王国是因为我们的祖辈们犯了偏向占星学——即偶像崇拜——的罪,忽略了战争和征服的技艺。这似乎会成为哲人们将发生的事件归结于其近因而非其远因这个观点的一个例证。与此同时,这里提及的评议是对《重述托拉》的辉煌结尾的一个漂亮的疏解:犹太人的自由在弥赛亚时代的恢复没有被理解为一个奇迹。

简评迈蒙尼德的《逻辑技艺论》

张缨　译

[208]迈蒙尼德的《逻辑技艺论》(*Treatise on the Art of Logic*)不是一部犹太著作。迈蒙尼德应一位律法(宗教)学大师(a master of legal [religious] sciences)的要求,凭借一个逻辑研习者(a student of logic)的才干写作此书,这位讲阿拉伯语的律法学大师受过高等教育,他希望迈蒙尼德尽可能简扼地向他解释在逻辑技艺中经常出现的那些术语的涵义。由此,无论迈蒙尼德的《逻辑》是否具原创性,人们都不应期待它是一部寻常的经院式纲要(scholastic compendium)。在此境况下,很自然地迈蒙尼德应当在第一章介绍"我们"(即我们逻辑学家[we logicians])运用的那些术语,那些和"阿拉伯语法学家"(the Arabic grammarian)所使用的术语相当(equivalent)的术语。在第3章,迈蒙尼德在各种命题模式中不仅提及可能的事、不可能的事以及必然的事,而且也提到义务性的事、低贱与高贵的事(the obligatory, the base and noble)以及诸如此类——这是因为要适应律法学大师所期待的思维方式么?当迈蒙尼德在下一章中继续论述必然的事、可能的事和不可能的事时,他很清楚地说,真正可能的事(the truly possible)只能用一种未来的观点来言说(例如,一位新生的正常儿童将会书写,这是真正可能的),一旦真正可能的事得以实现,它就类似于(resembles)必然的事。与此有关的例证之一涉及示巴人阿布·以撒(Abū Ishāq the Sabean)。如果人们考虑到,《逻辑》不是一部犹太著作,而星辰崇拜(Sabeanism;或译"拜星教")是犹太教的一种替代方案(an alternative to Judaism),这个例子就

不会显得奇怪(有一个名为 Ishāq 的示巴作者曾在《迷途指津》卷三 29
章中被提及).① 在第 7 章,迈蒙尼德未加讨论地提及"律法的三段论"
(the legal syllogisms)。在处理"类比式三段论"(analogical syllogism)和
"归纳式三段论"(inductive syllogism)时,他讨论说,三段论证明了天是
被造的,在此所用的三段论基于忽略自然事物与人工事物之间的区别。

[209]然而我们从第 8 章得知,区别于证明技艺(the art of demon-
stration)的修辞技艺才使用类比式三段论。第 9 章就清楚了:哲人——
在此首次被提及——承认上帝只是远因(the remote cause),尤其也是
降临人类的事物[的远因],而哲人为每一事例寻找一个近因(a proxi-
mate cause)。在第 10 章中心部分,我们读到:"唯有形体"(body sim-
ply)包容一切所有,或者说"唯有形体"是各种存在者的最高的种(the
highest genus of beings)——示巴人除星辰之外不知任何神祇。该章末
尾提醒我们,《逻辑》是为初学者所写。在第 11 章,迈蒙尼德引用一位
哲人的言辞,根据这位哲人的说法,"任何不曾在潜在与现实、本质与
偶然、习俗事物与自然事物以及普遍与特殊之间作出区分的人,都没有
能力进行推理(to discourse)"。

趋近第 11 章和第 13 章结尾时,迈蒙尼德开始再次提及阿拉伯语
法学家。在作为结论的第 14 章,迈蒙尼德首先论及科学的划分,并极
为详尽地论及政治科学的划分。在他看来,政治科学由四个部分组成:
个人的自我治理(self‐government of the individual)、家政治理(govern-
ment of the household)、城邦的统治(government of the city)、伟大民族的
统治或各民族的统治(government of the great nation or of the nations)。
对一个民族的统治(government of a nation)的沉默仍然令人费解,或许

---

① [译按]据迈蒙尼德,"示巴人的学说是:除星辰外别无神祇……他们
明确地断言,众星皆为神,太阳是最伟大的神。"见《迷途指津》卷三 29 章首段。
译文据湃恩斯英译本。见施特劳斯下文。

迈蒙尼德不希望列入对一个弱小民族(a small nation)的统治。"伟大民族或各民族"的表述可能意味着,不可能有一个伟大民族包括所有民族。这一"阿威罗伊式"(Averrioist)观点特别通过帕度瓦的马西里乌斯(Marsilius of Padua)的《和平的保卫者》(*Defensor Pacis*,卷一,17.10)而为我们所熟知。

尼可洛·马基雅维利①

张觅 译

[210]人们经常不以"德性"(virtue)一词本身,而代之以"生命的品质"(the quality of life)或"伟大的社会"(the great society)或"伦理的"(ethical)甚或"正直的"(square)来谈及德性。但是我们知道什么是德性吗? 苏格拉底得出了这样的结论:对一个人来说,每天都进行关于德性的言谈乃是最大的善(the greatest good)——(人们)显然未曾找到一个关于德性的令人完全满意的定义。然而,如果我们要寻找这一真正至关重要的问题的最为详尽以及最少含混的答案,我们应该求教于亚里士多德的《伦理学》(Ethics)。在那里,我们读到,除了别的(德性)以外,存在一种最高(of the first order)的德性叫作宽宏大度(magnanimity)——即一种通过理解自身的配得而为自己索要极高荣誉的习性(habit)。我们同样在那里读到,羞耻感并非一种德性:它适合于年轻人,他们因为不成熟而不禁要犯错,但不适合于成熟与有教养者,他们纯然总是做正确与适当之事。这一切的奇妙之处在于——我们从一个截然不同的来源处接受到一种截然不同的信息。当先知以赛亚接受神召时,他被自己的无价值感压倒:"我是嘴唇不洁的人,又住在嘴唇不

---

① [原版编者注]原刊《政治哲学史》(*History of Political Philosophy*,Chicago:Rand McNally,1972;University of Chicago Press edition,1981),Leo Strauss 及 Joseph Cropsey 编,第2版。[译按]原文标题为 Niccolo Machiavelli。

洁的民中。"这等于是对宽宏大度的不言明的谴责,对羞耻感的不言明的辩护。其理由可见于以下语境:"圣哉! 圣哉! 圣哉! 万主之主耶和华。"一般来说,对亚里士多德与希腊人而言,不存在神圣的神祇。谁正确,希腊人抑或犹太人? 雅典抑或耶路撒冷? 而为了发现谁是正确的又该如何着手? 我们难道不应承认人类智慧无法解决这一问题,而每一项答案都建基于信仰的行为之上? 但是这难道不是构成了雅典完全[211]与最终的失败? 因为一种建立在信仰之上的哲学就不再是哲学了。也许正是这一未解决的冲突曾经防止西方思想陷入停滞。也许正是这一冲突处于某种思想的底端,这一思想确实是哲学的,但不复是希腊的:[这就是]现代哲学。正是在理解现代哲学的尝试中,我们与马基雅维利相遇。

马基雅维利是唯一一位这样的政治思想家,他的名字被普遍地用来指称一种政治(a kind of politics),这种政治独立于他的影响而存在并得到延续,这种政治仅仅受对利害的考量的指引,它为达目的无所不用,不论公正还是下作、残酷还是恶毒——它的目的在于对某人的国家或祖国的强化——但也用祖国服务于政客、政治家或其政党的自我扩张。但如果这一现象与政治社会本身自古并存,为什么它却在马基雅维利之后得到命名? 而马基雅维利的思考与写作不过是不久前的事——约 500 年前。马基雅维利第一个在扉页上有其名字的书中为这种政治公开辩护。马基雅维利使其变得可以得到公开辩护。这意味着马基雅维利的成就,不论其令人憎恶或是值得赞赏,不能仅就政治本身或政治史来理解——比如说,就意大利文艺复兴而言——而只能就政治思想、政治哲学以及政治哲学史来理解。

马基雅维利看上去似乎与先前所有的政治哲人进行了决裂,存在着有力的证据支持这一观点。然而,他篇幅最大的政治著作表面上寻求的是古代罗马共和国的重生。马基雅维利绝非一个极端的改革者,他是某些古老和被遗忘的事物的恢复者。

为了找到方向,让我们首先将目光投向两位"后－马基雅维利"(post－Machiavellian)思想家:霍布斯与斯宾诺莎。霍布斯将自己的政治哲学视作完全崭新的东西。不仅如此,他还否认在他的著作之前存在过任何名副其实的政治哲学或政治科学。他将自己视作真正的政治哲学的创建者,政治哲学真正的创建者。霍布斯当然知道,自苏格拉底开始,就存在着一种自称为真的政治学说。但按照霍布斯的说法,这一学说与其说是科学,不如说是一种梦想。他将苏格拉底及其继承者看作是无政府主义者(anarchists),因为他们允许转离地上的律法(the law of the land),实在的律法,转而诉诸一种更高的律法,即自然法(the natural law),他们因此鼓励了一种与公民社会(civil society)完全不相容的混乱。另一方面,按照霍布斯的看法,更高的律法——自然法——有且仅有这样一种要求:对至高力量的绝对服从。不难表明,这一论证的路线被霍布斯本人的教诲所反驳,但无论如何这尚未触及事物的根本。霍布斯对所有早前的政治哲学的严肃反驳在以下陈述中表现得最为清晰:"那些就正义[212]与政策问题大体上写过东西的人,确实都相互攻讦与自相矛盾。为了将这一学说简化为理性的规则与确实性,只有首先将此类原则视作基础,此外别无他途——因为不去怀疑的激情也许并不寻求取代,然后在此基础上逐步根据自然法建立事实的真理(迄今为止它只被建立在空中),直至其整体不能被推翻。"政治教诲的合理性在于它可以为激情所接受,可以为激情所同意。必须作为合理的政治教诲的基础的激情是对暴死的恐惧。初看起来,似乎存在着它的替换物,慷慨大方(generosity)的激情,这是"一种在看似无需打破(某人的诺言)时的荣耀与骄傲"——但这种慷慨大方"过于罕有,难以被指望,特别是在财富、领导权或者感官快乐的追求者那里(尤其罕有),而这类追求者恰恰是人类中的最大多数。"霍布斯试图(将教诲)建立于最为普通的基础之上,这一基础无可否认地较为低下,但却具有更为牢固的优势,而传统教诲却建基于空中。相应地,在这一新的基础之上,道德的地位必须被降低,道德不过是由恐惧激发(fear‑inspired)的平静(peaceableness)。道德律(the moral law)或自然法被理解为自然的权利(the right of nature)、自我保存的权利的派生物。基本的道德事实是一种权利,而非义务。这一崭新的精神成为现时代的精神,也包括我们自己的时代。这一精神得到了保存,尽管霍布斯的学说在其伟大的继承者手中遭受了重要的修改。洛克将自我保存扩展为舒适的自我保存,并由此为一味追求物质占有(acquisitive)的社会铺置了理论基础。与传统观点认为正义的社会是一个正义的人在其中进行统治的社会相反,康德断言:"说起来也许不好听,建立国家(正义的社会秩序)的问题,即使对一个魔鬼的民族而言也是可解决的,只要他们有感觉(have sense)",也即,只要他们精于算计。我们在马克思的教诲中辨识出这一思想,因为他所寄予厚望的无产阶级显然不是天使。尽管霍布斯所引起的革命已由马基雅维利决定性地做好了准备,但霍布斯却没有提及马基雅维利。这一事实要求进一步的考查。

　　霍布斯在某种程度上是斯宾诺莎的老师。尽管如此,斯宾诺莎还是以对那些(the)哲人们的攻击开启他的《政治论》(Political Treatise)的写作。他说,那些哲人们将激情看作恶。通过嘲弄或谴责激情,哲人们赞美并表明了他们对一种并不存在的人类天性(自然)的信仰。他们不以人实际是什么,而以他们希望人成为什么来设想人。因此,他们的政治教诲是全然无用的。politici[政治人]的情形与此截然不同。他们从经验中学得,只要人类存在,恶就会存在。因此,他们的政治教诲非常有价值,而斯宾诺莎将自己的教诲建立在他们的教诲之上。这些politici[政治人]中最伟大的正是那位最为敏锐的佛罗伦萨人,马基雅维利。斯宾诺莎亲身接过了马基雅维利对传统政治哲学更为温和的攻击,[213]并将其转化为霍布斯式的更少保留的语言。关于"只要人类存在,恶就会存在"这个句子,斯宾诺莎正是心照不宣地借自塔西佗。在斯宾诺莎的口中,它等于是一种对弥赛亚时代信仰的无条件拒斥。

弥赛亚时代的来临需要神的干预或者一个奇迹,但按照斯宾诺莎的说法,奇迹是不可能的。

斯宾诺莎《政治论》的引言显然模仿了马基雅维利《君主论》(*Prince*)的第 15 章。在那里,马基雅维利写道:

> 因为我知道有许多人已经写过文章(关于君主应该如何统治),现在我也写起文章来,特别是当我讨论这个问题的时候,我的观点与别人的不同,因此,我恐怕会被人认为倨傲自大。可是,因为我的目的是写一些东西,即对于那些通晓它的人是有用的东西,我觉得最好论述一下事物实际上的真实情况,而不是论述事物的想象方面。许多人曾经想象那些从来没有人见过也从来没有人真正获知的共和国和君主国确实存在。可是人们实际上怎样生活同人们应当怎样生活,其距离是如此之大,以致一个人要是为了应该怎样办而把实际上是怎么回事置诸脑后,那么他不但不能保存自己,反而会导致自我毁灭。因为一个人如果在一切事情上都想发誓以善良自持,那么,他厕身于许多不善良的人当中定会遭到毁灭。所以,一个君主若要保存自己,就必须学会如何变得不良好,并且学会视情况需要而使用或不使用良善。①

如果某人将自己的方向确定为人应该如何生活,确定为德性,那他就抵达了想象的王国或共和国。古典哲人正是这样做的。他们因此抵达了《王制》(*Republic*)与《政治学》(*Politics*)中的最佳政制。但是,当谈及想象的王国时,马基雅维利所想到的不仅仅是哲人们,他同时想到了上帝之国(the kingdom of God)。从他的观点看,上帝之国是空想者

---

① ［译按］据潘汉典中译《君主论》,商务印书馆,2005,页 73。据原文有所修改。

的一种奇思异想,因为正如他的学生斯宾诺莎所说,只有在正义之人进行统治的地方,正义本身才会获得统治权。但在哲人们那里,他们将最佳政制的实现视作可能(possible),但又极度地不大可能(improbable)。按照柏拉图的看法,它的实现严格地依赖于一种巧合,一种最不大可能的巧合:哲学与政治权力的巧合。最佳政制的实现依赖于偶然,依赖于Fortuna[机运],也就是说依赖于某种本质上超出人类控制的东西。然而,按照马基雅维利的看法,Fortuna[机运]是一个女人,就此而言,她必须遭受敲打和锤击,以使她(被人)控制。Fortuna[机运]可以被某类适当的人征服。在对Fortuna[机运]的这一姿态与多数人实际上如何生活的取向之间存在着一种联系:通过降低政治卓越性的标准,人们保证了唯一一种原则上可能的政治秩序的实现。在"后-马基雅维利"的说法中,正确类型的理想必然会变成现实,理想与现实必然会聚合到一起。这一思考方式已经取得了惊人的成功,如果[214]今天有人仍坚持认为理想的实现不存在保证,那他肯定害怕被称作一个犬儒主义者。

　　马基雅维利关心人实际如何生活,并不仅仅是为了描述它,毋宁说,他的意图是以人实际如何生活的知识为基础,而去教导君主应该如何统治,甚而教导他们应该如何生活。因此,似乎可以说,他重写了亚里士多德的《伦理学》。在某种程度上,马基雅维利承认传统教诲是真实的,人们不得不过一种亚里士多德意义上的德性的生活。但他否认德性的生活就是幸福的生活或将导致幸福。"如果慷慨(liberality)是以你被迫使用它的方式得到了使用,它就会伤害你,而如果你合乎德性地、并以人们应该使用它的方式使用它",君主就会毁灭自己,或者被迫严苛地统治其臣民以获得必需的金钱。吝啬,作为慷慨的反面,是"一种使君主有能力统治的恶"。君主应该变得慷慨,因这会提高他的声望,不过,所使用的应是他人的财产。类似的考虑同样适用于仁慈与其反面残酷。这将马基雅维利导向了这样的问题:对君主而言,受人爱戴是否比被人畏惧更好,或者恰恰相反? 同时被人爱戴与畏惧是(极其)困难的。既然君主必须作出选择,他应该选择被人畏惧而非受人爱戴,因为一个人是否被爱取决于他人,而被人畏惧则取决于自己。但是君主必须避免被人憎恨,只要他不觊觎臣民的财产与妻女——特别是他们的财产,人们是如此爱自己的财产,以至于他们对父亲被杀的怨恨要少于丢失财产的怨恨——他就能够避免被憎恨。在战争中,残酷的名声不会造成任何危害。汉尼拔(Hannibal)就是最佳的例子,他总是得到士兵毫无保留的服从,不管胜利还是失败之后,他都无需与兵变作斗争。"除了非人的残酷之外,这不可能缘于任何别的原因,他无数的德性连同他的残酷,使他在士兵眼中总是既可敬又可怕,而如果缺少了残酷,他其余的德性就将不起作用。对此缺乏思虑的作家们,一方面赞扬他的行动,另一方面却谴责他采取同样行动的主要原因。"我们注意到,非人的残酷是汉尼拔的一种德性。切萨雷·博尔贾(Cesare Borgia)对罗马涅(Romagna)的平定提供了另一个残酷被"运用有方"(well used)的例子。为了平定那一国家,他任命了雷米罗·德·奥尔科(Ramirro d' Orco)——"一个残酷与迅捷之人"——为首领,并授之以全权。雷米罗马上成功地获得了最大的声望。继而切萨雷认为如此过度的一种权力已经不再必要并有可能使他遭受憎恨,他知道雷米罗所实施的严厉措施已经引起了不少憎恨。因此,切萨雷希望表明,如果有任何残酷罪行被犯下,这并不是由他的行为而是由他的部下(雷米罗)的严酷天性所引起的。因此,某日早上,他在主城广场之上将雷米罗劈成两段,在其身旁还放置着一块木头与一把血淋淋的刀子。这一凶残的景象使民众既满足又震惊。

[215]这样,马基雅维利的全新的"应该"就要求根据环境的需要,而同时对德性和恶德(vice)作出明智与有力的运用。在马基雅维利所定义的德性一词的意义中(in his meaning of the word),德性与恶德之间的明智交替本身就是 virtú[德性]。马基雅维利既按照传统意义又按

照他自己的意义使用"德性"一词,他以此自娱,而且我相信,他也娱乐了某些他的读者。马基雅维利偶然会在 virtú[德性]与 bonta[善行]之间作出区分。这种区分在某种程度上已经由西塞罗做好了准备,西塞罗表明,人们因其谦逊(modesty)、节制(temperance),并首先是因其正义(justice)与持守信念(keeping of faith)而被称作"善",并以此与勇气(courage)和智慧(wisdom)相区别。德性之间的这一西塞罗式区分使我们想起柏拉图的《王制》,在那里,节制与正义被描述为要求所有人都具备的德性,而勇气与智慧只要求部分人具备。马基雅维利在善(goodness)与其他德性之间所作的区分,最终转变为善行与德性(本身)之间的对立:德性为统治者与士兵所需要,而善则是从事和平工作的民众的需要或特点,结果善就变得意味着"出于恐惧"(fear – bred)而对统治的服从,甚至意味着某种卑劣。

在《君主论》的好些段落中,马基雅维利以正派之人向来谈论道德的方式论及道德。他在 19 章中解决了这一矛盾,在那里他讨论了自哲人—皇帝马可·奥勒留(Marcus Aurelius)之后直至马克西穆斯(Maximinus)的罗马诸皇帝。其高潮是他对塞维鲁斯(Severus)皇帝的讨论。塞维鲁斯位列最为残酷与贪婪的皇帝之一。然而,在他身上具有如此伟大的德性,以至于他总是可以适当得体地进行统治,因为他深谙如何使用兼具狐狸与狮子品性的人——正是这两种品性君主必须模仿。一位新王国中的新君主,不能模仿好皇帝马可·奥勒留的行为,他也没有必要去跟随塞维鲁斯的行为,然而,他应该从塞维鲁斯那里汲取对建立自己的国家所必须的部分,从马可·奥勒留那里汲取对维护一个已经牢固建立的国家来说恰如其分并增添其荣耀的部分。《君主论》的主要论题是一个全新国家中的全新君主,也即,奠基者。而作为奠基者之为奠基者的典型正是极端聪明而又犯下罪行的塞维鲁斯。这意味着,与奥古斯丁所言正相反,正义恰恰绝非 fundamentum regnorum[国家之根基],正义的基础是不义,道德的基础是不道德,正当性的基础是非正当性或革命,自由的基础是僭政。在开端处,只存在着恐怖,而不存在和谐或爱——当然,在那种仅为其自身之故、仅谋求其自身的永存的恐怖,与那种在某种程度上将自身限制在为与人类境况相匹配的人性与自由奠定基础的恐怖之间,存在着巨大的差别。但这一差别在《君主论》中充其量只是得到了暗示。

　　《君主论》的最后一章给出了令人鼓舞的信息,此章是写给一位意大利君主洛伦佐·德·梅迪奇(Lorenzo de' Medici)的一份劝告书,它劝告洛伦佐将意大利从蛮族——也即法国人、[216]西班牙人与德国人——手中解放出来。马基雅维利告诉洛伦佐,解放意大利并非十分困难。他给出的理由之一是"上帝成就的没有先例的非凡事件可见于:大海自动分开,云彩为你指路,磐石流出甘泉,吗哪自天上降",这些绝无实例的事件恰恰实有先例——这就是随着以色列人从埃及人的奴役中获得解放而出现的种种奇迹。马基雅维利所暗示的似乎是,意大利正是洛伦佐的应许之地。但是,这里存在着一个难题:那位将以色列人带出奴役之所、领向应许之地的摩西,自己并没有到达那块土地,他死在了应许之地的边境之上。马基雅维利由此暗中预言洛伦佐将无法解放意大利,原因之一在于洛伦佐缺乏将这项伟大事业带向完成所需的非凡 virtú[德性]。但是,这些绝无先例的非凡事件之"没有先例"还在于,关于这些事件,除了马基雅维利所断言的之外,我们对它们别无所知。所有这些非凡事件都发生在西奈山的启示之前。那么,马基雅维利所预言的就是:一个新的启示即将来临,而这个新启示就是一个新十诫(a new Decalogue)。这一新启示的提供者当然不会是平庸的洛伦佐,而是一个新摩西。这个新摩西就是马基雅维利自己,而那新十诫则是对全新国家中的全新君主的全新教诲。不错,摩西是一个武装的先知,而马基雅维利则属于那些必然会走向灭亡的未武装的先知。而为了找到这一难题的解决办法,我们必须转向马基雅维利的另一伟大著作:《论李维的前十书》(Discourses on the First Ten Books of Livy,[译按]以下简称《论李维》)。

　　然而,如果我们为了找到这一《君主论》中未解决的难题的答案,而从《君主论》转向《论李维》,那么我们就像方脱龙潭又入虎穴。因为《论李维》远比《君主论》更难以理解。为了表明这一点,不首先引起读者产生一种特定的困惑是不可能的,但这种困惑正是理解的开端。

　　就让我们从真正的开端即"献辞"开始。《君主论》是敬献给马基雅维利的主人洛伦佐·德·梅迪奇的。马基雅维利自比为身处最卑位之人,因为身居低位而如此折服于他的主人洛伦佐的庄严,以致他认为《君主论》配不上洛伦佐的威仪,尽管这是他最珍爱的所有物。马基雅维利以如下评论推荐自己的这一著作:这卷书册篇幅精简,可以使它敬献的对象(the addressee)在最短的时间内理解它,尽管它包含了作者多年来历尽艰危所逐渐知道和理解的一切事物。《论李维》是题献给马基雅维利的两位年轻朋友的,正是他们促使他写作此书。同时,此书也是马基雅维利对获益于他的这两位朋友而表示感激的一种象征。马基雅维利将《君主论》呈现给他的主人,以期能从他那里获得恩惠。并且,他不知道洛伦佐是否会对《君主论》报以任何关注——他说不定[217]会更喜欢收受良骑骏马。与这一切相一致,马基雅维利在《论李维》的献辞中贬损了他在《君主论》的献辞中所遵从的礼俗——将著作题献给君主:《论李维》并非题献给(实际的)君主,而是题献给了配当君主之人。洛伦佐是否配当君主则尚存疑问。

　　两部著作之间的这些差异可以用以下事实来说明:在《君主论》中马基雅维利避免使用他在《论李维》中使用的特定术语。《君主论》并未提及良心(conscience)、共同的善(common good)、僭主(tyrants)(也即君主与僭主之间的区分)以及天国(heaven),同样,在《君主论》中,"我们"从不意味着"我们基督徒们"。在此有人也许会指出,在两部著作中,马基雅维利都未提及此岸与彼岸、此生与来世之间的区分,他也未提及魔鬼或地狱,总之,在这两部著作中,他从未提及灵魂。

　　现在让我们进入《论李维》的文本。《论李维》的内容是什么？这是一部何种类型的著作？关于《君主论》则不存在此类困难。《君主论》是君主们的一面镜子，而君主镜鉴乃是一种传统文体。与此相应，《君主论》的各章标题皆为拉丁文。这绝非要否认——毋宁说反倒强调了——《君主论》在传统的伪装下传播革命性教诲的事实。而这种传统的伪装在《论李维》中却消失了。尽管该书所处理的是古代罗马这一古代与传统的主题，但它的篇章标题却都不是拉丁文的。此外，《君主论》差不多可算容易理解，因为它有一个尚算清晰的写作计划。然而，《论李维》的写作计划则极端模糊，以致人们不禁会好奇它是否拥有任何计划。此外，《论李维》以致力于论述李维的前十书的面貌出现。李维的前十书上始自罗马的开端，下迄第一次布匿战争前夕——即未腐败的罗马共和国的顶峰，在罗马向外征服意大利本土之前。但是在某种程度上，马基雅维利在《论李维》中处理了李维著作所涵盖的整个罗马史：李维的著作由142卷构成，而《论李维》由142章构成。李维的著作直书至奥古斯都皇帝时代，也即基督教的开端时代。无论如何，规模超过《君主论》四倍之巨的《论李维》，看来似乎比《君主论》全面得多。马基雅维利只将一个主题明确排除在《论李维》的处理之外："使自己成为一种涉及众多事物的新事物的领袖有多么危险，而掌控它并使它完善，在它完善之后维持它有多么困难，这对于讨论而言是一项过于冗长而崇高的事物，因此，我将保留它，以在一个更为适当的地方讨论它。"然而，马基雅维利在《君主论》中恰恰明确讨论了这一冗长而又崇高的事物："人们必须考虑到，没有什么比[218]使自己成为引入新秩序的领袖这件事更难以掌控、更无成功的把握、更为险象环生。"的确，马基雅维利在此未谈及"维持"（maintaining）。正如我们在《论李维》中学到的，这样的一种维持最好由民众（the people）去实行，而新方式与新秩序的引入则最好由君主实行。基于这一点，人们也许会得出结论：作为与《君主论》的差别，《论李维》的特殊主题是人民——这一结论绝不算荒谬，但对于人们开始理解这部著作而言，则是很不充分的。

《论李维》的特质也许可以通过另一类型的难题的两个实例而得到进一步说明。在卷二13章中，马基雅维利断言并在某种意义上证明了，从低下或卑贱之位上升至尊贵之位的人，与其说靠的是强力，不如说靠的是欺骗。这正是罗马共和国在其开端时的所作所为。然而，在谈及罗马共和国之前，马基雅维利提到了四位从卑下之位上升至高位的君主。他最为广泛谈及的是波斯帝国的奠基者居鲁士（Cyrus）。居鲁士的例子居于中心。他通过欺骗自己的舅舅米底亚王攫取权力。但是，如果他起初就是米底亚王的外甥，他又怎么能被说成是起于卑位呢？为了自圆其说，马基雅维利接下来提到了乔万·伽列佐（Giovan Galeazzo），他通过欺骗而从叔叔贝纳博（Bernabo）那里篡取了国家与权力。由此，伽列佐同样起初就是在位君主的侄子，而不能被说成是起于卑位。那么，马基雅维利以如此谜一般的方式讲述，他表明了什么呢？卷三48章中写道：如果有人看到敌人犯下了巨大的错误，他必须相信在这错误之下掩藏着欺骗，这是在此章标题中所说的。而在正文中，马基雅维利走得更远，他说"在这错误之下总是掩藏着欺骗"。然而，马基雅维利旋即就在中心事例中展现了罗马人曾经因为士气低落犯下过一个巨大的错误，也就是说，其背后没有掩藏欺骗。

我们如何处理在《论李维》中所遇到的困难呢？让我们回到它的书名上来：论李维的前十书。它的书名从字面上看并不准确，但说这一著作主要由对李维的前十书的讨论构成则是可靠的。此外，我们已注意到《论李维》缺少一个清晰的写作计划。也许，如果我们认真对待此书致力于对李维的探讨这一事实，它的写作计划就会变得清晰起来；也许，马基雅维利通过追随李维本人的写作次序，以此来追随李维。再一次，这并不完全真实，但倘若巧妙地理解它，它倒不失为真实。马基雅维利使用或不使用李维，乃是理解这一著作的钥匙。马基雅维利以多种不同方式使用李维:有时他会不明言地使用一个李维的故事,有时他会提及"这一文本"(this text),有时他会提及李维的名字,有时他会在提及或不提及李维名字的情况下(以拉丁文)引用李维。马基雅维利使用与不使用李维也许可以用下述事实加以说明:在前十章中他未引用李维,他在接下来的五章中引用李维,继而又在接下来的二十四章中未引用李维。[219]理解这些事实背后的原因乃是理解《论李维》的关键。

我无法在我所能支配的篇幅中就这一问题给出结论性的论述,但我将通过选取以下五个章节或者说准章节(quasi-chapter)来处理这一问题:卷一前言、卷二前言、卷二第 1 章、卷一第 26 章以及卷二第5 章。

在卷一前言中,马基雅维利使我们得知他发现了新方式与新秩序,他走了一条未有前人足迹的道路。他将自己的成就比作对未知水域和大陆的发现:他以道德—政治世界中的哥伦布自居。激发马基雅维利这样做的是他一贯具有的自然渴望(natural desire),他渴望做那些在他看来能给每个人带来共同利益的事情。因此,他勇敢地面对那些他知道正在前方等候着他的危险。这些危险是什么? 就对未知海域及大陆的发现而言,危险在于对它们的寻找,一旦你发现了未知的陆地并开始返乡,你就安全了。然而,就对新方式与新秩序的发现而言,危险正在于你发现了它们,也即,使它们广为人知的过程。因为,正如我们已从马基雅维利那里得知,使自己成为某种对多数人产生重大影响的新事物的领袖是危险的。

令我们大感惊讶的是,马基雅维利旋即将这些新方式与新秩序等同于古代的方式与秩序:他的发现只不过是[对它们的]重新发现。他谈到了当代人对古代雕塑残片的关切,这些残片获得了极高的声誉并被当代雕塑家奉为典范。而最为令人惊异的是,没有人打算模仿古代王国与共和国那些最为有德性的行为,其可悲的后果便是古代德性的痕迹已经不再存留。当今的律师从古代律师那里学得他们的技巧。当今的医生(physicians)将他们的判断建立在古代医生的经验之上。因此,最为惊人的是,在政治与军事事务上,当今的君主与共和国却并不求助于古代的楷模。与其说,这缘于当今的宗教已使世界所导向的孱弱,或者说缘于骄奢淫逸(ambitious leisure)已对许多基督教国家与城市造成的恶果,不如说,这缘于[人们]对历史特别是李维的历史理解得不充分。这一切的后果是,马基雅维利的同时代人相信,效法古人不仅困难,而且是不可能的。但这明显是荒谬的:[因为]自然秩序(the natural order),包括人的天性[自然],与古代并无不同。

我们现在理解了为什么对新方式与新秩序的发现——它们仅是对古代方式与秩序的重新发现——是危险的。这一重新发现导致了当代人应模仿古人德性的要求,因此它与当今的宗教背道而驰:正是这一宗教教导人们,对古代德性的模仿是不可能的,这是一种道德上的不可能(morally impossible),因为异教的德性只不过是辉煌的[220]恶德。在《论李维》中,马基雅维利需要实现的将不仅仅是在违反基督教标准的情况下展现古代德性,而更是使得它得以重新成为风俗(re - habilitation)。这并未解决新方式与新秩序的发现只是古代方式与秩序的重新发现这一困难。

然而,以下这点是清晰的:马基雅维利不能视古人的优越性为理所当然,他必须证实它。因此,他必须首先在古代的仰慕者与贬损者之间找到一个共同的基础。这一共同基础便是对古代的尊敬,不论是圣经的古代还是异教的古代。马基雅维利从"好的是古老的,因而最好的是最为古老的"这一不明言的前提出发。因此,他首先被引向在最遥远的古代繁荣兴盛的古代埃及。但是,这并无多大裨益,因为关于古代埃及人们所知甚微。因此,马基雅维利不得不满足于为人们充分了解,并同时属于他自己的那个最古老的国家:古代罗马。然而,古代罗马并非在每一个重要方面都理所当然地值得赞美。一个有力的实例可以被用来——并已经被用来——显明斯巴达优越于罗马。因此,马基雅维利必须确立起古代罗马的权威。而他为此所使用的一般方式,则让我们想起神学家从前针对不信教者而确立起圣经权威的那种方式。但古代罗马并不像圣经那样是一本书。然而,通过确立古代罗马的权威,马基雅维利确立起它最重要的史家李维的权威,并由此而确立起该书(李维著作)的权威性。李维的历史是马基雅维利的圣经。与此相应的结果便是,在确立起罗马的权威之前,马基雅维利不能开始使用李维。

马基雅维利在论述罗马宗教的章节中(卷一11至15章)开始引用李维。在前一章中,他曾将凯撒(Caesar)作为僭政的建立者而与作为自由城市的建立者的罗慕洛斯(Romulus)进行了比较。凯撒的荣耀归因于作家们,他们之所以颂扬凯撒是因为他们的判断已为凯撒非凡的成功——即为历代皇帝的统治奠定基础——所败坏。罗马皇帝们不允许作家自由评说凯撒。但自由的作家们懂得如何规避这种限制:他们谴责凯撒不幸的预兆喀提林(Cataline),①他们颂扬凯撒的敌人布鲁图斯(Brutus)。但并非所有皇帝都是坏的。从内尔瓦(Nerva)至马可·奥勒留皇帝时代便是黄金时代,那时每一个人都可以由其所愿而持有并为任意一种观点辩护:所谓的黄金时代正是那些思想及其表达不受权威限制的时代。这些评论正是马基雅维利对罗马宗教的论述的导言。在那里,他将异教看作至少是与圣经宗教平等的宗教。所有宗教的原则都是权威,而这恰恰是马基雅维利此前不久所怀疑过的。但对罗马统治阶层而言,宗教并非一种权威,他们将宗教用于他们的政治目的,并且是以最令人钦佩的方式做到这点的。对古代罗马宗教的赞扬暗示了——而且不仅仅是暗示了——[221]对当代罗马宗教的一种批评。马基雅维利之所以赞扬古代罗马宗教,其原因与那些在罗马皇帝

① [译按]指喀提林的阴谋行为是凯撒颠覆共和行为的预演。

的权威统治下的自由作家赞扬布鲁图斯的原因如出一辙:他不能公开责难统治着自己的基督教权威。因此,如果李维的史书是马基雅维利的圣经,那它就是他的反-圣经(anti-Bible)。

在马基雅维利确立起古代罗马的权威,并通过一系列实例展现其对于当代人的优越性之后,他开始暗示古代罗马受之所害的种种缺陷。也只有从这一刻开始,区别于罗马的李维——也即李维的著作——成为马基雅维利唯一的权威。然而,就在卷一结尾之前不远处,马基雅维利在一件最为重要的事物上,公开质疑了包括李维在内的所有作家的意见。由此,他引导我们逐步认识到,为什么他所重新发现的旧方式与旧秩序乃是崭新的:(1)古代罗马的方式与秩序是受环境所迫,通过试验与错误而确立起来的,它的确立并无连贯的计划,并无对那些方式与秩序的原因的理解。马基雅维利提供了这些原因,并因此能够修正某些旧方式与旧秩序。(2)那驱动旧方式与旧秩序的精神是对传统和权威的崇敬,是一种虔敬的精神,而马基雅维利则受一种完全不同的精神所驱动。卷一中的论证的发展最为清晰地表明了这点。虽然卷一以对最古远时代的最高的赞扬开始,它却结束于"非常年轻"(very young)这一语词:许多罗马人在 giovanissimi[最年轻时]就建立起他们的功业(celebrated their triumphs)。

这样,我们就为理解卷二前言做好了准备。在那里,马基雅维利公开地质疑了一种有利于古代的成见:"人们总是赞美古代而指责当代,但并非总是合乎情理。"事实上,世界总是保持不变的,善与恶的数量也是保持不变的。而变化的是不同的国家与民族,它们有充满德性的时候,也有充满堕落的时候。在古代,德性起初存在于亚述而最终存在于罗马。在罗马帝国毁灭之后,德性只在帝国的某些地方得以复兴,特别是在土耳其。因此,一个出生于我们时代的希腊人,如果他未成为土耳其人,那他有理由责备当代而赞扬古代。相应地,马基雅维利也就完美地证明了赞美古罗马人的时代,而责备他自己的时代是正当的:古代德性在当今罗马与意大利已经难寻踪迹。因此,他规劝年轻人,无论什么时候,只要机运(fortune)给了他们这样做的机遇,他们就应该效仿古代罗马人,也就是说,去做那些时代与机运的恶毒(malignity)阻止他们做的事情。

卷二前言的信息看起来可能稍显贫乏,至少与卷一前言相比是如此。这是由于下述事实:卷一前言是整部著作的导言,而卷二前言仅是卷二或尤其是卷二前几章的导言。在那里,马基雅维利首先与普鲁塔克(Plutarch)的一种意见进行了争论,他称普鲁塔克为一位有分量的作家——他从未[222]将这一称号用于李维。这一意见也为李维甚至罗马人本身所共有:这一意见认为罗马人通过机运而非德性获得了他们的帝国。在罗马的征服之前,整个欧洲被三个民族分据着,他们顽强地捍卫着他们的自由,并自由地统治着自身,也就是说,[他们奉行的]是共和政体。因此,为了征服他们,罗马需要极佳的德性。与在当代相比,这些民族在古代是自由更大的爱者(lovers),那么,这又是如何发生的呢?按照马基雅维利的看法,这在根本上是因为古代宗教与我们的宗教的区别。我们的宗教将谦逊(humility)、卑屈(abjectness)以及对属人事物的轻视(the disparagement of the human things)置于至善(the highest good)的位置,而古代宗教则将心智的伟大、身体的强壮以及其他所有适于使人变得最为强健的事物视为至善。但是,此世与天国的解除武装(disarmament)本身,归根到底是由于罗马帝国以及所有共和制生活方式的毁灭。除了罗马极佳的德性之外,罗马之所以伟大的第二个原因在于她在准许外乡人成为公民的问题上十分慷慨。但这样的一项政策使国家面临巨大的危险,正如雅典人特别是斯巴达人所深知的,他们害怕与新居民的混合将可能会败坏古老的习俗。由于罗马的这一政策,众多从来不知共和生活并且对此毫不关心的人,也即东方人,成为罗马公民。因此,罗马对东方的征服完成了她征服西方时所开启的东西,并且因此产生了这样的结果:一方面罗马共和国是基督教共和国的直接对立物,另一方面它又是基督教共和国的起因,甚至是其典范。

卷三没有前言,但其第一章发挥了前言的功能。通过这种细微的不规则,马基雅维利强调了《论李维》的章节数与李维史书的章节数相等这一事实,而李维的史书,正如我们之前已经注意到的,从罗马起源始,一直延伸至基督教出现的时代。卷三第一章的标题如下:"如果有人希望一个教派或共和国能够长存,他必须经常将其带回开端。"尽管标题只提及了教派与共和国,此章正文却处理了共和国、教派与王国。教派,也即宗教占据了中心位置。此世的一切都有其进程的限度——由天国所设下的限度。但是,只有当它们保持良好的秩序时,它们才能达到这一限度,而这意味着它们必须经常被带回其开端,因为在它们的开端之中,它们必定曾具有某种善(goodness),否则,它们就不会获得最初的声誉,也不会获得增强。通过罗马人在被高卢人击败之后重获新生命与新德性的例子,马基雅维利首先证明了他的命题中与共和国相关的部分:罗马人由此恢复了对宗教与正义的遵奉,也即恢复了对旧秩序特别是对宗教的遵奉,正是由于对宗教的疏失使罗马遭受了灾难。古代德性的恢复[223]由对恐怖与恐惧的重新施加(reimposition)构成,正是它们曾使人在开端变得良善。马基雅维利由此解释了,在他对古代方式与秩序的恢复的关切中,什么是根本性的:人们之所以在开端时是良善的,并不是因为他们清白纯真,而是因为他们受到恐怖及恐惧的掌控——受原初的和根本的恐怖及恐惧掌控,在开端中没有爱(Love)只有恐怖(Terror)。马基雅维利全然崭新的教诲正是基于这一断言的洞见(它先于霍布斯的自然状态学说)。马基雅维利继而转向了对教派的讨论,他以"我们的宗教"的实例说明自己的命题:

　　如果我们的宗教没有被圣方济各与圣多明我带回它的开端与原则,它将会彻底消亡。他们以自己的清贫和基督人生的典范,把已在人们心灵中消失的东西,重新带回他们的心灵。高级教士与宗教首领的虚伪没有毁掉我们的宗教,全赖他们这一套强大的新制度。他们生活清贫,通过忏悔与布道赢得了人民的信任,他们使人民认识到,以罪恶的语言议论罪恶,本身也是罪恶。追随他们才是美好的生活。如果高级教士犯下过失,就把他们留给上帝去惩罚。有些高级教士无恶不作,是因为他们不惧怕这种他们既看不到也不相信的惩罚。因此,那种革新,维持了并在继续维持着这种宗教。①

在这里,回到开端是通过引入新秩序获得实现的。马基雅维利在这里之所以确定地这样说,是因为他没有考虑到,圣方济各会与圣多明我会的改革等于是对原始基督教的某种简单回复,因为这些改革并未触动基督教教阶制度。但新秩序的引入在共和国中也是必需的,正如马基雅维利在《论李维》最后一章所强调的:古代方式与秩序的重建,在任何情况下,包括马基雅维利本身的情况,都是新方式与新秩序的引入。然而,在圣方济各会及圣多明我会的革新与共和国的革新之间存在着重大区别:共和国的革新使整个共和国,包括其领导者,都服从于原初的恐怖和恐惧,而这恰恰因其可以抵制邪恶——因为它们可见地并因此可信地惩治了邪恶。而基督教命令或者说劝告[人们]不要抵制邪恶是基于这样的前提:开端或者说原则是爱。这一命令或劝告只可能引向极度的混乱或者某种逃避。然而,这一前提转变成了它的极端对立物。

我们已经看到《论李维》的章节数目是富有深意而且经过慎重选择的。这也许会使我们好奇《君主论》的章节数目是否也是富含深意

---

① ［译按］译文参考了冯克利中译《论李维》,上海世纪出版集团,2006,页311,据原文有所修改。

的。《君主论》由 26 章组成。26 是希伯来语上帝圣名——也即耶和华
这一神名（Tetragrammaton）——的字母数值。但马基雅维利知道这点
吗？我不知道[他是否知道]。26 等于 13 的 2 倍。[224]13 在现在以
及很长一段时期内都被认为是不幸运的数字，但在更早的时期它也被
甚至主要被认为是一个幸运的数字。所以，"13 的两倍"可能既意味着
幸运又意味着厄运，总之意味着：运气，fortuna[机运]。有一个例子可
以被用于支持这一观点：马基雅维利的神学可以用 Deus sive fortuna[机
运神]（以与斯宾诺莎的 Deus sive natura[自然神]相区别）这一惯用语
来表述——也即，神应该是受人类影响（咒语）所左右的机运。但是，
为了证实这点，将会要求一项对于眼下这一场合而言"过于冗长与崇
高"的论证。因此，让我们看看是否能够通过研究《论李维》第 26 章获
得一些帮助。这一章的标题如下："一个新君主，在其攫取的城市或国
家中，必须使一切焕然一新。"这一章的主题因此是一个新国家中的新
君主，这也正是《君主论》最为崇高的主题。在前一章的结尾处，马基
雅维利曾说道：谁想要建立作家们称之为僭政的绝对权力，他就必须更
新一切。由此，我们这一章（26 章）的主题就是僭政，但"僭政"这一术
语从未在此章中出现："僭政"在《论李维》第 26 章中被回避，正如它在
由 26 个章节所组成的《君主论》中被回避一样。此章本身的教诲如
下：一个想在自己的国家中建立绝对统治的新君主，必须使一切焕然一
新；他必须以全新的名称、全新的职权以及全新的人员建立全新的行政
官职；他必须使富人变穷而使穷人变富，正如大卫在其成为君王时所做
的那样，qui esurientes implevit bonis，et divites dimisit inanes[叫饥饿的得
饱美食，叫富足的空手离去]。总而言之，他绝不能听任国家中有任何
事物保持原样，而且他的国家中不能存在任何官职或财富——其所有
者不承认它们属于君主。新君主所必须使用的新方式是最为残酷与充
满敌意的，不仅对一切基督教生活而言，而且甚至对一切人道的生活而
言都是如此。如此，便可使每一个人都必然宁愿选择过一种私人的生

活,而非选择过一种给人类带来如此巨大之毁灭的君王生活。此章中出现的拉丁文引文被转译成以下这一修改过的版本:"他叫饥饿的得饱美食,叫富足的空手离去。"这一引文构成了圣母颂歌(Magnificat)中的部分景象:童贞女玛利亚在从天使加百列那里得知她将生下一个被叫作耶稣的儿子之后所做的感恩祈祷,而那"叫饥饿的得饱美食,叫富足的空手离去"的,正是上帝自己。在这一章的语境中,这意味着上帝就是一个僭主,而那使富人变穷穷人变富的大卫王,则是一位上帝般的君王,一位君王之沿着主(the Lord)的道路行进,恰恰是因为他行进在僭主的道路上。我们必须注意到这是出现在《论李维》与《君主论》中唯一的新约引文。而这唯一的新约引文却被用来表达最可怕的渎神思想。有人也许会为马基雅维利辩护说,这一渎神思想并未直接表达,而只是暗示性地得到了表达。但这一辩护,远远不能帮助马基雅维利,反使他的情况更糟,因为当一个人公开地发出或喷吐出一种[225]渎神思想时,所有好人都会战栗并转身远离他,或者会给予他应得的惩罚,罪完全是他的。但是一种隐藏的渎神思想是如此诡诈,这不仅是因为它保护了渎神者免受按照法律程序应受的惩罚,而且首先是因为它实际上强迫听者或读者自己想到渎神思想,并由此成为渎神者的共犯。由此,通过诱使其思考禁忌或犯罪的思想,马基雅维利与他最为出类拔萃(par excellence)的读者——他称他们为"年轻人"——之间建立起某种亲密关系。这样一种亲密关系似乎也由每一位起诉人或法官建立起来,为了证明罪犯有罪,他们必须思考罪犯的思想,但这种亲密关系是被罪犯所憎恶的。然而,马基雅维利却意欲与渴望它。这是他对青年的教育的重要组成部分,或用一种确立已久的说法,这是他败坏青年的重要组成部分。

如果篇幅允许,我们也许可以考虑一下《论李维》中其他章节数为13倍数的章节,那将是有益的。而我将只考虑其中的一章:卷二第5章。此章的标题如下:"教派与语言的变迁以及洪水与瘟疫,毁灭了事物的记忆。"通过与某些哲学家展开争论,通过对他们的主张提出反驳,马基雅维利开启了此章。他提到的那些哲学家说世界是永恒的。马基雅维利"相信"人们可以对他们答复如下:如果世界真如他们所声称的那般古老,那么存在超过 5000 年的记忆(也即我们由于圣经而拥有的记忆)就将是合理的。马基雅维利以圣经之名反对亚里士多德。但他继续说道:人们完全可以作出这种反驳,如果他没有看到许多时代的记忆被各种原因毁灭了的话——这些原因部分是出于人祸,部分是出于天灾。马基雅维利由此反驳了一种对亚里士多德的所谓的反驳,反驳了一种对最为著名的亚里士多德主义者的反 - 圣经论证的反驳。他继续说道:出于人祸的原因是教派与语言的变迁。因为当一种新教派也即一种新宗教出现时,为了获取声誉,它首要的关切便是消灭旧宗教,而当新宗教的领袖以不同的语言建立起新宗教的秩序时,他们更容易毁灭教派。通过考虑基督教教派对付异教教派的步骤做法,人们便可认识到这一点,前者毁灭了后者的所有秩序与仪式,破坏了古代神学的所有记忆。诚然,它没有完全成功地毁灭关于异教中卓越人物的所作所为的知识,而这是由于它保存了拉丁语言这一事实,基督徒被迫使用拉丁语书写他们新的律法。要是他们能够以一种全新的语言书写他们的律法,就不会存留任何过往事物的记录了。人们只需读一读圣格里高利(St. Gregory)与其他基督教首领的会议记录便可看到,他们[226]通过焚毁古代诗作与史书,通过毁坏古代的偶像并损毁所有古代的其他符号而残害古代的一切记忆的行径是多么顽固,如果他们能在这种残害中加入一种新的语言,古代的一切事物就将会在最短的时间内被遗忘。通过这些异常夸张的言论,马基雅维利勾勒了自身著作的背景,特别是勾勒了他对所珍爱的李维的恢复[工作]的背景,李维的绝大部分史书都因为"时代的恶毒"(卷一第 2 章)而佚失了。此外,马基雅维利在这里还暗中比较了基督徒与穆斯林的行为,穆斯林的新律法就是以一种全新的语言写成的。基督徒与穆斯林的区别不在于基督徒较之穆斯林对异教古代怀有更大的尊敬,而在于基督徒没有像穆斯林征服东罗马帝国那样征服西罗马帝国,因此而被迫采用了拉丁文,并在某种程度上被迫保留了异教罗马的文献,从而使其不共戴天的敌人被保存了下来。其后不久,马基雅维利说道,这些教派在 5000 或 6000 年的时间内会经历两次或三次变化。他由此测定出基督教的命限:最长将是 3000 年,最短则是 1666 年。这意味着,基督教有可能在《论李维》写成 150 年之后走到它的终点。马基雅维利并非从事此类推测的第一人(参普莱通[Gemistos Plethon①],他比马基雅维利乐观或者说有领悟力得多)。

然而,通过这一说法,马基雅维利所表达的最为重要的观点在于:所有宗教,包括基督教,其起源都在于人,而非天国。具有天国起源 ② 的毁灭事物记忆的变故是瘟疫、饥荒与洪水,天国的即是自然的,超自然者即是人类。

马基雅维利关于宗教所说的或所暗示的内容的实质,并不是原创的。正如他将“教派”一词意指宗教这一事实所表明的,他沿袭了阿维罗伊主义,也即中世纪亚里士多德主义者的道路,他们作为哲人拒绝向启示宗教作出任何让步。尽管马基雅维利关于宗教的教诲的实质并非原创,但他阐述它的方式却是极富独创性的。实际上,除了民政神学(civil theology)之外,他对任何神学都概不承认,这一神学服务于国家,而且它是否得到国家的运用都出于环境的需要。马基雅维利表明,如果存在一位强大且卓绝的君主(monarch),宗教是可以被摒弃的。这事实上暗示了,在共和政制中宗教是不能被摒弃的。

---

① ［译按］Gemistos Plethon(约 1355 – 1452/1454,原名 Georgius Gemistos,因仰慕柏拉图而在自己名字中加入 Plethon),拜占庭帝国的希腊学者,柏拉图思想和新柏拉图主义哲学的传播者,是希腊学问得以在西欧复兴的先驱。

② ［译按］即前文所说天灾,马基雅维利由此将天国的、神圣的事物等同于自然的事物。

《论李维》的道德—政治教诲在根本上与《君主论》的教诲是相同的,但二者之间存在着一个重要的区别:《论李维》在强有力地陈述共和政制的事例的同时,也教导潜在的僭主如何破坏共和生活。然而,几乎不可怀疑的是,马基雅维利喜爱共和政体甚于专制政体,不管此专制政体是僭政的还是非僭政的。他憎恶那样一种压迫,这种压迫并非服务于人类福祉并因而不服务于有效的统治,它尤其不服务于公正而又[227]不过度的惩罚式正义。马基雅维利是一个慷慨之人,但又深知,在政治生活中被当做慷慨的事物,绝大多数时候不过是精明的算计,就此而言,这些算计理应得到赞许。在《论李维》中,马基雅维利通过赞美马库斯·卡米卢斯(M. Furius Camillus),最为清晰地表达了他的偏爱。卡米卢斯得到了李维的高度赞美,李维赞誉他为第二罗慕洛斯、罗马的第二缔造者、宗教仪式最诚心勤勉的实践者,甚至说他是最伟大的imperatores[最高统帅],但李维这样说的意思很可能是指至卡米卢斯时代为止的最伟大的军事将领。然而,马基雅维利却称卡米卢斯为"最审慎的罗马首领",他同时赞美卡米卢斯的"善"与"德性"、人道与正直——他称之为又好又智慧,总之,赞美他为最卓越之人。马基雅维利尤其对卡米卢斯的沉着镇定印象深刻,因为他无论身处好运还是厄运时心智都能保持同一,当他从高卢人手中拯救罗马而赢得不朽荣耀时,当他被判处流放时,他都能安之若素。马基雅维利将卡米卢斯在命运的虚妄面前之所以能保持优越的原因,追溯至他关于世界的极为卓越的知识。出于对其非凡功绩的怨恨,卡米卢斯被判处流放。至于他被如此判处的原因,马基雅维利在一个特别的章节(卷三 23 章)进行了讨论。基于李维的论述,他列举了三项理由,但是,如果我没弄错的话,李维从未同时将这三项理由作为卡米卢斯遭流放的原因而提及。事实上,马基雅维利在这里所遵照的不是李维,而是普鲁塔克。但他却作了特殊的篡改,他将[三项理由中的]中心位置分配给了下述事实:当其凯旋时,卡米卢斯曾为其凯旋战车套上了四匹白马,因此,民众说他因为骄傲而希望与太阳神——或按普鲁塔克所说,希望与朱庇特(李维说:Jupiter et sol[与朱庇特和太阳神])——平起平坐。而我相信,这一相当令人震惊的 superbia[骄傲]行为,在马基雅维利眼中,正是卡米卢斯的宽宏大度(magnanimity)的一种标志。

正如马基雅维利所无疑知晓的,卡米卢斯的骄傲恰恰表明,存在着一种超乎卡米卢斯的伟大之上的伟大。毕竟,卡米卢斯并非新方式与新秩序的奠基者与发现者。用某种稍稍不同的话说,卡米卢斯是一个最为庄严的罗马人,而正如马基雅维利在他的喜剧《曼陀罗》(*La Mandragola*)中最为明显地表达的,人类生活同样需要轻盈。在那里,他赞美权贵洛伦佐·梅迪奇,因他将庄重与轻盈结合于一个近乎不可能的统一体中——马基雅维利将这一统一体看成是值得赞美的,因为在从庄重到轻盈或从轻盈到庄重的转变中,人模仿了自然,[因为]自然正是易变的。

人们不禁想要知道,应该如何合理地评判作为整体的马基雅维利的教诲。回答这一问题的最简单的方式看上去似乎是这样的:马基雅维利最为频繁地提及与遵从的作家——当然除了李维之外——是色诺芬,但他只谈及了色诺芬的两部著作:《居鲁士的教育》(*The Education of Cyrus*)与《希耶罗》(*Hiero*)。他对色诺芬的苏格拉底作品未予关注,也就是说,他对于色诺芬道德世界中的另一极——苏格拉底——未予关注。色诺芬的一半,在色诺芬看来更好的一半,被马基雅维利隐瞒了。人们可以[228]稳妥地说,马基雅维利所知道的,或者说他发现并因之而闻名的那些道德与政治现象,没有什么是不为色诺芬所深谙的,更不必说柏拉图与亚里士多德了。诚然,在马基雅维利那里,一切都出现在一种新的眼光中,但这并不是因为视野的扩展,而恰恰是因为视野的窄化。许多现代的关于人的发现都具有这一特征。

人们经常将马基雅维利与智术师进行比较。关于智术师或那些通常被称为智术师的人,马基雅维利并未说过什么。但他却在《卡斯特鲁乔的生平》(*Life of Castruccio Castracani*)中间接地就这一主题说过一些东西。这是一本迷人的小书,包含了对一位十四世纪的雇佣兵首领或者说僭主的理想化描述。在该书结尾,马基雅维利记载了若干卡斯特鲁乔(Castruccio)说过或听过的机智妙语。几乎所有这些妙语都是马基雅维利从第欧根尼·拉尔修的《名哲言行录》(*Lives of the Famous Philosophers*)一书中借用过来的。为了使这些妙语适合于卡斯特鲁乔,马基雅维利在某些情况下对它们作了修改。在第欧根尼那里,记载着一位古代哲人说过他希望像苏格拉底那般死去,马基雅维利将此变成卡斯特鲁乔的警语,不过,卡斯特鲁乔所希望的是像凯撒那般死去。《卡斯特鲁乔的生平》所记载的大部分妙语,都来自于阿里斯提波(Aristippus)与犬儒主义者第欧根尼(Diogenes the Cynic)。与阿里斯提波和第欧根尼的关联——他们并不被归为智术师——可能会带给我们有益的指引,如果我们对学者称之为马基雅维利的"思想来源"问题感兴趣的话。

在《尼各马可伦理学》(*Nicomachean Ethics*)接近结尾处,亚里士多德谈及了那种人们可能会称之为智术师的政治哲学的东西。他的主要观点是,智术师将政治等同于或几乎等同于修辞术。换言之,智术师相信或倾向于相信言辞的全能。毫无疑问,马基雅维利不能被指责为犯有这种错误。色诺芬谈到自己的好友普罗克赛弩斯(Proxenos),他在居鲁士征讨波斯王的远征中指挥过一支分遣部队,而且他是最著名的修辞学家高尔吉亚(Gorgias)的学生。色诺芬说普罗克赛弩斯生性正直,并有能力指挥贤人(gentlemen),但却不能使士兵对自己充满畏惧,他没有能力惩罚那些不是贤人的人,甚至没有能力训斥他们。但色诺芬,作为苏格拉底的学生,却被证明是一位最为成功的统帅,而这恰恰是因为他既能驾驭贤人,又能驾驭非贤人(nongentlemen)。色诺芬,这个苏格拉底的学生,对政治的苛刻与严酷,对那种超越言辞的政治的要素不抱任何幻想。在这一至关重要的方面,马基雅维利与苏格拉底结成了一条对抗智术师的共同战线。

评麦克法森《占有式个人主义政治理论：霍布斯到洛克》①

张缨　译

[229]这本严肃且写得清晰晓畅的书始于政治理论的当代危机，作者将这种危机诊断为自由民主制理论的一种危机。在作者看来，这种危机无法通过返回自由民主制的古典理论家们——尤其是17世纪那些自由民主制的奠基者们——得以克服，因为，即便在其原初形式中，自由主义(liberalism)也已经患有一种根本的缺陷。从一开始，自由主义就培养"占有式个人主义"(possessive individualism)，即"布尔乔亚式的"(bourgeois)个人主义。自由主义的基本假设是，"人凭借对自己人格的独占的所有权(sole proprietorship)而拥有自由和人性，人类社会本质上是一系列市场关系"。麦克法森的评判标准，是"在一个并非贪得无厌的(unacquisitive)社会里"——在至少超越了任何"单一民族国家"界限的一种社会里——"作为社会生存的一种伴生物的自由理念"。读起来，麦克法森的书仿佛意在通过揭示占有式个人主义的早

---

①　[原版编者注]麦克法森(C. B. Macpherson)的《占有式个人主义理论》(*The Political Theory of Possessive Individualism：Hobbes to Locke*)由牛津大学出版社出版于1962年。施特劳斯的书评发表于《西南大学社会科学季刊》(*Southwestern Social Science Quarterly*)卷45，第1期，1964年。重刊获得克萨斯大学出版社(the University of Texas Press)允许。[译按]原文标题"Review of C. B. Macpherson，*The Political Theory of Possessive Individualism：Hobbes to Locke*"。

期理论家们在逻辑上的失败,通过将那些失败归咎于布尔乔亚式社会自身的自相矛盾,表明(或毋宁说有助于表明)他自己的理想的合理性。作者[在书中]加以讨论的思想家们是:霍布斯、平等派(the Levellers)、哈林顿(Harrington)以及洛克。

麦克法森对种种寻常偏见的摆脱表现在下述事实中:他毫不犹豫地从霍布斯的自由主义理论开始他的批评性分析。按麦克法森的说法,作为一个事实,"构成占有式个人主义的假设……在霍布斯那里最清楚也最充分"。从一开始,霍布斯研究者面对的问题就是,[230]霍布斯的政治理论是否必然预设了且必然来源于他关于"人的生理本性"(the physiological nature of man)或他关于"唯物主义"的教导。麦克法森的回答可简述如下:霍布斯有关人的本性的观点或他的"生理学公设"(physiological postulates)提供的仅仅是他的根本三段论的大前提,其小前提则由"某一种社会模式"——即占有式市场社会(the possessive market society)——所提供。倘若霍布斯式的人确实只不过是"自我驱动且自我主导的有欲望的机器",那人们就看不出,何以这样的人天生就处于每个人反对每个人的战争状态。然而,按霍布斯的说法,人之所以区别于野兽,因为人具有把现象看作可能的结果的原因这样的机能(faculty),因而人具有关于潜能(potentiality)与能力(power)的意识。麦克法森甚至没有尝试去表明,所有人的自然对抗性并不来源于如此理解的人的独特性。因而,他没能表明,为了理解霍布斯从人的本性到自然状态的道路,有必要追溯到某一种社会概念。这一点并不有违麦克法森的断言,即霍布斯的人性学说一般而言有利于占有式市场社会。然而,这一断言的理由既不在于霍布斯时代的英国社会"本质上变成了一个占有式市场社会",也不是因为霍布斯认为那种社会"已成定局"(here to stay),而是因为在霍布斯看来,那种社会最能导向人类的安康。霍布斯关于人本性上有竞争性的观点也绝非新兴市场社会的一种反映;霍布斯不仅在市场里,而且在国王们的宫廷里、在最落后的乡村、在学者们中间、在修道院、在画室和奴隶圈，在现代与古代，发现了（或原本可以发现）那种竞争性的清楚迹象。

霍布斯声称，他是揭示人类社会的本性的第一人。按麦克法森的说法，霍布斯揭示的只是占有式市场社会的本性，这的确是一个伟大的成就。麦克法森提出一系列支持其断言的根据，下面的推论是其中之一。鉴于有关社会本性的知识［应有］的紧迫性——以及，我们可以补充，鉴于霍布斯的基本论证的简洁性，霍布斯没能解释，何以他［对人类社会本性］的揭示没有在更早的时期（就算不是在最远的古代）作出（参《论公民》［De Cive］，前言，靠近开头部分）。霍布斯指出，对不可见力量的恐惧的影响具有首要地位，他还指出了反唯物主义式及唯物主义式古代哲学（beatitudo［至福］概念）的基本错误，通过这些假设，霍布斯充分解释了他的揭示的迟到性。更不消说还有这样的事实，即按麦克法森本人的说法，霍布斯"从事实推导出权利与义务"的做法是"政治理论中的一次飞跃，其激进有如自然科学中有关匀速运动法则的伽利略公式，而且与之不无关系"。就此而论，应该指出，麦克法森反对当今的逻辑学家们的非难，［231］为霍布斯从事实推导出权利与义务加以辩护，这一点属于此书最有价值的部分。

受篇幅所限，我无法就麦克法森对平等派、哈林顿及洛克的分析一一加以评论。在对上述三者进行分析时，麦克法森的步骤从根本上说是相同的：他把思想家们的自我矛盾归结为资本主义社会自身的自我矛盾。作者的种种观察值得在所有情况下受到细心的考量。不过，人们也想知道，这些观察所拥有的如此证据是否来源于作者接受的评判标准：若理性的社会并非普遍的社会主义社会，那么"有关占有式个人主义的政治理论"必须依据一种不同的理想得到检验。

评塔尔蒙《犹太史的本性：
其普遍的重要性》①

张缨　译

[232]这[本书]是由一个人——与其说他是位犹太史学家，不如说，他既是犹太人又是史学家——作出的最热切的陈述。按此人的说法，研究犹太民族命运的史学家不能亦无需返回这样的事实背后，这事实即：犹太民族乃由其对自己身为选民的信仰构建而成，从古至今，这种信仰使该民族的流亡及其危险的生存既得以可能也成为现实，因为以色列国家的建立并没有去除"时时处处附着于犹太人生存的成问题的含混性"（页9注释）。[作者认为，对犹太史的]经济上的和心理学上的剖析都完全不得要领。另一方面，史学家之为史学家既不会被迫也没能力接受对"拣选"（election）的神学式理解。[本书]作者揭示了那种寻常概念传达的褊狭，按照那种寻常概念，对拣选的信仰源自种族骄傲（ethnic pride）。"选民"的观念如同一个"神圣民族"或一个"祭司的民族"的观念，这种观念表达了"阿诺德（Matthew Arnold）所说的——区别于希腊人对正确观看和正确思考的激情的——犹太人对正确行事的激情"（页18）。因而，这种观念构成了西方文明的两种基本要素之

---

① [原编者注]塔尔蒙（J. L. Talmon）的《犹太史的本性》（*The Nature of Jewish History – It's Universal Significance*）于1957年在伦敦由希勒尔基金会（Hillel Foundation）出版。施特劳斯的书评发表在《现代史学刊》（*The Journal of Modern History*）卷29，第3期，1957。[译按]原文标题"Review of J. L. Talmon, *The Nature of Jewish History – Its Universal Significance*"。

一。这种观念乃"教会与国家之间那种根本的、独特的西方式关系"的根源，这样的关系阻止了"东方式专制"（Oriental despotism）在西方的兴起（页19）。读者希望，作者会进一步展开这个论题，会比书中所写更恰切地表明，何以区别于"对正确观看和正确思考的激情"的"对正确行事的激情"，首先要求一个独特的民族作为这种激情的承担者。

柯亨《源于犹太教的理性宗教》导言①

张缨　译

[233]我怀疑自己是否赫尔曼·柯亨（Hermann Cohen［1842－1918］）与当今美国读者之间的最佳中介。在我成长的环境中，柯亨是献身犹太教又具哲学心智的犹太人的引力中心，他是那些人崇敬的大师。但我上次研究甚或阅读《理性宗教》至今已有四十多年了，在过往二十年里，我只是间或阅读或浏览柯亨的某些其他著作。［《理性宗教》英译本的］出版者和译者要求我来写这篇导言。我能做的只是梳理一下最近阅读《理性宗教》一书的思路。或许这些思路对某些读者有所助益。

当今读者几乎免不了会感到，《源于犹太教的理性宗教》（*Religion of Reason out of the Sources of Judaism*；或直译为《出于犹太教来源的理性宗教》，1919 年初版于德国）既是一部哲学著作，同时又是一部犹太教著作。说此书是哲学著作，因为它致力于理性的宗教，说此书是犹太教著作，因为它阐明了（elucidates）——不，毋宁说是剖析了（articulates）——来源于犹太教的宗教。这样的印象尽管正确，但并不像初看起来显得那么明了。

---

①　［原版编者注］原刊柯亨（Hermann Cohen）《源于犹太教的理性宗教》英译本（New York：Frederich Ungar, 1972）。［译按］原文标题"Introductory Essay for Hermann Cohen, *Religion of Reason out of the Sources of Judaism*"。

犹太宗教可以被理解为启示宗教。在这种情形里,哲人会接受启示,就如历代犹太人在一个从未中断的传统中接受启示那样,哲人也会听从启示;他会借助哲学阐述启示,尤其是,哲人会在启示的哲学的以及非哲学的否定者和怀疑者面前为启示辩护。但这样的追求并非哲学式追求,因为它基于一种假设,即哲人之为哲人不能行哲人之为哲人无法胜任之事。柯亨通过诉诸理性宗教,在哲学与犹太教[234]的关系中排除了这样的理解模式。"启示是[上帝的]理性的创造。"启示并非"一种历史行动"。对柯亨而言,在这些措辞的准确的或传统的意义上,没有什么启示的真理(revealed truths)或启示的律法(revealed laws)。

那么,就让犹太教成为理性宗教。不过,这并不意味着犹太教等同于理性宗教。难道理性宗教因而只是偶然地在犹太教中被发现?抑或,理性宗教是犹太教的核心且仅属于犹太教?柯亨同时拒斥了这两种极端立场。他尤其拒绝宣称犹太教是"绝对宗教"(这并非否认,柯亨有时候称犹太教——而且只称犹太教——为"纯粹的一神教")。柯亨通过"来源"(source)一词解决了上述难题。犹太教是"来源",是理性宗教的源头(fountainhead)。犹太人"创造了理性宗教"。犹太教向人类教导理性宗教。其他种种宗教要么是完全不恰当的,要么源自犹太教。诚然,犹太教并非在每个方面都是理性宗教。犹太教需要借助柏拉图式哲学以及首先是康德式哲学,使自己彻底摆脱神话的和其他的不相干事物(irrelevancies)。但这种帮助只不过使犹太教能够充分实现它从一开始就有意实现且根本上在所有时代如其所是的东西。

当有人说柯亨的《理性宗教》是一部哲学著作时,此人很可能有这样的假设,即理性宗教属于哲学,理性宗教或许是哲学的最崇高的部分。不过,柯亨却在哲学之为哲学(即哲学之为科学的哲学)与宗教之间作出区分,与此相应,他说"犹太教并不分有哲学",或者说,"以色列并不创造性地分有科学"。尽管如此,按柯亨的说法,有一种哲学思辨，其母体是宗教，尤其是犹太教。然而，这并没有取消以下事实，即柯亨的《理性宗教》并没有成为其《哲学体系》(*System der Philosophie*)的任何部分。

[在柯亨那里，]宗教与哲学、《理性宗教》与《哲学体系》之间的关系颇为复杂，这一点可见于如下事实，即《哲学体系》的中间部分——《纯粹意志的伦理学》(the *Ethics of the Pure Will*)——包含了乍看似乎属于理性宗教的种种学说(某种意义上，《哲学体系》在这一学说中臻于顶峰)：那就是有关独一上帝和弥赛亚未来的种种学说。柯亨使这些学说成为他的《伦理学》的主要部分，他把这些源于犹太教的学说移植到他的《伦理学》中。柯亨在伦理的上帝与宗教独有的上帝之间作出区分，从而解决了那种移植带来的困难。然而，由于恰恰是理性表明了伦理学何以以及如何必定被宗教所超越，宗教就"进入了哲学的体系"。与此相应，《理性宗教》不得不被理解为柯亨的《哲学体系》的冠冕部分。

[235]然而，这部著作的标题的后半部分("源于犹太教的")暗示了，《理性宗教》超逾了《哲学体系》的边界，或者说，它超逾了任何哲学体系的边界。或许，只要把柯亨这部著作的整个标题与康德的《单纯理性限度内的宗教》(*Religion within the Limits of Mere Reason*)加以对比就足够了。

[《理性宗教》一书]依然存在的晦涩最终归结于这样的事实，即尽管柯亨罕见地献身于犹太教，他几乎同样地献身于他所理解的文化(科学以及世俗的学术、导向社会主义和民主政治的自主性道德，以及艺术)，因而，他尤其坚持"伦理与宗教之间的方法论的区分"。那种区分暗示了，尽管宗教不能被化约为伦理，但宗教仍然有赖于"伦理学的方法"。人的道德自主性决不能遭到质疑。柯亨的目标与门德尔松([Moses] Mendelssohn)之后的犹太教的其他西方代言人是一样的：在犹太教与文化之间、在《托拉》(*Torah*；或译"律法")与地上的道路(derekh eretz①)之间建立一种和谐。但柯亨以无与伦比的思辨力量和不妥协追求这个目标。

柯亨的《伦理学》以及实际上他的整个《哲学体系》"在方法论上"先于他的《理性宗教》。进而,他不时地被迫——尤其在第 10 和第 11章——对他那个时代的新教的尤其是德国新教的圣经考据提出异议,向那种圣经批判立足其上的历史哲学提出异议。最后,这些章节内的论证次序并不总是具有它该有的清晰。这些事实有可能对《理性宗教》的读者们造成相当的困难。这些困难可以通过重复阅读加以克服。在以下的疏释中,我会不得已会复述或摹仿柯亨悬而未决的种种难题。

《理性宗教》在根本上以《哲学体系》为前提,但它没有把犹太教素材削足适履地塞入那种体系。柯亨遵循着那种犹太教的内在理路(intrinsic articulation),对他这样一个憎恶神秘主义的自由派犹太人而言,那种犹太教具有权威性。柯亨通过把犹太教思想"观念化"(idealizing)或曰"精神化"(spiritualizing)来解释犹太教思想,也就是说,他通过犹太教的最高可能性来思考犹太教,并依照犹太教的最高可能性来理解犹太教。这样做的时候,柯亨宣称自己不仅遵循了解释任何有价值文本的唯一合理规则,而且延续了自《圣经》本身开始的犹太教的不断行进的进程。

柯亨遵循《圣经》的内在理路,《理性宗教》的第 1 章就致力于上帝

---

① ［译按］derekh eretz:希伯来文,字面意思为"地的道路"(一般英译为 the way of the land/earth),犹太教传统对该词的解释颇多歧义,有指其为谋生手段的,有指其为恰当举止和良好性格的,也有人认为 derekh eretz 指尘世上的(地上的)各种知识和技能。19 世纪的著名正统派犹太拉比赫尔希(Samson Raphael Hirsch)指出,derekh eretz 包含了文化与社会的广泛知识和恰当互动,是人在地上运用尘世手段和条件,为自己的生存、使命和社会生活而从事的一切活动。故酌译为"地上的道路",冀传达该词与"灵性的道路"相对的内涵。

的独一性(uniqueness)。开启《圣经》的创世叙述(the account of crea-
tion)以人们多少知道上帝是什么为前提。《圣经》所理解的上帝是什
么在"永恒者是一"以及上帝的名字乃"我是"(I am)这样的文字中给
出了关键性的阐明:他[译按:上帝]是一,那唯一存在的谁或什么(the
only one who or what is),与他相比,别无其他存在(nothing else is)。
"不[236]仅没有其他上帝,而且除了这个独一的存在者,根本没有其
他存在者。"自然、这个世界,包括人,都是无(nothing)。只有得到如此
严格理解的上帝的独一性才能使这样的要求具有正当性,即要求人用
自己的全部心灵、全部灵魂和全部力量去爱上帝。①

倘若柯亨用一种关于上帝实存(the existence of God)的证明来开
启他的著作,那会与《圣经》或柯亨自己的《哲学体系》不相一致。上帝
的独一性排除了上帝的实存,实存本质上与感性知觉相关。按柯亨的
说法,为了在自然与道德之间建立不可或缺的和谐,首先就要求上帝的
观念,要求作为一种观念而非身位(person)的上帝:伦理事物要求伦理
进步(ethical progress)的永恒,要是没有人类的未来永恒(the future e-
ternity)进而没有作为整体的自然的未来永恒,伦理事物要求伦理进步
的一种无限未来的前景就不可能实现,上帝"确保了理想"。下面的说
法并不正确但也并非完全误导:在柯亨看来,上帝是伦理理性(ethical
reason)的公设。

上帝的独一性要求或者说暗含了对崇拜"其他诸神"的拒斥。当
柯亨以自己的名义说"对其他神或偶像的崇拜仪式必须灭绝"时,他本
人受到了先知们的"反对假神的神圣热情"的鼓舞。那种神圣的热情
必须克服所有的犹豫,那些犹豫来自希腊雕塑带来的魅力,甚至来自对
崇拜假神者的同情。在这一点上而非其他任何地方,柯亨揭示了他开

---

① [译按]此句典出《申命记》6章5节;和合本该节译为"你当尽心、尽
性、尽力爱耶和华你的上帝"。

始多么彻底地质疑他和他的同时代人所理解的"文化"。在柯亨看来，对其他神的崇拜必然就是对种种形象（images）的崇拜。柯亨否认能有对太阳、月亮、星星本身的崇拜，就此而言，他与"十诫"而非《申命记》4章 15 至 19 节相一致。

从上帝的独一性可进一步推导出，上帝之外的所有事物或存在者（除了人造物）都是上帝的作品。这些事物的生成并非通过流溢（ema-nation）来自上帝，因为这会意味着，生成（Becoming）是真正的存在（the true Being）的部分，而实际上只有也确实有存在——独一的存在——与生成的"一种内在关系"（an immanent relation），有上帝与世界的"一种内在关系"，生成内含于上帝的概念里，内含于作为独一存在的上帝的定义里。正是以这样的方式，柯亨得以论述创造。创造是神圣存在的独一性的"逻辑结果"，不，毋宁说，创造完全等同于神圣存在的独一性。创造因而是必然的。柯亨没有说，[上帝的]创造是一次自由的行动。在他看来，创造也不是时间之内或时间之前的一次单一行动。创造是持续的创造（continuous creation），是持续的更新。柯亨用来阐明创造的犹太教资源几乎全部是后圣经时代的（post-biblical）。他从迈蒙尼德（Maimonides）那里获取自己的主要支援。迈蒙尼德在《迷途指津》（*Guide of the Perplexed*）里提出自己的创造学说，然而，在柯亨的解释中不容易辨认出迈蒙尼德的创造学说。

最首要的创造是人的创造。但是，尽管这样的创造是作为独一存在的上帝与生成的内在关系，且[237]生成与上帝同龄（coeval），但显然人、人这个族类，并不与上帝同龄。柯亨在论启示的那章开始处理人的创造。他说，在启示里，上帝进入与人的关系中；他没有说，在启示里，上帝进入与世界的关系中。启示是创造的延续，因为作为理性存在者和道德存在者的人经启示而产生，也就是说，由启示而构成。启示同创造一样具有奇迹性。也就是说，启示并非发生在遥远过去的一次独特事件或许多独特事件。柯亨紧紧遵循的是这种观念化的第一个也是最经典的文献，即《申命记》中摩西（Moses）的长篇讲辞，摩西讲辞所呈现的启示并不在天上，或者说，不像柯亨几乎主张的那样来自天上，而是从人的内心和理性中生发出来，这启示确实由上帝赋予（God-given）。"人"（man）在这里指以色列的子孙。因而，尽管启示并非一次独特的事件，但启示首先向一个独特的民族公布。一神教要在一个民族的意识中拥有其根基，或者更确切地说，一神教要成为一个民族的意识的根基：以色列，也唯有以色列，通过献身于唯一的上帝得以产生。一神教并不在被拣选的个人的意识中拥有其根基。那些卓然出众的个人，首先是摩西本人，仅仅是那个民族的精神解放的工具，仅仅是犹太民族的代表人物，仅仅是以色列的导师们，但他们绝不是上帝与以色列之间的中介者。

柯亨从不怀疑，在教导理性与启示的一致时，他完全赞同"所有"或"几乎所有"中世纪犹太哲人。在这方面，除了迈蒙尼德本身之外，柯亨还怀着高度赞赏提及伊本·达乌德（Ibn Daud），伊本·达乌德曾派给区别于"种种理性原则"（rational principles）的"对顺从的各种规定"（the prescriptions of obedience）一个非常低的地位，并且从"对顺从的各种规定"的等级里推论出其动因的薄弱。柯亨抽取掉这样的事实，即伊本·达乌德也说过——这是他在《崇高的信仰》（Emunah Ramah）一书的末尾说的——"对顺从的各种规定"优于各种理性的规定，因为它们要求对神的意志或对信仰的绝对的顺从和降服。"对顺从的各种规定"的完美标记就是上帝要求亚伯拉罕（Abraham）献祭他唯一的孩子以撒（Isaac）——一个公然与上帝先前的应许相矛盾、从而超越了理性的命令。在这里，人们不必操心伊本·达乌德是否以及如何解决柯亨赞同的思想与柯亨摒弃的思想之间的矛盾，但人们不由地对他试图在亚伯拉罕的愿意（献祭以撒）中发现"对顺从的各种规定"的最高的或最深的根据印象深刻。理性宗教没有给绝对顺从或传统犹太教考虑的信仰核心留下任何余地。读者在把握严格意义上的顺从的消失和创造以及启示的观念化或精神化时,将不会有任何困难。

[238]有关启示的那一章的特有功能在于阐明尤其是来自《申命记》中摩西讲辞的启示的含义,正因如此,那一章对启示与有别于以色列民族的人的关系语焉不详,从而也对上帝与有别于以色列民族的人的关系语焉不详。这种关系成为下一章的主题。柯亨用有关人的创造的第二个叙述(《创世记》第 2 章)为自己定向,他认为第二个创造叙述比第一个创造叙述(《创世记》第 1 章)更多地摆脱了神话。知识树表明,正是知识使人区别于所有其他造物,正是知识,尤其是有关善与恶的知识,刻画了人与上帝的关系。那种关系是相互的关系(correlation)。尽管除了作为世界的创造者,上帝是不可想象的,除了作为上帝的造物,世界是不可想象的,但上帝与世界的关系却还不是相互的关系。上帝与世界的关系指向上帝与人的关系,或者说,上帝与世界的关系被上帝与人的关系吸纳了。在柯亨故意夸张的表述里,上帝的存在在他与人的相互关系中并通过这种相互关系而成为现实。"上帝由上帝与人的相互关系所决定。而人由人与上帝的相关关系所决定。"超逾了上帝与人的关系,上帝就不能得到恰切的思考,在同等程度上,也有必要把人——由理性或精神构成的造物——理解为本质上与作为精神的独一上帝相关。理性是上帝与人之间的连接点。理性为上帝与人共有。但是,倘若人在人与上帝的相互关系中只是被动的伙伴,那上面这一点就会与理性相抵触。因此,[上帝与人的]相互关系也意味着,而且尤其意味着,上帝和人对于彼此是同等主动的,即便他们以不同的方式采取主动。(读者必须牢记这个问题,即柯亨是否总能公平对待相互关系中的神的主动性。)既然这些洞见关注这样的人,"以色列民族精神中的原创的普遍主义"就无论如何不需任何等级上的差异而导向所有人精神中最后的普遍主义。

只有考虑到人的行动时,上帝与人之间的相互关系的完整含义才开始变得可见。人的行动必须在神的行动中得到理解,反之亦然。柯

亨紧跟迈蒙尼德,他所谓的神的各种行动属性(《出埃及记》34:6 -
7)——他把这些属性化约为爱与正义——并不意在揭示上帝的本质;
可它们足以作为人的行动的规范和典范。爱与正义加在一起是圣洁
(holiness)。"你们要圣洁(holy),因为我,耶和华你们的上帝,是圣洁
的。"(《利未记》19:2)在这里,[上帝与人之间的]相互关系得到了恰
如其分的表达,"而凭这样的相互关系,神话和多神教终止了。圣洁变
成了道德"。因为,随着圣经思想的进步,威力(Might)退到了后台,而
神圣来到了前台。正如引自《利未记》的那节清楚表明的,圣洁对人而
言是一项任务,一项永无休止的、无限的任务,或者说一个理想,而圣洁
刻画了上帝的存在。它是上帝的存在的根据,是上帝的独一性的根据。
但上帝只是牵涉到人:上帝是为人的圣洁的缘故而圣洁的,人的圣洁在
于使人自身神圣化(sanctifying)。与此相应,圣灵(the holy spirit)既是
人的灵[239]也是上帝的灵,正如柯亨通过把《诗篇》51解释为关于圣
灵——或不如说关于圣洁的灵(the spirit of holiness)——的"古典篇
章"所试图表明的。孤立地理解圣灵,将之理解为属于其自身的一个
身位(a person),就等于摧毁了[上帝与人之间的]相互关系:圣灵就是
上帝与人之间的相互关系。圣灵的权限(competence)限于人类道
德——"圣灵是人的灵",但人类道德是仅有的道德并因而包括了上帝
的道德:就善与正义而言,上帝的标准就是人的标准。柯亨的圣洁概念
似乎并没有太多与"所谓的圣洁法典"(the so - called Holiness code)
(《利未记》17章及以下)的共同之处,但在他看来,道德,人类的理性
的道德,要求无条件戒绝乱伦,这一点具有无比的重要意义。

　　人类行动首先就是指向他人的行动,那些他人我们要么认识,要么
相信自己从经验中认识。他人——生活在我们旁边的人们——免不了
变成那些我们反对的人,他们因而还不是我们的同伴。我们并不通过
十足的经验认识自己的同伴,而是依照让我们爱他们的那个命令认识
自己的同伴。只有基于这种内在于人的(intrahuman)相互关系,上帝与

人之间的相互关系才得以实现:在人对人的行为中,而非在人对上帝的
行为中,善与恶的区分才会出现。正是凭借对"我们的同伴"的"社会
的爱",我们才必须理解来自上帝的爱以及朝向上帝的爱。柯亨首先
在政治和律法层面上讨论内在于人的关系。他用挪亚之子以及给予他
们七诫的塔木德式概念(talmudic concept)为自己定向。挪亚之子不是
非得遵守以色列人的宗教,也就是说,他们不是非得承认唯一的上帝,
尽管他们被禁止渎神和崇拜其他神;挪亚之子不是[犹太教]信徒,不
过他们可以是犹太国家的公民。犹太教以这样的方式为信教的自由
[权利](freedom of conscience)和宽容奠定了基础。柯亨没有声称自己
证明了犹太教为所有犹太人的信教的自由[权利]奠定了基础。

接下来,柯亨继续在"社会问题"的层面上,或者如他自己所言,在
"经济问题"即"穷人与富人的社会划分"的层面上,讨论"对作为同伴
的人的发现"(the discovery of man as the fellowman)。对[《圣经》中的]
先知们以及诗篇作者而言,正是贫穷而非死亡和痛苦才构成了人的巨
大苦难或者说人类生活的真正的谜。我们对穷人的同情,我们对穷人
的爱,使我们得以理解或预知上帝爱穷人,因而尤其爱以色列(参《以
赛亚书》41:14及《阿摩司书》7:5),但以色列只是人类的象征。上帝对
穷人的爱激发了圣经的全部社会性立法,更重要的是,上帝对穷人的爱
激发了安息日制度,而安息日制度也规定了而且尤其规定了男女仆佣
的休息。贫穷成了同情、情感的首要对象,而情感则是道德律法的一个
因素,不,毋宁说是唯一因素。柯亨在其《伦理学》中曾[240]将一般意
义的情感刻画为道德律法的一种原动力。在《理性宗教》中,柯亨远远
超逾了这种主张,他几乎把实现那种功能的情感等同于同情。这一章
比前面几章更明显的是,柯亨在用心灵说话,对犹太教传承可能遭到侵
蚀的恐惧消失了。在《伦理学》里,柯亨否认爱是德性本身的情感基
础,他用人道的德性(the virtue of humanity)取代同情,并将冠冕式的最
后那章献给这个主题。但《理性宗教》的冠冕式的最后一章则在 shalom

[和平、平安]一词的完整的犹太含义中献给了和平(peace)。这并不意味着,柯亨放弃了他在《伦理学》中的教诲。他将之完整无缺地作为伦理教诲保留下来。他只是用宗教教诲对之加以补充,但在这样做的时候,柯亨意味深长地转化了他的伦理教诲。人道与其他事物一起构成了艺术的德性,和平是永恒的德性。有关和平的那一章,从而《理性宗教》全书,以对死亡和坟墓的犹太教姿态的阐明告终。

题为"宗教性的爱的问题"(The Problem of Religious Love)的那一章是仅有的标题中带有"问题"这个词的一章。人们不能说,这是有意为之:柯亨并不像迈蒙尼德那样写作。但无论有意与否,这个标题显然引人瞩目。柯亨说到宗教性的爱的问题,因为他发现,宗教性的爱在人们眼中过于理所当然了。[这方面]尤其显著的是他所说的人对上帝的爱。对上帝的爱是对一种观念(an idea)的爱。柯亨拒斥这样的主张,即人不可能爱一种观念而只能爱一个身位,他对这种主张的回答是,"人能爱的只是各种观念,即便在感官之爱中,人爱的也只是观念化的人身(idealized person)"。纯粹的爱仅仅指向行动的各种模式(models of action),没有人能在准确的意义上成为这样的一个模式。纯粹的爱是对道德理想的爱。纯粹的爱渴望的不是与上帝的合一,而是接近上帝,也就是说,纯粹的爱渴望的是人的永无休止的、无限的神圣化:唯有上帝是圣洁的。

[柯亨]尽管借助犹太教的来源阐明"对作为同伴的人的发现",但就其自身而言,人们可以略带夸张地说,"对作为同伴的人的发现"属于伦理的权限。对"作为这个我的个人"(the individual as the I)的发现显然超逾那种权限,为宗教所独有。对作为同伴的人的发现通过"社会性先知们"(social prophets)得以实现,对作为这个我的个人的发现则是归因于[先知]以西结(Ezekiel)的巨大进步,以西结似乎过分地关注献祭和圣殿,因而他是在倒退。看上去,对同伴——即你(Thou)——的发现暗含了对作为这个我的个人的发现。但按柯亨的

说法,情况并非如此,要是有人在严格意义上理解"个人","绝对的个人","孤立的个人",那么此人的关注就超越了国家和社会——在终极意义上国家和社会"只是蒙昧盲目的群众"——从而也超越了伦理。上帝与人之间的相互关系首先是上帝与个人之间的相互关系,绝对的个人,"看得见的个人",才是站在上帝面前的人。

无论人们是否接受柯亨的理性宗教,都必须谨慎思考他关于看得见的个人与国家和社会的蒙昧[241]盲目的群众之间的对抗。只有在这个我身上,个人才能被发现,只有在这种发现的基础上,同伴才能被当作一个个人看见,从而真正成为一个同伴。理由如下:我没有权利把自己当作对其他人的道德评判的根据,无论其他人贫穷或富有,即便对罪犯判刑的法官也无意施加一种道德评判。但我必须对自己施加道德评判。个人的发现在于这个个人认识到,他在道德上是负疚的(morally guilty),在于那种认识引导的东西。这个人不能宣判自己无罪,不过,他需要将自己从负疚感中解放出来,亦即,对他的负疚、他的罪(sin)加以净化。只有上帝能够使个人从他的罪中解放出来,由此将个人转化为这个我。这个我从罪中得到解放,这个获得救赎的我,这个在上帝面前得到救赎的我,这个与上帝和解的我,是人必须追求的终极目标。

因为,[人]与上帝的和解只能是人与他自己和解的圆满完成。这种和解在人的"悔改"(repentance)中,在他从种种恶道的回转(return)中,或者用更有力的说法,在他使自己有一颗新的心、有一个新的灵之中。这种回转的第一步是人在无国界的会众(stateless congregation)里,亦即在他的罪人同伴们构成的会众中与所有其他成员一起,面对会众,对自己的罪的忏悔,他的自我惩罚。这种回转是回转到上帝那里,唯有上帝使人从罪中赎回。上帝的这个救赎的方面是上帝的善或恩典所意指的东西,上帝的善或恩典不同于上帝的圣洁。"正是上帝的本质原谅人的罪……因为上帝的本质在于他与人的相互关系。"当柯亨满怀深深的感动说到上帝给人帮助从而让人接受他时,他从未遗忘人的自主（autonomy），人的自主确实与人的有限或曰脆弱不可分割；柯亨甚至没有遗忘对先知和诗篇作者笔下诗句的解释，在那些诗句中，上帝被比作牧羊人，而人们或灵魂们则被比作上帝的羔羊。但应当指出，柯亨在说到上帝的善时，称上帝的善的行动"类似位格的［行动］"（person - like）。

柯亨在讨论赎罪日（the Day of Atonement）——在德国叫做"和解日"（the Day of Reconciliation）——和赎罪日在犹太年里压倒所有其他节日的首要性时，确认并深化了他的和解学说。在这个语境里，柯亨清楚表明了他如何理解罪与罚的关系：惩罚是人类生活不可分割的苦难，假使人辨认出，惩罚乃神的分派而且对他的自我的发展是必要的，那么惩罚就会导向人的救赎。

对苦难的正当辩护，尤其是对以色列的苦难的正当辩护，而非作为政治和社会进步的理想目标的弥赛亚时代的前景，促使柯亨在其《理性宗教》中讨论了"弥赛亚和人类的观念"（the idea of the Messiah and mankind）。按柯亨的说法，人类的观念，没有区别（像那些在希腊人和野蛮人之间或智者与俗众之间的区别）的所有人的观念，至少在宗教里、在一神教里有其历史起源。独一的上帝是所有人的上帝，是［242］所有民族的上帝。"对希腊人来说，人只是希腊人"，尽管还有这样的事实，即廊下派（the Stoa）无论如何是"世界主义者"（cosmopolitan），因为廊下派思考的只是个人而非民族。先知们的普遍主义把握一种思想并寄希望于所有民族，它是"一种最大胆的思想和世界—政治的勇气"。先知们由此成了"世界历史这个概念的始作俑者"，不，毋宁说是"作为未来的存在的历史（history as the being of the future）这个概念"的始作俑者，因为他们不是将——与所有现在和过去的现实相对立的——理想置于时间之外，而是将理想置于未来。人类因为在自身最高的抱负中结为一体，作为一的人类（mankind as one）过去不存在，现在也不存在，但将来会存在。人类的发展永不会到达终点。那种发展是进步。先知们转向未来,他们由此完成了一神教曾实现的与神话的决裂,一神教是作为道德的上帝的独一上帝的讯息。以色列这个永恒的民族是人类的象征。以色列不得不在经历犹太国家的毁灭后存活;以色列不得不永远存活,因为它是《圣经》的创造者,而在这种情形下,创造也是一种永无休止的更新。犹太国家作为许多国家中的一员,不会清楚无误地指向人类的统一,指向献身于独一地侍奉独一上帝——那全地的主(the Lord of the whole earth)——的无国界的人民的统一。

这就是以色列[被]拣选(Israel's election)的含义:成为对纯粹一神教的永恒见证,成为那个殉教者,成为主的受难的仆人。犹太人历史的悲惨遭遇以弥赛亚信仰(messianism)为根据,弥赛亚信仰要求对苦难的谦卑的顺服,由此要求拒绝把国家当作逃避困难的庇护者。以色列有这样的使命,不仅要保存对上帝的真正崇拜,而且还要在各民族中宣传这种真正的崇拜:通过自身的苦难,以色列获得了使各民族改变信仰的权利;自由地接受的苦难彰显了受难者的历史价值。由于先知们并且借助于先知们,以色列成了以色列——理想的以色列,未来的以色列,也就是说,人类的未来——的遗留者或留存者。先知们的爱国主义在根本上无非是普遍主义。

带着这样的心绪,柯亨讨论了先知书中涉及弥赛亚的篇章。在柯亨的观念化的解释里,他没有为以色列将回到自己国土的希望留下任何余地,更不消说,他也没有为重建圣殿的希望留下任何余地。柯亨尤其用下面的事实来为自己的解释加以辩护,[先知]耶利米(Jeremiah)预告了以色列的坏邻居们从[巴比伦]囚房中的回归,这些坏邻居们也曾被驱逐出境,但这并没有废除这样的事实,即耶利米也为以色列带来了同样的好消息。[先知]以西结预言,当以色列"仅仅在政治上复兴"之后,它将根除可憎的事物[译按:指偶像崇拜],这预言也没有废除这样的事实,即以西结预言的也是——而且首先是——以色列"仅仅在政治上的复兴"。或许,更重要的是指出,按柯亨对《以赛亚书》9 章 6

至 7 节的解释,主的日子(the day of the Lord)不再可能当真被认为即将来临,因为新的时间有意成为一种新的永恒:难道永恒,甚至一种新的永恒,不是即将来临? 柯亨[243]自己承认,先知们没有把时日的终末(the end of the days)放在完全遥远的未来。他把这个事实归因于先知们优先关注他们本民族和人类的政治未来。然而,柯亨把弥赛亚信仰的本质视为对人类在自然发展(即一种进步运动)限度内的尘世上的未来的"超-感知性"(supra-sensuousness)——永恒的未来。

对于尘世和自然的(非奇迹的)未来的关注,似乎因对于灵魂不朽和肉身复活的信仰而遭到削弱。对柯亨来说,这些信仰的传统的、"教义的"形式是不可接受的。因此,柯亨被迫在这些论题的基础上考察犹太教的资源,尽可能对传统或教义的说法加以观念化。信仰灵魂的存活在早期阶段与对祖先的崇拜相关。在这个早期阶段,坟墓具有至关重要性,在有关亚伯拉罕和约瑟的圣经故事里依然如此。《圣经》所理解的[某人的]死去(dying)是走向此人自己的父亲:个人的灵魂走向或进入民族(people)的灵魂,民族并没有死。因此,不朽意味着祖辈们的历史性的存活,亦即个人在其民族的历史性延续中的历史性存活。柯亨使用这种表面上累赘的表述,为的是剔除任何字面意义上的灵魂存活的思想。在弥赛亚信仰的基础上,不朽开始意味着人类历史进程中灵魂的存活。复活的"形象"所传达的思想——即在一般而言的各民族及具体而言的弥赛亚民族的历史统一中,人的世代的永远相续的思想——甚至超过了不朽。这并不意味着个人只是一根链条的一个链环,因为,借助圣洁即道德有了个人的发现,而通过个人的发现,复活得以具有重生和自我更新的纯粹的道德含义;[个人]这个链环为世代的链条赋予生命。

区别于神话的一神教的典型特征是,一神教只是为了具有道德关注的个人的缘故,才寻求一种死亡的意义。与此相应,传道者(Ko-heleth)①说,当人死去时,灵魂回归到给予灵魂的上帝那里——不是去往神话中的地下世界。只有以这样的方式,一个人才能使死亡与道德或自我净化的无限使命和解。这种无限的努力必须在弥赛亚信仰的精神中得到理解:死后的生活是历史的未来,是人类的没有终点的历史的未来。受"波斯人影响",对不朽和复活的信仰结合起来,在犹太人的心灵中变得活跃,这种结合起来的信仰在古代的整个拉比时期等同于对弥赛亚时代的信仰。因而,弥赛亚未来的历史特征开始遭到危及:凭人的行动而到来的弥赛亚未来,因为这样的理解——弥赛亚未来在彼岸的幻影般的天国,只有靠等待和祈祷才会到来——而处于危险中。然而,由于不断意识到弥赛亚时代[244](作为一方)与不朽和复活(作为另一方)的区别,这种危险在犹太教中得以避免。那种意识由迈蒙尼德在《重述托拉》(Code②)中最清楚地表达出来。

柯亨特别厌恶地狱这个概念。对永恒惩罚的关注,正如更明显的对酬报的关注,来自人的自然快乐论(natural eudemonism),因而与严格意义上的伦理不相容。诚然,正义——从而也包括惩罚性正义,被认为是上帝的一种属性,但正如柯亨所说——这说法不曾明言但尤为显著地背离了迈蒙尼德(《迷途指津》卷I,54章),上帝的正义不同于上帝的爱,上帝的正义不能成为人的行动的楷模,上帝的惩罚性正义从始至终全然是上帝的奥秘,不能成为关注道德的人的关注。要理解这样一个断言,人们必须考虑到,按柯亨的说法,迈蒙尼德"以清楚明白的社会主义原则"来断言弥赛亚时代。柯亨这个说法很可能意指有关上帝的知识的所有障碍的消失。当然,柯亨对"有关君王及其战争的律法"

---

① ［译按］指《圣经·传道书》中的叙述者。
② ［译按］这里的 *Code* 即迈蒙尼德整理并编撰的犹太教法典式著作 *Mishneh Torah*,亦可意译为《重述律法》。

不置一词,而迈蒙尼德则以极为令人印象深刻的方式用"有关君王及其战争的律法"结束他的《重述托拉》。因此,柯亨尤为令人称赏地接受了深植于犹太式虔敬中的"祖辈们的优点"(the merit of the fathers)这个概念:"唯有族长们拥有他们的后代能够获得的每一种优点"。在这里,对未来的热忱让位于对过往的感激,更好的说法是,对未来的热忱揭示出,这种热忱植根于一种要给予尊崇和感激的过往。这些表面上自相矛盾的趋势由于一种观念化的解释而得到调和,或者说,这些表面上自相矛盾的趋势因为理性宗教是来源于犹太教的理性宗教这样的事实而得到调和。在任何情况下,都必定不能容许祖辈们的优点对个人的自主投下丝毫怀疑或掩盖。

在现代,使犹太教遭到最明显困难的原因在于,犹太教是律法,是一种包罗万象的神圣律法。在克服这些困难时,帮了柯亨的是他没去考虑对这样的律法的极端质疑,他其实从柏拉图的《治邦者》(Statesman)中得知这种质疑。因此他有勇气说,启示就等同于律法。按柯亨的说法,律法要么是道德律法,要么有意致力于对人的道德教育。更准确地说,所有具体的诫命关注各种手段,因而它们的适用性要遭受检审。总而言之,律法是象征。律法的普遍的至高无上性的唯一危险在于,一个人为了圣洁的理想所行的每一种恭顺(subservience),都没有为人的理论的和审美的兴趣、没有为某一种意义的"文化"留下任何余地,但这些兴趣缺乏只有犹太式一神教的独一上帝才能提供的坚实核心。除此以外,矫正作为整体的律法又不使其遭受质疑,可以降低那种危险,并且确实部分地降低了那种危险。

柯亨承认,间接通过门德尔松,直接通过使犹太人得以接近他们生活其间的[245]各民族的文化的改革运动,律法的力量遭到削弱,但他坚称,律法没有被摧毁。犹太教的存活仍然要求犹太人在文化世界中的某种自我隔离,从而也仍然要求律法,然而,律法的许多领域及其细节可能不得不遭到修正,"只要犹太宗教与一神教的其他形式处于对立状态",或一神教的其他形式与犹太宗教处于对立状态,换言之,只要弥赛亚时代尚未到来,犹太教的存活就要求这样一种隔离。

不过,隔离并非律法的唯一目的,律法的主要目的在于,通过与上帝的活生生的相互关系,整个人类生活的观念化或曰神圣化。在关于律法的那一章,柯亨处理了对犹太复国主义(Zionism)的一种批判,对这样一种批判,没必要讲任何东西,因为对每一个读者来说,这部分内容都很容易理解。读者不会不注意到,在同样的语境中,柯亨好像都差不多面对着他死后不久就由民族社会主义实现了的可能性。但他的"乐观主义"实在太强了。

律法的灵魂和内在性质是祈祷。祈祷为所有律法规定的行动赋予生命,其程度之深竟至于让人怀疑,祈祷是否为传统上被认为构成律法的 613 条具体诫命中的任何一条所命令。祈祷是人与上帝的相互关系的语言。如此而言,祈祷必定是一种对话,尽管祈祷只是一种独白。正由于祈祷表达了作为灵魂的一种实际经验的人对上帝的爱,祈祷才是人与上帝的相互关系的语言,因为灵魂由上帝给予,从而并不全然是人的灵魂,因此,祈祷可以诉诸上帝,可以对上帝说。对上帝的爱是人类之爱的最高形式;对上帝的爱是渴望上帝、渴望接近上帝。这不该使人忘了,人渴望上帝是渴望自己的救赎,渴望自己的道德拯救——这是一种起源于极度痛苦(anguish)的渴望。但人不只是他的灵魂,所有人类的关怀和悲痛都成为祈祷的正当主题。最重要的是,对智性正直(intellectual probity)的种种危害是人所不可测度的,即便祈祷的所有其他目的都能受到质疑,但祈祷对于真诚(veracity)、对于灵魂纯洁的必要性则不能受质疑:唯有上帝能在人身上创造一颗纯洁的心灵。柯亨以强调的口吻说到对真诚的危害,这种危害来自人的恐惧,恐惧因忏悔和表白宗教真理而遭到血肉之躯的鄙视。犹太教的祈祷概念的典型特征在于如下的事实:[犹太]会堂(the synagogue)没有被称为祈祷之屋,而是被称为学问之屋或研习之屋(a house of learning or study),因为那座屋子不是为个人在独孤中祈祷所建,而是为生活在期盼上帝的弥赛亚王国中的会众所建。为了上帝的弥赛亚王国"在你们的生命中、在你们的日子里、在以色列全家的生命里"到来,犹太人才在祈祷仪式(Kaddish)上祈祷。不过,若是没有律法、进而没有对律法的研习的话,会众不可能得到保存。

[《理性宗教》]最后五章的标题是仅有的与《伦理学》中的各章标题相同或几乎相同的几章。题为"各种德性"(Virtues)的那章取代了《伦理学》中题为"德性[246]的概念""诚实"(Truthfulness)和"谦虚"(Modesty)的那几章。这种改变的理由如下。在《伦理学》中,柯亨曾经说,按先知们的说法,上帝是真理,先知们这么说的意思是,"真正的上帝是道德的根据"。但他继续说:"但这是不同的,这是宗教与伦理之间的鸿沟,在伦理中不能设置任何外在的根基,甚至上帝也必须为了伦理而成为道德知识的方法上的根据。"与此相应,在《理性宗教》中,真正的上帝成了道德的根据,或者更具体地说,成了各种德性的根据;一般而言的各种德性与具体而言的真理以及诚实,甚至不能彼此分离地从外在角度加以讨论。这不是要否认,即便在《理性宗教》里,尽管柯亨坚持"宗教必定是真理",他仍然说:"要是没有科学知识作为其根基,真理会是什么?"尽管有可能,柯亨这里所说的"科学知识"是指理性知识,尤其是伦理知识。既然上帝是真理,上帝就不可能是或成为一个象征。诚实或智性正直鼓舞了一般而言的犹太教以及具体而言的中世纪犹太哲学,后者总能辨认出理性的权威。但诚实要求知识,而我们的知识是不完善的。因此,诚实必须与谦虚相伴,谦虚是怀疑论的德性。在《理性宗教》里,柯亨没有在谦虚与谦卑(humility)之间作出区分,他只是说,在上帝面前谦卑的人对人们是谦虚的。在《伦理学》里,柯亨曾说,谦虚无与伦比地保留了人对自己的价值的感情,而谦卑则假设了人自己的无价值。

在《伦理学》论忠信(fidelity)的那一章里,柯亨曾说,宗教必定将

自身转化为伦理,或者说,宗教必定被转化为伦理:宗教是[人的]一种
自然状态,而[人的]成熟状态则是伦理。这种转化必须由对宗教的观
念化来预备。但这以对宗教、对自己的宗教的忠信为前提。在同一章
里,柯亨开始说到对人自己的"丧失了的民族性"(the lost nationality)的
忠信与对国家的忠信之间的表面冲突:他心里想到的会不会尤其是犹
太人?柯亨只说到对国家的感激。在《理性宗教》论忠信的短得多的
那一章里,柯亨远为充分地论及忠信与感激之间的关联。他在那里引
用了"若是我遗忘了你(thee),让我的右手遗忘我"。①　犹太人独有的
忠信之举是研习《托拉》。"研习《托拉》的忠信不允许普通人灵魂的高
贵特征泯灭于千年的压迫中。"柯亨没有说到不放弃自己的人民(尤其
当他们处于危难时刻)的道德义务——犹太人什么时候不处于危难时
刻?——因为对柯亨而言,这不言而喻。柯亨的这整部书,他的整个生
命,几乎都见证了这种对犹太传承的忠信和他的感激——这种忠信只
受他的智性正直所限,而他恰恰将智性正直这种德性归结于那种犹太
传承。

　　对许多犹太人来说,柯亨是一个诚实的警告者和安慰者。至少,柯
亨向他们最有效地表明,犹太人能如何有尊严地作为犹太人,活[247]
在一个非犹太的甚至敌对的世界,同时参与到那个世界里。在表明这
一点时,柯亨确实假定了那个国家是自由的或者说正在走向自由主义。
不过,柯亨没有意识到,他关于犹太人的殉教所说的东西,为犹太人不
久后在希特勒手中遭受的[殉难]提供了经验。柯亨没有提供非人类
(no human being)才可能会提供的、一种对付诸如在苏联的犹太人的处
境的方法,那些在苏联的犹太人被割断了自己的犹太教资源,在精神上
遭到杀害。柯亨曾经生活并写作,对我们而言,这是一个福祉。

---

　　①　[译按]此句引文出自《诗篇》137篇5节,句中的"你"字面上指耶路
撒冷。

索 引

图书在版编目（CIP）数据

柏拉图式政治哲学研究 /（美）列奥·施特劳斯(Leo Strauss) 著；张缨等译. --2 版. --北京：华夏出版社有限公司，2022.1
（西方传统：经典与解释）
书名原文：Studies in Platonic Political Philosophy
ISBN 978-7-5222-0187-0

Ⅰ.①柏… Ⅱ.①列… ②张… Ⅲ.①柏拉图(Platon 前 427—前 347)
－政治哲学－哲学思想－研究 Ⅳ.①B502.232

中国版本图书馆 CIP 数据核字(2021)第 218919 号

北京市版权局著作权合同登记号：图字：01-2009-3695 号

柏拉图式政治哲学研究

作　　者	［美］列奥·施特劳斯
译　　者	张　缨　等
责任编辑	王霄翎
责任印制	刘　洋

出版发行	华夏出版社有限公司
经　　销	新华书店
印　　刷	北京汇林印务有限公司
装　　订	北京汇林印务有限公司
版　　次	2022 年 1 月北京第 2 版
	2022 年 1 月北京第 1 次印刷
开　　本	880×1230　1/32 开
印　　张	11
字　　数	286 千字
定　　价	79.00 元

华夏出版社有限公司　　　　地址：北京市东直门外香河园北里 4 号
邮编：100028　电话：(010) 64663331（转）　网址：www. hxph. com. cn
若发现本版图书有印装质量问题，请与我社营销中心联系调换。

西方传统：经典与解释
Classici et Commentarii
HERMES
刘小枫◎主编

古今丛编

欧洲中世纪诗学选译 宋旭红 编译
克尔凯郭尔 [美]江思图 著
货币哲学 [德]西美尔 著
孟德斯鸠的自由主义哲学 [美]潘戈 著
莫尔及其乌托邦 [德]考茨基 著
试论古今革命 [法]夏多布里昂 著
但丁：皈依的诗学 [美]弗里切罗 著
在西方的目光下 [英]康拉德 著
大学与博雅教育 董成龙 编
探究哲学与信仰 [美]郝岚 著
民主的本性 [法]马南 著
梅尔维尔的政治哲学 李小均 编/译
席勒美学的哲学背景 [美]维塞尔 著
果戈里与鬼 [俄]梅列日科夫斯基 著
自传性反思 [美]沃格林 著
黑格尔与普世秩序 [美]希克斯 等著
新的方式与制度 [美]曼斯菲尔德 著
科耶夫的新拉丁帝国 [法]科耶夫 等著
《利维坦》附录 [英]霍布斯 著
或此或彼(上、下) [丹麦]基尔克果 著
海德格尔式的现代神学 刘小枫 选编
双重束缚 [法]基拉尔 著
古今之争中的核心问题 [德]迈尔 著
论永恒的智慧 [德]苏索 著
宗教经验种种 [美]詹姆斯 著
尼采反卢梭 [美]凯斯·安塞尔-皮尔逊 著
舍勒思想评述 [美]弗林斯 著
诗与哲学之争 [美]罗森 著
神圣与世俗 [罗]伊利亚德 著
但丁的圣约书 [美]霍金斯 著

古典学丛编

赫西俄德的宇宙 [美]珍妮·施特劳斯·克莱 著
论王政 [古罗马]金嘴狄翁 著
论希罗多德 [古罗马]卢里叶 著
探究希腊人的灵魂 [美]戴维斯 著
尤利安文选 马勇 编/译
论月面 [古罗马]普鲁塔克 著
雅典谐剧与逻各斯 [美]奥里根 著
菜园哲人伊壁鸠鲁 罗晓颖 选编
《劳作与时日》笺释 吴雅凌 撰
希腊古风时期的真理大师 [法]德蒂安 著
古罗马的教育 [英]葛怀恩 著
古典学与现代性 刘小枫 编
表演文化与雅典民主政制 [英]戈尔德希尔、奥斯本 编
西方古典文献学发凡 刘小枫 编
古典语文学常谈 [德]克拉夫特 著
古希腊文学常谈 [英]多佛 等著
撒路斯特与政治史学 刘小枫 编
希罗多德的王霸之辨 吴小锋 编/译
第二代智术师 [英]安德森 著
英雄诗系笺释 [古希腊]荷马 著
统治的热望 [美]福特 著
论埃及神学与哲学 [古希腊]普鲁塔克 著
凯撒的剑与笔 李世祥 编/译
伊壁鸠鲁主义的政治哲学 [意]詹姆斯·尼古拉斯 著
修昔底德笔下的人性 [美]欧文 著
修昔底德笔下的演说 [美]斯塔特 著
古希腊政治理论 [美]格雷纳 著
神谱笺释 吴雅凌 撰
赫西俄德：神话之艺 [法]居代·德拉孔波 编
赫拉克勒斯之盾笺释 罗逍然 译笺
《埃涅阿斯纪》章义 王承教 选编
维吉尔的帝国 [美]阿德勒 著
塔西佗的政治史学 曾维术 编

大学素质教育读本
古典诗文绎读 西学卷·古代编（上、下）
古典诗文绎读 西学卷·现代编（上、下）

柏拉图读本（刘小枫 主编）
吕西斯　贺方婴 译
苏格拉底的申辩　程志敏 译
普罗塔戈拉　刘小枫 译

阿里斯托芬全集
财神　黄薇薇 译

中国传统：经典与解释
Classici et Commentarii
索亚萬卑
刘小枫　陈少明◎主编

知圣篇 / 廖平 著
《孔丛子》训读及研究 / 雷欣翰 撰
论语说义 / [清]宋翔凤 撰
周易古经注解考辨 / 李炳海 著
图象几表 / [明]方以智 编
浮山文集 / [明]方以智 著
药地炮庄 / [明]方以智 著
药地炮庄笺释·总论篇 / [明]方以智 著
青原志略 / [明]方以智 编
冬灰录 / [明]方以智 著
冬炼三时传旧火 / 邢益海 编
《毛诗》郑王比义发微 / 史应勇 著
宋人经筵诗讲义四种 / [宋]张纲 等撰
道德真经取善集 / [金]李霖 编撰
道德真经藏室纂微篇 / [宋]陈景元 撰
道德真经四子古道集解 / [金]寇才质 撰
皇清经解提要 / [清]沈豫 撰
经学通论 / [清]皮锡瑞 著
松阳讲义 / [清]陆陇其 著
起凤书院答问 / [清]姚永朴 撰

周礼疑义辨证 / 陈衍 撰
《铎书》校注 / 孙尚扬 肖清和 等校注
韩愈志 / 钱基博 著
论语辑释 / 陈大齐 著
《庄子·天下篇》注疏四种 / 张丰乾 编
荀子的辩说 / 陈文洁 著
古学经子 / 王锦民 著
经学以自治 / 刘少虎 著
从公羊学论《春秋》的性质 / 阮芝生 撰

刘小枫集
共和与经纶［增订本］
城邦人的自由向往
民主与政治德性
昭告幽微
以美为鉴
古典学与古今之争［增订本］
这一代人的怕和爱［第三版］
沉重的肉身［珍藏版］
圣灵降临的叙事［增订本］
罪与欠
儒教与民族国家
拣尽寒枝
施特劳斯的路标
重启古典诗学
设计共和
现代人及其敌人
海德格尔与中国
现代性与现代中国
现代性社会理论绪论
诗化哲学［重订本］
拯救与逍遥［修订本］
走向十字架上的真
西学断章
编修［博雅读本］
凯若斯：古希腊语文读本［全二册］